近世の学校と教育

海原　徹著

思文閣出版

近世の学校と教育／目次

挿入図版

近世の学校と教育

第一章　サムライ学校の就学強制

第一節　なぜ就学を強制したのか

中国古代の道徳政治を理想とし、為政者であるサムライ階級が文武両道を兼備した士君子になれば、人民の側も自然とそれに感化、影響され、世の中全体がうまく治まっていくというのが、儒教一般に平均的な考え方であった。その先駆は、たとえば『孟子』の「人倫明二於上一、小民親二於下一」[1]を引用しながら、学校の設立を「天下の治道第一」とした山鹿素行や、「武士に学問する人多からば、よき人あまた出来べし（中略）、文武を身に有したる人を士君子とはいふ也。大樹・諸侯・大夫・士みな君子たるべき道理也」[2]と、いわゆる先武後民説を高調した熊沢蕃山らにみることができるが、もしそうであるならば、政治に直接参加するサムライ階級が無教育のままであっていいはずはない。それどころか、子ども時代だけでなく、大人になっても文武の道に励む必要がある。学問は文字どおり、「終身ノ業」[3]でなければならない。主従関係からいえば、一人ひとりのサムライにとって士君子をめざし日夜切磋琢磨することが、すなわち主君に対する奉公であり、忠義の道に他ならなかったというわけである。

サムライ階級をすべからく士君子たらしめるために造られた学校に背を向けることは不忠不義になる、学問はいわば公役であるという論理は、幕府や諸藩の学問奨励のたびごとにさかんに用いられた。たとえば萩藩の元文・延享年間（一七三六—四七）の「達」に、「文学ノ儀ハ人倫本ヲ務ムル忠孝第一ノ教ニ候武芸其外諸稽古等皆為可遂御奉公諸士可相嗜事勿論ノ儀(4)」とあるとおりであるが、公役の一種であるからこれをストレートに強制すべきかどうかについては、さまざまの議論があった。

学問好きで知られた五代将軍綱吉は、元禄三年（一六九〇）八月老中以下諸役人を集めて『大学』を講じたときから、毎月少なくとも数回四書の講義を行ったが、のちには諸大名や旗本・御家人だけでなく、神官・僧侶・山伏・儒生にいたる広範囲の人びとに聴講を許している。(5) 彼がもっとも好んだ『周易』の講釈のごときは、元禄六年（一六九三）四月二一日より同一三年一一月二一日までの七年一〇ケ月(6)の間に二四〇回に及んでおり、この書のみで毎月二・六回の講筵を設けたことになる。なお、聴講のための有志者の登城が月六回まで認められていたことからすれば、『周易』をふくめた綱吉の講釈が六回を上廻る月も珍しくなかったようだ。

学者将軍の講釈は出席を強制されこそしなかったが、だからといって、自由に欠席できるほど気楽なものであったわけではない。将軍に比較的近い身分の高いサムライの場合には、聴講はほとんど義務であったと考えられる。『有徳院様御実紀』附録巻一〇が、「常憲院（綱吉）様御代人々に無理に学文被二仰付一候て、殊外難儀致し至二于今一懲り申候様に罷成候(7)」というのは、その辺の事情を雄弁に物語るものであろう。

綱吉没後は、その反動もあって怠学ムードが蔓延し、昌平坂聖堂や高倉屋敷（八重洲河岸堀端にあった遠隔在住者のための仮講堂）に人影がまばらという事態になった。荻生徂徠が、「学文ノコト、上ノ御世話ニテ昌平坂、高倉屋敷ニテ儒者講釈スレドモ、御旗本ノ武士ニ聴人絶テ無シ。只家中ノ士、医者、町人ナド少々モ承ル(8)」と酷評したのは、必ずしも民間儒者のひが眼ばかりではない。現に、林家に伍して登用された木門系の教官室鳩巣は、「聖堂にて毎日両座宛講釈有レ之候、四書の内の近思録、孝経、小学にて候、正蒙の筈に候処耳遠き物に候由にて候、孝経被レ成候由に候、丁の日は直参、半の日は貴賤入込承候へとの御事にて候、先日に直参の人七人有レ之由に候、其後も半日共に聴衆わつかの儀と申候、後には有レ之間敷様に申候」[9]と、その衰退ぶりを伝えたが、このことは、彼ら自身が担当する高倉屋敷の講釈についても大同小異である。創立二年後の鳩巣の書簡に、「木下平三郎詩経、荻生惣七郎は礼記、土肥源四郎は書経にて候、何も聴衆鮮少に候、荻生礼記抔は七八人十人位有レ之候、平三郎詩経は二十人余と相見申候、拙者易只今は総てよりは聴衆多御座候、四拾人余五十人に及申候」[10]とあるのは、あの手この手の出席奨励も結局効果のなかったことを示している。

開店休業状態の直接の責任者である林家や木門の官学系の人びとは、そうした頽勢を一挙に挽回するためにお上の権威にすがろうとした。聖堂の衰微は林家の教官一統の怠慢であるときめつけられた大学頭側の反応はいかにも鈍く、聴講者をふやすには将軍の御威光にすがるほかはない、ぜひ出席を強制するお触れを出して欲しいの一点張りであったが[11]、室鳩巣を先達とする木門系の主張も、「聴衆の儀は私共力に不二及申一儀、夫ともに料簡申上候様にとの儀に候はば、指当り今少し急度被二仰出一候て承申者可レ有レ之候」[12]と、出席強制に何とか活路を見出そうとした点では変らない[13]。もっとも、将軍吉宗の側は、きわめて冷静かつまともに、「学問と申物は権威を以人にさせ候ては何の益も無レ之候、面々に信じ候て自然に趣き不レ申候ては仕形ばかりに罷成申候」[14]と応えている。

学習意欲のない人びとをムリヤリ学校に囲い込んでみたところで、結局は外形上の繁昌しかもたらさないというしごくあたり前の主張は、吉宗の諮問をうけた儒者連の一人である闇斎学派の松田善三郎や在野の儒者、とくに荻生徂徠らが強く主張していたところである。もっとも、松田の建白は、出席強制では問題は解決しない、将軍自らが道を尚び、学を好む範を示せば、「段々下へ移り、自然と人々学文好み候様に可レ被レ成候[15]」という、いわば綱吉時代の再来を期待する消極策でしかないが、徂徠の場合は、眼前の官学校の病理現象を俎上にのせながら、大胆かつ適確な処方箋を示している。

徂徠によれば、聖堂教育の不振は、教師一人ひとりの資質やその授業に問題があるからであるが、だからといって、これはたんに優秀な教師と入れ替えることで解決するものではない。なぜなら、授業が面白くないのは、教師その人のよしあしもさることながら、それ以上に、彼がお役目として授業するシステムのゆえであり、いわば制度上の教師として教壇に立たざるをえないからである。[16]もともと、「稽古事[17]」、それも今までのように、上から与えられる「公役ノ稽古ニハ人々勧マヌ物」であり、出席強制などすれば事態はかえって悪くなる。学問は公儀のお役目一般と異なり、畢竟各人の「内証ゴト」に他ならない。その証拠に、「手前ノ信仰スル師ナレバ、付届ニ物ヲ入テモ稽古ヲスル心ナレバ、稽古スル」ものであり、これが「人情」というものだからである。

お上の造った学校にいくら出席強制をしても役に立たない。それより、いま江戸市内にあるたくさんの私塾に官の補助を与えて、サムライ各人に自由に師を選ばせ、勉強させる方が上策だというのが徂徠の結論であったが、この彼の主張は、民間在野の儒者のそれであったことを考慮に入れる必要があるだろう。というのは、学問は「内証ゴト」、一人ひとりのサムライの私事であるといいながら、彼はまた、学問の道が為政者たるサムライ階級にとって不可欠なことを強調して止まなかったからである。一〇万石以上の大名はすべからく家臣団のための学校を建てるべし、必要とあれば、そのことをお上より仰付けられる、すなわち幕府より強制してもよろしいというのは、[18]官の出席強制をあれほど批判した同一人物の発言とも思えないが、彼のいわゆる「内証ゴト」は、学校を選択し、師を選ぶ自由であって、不学や怠学の自由ではなかったことを思うと、それなりの整合性があったといえなくもない。

官の保護をうけず、各人の実力によって自由競争的に存立しつつある民間在野の儒者たちが、出席の自由を説くのは当然といえば当然だが、現実問題として、学習者であるサムライ一人ひとりの自主性に任せながら士君子の養成をめざすというのは、絵空事の観があった。むろん、好学の徒がまったくいなかったわけではないが、当局側がめざすサムライ階級全体をひとしく士君子たらしめるための学校の現状は、相変らずぱっとせず、閑古鳥の啼くことも珍しくなかった。しかも、このことはたんに幕府の学校だけでなく、諸藩藩校においても大して変らない。前橋藩儒の三輪執斎が、「家中諸士の子供は、常々隙に罷在候を、大かた遊び事にのみかけ置て、学問など為レ致候様子など不二相見一候。向後八歳以上の子供は、学問処へ差出し、孝弟（ママ）を本として、五倫に厚候様に可レ仕候。且また読書、学問、並手習、算術、躾かた、弓馬、軍学、鎗剣の術、水利地方の類の芸稽古いたさせ可レ申候[19]」というように、自由放任ではいっこうに就学の実が上らないのをみた人びとは、しだいに出席強制も止むなしという意見に傾いていった。

命令や強制がなければ学問に励まないというのは、人間一般の本性が怠惰を志向しているというより、江戸時代特有の身分制社会の下で、殿さまや家老の子はいくら凡庸であっても家柄のゆえに恵まれた将来が待っているが、逆に、家格の低いサムライの子は、その能力や才能とは無関係に百年一日のごとく現状維持的な境遇に甘んぜざるをえなかったという辺りに、おそらく最大の理由があったと思われる。サムライ一人ひとりが身につけた学問や教養が、個人的な趣味や好事的な意味以上を大して出ない、福沢諭吉がいみじくもいう「門閥制度は親の敵で御座る[20]」的な環境が一般的であった時代の学校に、人気の集まることを期待する方がもともとナンセンスであったのかもしれない。下級サムライはもちろん、上級サムライの子どもたちも学校にそっぽを向いたのは、そのことと無関係ではないだろう。

世の中全体が平穏無事の時代には、家中諸士に歓迎されない出席強制を断行する必要性はそれほどないが、借金経済の連続で藩財政がピンチに瀕し、藩政改革が大がかりに計画されるようになると、一部のエリート武士層だけでなく、家臣団全体を対象にした教育をどうしても無視できなくなる。現に、倹約令一つを取ってみても、殿さまや家老たちがいくら率先垂範してみたところで、それに同調し、協力する大勢の人びとがいなければどうにもならない。真に倹約の実を上げようと思えば、家中のサムライすべてが滅私奉公的な精神でこれに参加しなければならないが、そうした心性や気質を陶冶するのが、このさい学校の役割に他ならなかった。とりわけ、藩営事業のような新しい分野で成功を収めようとすれば、諸種の有能な人材がいくらでも必要になったのだが、彼らを育成するのもまた、学校に課せられた任務であった。むろん、そのことを可能にするには、身分制的桎梏を何ほどか否定するような新しい論理、すなわち個人の能力や才能がそれなりに評価されるメリトクラシイが、学校の随処で採用されなければならなかった。幅広い底辺から秀れた人材をピック・アップするために、サムライ階級全体の出席強制が視野の中に入ってきたのも、そのことと無関係ではない。

第二節　強制の主対象

サムライ階級を士君子に育て上げるために創められた幕府や諸藩の学校が、はじめから同じようにすべての人びとに出席を強制したわけではなく、やはりその主対象は、政治の中枢に直結した身分の高いサムライたちであった。すでに室鳩巣らが、昌平坂の聖堂や高倉屋敷の聴講を命令して欲しいというとき、わざわざ「御旗本中学文仕候様に被レ遊度」(21)と高調したが、同様の傾向は大なり小なり諸藩の学校においてみられた。

たとえば萩藩明倫館は、享保三年（一七一八）の開校時より、「文学諸武芸諸士常ニ相嗜候儀ハ勿論ノ事ニ候」[22]と、家臣団全体の教育を建前としたが、寛延・宝暦年間（一七四八―六三）の「達」で、「文学諸武芸ノ事ハ諸士トシテ不致稽古シテ不叶儀」[23]といいながら、すぐ続けて、「大身寄組以上ノ面々別テ其心懸可有之儀」と、実は上級サムライ（嘉永五年〈一八五二〉の分限帳で七〇家）の教育に関心があることを隠していない。これはすでに、元文四年（一七三九）二月の「達」が、寄組の在職者といえども繁忙ならざるもの、もしくは大組頭役（一〇〇〇石以上の寄組士）の非番のものに事務の支障のないかぎり明倫館への出席を命じ、とくに四〇歳未満の寄組士について本人、嫡子ともに就学を奨励したのと軌を一にしている。[24]ちなみに、この時期の明倫館は中級サムライに属する大組や無給通などまで、すなわち全藩士の四六・二％程度にしか門戸を開放しておらず、しかも、まだ出席強制をルール化していなかった。なお、講釈の聴聞については卒席班以下、農・町民まであらゆる階層の出席を認めていた。

近世の藩校における出席強制の制度化は、時期的にはかなり遅く、大多数は天保年間（一八三〇―四三）以降に具体化した。いま、『日本教育史資料』一・二・三所収の二四三校についてみると、㈠、家臣団全体を出席強制の対象にしたものが七六藩、三一・三％、㈡、士分のみ出席強制、卒分は自由としたものが八九藩、三六・六％、㈢、出席強制を建前とするが、私塾や寺子屋に学ぶことも認めたものが二五藩、一〇・三％、㈣、すべて学生各人の自由意志とするものが四七藩、一九・三％、㈤、詳細不明六藩、二・五％などとなる。全体の七〇％ちかくがともかくも出席強制を実施しており、とくに㈠のタイプでは、家臣団全体を教育対象にしていたという点で新しいが、よく見てみると、入学年齢や出席日数、授業内容などの面でさまざまなかたちの差別を温存していた。

ごく一般的には、大溝藩修身堂のように、士分の長男にかぎり八歳になると入学を強制し、次・三男以下は自由とするものだが、弘前藩稽古館のように、禄二〇〇石長柄奉行以上（二四家）の嫡子は一〇歳になると必ず入学させ、また禄一五〇石四奉行以上（一五家）の嫡子は一〇歳から一五歳までの間に入学させ、さらに次・三男以下は一〇歳をすぎてから適宜入学させると、きめ細かく規定するものもあった。なお、寛政七年（一七九五）の開校時に定められたこの規則は、その後数次の改革を経ても大して変っていない。現に、慶応二年（一八六六）一一月の「入学規則」[25]をみると、㈠、五〇〇石以上（三家）並びに役職大寄合以上の当主とその子弟、および二〇〇石以上（三四家）の当主と嫡子は一二歳で入学、㈡、二〇〇石以上の次・三男、および一〇〇石相当以上（二八家）の月並以上の当主とその子弟は適宜入学、㈢、役禄にかかわらず馬廻相当家格以上の嫡子、および役職番頭以上の嫡子は一二歳より一五歳までの間に入学、㈣、その他の資格のものは試験の成績優秀者が入学、の四つのケースがあり、かたくなに身分差別に執着していた。

出席強制をいうさい、身分の高いサムライの当主や嫡子に焦点を合わせるのは、佐賀藩儒の古賀穀堂が、「御親類巳下番頭迄は国政に預る重き家柄なれば、一層学問あるべきなり、貴き一人善ければ賤しき者百人千人よりも其功大なり」[26]と建白したような理由からであり、かくべつ珍しい現象ではなかった。たとえば高鍋藩は、給人・小給（上士）以上の嫡子を八、九歳で入学させ、中小姓（中士）や徒士（下士）の嫡子はできるだけ入学させることとし、また次・三男以下については各人の自由に任せていた。のちには次・三男以下をふくむすべての士分の子弟が一一歳までに就学を義務づけられたが、この場合でも、遠隔地に在住する諸士、すなわち家格の低い士分や卒分については対象外であり、近傍の師家で学んだ実績があれば、審査のうえ仕籍に入ることを認められた。

就学強制という点でいっそう徹底していたのは、福井藩明道館のように、身分の上下によって出席日数に長短の区別をしたものである。安政四年（一八五七）春に定められた「日割書」[27]をみると、㈠、定座番外以上、および三〇〇石以上（上士七一家）の当主・子弟は一ヶ月に二五日（文学一〇日、武芸一五日）、㈡、三〇〇石以下一五〇石以上

（中士にあたる番士級の六〇一家）の当主・子弟は一ケ月に二〇日、㈢、一五〇石以下新番以上（新番格ともに中士級の八一家）の当主・子弟は一ケ月に一五日、㈣、新番格の当主・子弟、および与力（卒分の三九家）の当主・子弟は一ケ月に一二日、㈤、御徒（卒分の小役人、一統目見格の一七一家）の当主・子弟は一ケ月に八日など、こと細かく出席を義務づけられていた。(28) その他、目見以下の足軽クラスが一七〇〇家ちかくもあったが、彼らの場合はなるべく出席せよというのみで、日数に関する規程はいっさいない。

同じような例は、水戸藩弘道館でもみられる。開館早々に創められた「就学升級ノ法」(29)によれば、㈠、布衣、ならびに三〇〇石以上（二三一家）の当主・嫡子は毎月一五日、㈡、その次男以下、および物頭、ならびに一五〇石以上（三〇〇家前後）の当主・嫡子は毎月一二日、㈢、その次男以下、および平士（五四〇余家）の当主・嫡子は毎月一〇日、㈣、その次男以下は毎月八日などと、身分の上下に応じて出席日数が明示されていた。なお、三〇歳以上で役職にあるものは各々の日数を半分に減じられ、また四〇歳をこえるとすべて免除された。

通学生にみられる身分差別は、寄宿生についてもあった。たとえば新発田藩道学堂は、士分以上の長男にかぎって入寮を義務づけ、次・三男以下については篤志者の入寮を許すという程度でお茶を濁したが、津和野藩養老館になると、入学こそ士分格の中小姓（三七五家）まで認めたものの、入寮は原則として純士分（一五〇家）のみとし、しかも、身分の上下に応じて在寮期限に長短をつけている。安政三年（一八五六）暮の「達」(30)に、㈠、一〇〇石以上（五、六〇家）の当主や子弟で一五歳以上になると自力（自賄）で入寮して三六ケ月間文学の修業に励む、㈡、九〇石以下五〇石以上（一〇〇家前後）の当主や子弟で一五歳以上になるとやはり自力で入寮し、二四ケ月間文学の修業に励むというのが、それである。なお、五〇石未満の下士クラスの子弟も入寮できたらしいが、おそらく、定員不足のとき、例外的に認められたものであろう。

身分が高いサムライの子弟ほど在寮期限が長かったのは、一連の就学強制の場合と変らないが、これをさらに徹底し、はじめから入寮の資格をごく少数の上士クラスの子弟にかぎり、これを義務づけたものもある。たとえば富山藩広徳館は、高知組（四〇〇石以上、世襲の頭役待遇の二〇余家）の嗣子に対し、一五歳より向う三ヶ年必ず入寮して文武に励むように命じた。[31] 前出の水戸藩弘道館でも、入学資格を有する諸士以上の二〇％強にあたる上士クラスの子弟に対して入寮を義務づけている。すなわち両小姓寄合組、および布衣三〇〇石以上（二三一家）の嫡子で二四歳以下一八歳以上のものは、毎年正月一七日より三月末まで、そしてまた、一〇月一日より一二月二四日までの約六ヶ月間は、一〇名ずつ交替で寄宿することとなっていた。[32] 佐賀藩弘道館が、着座（三七家）より五〇名を選抜して二年間定詰（官給の入寮生）を命じたのも、[33] 同様の範疇であろう。

出席日数の多少からある程度想像できるが、身分差別の導入はカリキュラム面でも例外ではなかった。郡山藩総稽古所のように、士分すべてが一〇歳で入学して文学を学び、一三歳になると武術に進むことと定めながら、当主と嫡子にかぎって文武両道の必修をいうものは、まだ多分に建前的であったが、なかには会津藩日新館や佐賀藩弘道館のように、学習の内容や程度を身分ごとに明示した課程表を有するものもあった。

日新館では、士分はすべて一〇歳になると素読所に入学し、長男は二五歳まで、次男以下は二一歳まで在学して「文武定ノ格」[34] すなわち所定の課程を修めることになっていたが、全新入生が履修する第四等―『孝経』、『小学』、『童子訓』、四書、五経の素読口授をおえると、今度は身分ごとに用意された第三等―四書、『小学』、『春秋左氏伝』を独看（独習）で学ぶところの三〇〇石未満（三六八家）[35] の長男、および三〇〇石以上（二〇二家）の次男以下の定級、第二等―四書、『小学』、『礼記集註』、『蒙求』、『十八史略』を学ぶところの三〇〇石以上五〇〇石未満（一二九家）の長男の定級、第一等―四書、『近思録』、『二程治教録』、『伊洛三子伝心録』、『玉山講義附録』、

『詩経集註』、『書経集註』、『礼記集註』、『周易本義』、『春秋胡氏伝』、『春秋左氏伝』、『国語』、『史記』、『前漢書』、『後漢書』を学ぶところの五〇〇石以上（七三家）の長男の定級、いずれかのコースに進学した。

出席強制の主対象が士分、それも身分の高いサムライの当主や嫡子であったことは、如上の説明ですでに明らかだが、より厳密に見てみると、これにいわゆる学齢、すなわち何歳で入学し、また何年間在学するかといった問題がプラスされる。まず入学年齢であるが、家中諸士一般の文武奨励を漠然といっているような時期には、入学の年齢が定まっていてもたんなる目安にすぎず、それ以前に入学したり、遅れて入学してもさしつかえなかった。ただ、出席奨励の実を上げようと思えば、学齢を明確化し、一定年齢以上の子弟を強制的に囲い込むことが必要になる。たしかに、入学年齢を明示した藩校のすべてが出席強制を実施していたわけではないが、少なくともそうした方向をめざしつつあったことは間違いない。いま、『日本教育史資料』一・

表1　藩校の入学年齢

年　齢	校　数	百分率	備　考
5～6歳	1		久留里
6	4	2.1	丹南，神戸，赤穂，佐野
6～7	1		高梁
7	12	6.3	大多喜他
7～8	17	8.9	名古屋他
8	78	41.1	佐倉他
8～9	5	2.6	高知，田原，伊勢崎，盛岡，上ノ山
9	5	2.6	津，久居，小田原，館，山形
10	14	7.4	会津他
11	4	2.1	福岡，岡，秋月，津山
11～12	1		花房
12	—	—	——
13	3		平戸，岩国，柳本
14	—	—	——
14～15	2		多古，高岡
15	7	3.7	彦根他
16	—	—	——
17	1		宇土
自　由	35	18.4	豊津他
計	190校	100%	

『日本教育史資料』1・2・3により作成。不明53校をのぞく。

二・三で入学年齢を規定した一九〇校についてみると、表1のようになる。

入学年齢が五、六歳ともっとも若い久留里藩三近塾は、天保一三年（一八四二）の開校時より士卒すべての入学を義務づけていたが、罰則規程のようなものはなく、出席強制は多分に建前的なものであったらしい。入学の時期に一年間の余裕をおき、必ずしも同一年齢の子弟の一斉入学を強制しなかったのが、そのことを裏書きしてくれる。同じことは入学年齢を六、七歳にしていた高梁藩有終館や七、八歳にしていた宇和島藩明倫館などにもみられる。いずれも全藩士の就学を義務づけていたが、その強制の度合は入学時期をあいまいにした分だけ小さかったようだ。

圧倒的に多かったのは七歳、もしくは八歳を入学年齢にするものであり、六、七歳の一校、八、九歳の五校を除いても総計一〇七校、全体の五六・三％に達したが、在学期限に関する規程をいっさいもたず、自由に出入りできたものの中にも、平藩施政堂のように、「大抵八歳位ニテ入リ二拾歳位マテ在学ス」[36]、すなわち七、八歳の入学を慣習とする学校が多かったから、この比率はもう少し大きく見積もることができるようだ。

入学当初は文学のみを課し、数年を経て武術をプラスするのが普通であり、その時期も一〇歳から一七歳位までさまざまであったが、比較的多かったのは、一二、三歳ごろから武術をはじめるものである。文学より五、六年もスタートが遅れたのは、肉体的に未成熟な子どもにいきなり武術を課しても、大して期待できなかったためと思われる。なお、きわめて稀れには、沼津藩矜式館のように、「文武共七歳ヲ以テ入学ノ期トナシ」[37]たものもあるが、おそらく基礎体力を養うのちの学校体育を先取りしたものであろう。

時期的に早く登場した藩校ほど入学年齢が高く、またそうした藩校も、時代が下るにつれて徐々に年齢を下げていく傾向があった。年齢が若くなったのは、それだけサムライ教育の拡大・充実を物語るものであり、現に、入学年齢を七、八歳とするものは、大てい初等教育課程を教授するための小学舎（校）を有していた。

ところで、せっかく入学した子弟の勉強を継続させ、それなりの効果を上げようと思えば、一定期間の在学を強制する、つまり、入・退学の時期を明確化する必要がある。比較的遅く登場した藩校は、大てい学習期限を定めていたが、逆に、早い時期の藩校になると、この点がはっきりせず、生徒側の事情で随時退学することができた。『日本教育史資料』一・二・三で学習期限の判明した一四九校の半ばちかい七一校がこのタイプであるが、不明九四校の多くもこれに準ずるものであろう。

学習期限の長短は、入・退学の年齢と不可分の関係にある。つまり、早く入学すれば、それだけ早く退学することになり、また逆のこともいえるが、その期間は、津藩有造館の九歳から一五歳までの七年間から、柳本藩明倫館の一三歳から六〇歳(38)までの四八年間まで、実に四一年間の幅があった。もっとも、いちばん多かったのは、七歳から一四歳まで、あるいは八歳から一五歳までの八年間を学習期限とするものであり、一四校を数えたが、その前後のものもけっこう多く、一〇年以内に限ってみると、総計二八校に達し、全体の三八%余を占めている。

学習期限こそ定められていないが、そうかといって自由に退学できない、つまり、前二者のどちらにも属さないものも何校かあった。たとえば赤穂藩博文館では、士卒の子弟はすべて八歳になると入学し、一五歳で付設の進修塾に進学することとなっていたが、退学は必ず所定の課程を修了したときであり、未修了の場合にはいつまでも在

表2　藩校の学習期限

年　限	校　数
7	3
8	14
9	7
10	4
11	4
12	3
13	5
14	2
15	4
16	5
17	1
18	4
19	1
20	1
21	1
—	—
23	5
—	—
26	1
—	—
28	1
—	—
30	1
—	—
33	3
—	—
42	1
43	1
—	—
48	1
自　由	76*
計	149

『日本教育史資料』1・2・3により作成。
＊終身就学の5校をふくむ。

学しなければならなかった。学習期限を八歳から一五歳までの八年間としていた三春藩明徳堂が、「四書五経読ミ終ラサルモノハ何歳ニ至ルモ退学ヲ許サス」(39)といい、また学習期限を八歳から二〇歳までの一三年間としていた岩崎藩勅典館が、「未熟者ハ二十歳以上ト雖トモ従事セシム」(40)と、適宜年限の延長を認めたのも同様のタイプであろう。いずれも学校側の期待する学力に達しない場合には、卒業を認めないというのであるから、就学強制の方法としてはよほど厳格であった。

所定の学習期限が必ずしも守られなかったのは、それだけ当局側がサムライ教育に期待したからであるが、なかには富山藩広徳館のように、すべての士分の子弟に入学を強制し、学習期限を一五歳から二五歳までの一一年間としながら、出席日数を定めるさい、学齢をこえた人びとにも毎月何日かの出席を義務づけるものもあった。すなわち、学齢期間中は、当主とその子弟は毎月二七席、城番士は毎月一二席と定められていたが、一方で、四〇歳以上の城番士や属吏(41)にも毎月六席を義務づけており、席数がなくなる、つまり完全に本人の自由に任されたのは、一四歳以下と五〇歳以上である。学齢未満児を別にすれば、実質的な学習期限は、一五歳から四九歳までの三五年間であったといえなくもない。

勉学はサムライ身分の当然の務めであり、終了などありえないというふうに考えると、ことさらに学習期限を定める必要などないということにもなる。もっとも、高梁藩有終館のように、「六七歳ヨリ終身ノ業トス」(42)というだけでは、いわゆる生涯教育を建前としていたにすぎず、出入り自由の学校と大差がないが、萩藩明倫館のように、七、八歳より一四、五歳まで、一五、六歳より二四、五歳まで、二六、七歳より四〇歳まで、四〇歳以上などと四段階に年齢区分しながら、所定の学習カリキュラムを詳細に提示する場合には、サムライたちは物心ついてから死ぬまでの一生涯の勉強を期待されるわけであり、就学強制のシステムとしては、これ以上注文のつけようがない。

似たような制度は、福井藩明道館(43)や津山藩修道館(44)にもあった。強制就学の年限を、当時の平均寿命を上廻る五、六〇歳代にまで延長していた柳本藩明倫館(45)や挙母藩崇化館(46)なども、同様の範疇であろう。

第三節　怠学者を取締まる

出席強制をうたいながら、一方で、私塾や寺子屋など在野の教育機関に学ぶことを認めるならば、強制はほとんど名目でしかなく、厳密には出席の自由、すなわち欠席の自由があったといってさしつかえない。前述した第三のタイプ、たとえば柳川藩伝習館や日出藩致道館などがそれであるが、出席強制を本気で実施しようとする第一や第二のタイプの場合も、怠学者を取締まる罰則規定を欠くものは、どれほど効果をあげえたのか疑問である。

もっとも穏かな取締まりは、学齢に達しても就学しないとき、理由書の提出を求めたものである。「十一歳ニ至レハ藩立学校へ必入学セシム若病気其他事故アリテ入学難致者ハ其次第届出サシム」(47)という秋月藩稽古館がそれであるが、掛川藩徳造書院(48)や弘前藩弘道館(49)などにも、同じような規定があった。理由をいえば学校に行かなくてもよいというのは、一見、寛大のようであるが、よく考えてみると、正当な理由がなければ必ず学校に行くということであり、それなりの強制であった。

これに次ぐものは、「士族卒ノ子弟年齢八歳又ハ十歳ヲ過ルモ入学セサルトキハ監察掛ヨリ該親族ノ者ニ示諭シテ入学セシム」(50)という鶴牧藩修成館、および「八歳以上ニテ入学セヌ又武芸ニ従事セサル者ハ文武取締ノ者其父兄ニ督責ヲ加フ」(51)という岩崎藩勅典館のように、不就学者の父兄に対して示諭や督責を行った場合である。ただ、こうした働きかけに従わないときの罰則については、いずれも明らかでない。小泉藩稽古場では、士卒とも八歳で文学、一二歳で武術に入学せしめ、「疾病事故」(52)などの理由なくして、「一ヶ月間懈惰スルモノハ相当処分」と定められていた。おそらく説諭や督責を無視した場合の措置であろう。処分の中身などはやはり不明だが、卒分については緩やかな処分であったといわれるから、名目だけの規程でなかったことはたしかである。

罰則を明示したものも、その態様はさまざまである。亀岡藩文武教場では、士分の子弟が八歳になっても届出をせず不就学のときは、保護者である父兄が「差扣」や「謹慎」、すなわち閉門処分をうけたが、その期間は怠学の状況によって長短があった。(53) 佐賀藩弘道館でも、文化四年(一八〇七)一一月古賀穀堂の建白により、まず大組頭が怠学者に「異見教訓を加へ(54)」ることとし、なお改まらないときは、「御叱リ、ヒツソク、又隠居等」の処分を行うことになったが、その後もたびたび諸士一統に出席を命じる訓令を発しているところから、取締りそのものが一時的なもので、長続きしなかったらしい。

理由なくして三ケ月以上怠学のときは、「御叱リ(55)」を行い、依然同じような状態が続くと、「格席ヲ下シ或ハ家禄ヲ減スル」といった具体的な処分を行ったのは郡山藩であるが、館林藩造士書院では、いっそう露骨に、文武両道のうち一芸の免許を得なければ家禄の一部を減じ、成業ののち旧禄に復せしめることになっていた。なお、家督相続に直接関係のない次・三男以下の場合は、「抜群勉励学術特ニ上達ノ者(56)」に対して扶持米一人口(一日米五合)を与え、また一芸免許《ママ》のものへ一段染めの下緒、二流免許のものへ二段染めの下緒、三流免許のものへ三段染めの下緒を与えるという奨励策があったが、怠学に関する罰則規定はない。家督相続の第一候補者である長男が、何よりも重要視されたということであろう。

家禄の一部召上げ、すなわち減俸処分は前出の佐賀藩弘道館でも形を変えて登場している。文政一〇年(一八二七)三月、従前の出席奨励が空文化したのを憂えた藩当局は、家督相続のさい、「文武稽古の有無、及び進歩の程度、相伝、免許等の有無、並に諸道場、出席の度数等を組内より取り調べ(57)」ることを厳命したが、悪質な怠学者は「長病」とみなし、馳走米の比率を上げ、五〇石以上は五〇％増し、五〇石以下二〇石までは二五％増しというふうに、身分や給禄の大小に応じて増徴を行っている。天保元年（一八三〇）の調査で諸流武芸者（武芸教室への出席者）が二六六〇名の多くを数えたのはその成果というが、天保一二年（一八四一）正月には改めて文武不心掛者を長病者に準じて家禄の一部削減を命じ、また嘉永三年（一八五〇）にはじめられた「課業法」では、適齢に達してもなお学業成果が上らないときは、罰として家禄の十分の八を控除し、藩の役職に就くことを禁じているから、(58) その厳密な実行は思うようにはいかなかったらしい。

同じような制度は、会津藩日新館や福山藩誠之館にもみることができる。まず前者は、天保八年（一八三七）三月の規定で士分の子弟は一〇歳になると必ず学校に上り、長男は二五歳まで、次・三男以下は二一歳まで在学して身分ごとに設けられている学習カリキュラムを修めたが、家督相続のさい、所定の課程を修了していないと一種の科料にあたる小普請料なるものを課せられ、また五〇石以上のサムライ以外（全家臣団の八六・七％）は、禄高若干を削られた。もっとも、すでに講釈所（大学）生になるか、あるいは武術数芸の免許をえているものは小普請料を免除され、減禄の対象にもならなかった。

つぎに後者では、士卒とも八歳で入学して文学を学び、一〇歳より武術をはじめ、一五歳から各人の得意な武術を選んで専修することになっていたが、文武ともに初段、二段、三段を組合せた三つのランクがあり、出仕の年齢である一七歳時の学力の如何により家禄一部が減じられた。(59) その大要は次の通り。

㈠、表方（一般藩士）は文初段、武二段（弓・槍・剣のうち一科）、もしくは文二段、武初段（同上）、また勝手方（会計）は算二段、文武のうち一方が初段、もしくは算初段、文武のうち一方が二段ならば、当主は三石の歩引きで出仕、部屋住（長男）ははじめ二人扶持、四年目に一二石支給、ただし二石の歩引きで出仕する。

㈡、文二段、武二段（同上）に達していると歩引きは行われなかったが、この場合も、江戸表では五年以内、国許では三年以内に文武の一方が三段に達することを条件づけており、失敗するとやはり歩引きの対象になる。また勝手方は算二段、文武のうち一方が二段ならば歩引きなし。

㈢、表方は文初段、武三段、もしくは文三段、武初段、また勝手方は算三段、文武のうち一方が初段、もしくは算初段、文武のうち一方が三段の場合は、いずれも歩引きなし。

その他、順養子、部屋住（次・三男以下）、無足（下士）の子弟に関する規定もあり、たとえば表方ではじめ二人扶持、四年目に一二石支給の資格を得ようと思えば、文三段、武三段（同上）に達していなければならず、当主や嫡子の条件に比べるとずいぶん厳しかった。プラス・アルファの人びとの中から選抜するのは、ごく一握りの優秀な人材でなければならないというところであろう。(60)

段位の認定をするわけだから、当然文武の各段ごとに詳細な学習カリキュラムが用意されていた。たとえば「歩引き御用捨」、すなわち世襲の家禄どおり、もしくは旧に復される三段についてみると、文学では四書全部の講釈や策文の試験で所定の点数を獲得しなければならず、また武術は弓・槍・剣のうちいずれか一つの免許皆伝を得る必要があった。もちろん、歩引きという荒療治が突然行われたのではなく、それ以前、日常の学習活動でも怠学者を厳しく取締まった。父兄を呼び出して説諭を加えるのはごく普通に見られたが、とくに悪質な場合には、監督不行届の理由で「差控」、すなわち自宅謹慎の処分が行われたりした。(61)

藩校に入学して勉強することを、はじめから家督相続や仕官の条件にしていたものもある。「文武ノ両道ヲ研究セサルモノハ相続人ト雖トモ出番セシメサル」(62)という二本松藩敬学館、また「嫡子ハ藩立学校ニ入学セサレハ仕籍ニ列スルコトヲ許ササル」(63)とした高鍋藩明倫堂などがそれであるが、とくに後者の場合、小学校にあたる行習斎の入学こそ九歳から一一歳までの間と余裕があったが、精勤に出席して所定の試験にパスしなければ卒業を許されず、しかも、著察斎に進学した大学生のうち、諸士の嫡子については一五歳より三〇歳まで毎月最低六日の出席を義務づけており、相当程度の学力に達することを求めていたことがわかる。一ヶ月以上の無断欠席を認めず、病気の場合でも三ヶ月以上に及ぶときは医師の診断書を必要とし、理由なくして怠惰数ヶ月にわたると逼塞、すなわち自宅謹慎を命じ、なお改めないときは家禄を削るという処罰が順次行われた。ただ、こうした規制もなかなか思うような成果につながらなかったらしく、「明倫堂日誌」の随処に、「去月中講席惣不参」[64]や「学校改（試験）之節無案内不参」[65]のゆえに、稽古改役へ氏名を通報された記事が見える。弘化四年（一八四七）正月に、一ヶ月皆欠席者の取締りを稽古改役の管轄から外し、一回目と二回目は大目付所、三回目以降は御会所の手へ委ねてより厳重にしようとしたのも、そうした不心得者が後を絶たなかったためのようだ。

一定の学力レベルに到達することを明記していたものはかくべつ珍しくなく、たとえば「四書ノ正試ヲ終ラサレハ仕藩ニ列スルヲ許サス」[66]とした佐土原藩学習館や、「門地大臣及士族ノ嫡子タル者四書ノ素読ヲ歴サレハ出テテ仕ルヲ許サス故ニ出仕願ヲ申立ル節ハ必ス素読試験済ノ証ヲ付ス」[67]とした秋田藩明道館などであるが、「四書五経若クハ史子ノ大意ニ通シ弓馬刀槍砲術五芸ヲ兼能スル者ヲ上トシ家督相続ヲ許ス」[68]という岩国藩養老館なども、同様の範疇であろう。

安政四年（一八五七）五月の本開館のさい、諸士以上の子弟が一〇歳になると必ず家塾（藩校の教官が主宰していた）に入学する制度をはじめた水戸藩では、弘道館の入学年齢である一五歳になると、学力判定のうえ講習寮に入学させたが、学力不足のものはそのままもとの家塾にとどめ、二〇歳になっても成果が上らない場合は、付設の講習別局へ入学を命じた。むろん、どのコースに進んでも怠学は許されず、その程度に応じて舎長・手副による教諭、教職による譴責、藩庁に上申して謹慎、降等（居学生ならば講習生へ降す）、免許状の追奪などを行い、また出席日数の不足するものには奪職・降等（在職満限で昇級すべきものをストップし、逆に、その等級を降す）や増課（出席日数一五日の場合は三〇日に倍増する類い）などの措置をしたが、もっとも悪質な「其懶惰業ヲ廃シ言行放恣ナル者」[69]については、「嫡子ト雖トモ叙用セス」、すなわち家督相続を認めないという厳罰も辞さなかった。

年齢別の出席日数を定め、各人の出欠を毎日チェックして厳しく就学を取締まったのは、津山藩修道館である。士分の子弟はすべて一一歳になると入学し、一四歳まで文学専修、一五歳より文武両道を修め、三〇歳以上になってようやく文学にかぎり自由としたが、それでも毎月六度の講釈には出席義務があり、事実上終身の勉学を求めていた。安政五年（一八五八）一一月の「定」によれば、一一歳より一四歳までは毎月学問所に二〇度（当主は一八度）、一五歳より二〇歳までは毎月学問所に二〇度、弓・槍・剣の教場のうち二ケ所に二〇度ずつ、計六〇度（当主は学問所に一八度、弓・槍・剣の教場のうち二ケ所に一八度ずつ、計五四度）、二一歳より三〇歳までは毎月学問所に二〇度、弓・槍・剣の教場のうち一ケ所に二〇度、計四〇度（当主は学問所に一八度、弓・槍・剣の教場のうち一ケ所に一八度、計三六度）、三一歳より四〇歳までは毎月学問所、弓・槍・剣の教場のうち一ケ所に一五度（当主は同じく一ケ所に一二度）、四一歳より五〇歳まで、および有役者は毎月学問所、弓・槍・剣の教場へ合計六度、五一歳以上は毎月学問所、弓・槍・剣の教場へ合計三度出席することが求められた。

当主や有役者の出席回数が少なかったのは、公務に忙しい事情を考慮されたものであろう。この他にも、「当主大役人学弓槍剣の内十八度」、「月並以下学剣の内一ケ所へ当主十八度嫡子廿度」「家業十五歳巳上の面々有役の通」「御医師嫡子二男三男医躰の分学問専業同様尤武芸勝手次第」[70]などという細かな規程があったが、いずれも身分や職制の上下によって出席日数を斟酌したものである。

各人の出席の有無はその都度記録されたので、勤怠の状況は一目瞭然であったが、一一歳より三〇歳までは、毎月二〇度欠席すると弁明書を提出しなければならなかった。出席日数のいちばん多かった一五歳より二〇歳までの六〇度からみると、三分の一にあたるが、逆にいえば、所定の度数の三分の二は必ず出席を求めていたことになる。出席状況の芳しくないものに対し、鉄砲猟や酒宴遊興の席に連なることを禁じたり、校内に特設された勧督部《ママ》屋（他学生との往来が禁ぜられ、衣食すべて自弁）入りを命じるなどの罰則もあわせて行われた。

弁明書の提出などの措置がどのていど出席日数の確保に役立ったのか不明だが、修道館ではただ形式的に学ぶ、つまり所定の日数を消化することは許されず、その延長線上で相応の学力に到達することが要求された。たとえば二〇歳以下で文学専修を許されたものは、四書の臨時講義、また二〇歳以上で五経のうち二、三経の臨時講義が必須であり、[71] 一方、武術の専修を許されたものは、二〇歳以下で目録以上、二〇歳以上は免許を得なければならず、いずれもこの水準に達しないと、当主は「格式不坐ノ咎」、すなわち降等や減禄の処罰をうけ、次・三男以下もこれに準ずる譴責の対象となった。出席強制の手続きとしては、これ以上間然するところがないだろう。

第四節　生徒数からみた就学の実態

出席奨励の効果は、各々の藩校にいったいどれくらいの生徒たちがいたかをみれば、おおよそ見当がつく。ただ、『日本教育史資料』一・二・三所収の生徒総数は、調査年代が一定せず、創立当初のものや廃校直前のもの、あるいは最盛時のものなどが雑然と並べられており、数字の大小がそのまま就学奨励の成果を示すものではないから、同時にさまざまのファクターを併せながらみることが必要になってくる。

寛政四年（一七九二）の創設当時二六〇〇余名の入学希望者がいたといわれる加賀藩明倫堂は、「四民教導」[72]を校是としてかかげ、サムライ身分だけでなく、百姓や町人の有志者にも門戸を開放していたことが大きかったようだ。この時期の学校職員四〇余名中、都講以下講師にいたる教員が総計二〇余名を数えたというのも、生徒数がかなりのものであったことを説明してくれる。もっとも、「二千六百人余」(73)の報告者自身が、「渾《すべ》テ之ヲ生徒ト称スルハ穏当ナラザルニ似タリ故ニ其中ニ就キテ年少ノモノノミヲ挙クルモ二三百人ヲ降ラサルヘシ」というように、入学希望者がそのまま在学生徒数を示したわけではなく、実際に学んだのはそのたかだか十分の一程度でしかない。この数字は、文化一〇年(一八一三)の「素読生三百人」、天保九年(一八三八)の「生徒人数大略二百人」、嘉永元年(一八四八)の「入学生大数弐百六十人」などという一連の記録によって裏書きされる。

天保一二年(一八四一)の開館式に三〇〇〇余名(74)の参列者を集めたという水戸藩弘道館は、藩主斉昭の命で当日入学資格をもつ士分のほかに、卒分や神官、修験、郷士たちの出席を許したことが大いに与っている。開校後しばらくは、連日数百名の出席者があったというが、(75)多分に物珍しさも手伝っていたのではなかろうか。教職員数をみると、初年度は水戸本校二二名、江戸藩邸内の分校九名、計三一名でスタートしたが、翌年には水戸本校三五名、江戸分校一六名の計五一名、翌々年には水戸本校一九名、江戸分校一八名の計三七名(76)と一年ごとに激しく増減している。おそらく、継続的に学習する厳密な意味での生徒数が確定しなかったためであろう。

生徒数の大小が一応の目安になるが、就学状況をいっそう正確に知ろうと思えば、藩校に入学を許された有資格者の母数を調べ、それとの比較で考えてみることが有効である。たとえば加賀藩百万石のサムライ人口は、『藩制一覧』一でみると、士族戸数七七九七戸、人口二万八六八三名(男一万三九〇七名、女一万四七七六名)、卒族戸数九七〇三戸、人口二万七〇三八名(男一万四六五五名、女一万二三八三名)となる。もっとも、明倫堂に入学を許されたのは、「士分以上ノ子弟」(77)、それも一五歳より二三歳までの九年間に及ぶ学齢男子であり、その数は多くても二六

○○名ほどと思われるが[78]、それにしても、明倫堂の平均生徒数二、三○○名とは、いちじるしい距離がある。

開校時に二六○○余名もあった志願者のほとんどが入学しなかったのは、士分以上を有資格者とし、それ以下の身分に関しては講釈聴聞しか認めなかったためである。天保一○年（一八三九）四月の改革では、入学生を原則としてお目見のできる平士並以上とし、それ以下の御歩並までは、「俊異之者」[79]に限ってとくべつに入学を許されることになったから、いっそう狭き門になった。

建学の精神に戻るかにみえる一連の措置は、前項でもみたように、明倫堂のいわゆる「四民教導」が、もともと身分制打破を前提にした門戸開放を意味しなかったことによって諒解される。入学を許された士分以外の人びとは、庶民とはいいながら、実は村役人や家持町人など地域社会のリーダー層であり、彼らの家業の余暇に学問に励むように呼びかけたものの、主眼はどこまでもサムライ階級にあった。しかも、とうぜんのことながら、身分の高いサムライほど学問に熱心であることが期待された。天保一○年（一八三九）四月の「明倫堂御規制」に、「御家中人持以下平士並以上嫡子・嫡孫之人々、十五歳より廿三歳迄九ケ年間、不洩生徒被仰付候」[80]とあるのが、その何よりの証拠であろう。

加賀藩では、士分の子弟は入学の前年にあたる一四歳の年末には必ず氏名を届出ることが義務づけられていた。藩内の有資格者を一人残らずリスト・アップし、その就学を徹底しようとしたためと思われるが、実質的な就学強制が平士並以上の家督相続候補者に限られていたこと、その上、罰則規程をともなわなかったこともあり、生徒数の増大にはそれほど役立っていない。藩政末期の「侍帳」[81]をみると、平士並以上は総計一四八九家であるから、学齢人口は六九○名前後[82]になるはずであり、これは明倫堂の生徒概数二、三○○名のほぼ二・五倍である。学齢に達した当主や嫡子・嫡孫はせいぜい三○○名ほどと見積もられるから、全員就学の可能性もあるが、入学資格のあった次・三男以下やその他の身分、すなわち与力や御歩並からも入学者があったといわれるから、相当程度の実績をあげたという以上にはいえないだろう。

水戸藩三五万石の領内には、藩校弘道館に入学資格をもつ諸士以上が寛文年間（一六六一―七二）の分限帳(83)によれば、一〇六七家あり、学齢を一五歳から出席日割が全免される四〇歳までの二六年とすると、一四四〇名前後の就学者(84)があってもよいが、開館直後のいちばん盛んなときで数百名、あるいは三、四〇〇名といわれるように(85)、ここでも名実の差がいちじるしい。三〇〇石以上が二二一家、三〇〇石未満、一〇〇石以上が三三一家、すなわち一〇〇石以上の禄高を有するサムライの身分だけですでに五五二家を数えており、その子どもたちが皆就学すれば七四〇余名(86)、つまり前出の生徒数の二倍以上になるのだから、もう一つ学校に人気のなかったことが分かる。

前述のように、水戸藩では藩士以上は一〇歳になると必ず家塾に上り、一五歳のとき相応の学力をえて弘道館に入ることを義務づけられており、そのための細かな賞罰の規定があったりしたが、実際上は大して効果がなかったらしい。たとえば一五〇石以上のサムライの場合、毎月の出席日数が身分の上下に応じて明示されていたが、これにもそれなりの抜け道があったようだ。現に、本開館したばかりの安政三年（一八五六）、石河明善ら九名の教官が連名で提出した建議書には、近年諸生の遊惰がいちじるしいが、とくに身分の高いサムライの子弟ほど学校軽視の風潮がつよいとあり(87)、出席強制がしだいに有名無実化しつつあったことが分かる。

開学以来、就学強制を一貫して行わず、各人の自由としていた藩校の場合、生徒数が少なかったのは当然だろう。何十万石の大藩に案外こういったケースがみられるが、あるいはこれは、サムライ人口が相対的に大きく、収容能力の面で限界があったためかもしれない。たとえば岡山藩三一万石は、入学資格が原則として全藩士、『藩制一覧』一によれば、士族戸数二七一一戸、人口九七三八名（男五三〇四名、女四四三四名）、卒族戸数三〇二六戸、人ロ七七九九名（男五八二〇名、女一九七九名）にあったこともあり、寛永一八年（一六四一）創設の花畠教場の時代に早くも八〇余名の在学生をかかえ、寛文九年（一六六九）の「学校」開設後は表3のような生徒数であったが、岡山城下のみで「臣士の邸宅数千」(88)といわれた賑いぶりからすれば、就学の実はほとんどなかったといっても過言ではない。なお、天和三年（一六八三）以降、生徒数が従前の三分の一に激減したのは、藩祖光政の隠退にともなう執政熊沢蕃山の失脚で、藩当局の教育方針が一変したためのようだ（第六章第二節参照）。

表3　岡山藩学校の生徒数の変遷（最大数）

元　　　号	西　　暦	年数	生　　徒　　数
寛文9～天和2	1669～　82	14	小生141，小侍者67
天和3～元禄15	1683～1702	20	大・小生 63
元禄16～享保7	1703～　22	20	〃　112
享保8～寛保2	1723～　42	20	〃　55
寛保3～宝暦12	1743～　62	20	〃　129
宝暦13～天明2	1763～　82	20	〃　172
天明3～享和2	1783～1802	20	〃　185
享和3～文政5	1803～　22	20	〃　126
文政6～天保13	1823～　42	20	〃　242
天保14～文久2	1843～　62	20	〃　208
文久3～慶応3	1863～　67	5	〃　177
明治1	1868	1	〃　227
〃　2	1869	1	〃　236
〃　3	1870	1	〃　266
平　　　均	——	—	171.9名

『日本教育史資料』2により作成。
*寛文9～天和2（1669～82）は初代藩主光政の時代。

仙台藩六二万石の養賢堂は、出席強制を行わなかったにもかかわらず、生徒数の大きさが抜群であるが、はじめからそうであったわけではない。学問所を移転・改築し、養賢堂と称するようになった宝暦一〇年（一七六〇）五月の「布令」に、「近年、学問所聴衆不足ニ相成リ、別シテ去年中ハ出席コレ無キ節モ時々相見エ、右ノ故ヲ以テ講釈モ自ラ相止メ候」(89)とあるごとく、一時期、閉校同然の悲境に落ち込んだこともある。生徒数がもっとも増大したのは幕末最後の時期であり、「伊達氏資料」に、「ソノ少ナキモ一日一千名ヲ下ラズ、慶応初年ノ頃、素読生ノ多キ一朝六百五十名ニ至ル」(90)とあるが、「教育沿革史材料」に、「通学生徒概略八、九百名」「寄宿生定員ナシ、然レドモ通常二十五、六名ニ過ギズ」とあるのも、同時期の景況を伝えたものであろう。いずれも常時一〇〇〇名ちかくの生徒数を擁したというが、これはもともと、仙台藩のサムライ人口が他藩に比べてきわめて大きかったこととも関係するようだ。事実、慶応三年(一八六七)時の総人口七三万一九八三名のうちサムライ人口は一七万五〇〇〇余名、二三・九%を占めており、全国平均の五、六%をはるかに上廻っている。入学資格は原則として士卒すべてにあったのだから、学齢を八歳から一七歳までの一〇年間と最小限に見積もっても、(91)万余の学齢該当者がいたことになり、一〇〇〇名前後の生徒数はむしろ少なきに失するといわなければならない。

熊本藩五四万石の時習館は、九州地方でもっとも早く整備された藩校であり、西南諸藩のほとんどモデル・スクール的存在であった。就学強制を行ったことは一度もないが、講学生は常時「三百七八拾人程」、(92)句読斎生ははじめ「四百七八拾人程」、のち「五百人余」、習書斎生は「四百五拾人程」、のち「五百人余」、菁莪斎居寮生ははじめ「拾七名」、嘉永・安政のころ「二拾七名」を数え、またその他にも、「算術師七家ノ生徒一家百人程、音楽師門生三拾人程、古実師門生五拾人程、武芸師範特ニ隆盛ナル家ハ五六百ヨリ多ク寡キモ百五拾人ニ降ラス」などといわれており、創設時にすでに総計「一千数百名の多き」(93)に達していた。

もっとも、この盛況が一貫して継続したわけではなく、開校後三〇年をへた天明五年(一七八五)ころには、府学の儒者中山黙斎が、「今学校を立おかれ、師をおかれたるに、生徒の少きはうたがはしき事也。両榭に日々出席する子弟は、講堂よりも十倍なるべし(中略)、今講堂にては、本才の人を育することなく、官につき事の治めにも通じざる人は、学校より出る事十に一二もあるべし。世禄の人豪邁の士は、学問を好めるものありとも、講堂に出る事希也」(94)というように、きわめて深刻な状況になった。文武兼習の建前からすれば、講堂と両榭(武学校)の生徒数に大差はないはずであるが、前者が後者の十分の一程度というのだから、文学校の退落現象ははなはだしい。しかも、こうした状況はその後も改善されなかったらしく、一四年後の寛政一一年（一七九九）にも藩儒脇愚山が、「御国御学校の事は、天下に無隠、年来諸国にても手本と仕候に付、私被召呼候初、内々奉存候は、定て御家中子弟高下を不論、大概四分一は平日出席も可有御座、御繁昌の御事と想像仕候処、追々見聞仕候に、平日出席の衆も不多、貴族高禄の子弟は、別て寥々の体、案外の御儀に奉仕候（ママ）[95]」などと、評判倒れの内情を暴露している。

『藩制一覧』で熊本藩のサムライ人口をみると、士族戸数四二八一戸、人口一万六〇五〇名（男八〇五〇名、女八〇〇〇名）、卒族戸数一万五一一八戸、人口七万一七三三名（男三万七二一九名、女三万四五一四名）、陪臣戸数三八一五戸、人口一万五八六七名（男八二五九名、女七六〇八名）であり、上下をあわせた有資格者は、どんなに少なく見積もっても四千名や五千名はいたはずである。「大概四分一」という愚山の見積もりは、おそらく創設時の千数百名を指していたと思われるが、七歳から二〇歳までの一四年間を学齢とすれば、士分の子弟のみですでに二三四〇余名[96]になるわけだから、大半のサムライの子弟は時習館に無縁の存在ということになる。

ところで、開校直後の「布達」で「知行取ノ子弟中小姓ノ嫡子凡士席以上ハ大小身ノ無差別時習館及両榭ヘ可罷出候[97]」というように、熊本藩当局の狙いはやはり身分の高いサムライの教育にあった。文化八年（一八一一）当時で一二六三家[98]を数えた「知行取以上ハ大略藩立学校ニ入リテ修学シ其家塾等ニテ学ヒシハ僅々指ヲ屈ル程ナリ[99]」と、のちに説明しているところからみて、所期の目的はほぼ達成されたと考えられる。全サムライ人口の八四％を占める卒族や陪臣の子弟の就学状況については何も分からないが、入学資格を原則として「知行取以上」とする時習館では、もともと彼らは「芸術抜群ノ者[100]」、すなわち学力優秀のものに限って入学を認められたのであり、士分並みの就学は望むべくもなかった。おそらく一握りの人びとが、とくべつに選ばれて時習館に学んだ程度であろう。同じような扱いをうけるはずの農・町民の場合、実際に入学するものはほとんどいなかったようだ。

表4　中・小藩の就学強制

藩名	石高	武士人口	生徒数	学齢	就学強制	賞罰	調査年	門戸開放
松代	10	1659 3473	100	8～30	士分		維新前	卒分許可，平民不可
松本	6	1186 1913	150	8～20	〃			
須坂	1	213 214	50以下	7～	士・卒分	譴責，減禄	維新前	平民許可
飯田	1.7	526 250	50前後	7.8～	士分		〃	卒分・平民とも許可
小諸	1.5	318 431	100	8～ 15.6	〃			〃
高島	3	989 1674	170 ＋35	8～30	〃			卒分・平民とも不可
上田	5.3	879 866	100 ＋10	10～20	〃			卒分許可，平民不可
飯山	2	407 330	300 ＋30	8～	士・卒分	理由の届出	明治2前	平民許可
高遠	3.3	612 623	500 ＋40	8～25	士分		維新前	卒分・平民とも許可
岩村田	1.5	159 98	90前後		士・卒分		明治4・5年	平民許可
龍岡	1.6	222 96	60		〃		維新前	〃

『長野県教育史』第1巻，『日本教育史資料』1，『藩制一覧』1，2などにより作成。
1）武士人口の上段士分，下段卒分，いずれも男性のみ。
2）松本・須坂藩の就学強制は家塾で代替できた。
3）石高の単位万，＋寄宿生。

ところで、就学強制を積極的に採用していたのは一〇万石以下の中・小藩に多いが、大藩に比べれば、サムライ人口が小さかった分だけ学校をつくりやすく、また子弟の就学の有無をチェックすることも容易であったことが有利に働いていたかもしれない。その他、多くの場合、藩校開設の時期が遅い、つまりそれだけ新しいタイプの学校であったという面も無視できないようだ。一例をここでは、信濃地方にあった一一藩について見てみよう。

いちばん藩領の大きかった松代藩一〇万石の通学生一〇〇名は、『藩制一覧』一のあげる士卒を合した総人口一万一四三名（男五一三二名、女五〇一一名）からすればいかにも少なすぎるが、これはおそらく、文武学校が安政元年（一八五四）という遅い時期に完成したこととも関係があるだろ

表５　松代藩稽古所修了生徒の変遷（名）

年　　号	四書	五経	四書講義	計
文政12(1829)	4	1		5
天保１(1830)		5		5
2	4	3		7
3		4		4
4	2	6		8
5	1	3		4
6	2	4		6
7	1	4		5
8	6	4		10
9	3	3	5	11
10	7	7		14
11	4	6		10
12	6	8		14
13	3	6		9
14	4	4	1	9
弘化１(1844)	2	7		9
2	2	8	1	11
3	5	3	1	9
4	4	5	2	11
嘉永１(1848)	10	3	2	15
平　　均	3.88	4.7	2	8.8

『日本教育史資料』１により作成。

表６　松代藩文武学校修了生徒の変遷（名）

年　　号	四書講義済	四書五経素読済	計
嘉永２(1849)	2	29	31
3	2	20	22
4	0	22	22
5	0	12	12
6	0	7	7
安政１(1854)	3	29	32
2	2	25	27
3	2	27	29
4	0	37	37
5	4	32	36
6	2	33	35
万延１(1860)	3	39	42
文久１(1861)	5	50	55
2	2	53	55
3	3	39	42
元治１(1864)	2	55	57
慶応１(1865)	3	45	48
2	4	58	62
3	1	29	30
明治１(1868)	—	—	—
2	4	34	38
3	1	46	47
平　　均	2.14	34.33	36.48

『日本教育史資料』１により作成。

う。これ以前、すなわち学問所時代の文政一二年（一八二九）から嘉永元年（一八四八）までの「四書五経素読」の修了生が僅々一〇名前後であったことからみて、就学強制のはじまったのは早くても嘉永二年（一八四九）以降、実質的には文武学校のスタート後とみられるが、罰則規程がなく、大して効果を上げ得なかったようだ。就学強制が士分のみを対象とし、卒分については各人の自由、平民の入学は禁止されていたのも、生徒数がふえなかった一因だろう。

生徒数がもっとも多い高遠藩は、『藩制一覧』一で士族戸数二五九戸、人口一二五〇名（男六一二名、女六三八名）、卒族戸数二四五戸、人口一二四九名（男六二三名、女六二六名）であり、通学生と寄宿生を合わせた五四〇名が、全士卒一二三五名の学齢男子と推計される四六二名を大きく上廻っている。[101] 万延元年（一八六〇）三月の進徳館開校以来、すべての藩士は必ず八歳で入学し、二五歳まで一八年間在学することになっており、庶民の希望者にも門戸を開放していた。毎月二七日の月並講釈に藩主自らが諸役人を率いて出坐し、藩士一同洩れなく参列して在学生とともに聴講するのが慣例であったが、士卒を合わせて千名あまりの小藩ならではの風景であろう。その他、次・三男以下で学業優秀のものは、「召出サレ一家ニ取立ラルル」[102]という奨励法があったのも、生徒数の増大にプラスしたのかもしれない。

一方、五〇名以下ともっとも生徒数の小さかった須坂藩は、一万石の小大名であり、『藩制一覧』一に士族戸数九八戸、人口四三一名（男二一三名、女二一八名）、卒族戸数一二八戸、人口四〇三名（男二一四名、女一八九名）というふうに、もともとサムライ人口そのものが小さい。全藩士が七歳になると必ず入学というのは他藩と変らないが、在学期限がはっきりしない、つまり学齢が明確化されておらず、また家塾などで代替することも認められていたから、厳密な意味での就学強制とはいいがたい。[103] 文久三年（一八六三）ころ、怠学者を取締まるために譴責や減禄処分を行ったことがあるが、「一時文武共振興セリ」という程度で大して効果がなかった。おそらく処分そのものが長続きしなかったためであろう。

前節でもみたが、入学が個々人の自由に任されている、つまり就学強制を行わないところでは、総じて生徒数が少なかった。またたとえ強制しても、罰則規程をともなわないと、大して実効は期待できなかった。現に、就学強制が閉門や減禄、極端な場合には家督相続不可などの厳しい措置をともなっているときには大てい生徒数がふくらんだ。

たとえば高鍋藩明倫堂は、幕末最後の時期にはすべての士分の嫡子を八、九歳で入学させることとし、不就学者にはいっさい家督相続を認めなかった。次・三男以下も他家に養子入りしようと思えば、一一歳までに入学していなければならず、また遠隔地に存在する諸士や卒分で近傍の師家について学んだものは、文武改役に一定の学力に達したことを認定されないと、やはり出仕できなかった。

就学強制をやかましくいえばいうほど、その網の目をくぐる不心得者がいることはすでにみたとおりだが、「士族必入校ノ令」(104)はそうした怠学者を一掃する上で大きく役立ったらしい。現に、これ以後、行習斎の小学生（九―一四歳）は一〇〇名から三〇〇名へ、また著察斎の大学生（一五―三〇歳）は五〇名から一〇〇名へいずれも生徒数をふやしている。『藩制一覧』(105)一でみると、士族戸数四三八戸、人口二〇九七名（男九九七名、女一一〇〇名）であり、学齢該当の四五〇名前後にほぼ同じである。これから推せば、少なくとも士分の当主や嫡子、それに次・三男以下は皆就学に近かったと見てよいようだ。なお、明倫堂は卒分以下、百姓や町人にも門戸を開放しており、その若干名がそうした人びとであったと思われるが、卒族戸数一七〇八戸、人口七四二〇名（男三八一六名、女三六〇四名）からすれば、卒分の学齢該当者のみですでに一七四〇名をこえており、その比率自体は大したものではなかった。

強制就学を徹底した高鍋藩ですら士分の子弟が皆就学した程度であり、全家臣団の八〇％ちかくを占める卒分の子弟の多くは、依然として学校に無縁であったが、この傾向は同じように就学強制に熱心であったその他の藩にもみられる。たとえば岩国藩では、すべての士分の子弟は一三歳になると養老館に入学し、三〇歳まで在学を続け、文武の試験にパスしないと家督相続を認められなかった。通学生が二七〇余名、寄宿生が三〇名、計三〇〇余名の在学生がいたのは、そのためであろう。安政三年（一八五六）四月当時の「御家人帳」所載の士族戸数は八三七戸だから、高鍋藩の二倍ちかい男子人口が見込まれるはずであり、生徒数がやや少ない観がしないでもないが、学習期限が一三歳から三〇歳までの一八年間と四年も短いことを思うと、そんなに大きな差があったとはいえない。少なくとも、当主や嫡子は皆就学に近かったとみて間違いないだろう。

ところで、明治三年（一八七〇）末の「学制ノ議」[106]は、岩国藩中のサムライのうち、低度の読み書き能力はともかく、「唐本ヲ読ミ得ル」ほどの学力の持主になると一〇〇〇名当り五名程度、すなわち全士卒八〇〇〇名中の僅か四〇名ぐらいしかいないと大いに悲観的であったが、この見方が正しいとすれば、弘化三年（一八四六）の開校以来続けられてきた就学強制の中身もはなはだあやしいものとなる。慶応二年（一八六六）一月の火災で学校施設の大半を焼失し、ほとんど授業廃絶の状態で維新を迎えなければならなかった当路者の焦燥感もあったと思われるが、その出席強制が必ずしも所期の成果につながらなかった、つまり名目的な就学者が沢山いたのも否めない事実[107]のようだ。

はじめにのべたように、藩校における就学の実態は、入学資格を有する人びとに占める在学生の比率をみることでかなり正確に知ることができる。ただ、公表された数字は、大てい最盛時の、しかも一回かぎりの調査であることが多く、日常的な出席状況を知る上ではあまり役に立たない。もちろん、この点に藩校が無頓着であったのではなく、就学強制をはじめた藩校は、例外なく各人の出欠状況をチェックするための簿冊、たとえば勤惰表、面着帳、勘合簿、面附などを用意したが、この種の史料は今日では大てい散逸してみることができない。[108]その意味では、萩藩明倫館一件記録—面着帳を下敷きに作成された各教科別の教官ごとの日々出席生徒数は、ほとんど唯一のケースと思われるので、以下にやや詳しく紹介してみよう。

嘉永二年（一八四九）の重建以後、明倫館には小学生（八—一四歳）と大学生（一五—四〇歳）の区別が設けられ、前者の三科・八等のコースでは、素読、手習、温読、講談、特別講談などの授業があったが、毎月四と九の日の六回講堂で行われる特別講談には、素読、手習などの生徒全員の出席が義務づけられており、当日登校した小学生の実数が分かる。表7中の講談がそれであり、嘉永四年（一八五一）中に限ってみると、平均二〇二名余の出席者のあったことが明らかである。大学生五科（五等級）のコースでは、講義、会読、独看などの授業があったが、講義は古館時代から毎月一二回行われており、藩士一般の聴講を建前としていたから、当日登校した大学生をふくめた総数が分かる。重建明倫館では、二・三・七・八の日に一二回行われることになっていた講釈がそれであり、嘉永四年（一八五一）中の場合、平均九三三名余の出席者のあったことが知られる。

文武の授業を合わせた総計でみると、一日あたりの出席者は平均一五五五名にも達し、もっとも多い一一月三日のごときは、講釈に一〇八二名、武術に一二一七名、総計二二九九名もの出席者があったと報告されているが、素読や講義などの文学関係の授業は原則として午前中、とくに講釈日は武芸の授業は午後に廻され、講釈の聴講をすませた人びとが各種の武芸場に出席できるように時間割が組まれており、出席総数は双方を合わせたのべ人数である。剣・槍・弓術など二つ以上の教室をかけもちしたものもいたかもしれない。いずれにせよ、講釈人数の大小によって武芸場の出席者が増減しているのは、その辺の事情を反映したもののようだ。

重建直後の嘉永二年（一八四九）秋ころには、さすがに講釈も、「千人を欠候儀は稀成事に御座候」[109]と報告されるほど多かったが、この盛況も大して長続きしていない。安政元年（一八五四）一〇月一三日の明倫館首脳に対する「訓示」は、「近来異国船連々渡来候ニ付海防ノ説盛ニ被相行候故ニ或ハ在館ノ諸生ヲ始兼々文学ニ志有之面々ノ内学行（ママ）ヲ迂遠ノ事ト心得違劔槍火術等ニ心ヲ馳セ読書ノ功相怠候部モ間々有之講堂会席モ於于時ハ至テ人数少ク議論

年　月　日	文　学	武　術	計
嘉5・5・22	857	1215	2072
23	842	1041	1883
24	*199	737	936
26		1013	1013
27	723	897	1620
28	623	1011	1634
——	——	——	——
6・29	*172	955	1127
7・3	646	969	1615
4	*187	878	1065
6		873	873
8	592	977	1569
9	*128	808	936
11		736	736
12	470	810	1280
17	625	993	1618
18	696	970	1666
19	*141	925	1066
21		730	730
22	440	810	1250
23	657	1013	1670
24	*160	806	966
27	702	996	1698
28	603	943	1546
——	——	——	——
9・2	637	924	1561
3	711	1053	1764
4	*93	816	909
——	——	——	——
28	538	950	1488
——	——	——	——
11・2	657	952	1609
3	608	963	1571
4	*中止	794	794
6		819	819
7	609	973	1582
8	612	924	1536
嘉5・11・9	*144	707	851
11		680	680
14	*160	827	987
17	397	779	1176
18	569	871	1440
19	*116	771	887
21		661	661
22	498	843	1341
23	534	918	1452
24	*166	727	893
26		777	777
29	*166	830	996
30		664	664
——	——	——	——
嘉6・1・13	650	1203	1853
14	*165	1045	1210
16		999	999
17	592	939	1531
18	619	1002	1621
19	*145	872	1017
21		827	827
22	685	1051	1736
23	554	1044	1598
——	——	——	——
3・2	542	909	1451
——	——	——	——
6・3	386	855	1241
4	*60	819	879
6		807	807
7	402	887	1289
8	279	860	1139
9	*56	782	838
11		680	680
12	424	1007	1431
13	572	824	1396
14	*77	792	869
17	366	810	1176
18	363	761	1124

表7　明倫館の出席者調〔嘉永4年(1851)10月～安政2年(1855)8月〕　(名)

年　月　日	文　学	武　術	計
嘉4・10・8	993	1168	2161
11		961	961
19	*228	1073	1301
21		915	915
24	888	1110	1998
29	*250	1066	1316
11・2	908	1210	2118
3	1082	1217	2299
7	932	1163	2095
8	1000	1181	2181
9	*197	995	1192
16		1148	1148
17	920	1110	2030
18	961	1073	2034
19	*191	887	1078
12・4	*182	1196	1378
6		813	813
7	937	1176	2113
8	886	1090	1976
9	*206	897	1103
11		724	724
13	765	956	1721
14	*162	956	1118
——	——	——	——
嘉5・2・12	1078	1305	2383
13	772	1036	1808
14	臨休	979	979
17	〃	1050	1050
18	〃	889	889
19	〃	1071	1071
21		954	954
22	臨休	975	975
23	〃	1016	1016
24	〃	928	928
26		1046	1046
28	臨休	997	997
嘉5・2・29	臨休	1061	1061
30		800	800
閏2・2	875	1109	1984
3	810	1127	1937
4	*225	1047	1272
6		906	906
7	843	1198	2041
8	867	1172	2039
9	*199	857	1056
11		839	839
12	1004	1167	2171
28	817	1078	1895
29	*216	1076	1292
3・2	776	1108	1884
4	*182	1031	1213
6		1096	1096
7	746	1142	1888
8	838	1145	1983
9	*211	1045	1256
11		922	922
12	945	1292	2237
13	834	1143	1977
14	*211	1064	1275
16		880	880
21		747	747
22	910	1197	2107
——	——	——	——
5・4	*193	926	1119
6		889	889
7	751	1142	1893
8	848	1180	2028
9	*190	970	1160
11		916	916
16		1021	1021
18	713	1040	1753
19	*214	1029	1243
21		801	801

年　月　日	文　学	武　術	計
安2・4・6		725	725
7	279	821	1100
8	310	743	1053
9		711	711
12	238	724	962
14	*196	776	972
16		767	767
17	337	869	1206
19		713	713
21		703	703
22	437	967	1404
23	367	833	1200
24	*134	690	824
26		780	780
27	352	892	1244
28	303	808	1111
6・2	389	915	1304
3	328	923	1251
4	*144	864	1008
6		891	891
7	308	913	1221
8	294	835	1129
11		720	720
12	323	913	1236
安2・6・14	*148	866	1014
18	292	762	1054
19		756	756
21		631	631
22	341	947	1288
23	342	909	1251
24	*161	712	873
26		766	766
27	253	853	1106
8・6	243	767	1010
11		608	608
12	497	885	1382
13	263	792	1055
14	*166	743	909
16		590	590
17	261	763	1024
18	191	669	860
19		757	757
21		623	623
22	320	842	1162
23	278	734	1012
24	*168	696	864
26		733	733
総　計	73923	222696	296619

『明倫館御用掛日記』1～7所収の「諸稽古出人数付立」により作成。
＊小学生講談

等モ相励不申哉ニ相成御主意筋ニ令齟齬候」[110]と、ペリー来航前後の偏武の風潮のせいにしているが、武芸場への出席者も連年減少しつつあり、文武両道をあわせた明倫館教育全体がジリ貧状態であったことが分かる。なお、「訓示」そのものの効果は大してなかったらしく、安政二年（一八五五）中の聴衆は、往時の四分の一にも満たない二〇〇名前後に落ちこむことも間々あった。

　明倫館の定休日は一・五・一〇・一五・二〇・二五日の六日であり、残りの二

年　月　日	文　学	武　術	計
嘉6・6・19	*52	823	875
21		580	580
22	415	936	1351
26		770	770
27	313	738	1051
7・2	392	771	1163
3	362	729	1091
4	*64	697	761
6		723	723
7	331	682	1013
8	325	731	1056
9	*57	676	733
11		620	620
12	415	911	1326
13	423	780	1203
14	*54	720	774
16		747	747
17	398	744	1142
19	*73	801	874
21		582	582
22	466	946	1412
23	353	781	1134
24	*63	712	775
26		765	765
27	409	805	1214
28	296	800	1096
——	——	——	——
安1・9・26		581	581
10・2	283	740	1023
3	362	722	1084
4	*45	680	725
6		727	727
7	356	770	1126
8	371	804	1175
9	*41	718	759
11		482	482
12	401	806	1207
安1・10・13	362	719	1081
14	*40	698	738
17	320	868	1188
19	*37	595	632
22	364	901	1265
23	346	742	1088
26		696	696
27	297	633	930
28	435	750	1185
29	*56	706	762
——	——	——	——
12・2	299	773	1072
4	*35	565	600
6		533	533
7	233	663	896
8	246	691	937
12	281	714	995
14	*59	721	780
——	——	——	——
安2・2・11		690	690
12	274	737	1011
13	358	742	1100
14	*119	783	902
16		794	794
17	352	761	1113
18	381	777	1158
19		814	814
21		649	649
22	418	922	1340
23	366	788	1154
24	*199	726	925
26		708	708
28	386	800	1186
29		721	721
30		592	592
——	——	——	——
3・29		815	815
4・2	306	811	1117

表8　明倫館，嘉永6（1853）7・2〜28の課業別の出席者数

日	講　釈	講　談	弓　術	剣　術	槍　術	馬　術	砲　術	柔　術	兵　学	礼　式	数学，天文，地理	その他	計
2	392		148(3)	284(5)	180(3)	*▲(1)	53(1)	10(1)	10(1)	28(1)		58(2)	1163
3	362		147(3)	262(5)	180(3)	*64(2)			24(1)	52(1)			1091
4		64	131(3)	229(5)	159(3)	55(2)	23(1)	8(1)	79(2)		13(1)		761
6			143(3)	239(5)	158(3)	101(2)	25(1)		10(1)	27(1)		20(1)	723
7	331		138(3)	233(5)	180(3)	60(2)	41(1)	8(1)	22(1)				1013
8	325		156(3)	241(4)	174(3)	*18(1)	28(1)		82(2)		12(1)	20(1)	1056
9		57	147(3)	239(5)	163(3)	*78(2)	26(1)	10(1)	10(1)	3(1)			733
11			131(3)	221(4)	177(3)		29(1)		27(1)	21(1)	14(1)		620
12	415		165(3)	286(5)	211(3)	97(2)	20(1)	11(1)	22(1)	52(1)		47(2)	1326
13	423		158(3)	289(5)	185(3)	99(3)	15(1)		11(1)	23(1)			1203
14		54	132(3)	240(5)	155(3)	65(2)	32(1)	9(1)	70(2)		12(1)	5(1)	774
16			141(3)	240(5)	168(3)	94(2)	20(1)		18(1)	45(1)		21(1)	747
17	398		136(3)	259(5)	176(3)	60(2)	43(1)	10(1)	60(2)				1142
19		73	137(3)	251(5)	160(3)	132(3)	46(1)	8(1)	21(1)	46(1)			874
21			136(3)	217(4)	159(3)		27(1)		8(1)	20(1)	15(1)		582
22	466		173(3)	290(5)	199(3)	98(2)	43(1)	10(1)	87(2)			46(2)	1412
23	353		167(3)	253(5)	197(3)	*65(2)	29(1)		19(1)	51(1)			1134
24		63	141(3)	261(5)	163(3)	64(2)	29(1)	9(1)	10(1)	23(1)	12(1)		775
26			141(3)	263(5)	179(3)	88(2)	32(1)		27(1)	21(1)		14(1)	765
27	409		150(3)	278(5)	197(3)	61(2)	18(1)	8(1)	93(2)				1214
28	296		150(3)	287(4)	210(3)	*19(1)			10(1)	48(1)	18(1)	58(1)	1096
平均	379	62.2	146	255.3	177.6	73.2	30.4	9.2	34.3	32.9	13.7	32.1	962.1

『明倫館御用掛日記』5所収の「諸稽古出人数付立」により作成。

1）＊雨天その他の理由で休業，2）▲人数不明，3）（　）内は教師数，4）その他は，科目名不明のもの。

四日は何らかのかたちで文武の授業があるはずであったが、表8・9の数字でみるかぎり、必ずしも予定どおりには行われていない。嘉永四年（一八五一）中の毎月一〇日以下は、さすがに記録の不備を思わせるが、それでも、平均的な授業日数は一六、七日前後であったらしい。文学関係の授業は、講釈と講談をあわせても一八日程度にしかならないが、古館時代の文学の授業が毎月一九日（素読一三回、講義一二回）ほどであるから、プラス・アルファがあったとしても、大した日数ではなかろう。武術はもともと授業日数が多く、とくに弓術三師家、剣術四師家、槍術三師家は、一日の休みもない。また馬術も五師家が一部交替ではあるが、毎日授業を行っている。その他の授業では、兵学がかつての倍ちかくにふえているが、これは砲術や新しく登場した柔術と同じく、海防問題が焦眉の急になっていたためのようだ。ペリー来航の翌月の嘉永六年（一八五三）七月のごときは、兵学の授業は一日の休みもなく、また砲術も九師家が交替で連日のように三〇余名の生徒を集めている。授業日数が二一日と、前後四年間二三ケ月の中でもっとも多かったのも、そうした緊迫の時代状況に促されたものであろう。

最盛時には二〇〇〇名をこえる出席者数が、文武の各教室の生徒をすべて合計したのべ人数であることは既述のとおりだが、そうだとすると、正確な員数はどれほどになり、またそれは萩城下に在住するサムライ人口のどれくらいに相当するのだろうか。偏武の弊がやかましくいわれた安政元年（一八五四）ころには、武芸場へ直行して文学関係の授業にはそっぽを向く人びとが多く、文武の授業の生徒数にかなりの差があるが、観点をかえてみれば、この時期の武術だけの出席者、なかんずく文学関係の授業のない日の員数が比較的実数に近いものということもできるだろう。たとえば安政元年（一八五四）一〇月中の武術だけの出席者は平均七二四名であるが、講談に出席した小学生（八―一四歳）は余力あれば武術の修業可という程度で、まだ武芸場への出席を義務づけられていないから、おそらく文学のみの生徒であろう。したがってこれをプラス・アルファすると、出席者は平均七三五・六名となる。講釈日を除いた八日間の出席者が平均六九〇名であるから、両者の数字にそれほど大きな隔りはない。おそらく、七一〇名前後が毎日の出席者の実数といったところであろう。なお、講釈日には午前中のみ、つまり武芸場に出席しないで帰宅したものもいたかもしれないが、その数は無視できる範囲内のものと思われる。

連日のように二〇〇〇名前後の出席者が報告された嘉永四年（一八五一）ころの実数は、どれくらいに見積もれるだろうか。重建直後の諸士各組支配に対する「示諭」をみると、毎月一二日の講釈日には、諸武芸の師も門人と共に講堂に出席するように命じており、(111)当日登校したすべての人びとが聴講する慣しであったから、この時期の文武の生徒数は、ほぼ重複していたとみてよいであろう。文武の出席者を合わせた総数の二分の一は平均一〇三三名、武芸の授業のみがあった五日間の出席者は平均九一二・二名、素読に出席した小学生（八—一四歳）をプラス・アルファした七日間の出席者が平均一二一二・三名などであるから、平均的な出席者は大よそ一〇五二名と推計することができる。前出の平均七一〇名前後に比べてはるかに大きな数字であるのは、重建後の出席奨励がなお効力を失なっていなかったためと思われるが、ペリー来航後は幕命による相州警衛や藩内各地の海防の拠点での軍事訓練などに多数の人員を要したから、その分だけ明倫館への出席者が減少したということもあるかもしれない。いず

表9　明倫館の毎月授業日数

年　月	日　数
嘉4・10	6
11	9
12	8
—	—
嘉5・2	14
閏2	11
3	13
—	—
5	16
6	1
7	16
—	—
9	4
—	—
11	19
—	—
嘉6・1	9
—	—
3	1
—	—
6	17
7	21
—	—
安1・9	1
10	19
—	—
12	7
—	—
安2・2	16
3	1
4	17
—	—
6	17
—	—
8	14
延日数	257
月平均	11.2

『明倫館御用掛日記』1～7所収の「諸稽古出人数付立」により作成。

れにせよ、前後四年間でいちばん出席者が多かったときで二三八三名、重複が予想される文学生を除くと一三〇五名、逆にいちばん少なかったときは四八二名であり、単純計算すると平均八九三名となる。

嘉永五年（一八五二）の『萩藩分限帳』によれば、明倫館に入学資格をもつ士席班二五九九名と準士席班一一八名をあわせて二七一七名、一軒当り平均五名とすると総計一万三五八五名、男子人口はその半ばの六七九二名と見積もられる。この数字は、『藩制一覧』一に記載された山口藩の士族戸数三〇〇〇戸、人口一万一五八九名（男五八二九名、女五七六〇名）にほぼ同じである。もっとも、彼らのすべてが萩城下に居住したわけではない。文化一五、六年（一八一八―九）ころと推定される『萩古実見聞記』(112)によれば、萩城下の侍屋敷は一三九〇軒を数え、一軒当り平均五名とすると約七〇〇〇名、男子人口はその半ばの三五〇〇名ほどになる。一万三〇〇〇名をこえる士族の総人口とはかなり距離があるようだが、経済的な理由で自ら希望して知行地にとどまるだけでなく、国防上の見地から帰郷を勧める当局側の方針もあり、相当数のサムライたちが藩内各地に土着していたことは事実である。おそらく、前出の七〇〇〇名に若干プラス・アルファした数字が、萩城下に居住していたサムライ人口であろう。もっとも、この時期の明倫館には、通学可能な城下のサムライたちだけでなく、一定期間出萩して学ぶものも珍しくなかったから、明倫館の教育対象になるサムライ人口は、七〇〇〇名プラス・アルファよりさらに多めに見積もれるかもしれない。

萩城下に居住していたサムライ人口を最小の七〇〇〇名とすれば、男子人口はその半ばの三五〇〇名となる。プラス・アルファ分をすべて無視すれば、これが明倫館に入学資格を有するサムライの総数となるが、もちろん、彼らの全員が学校へ行ったわけではない。前述のように、小学生は八―一四歳の七年間、大学生は一五―四〇歳を原則としたが、多くは二四歳ころまでに退学したという。(113)なお、四〇歳以上は文武の授業こそなかったが、講釈の聴

表10　講談出席者の変遷

年　月	日数	総人数	平均人数
嘉4・10	2	478	239
11	2	388	194
12	3	550	183.3
嘉5・2	—	——	——
閏2	3	640	213.3
3	3	604	201.3
5	4	796	199
6	1	172	172
7	4	616	154
9	1	93	93
11	5	752	150.4
嘉6・1	2	310	155
3	—	——	——
6	4	245	61.2
7	5	311	62.2
安1・9	—	——	——
10	5	219	43.8
12	2	94	47
安2・2	2	318	159
3	—	——	——
4	2	330	165
6	3	453	151
8	2	334	167
計	55	7703	140.1

『明倫館御用掛日記』1～7所収の「諸稽古出人数付立」により作成。

聞には出席を求められていた。

大学生の就学年限を何年とみるかによって自から学齢人口に大小ができるが、仮にもっとも短い一五—二四歳の一〇年間とすると、三五〇〇名の二〇・八%にあたる七二八名となり、また一五—四〇歳の二六年間とすると、三五〇〇名の五四・一%にあたる一八九三・五名となる。前者は、嘉永四年（一八五一）中の明倫館の平均生徒数一〇五二名に及ばない。つまり、この数字だけでみると、学齢該当者のほぼ全員が就学したようにみえるが、四〇歳前後の年配者で講釈を聴聞した人びとも少なくなかったのだから、正確なところは分からない。なお、講釈が対象とする一五歳以上のサムライは全体の七〇・九%、二四八一・五名を数えており、前出の平均生徒数は、その四二・四%にあたる。

講談の対象であった小学生の場合は、就学年限が八—一四歳の七年間とはっきりしているため、学齢人口を三五〇〇名の一四・六%、五一一名と計算することができる。もっとも出席者の多かった嘉永四年（一八五一）一〇月二九日のごときは二五〇名、四八・九%、逆に、もっとも少なかった安政元年（一八五四）一二月四日は三五名、六・八%と振幅がはなはだしいが、四年間の平均出席者が一四〇・一名、二七・四%であるから、まずまずの出席率であったということができる。

重建時の「覚書拾七箇条」に、「明倫館附近の小児は八歳より十四歳まで成るべく出でしむ」[114]とあるように、小学舎への就学は強制されなかったが、それにもかかわらず、相当の実績をあげ得たことは、全員就学を建前とした大学生以上の出席状況がこれを上廻る比率であったことを予想させる。少なくとも、大学生一五―四〇歳に該当する一九〇〇名ちかい人びとの五〜六〇%は常時明倫館に通学していたとみて間違いないだろう。嘉永四年（一八五一）中のように、のべ出席者がしばしば二〇〇〇名をこえるような時期には、ほぼ皆出席に近いこともあったかもしれない。ただ、これらの数量操作は、萩城下のサムライ人口を最小の七〇〇〇名とすることを前提とするものであり、この数字をふくらませれば、学齢人口はいくらでも大きくなり、その分就学率が低下するのは当然である。ちなみに、嘉永五年（一八五二）時のサムライ人口一万三五八五名を採用すれば、小学生の学齢人口は六七九二名の一四・六%、九九一・六名になるから、[115]前出の平均出席率は一四・一%にダウンする。同じように、大学生の二四歳までの学齢人口は六七九二名の二〇・八%、一四一二・七名、また四〇歳までの学齢人口は六七九二名の五四・一%、三六七四・五名となり、[116]とくに後者の場合、平均生徒数一〇五二名は二八・六%程度にしかならず、全員就学にはほど遠い数字になる。萩城下のサムライ人口がはっきりしない以上、正確な就学率を云々することは難しいが、同じころ、サムライ人口が比較的多かった山口や三田尻には明倫館の分校、のちの山口明倫館や三田尻講習堂があって、それなりに生徒数を集めていたのだから、前出の二八・六%をかなり上廻るレベルに達していたことは、ほぼ間違いないようだ。

（1）「山鹿語類」巻第七、君道七、治教上、六四、学校を設け道学を立つ、広瀬豊編『山鹿素行全集』、第五巻、三二頁。

(2)「集義外書」巻六、正宗敦夫編『蕃山全集』、第二冊、一〇一頁。
(3) 鳥取藩布達。文部省編『日本教育史資料』二、四二六頁。
(4) 同前書、六六五頁。
(5) 有志者に毎月六日に限って登城を許し、聴講させた。
(6) 途中の閏月三回をふくむ。
(7)「兼山秘策」第五冊、滝本誠一編『日本経済叢書』、巻二、四三五頁。
(8)「政談」巻四、同前書、巻三、五二四頁。
(9)「兼山秘策」第四冊、同前書、巻二、三七〇頁。
(10)「兼山秘策」第五冊、同前書、四八七頁。
(11) 享保三年(一七一八)の願い出以来、林家の立場は、「御威光をかり候様仕度」「急度重て被二仰渡一候様」の趣旨で一貫していた。「兼山秘策」第四冊、同前書、三七〇―一頁。
(12) 享保六年(一七二一)一月一四日室鳩巣、木下寅亮ら四名の御前協議の結果。「兼山秘策」第五冊、同前書、四三三頁。
(13) のちには出席強制に固執する鳩巣と官立学校増設で対応しようとする木下の立場に分かれた。
(14)「兼山秘策」第五冊、前出『日本経済叢書』、巻二、四三四頁。
(15) 同前書、四四七頁。
(16)「師ハ尊ク弟子ハ卑キ者ナル故、師ノ方ニ権ナケレバ、教ハ成ヌ者也、右ノ如ク講釈所ヘ出テ、役目ニ講釈スルコトナレバ、師ノ方ニ権無シ、是又道理ニ背ク故、教ノ益無也」。「政談」巻四、前出『日本経済叢書』、巻三、五二四頁。
(17) 同前。以下同じ。
(18)「政談」巻四、同前書、五二七頁。
(19)「執斎先生雑著」巻之四、井上哲次郎・蟹江義丸編『日本倫理彙編』、第二巻、五四九頁。
(20)『福翁自伝』(岩波文庫版)、一四頁。
(21)「兼山秘策」第五冊、前出『日本経済叢書』、巻二、四三四頁。
(22) 六月「達」、前出『日本教育史資料』二、六五九頁。
(23) 同前書、六六六頁。以下同じ。

(24) 萩市立明倫小学校『明倫館の教育』、一九―二〇頁。
(25) 『弘前市史』、藩政編、五二二―三頁。
(26) 佐賀県教育会編『佐賀県教育五十年史』、上篇、九四頁。
(27) 前出『日本教育史資料』二、一五―六頁。
(28) 家数については、印牧邦雄『福井県の歴史』所収の「福井藩家臣団・家格別一覧」より推計したもので、必ずしも正確でない。
(29) 前出『日本教育史資料』一、三五〇―一頁。
(30) 同前書二、五〇三―四頁。
(31) 慶応二年（一八六六）六月の「規則」。すでに士分全員に就学義務があった。
(32) 安政四年（一八五七）実施。『水戸市史』、中巻、(3)、一一二〇頁。前出『日本教育史資料』一、三五一頁。
(33) 天保六年（一八三五）四月「達」、官給は食費のみ。前出『佐賀県教育五十年史』、一二七―八頁。
(34) 前出『日本教育史資料』一、六八二頁。小川渉『会津藩教育考』、一九四―八頁。
(35) 『福島県史』、2、近世1所収の「会津藩知行取」などにより推計。以下同じ。
(36) 前出『日本教育史資料』一、六七一頁。
(37) 同前書、二〇五頁。
(38) 武芸のみ、文学は期限なし。
(39) 前出『日本教育史資料』一、六六八頁。
(40) 同前書、八六六頁。
(41) 入学資格のある二二四家の士分のうち、番方（軍事警察）、役方（行政）に出仕中の人びと。
(42) 前出『日本教育史資料』二、六一二頁。
(43) 同前書、一五―六頁。
(44) 同前書、五六九頁。
(45) 同前書一、三〇頁。
(46) 同前書、一六七頁。

(47) 同前書三、二五頁。
(48) 「故有テ就学シ難キ者ハ其仔細書面ヲ以テ学監ヘ達ス」、同前書一、一七九頁。
(49) 理由を届出れば入学を免れた。前出『弘前市史』藩政編、四九三、五一五頁。
(50) 前出『日本教育史資料』一、二四五頁。
(51) 同前書、八六四頁。
(52) 同前書、一九頁。以下同じ。
(53) 同前書二、三四一頁。
(54) 前出『佐賀県教育五十年史』、上篇、九〇頁。以下同じ。
(55) 前出『日本教育史資料』一、六頁。以下同じ。
(56) 同前書、五八六頁。
(57) 前出『佐賀県教育五十年史』、一〇六頁。
(58) 円城寺清編『大隈伯昔日譚』、全、二頁。
(59) たとえば安政六年（一八五九）一二月一五日、細井登志美以下五名が文武の成績不良のため歩引きを命じられている。『広島県史』近世資料編、Ⅵ、九二六頁。
(60) 前出『日本教育史資料』二、六二九—三三頁。『福山市史』、中巻、八〇〇—四頁。
(61) 「誠之館一件帳」には、この種の資料が多数収録されている。前出『広島県史』、九二六—八頁参照。
(62) 前出『日本教育史資料』一、六八八頁。
(63) 同前書三、二五三頁。
(64) 石川正雄編『明倫堂記録』、二〇二頁。
(65) 同前書、二二〇頁。
(66) 前出『日本教育史資料』三、二七〇頁。
(67) 同前書一、八五七頁。
(68) 同前書二、七九九—八〇頁。
(69) 同前書一、三五四頁。以下同じ。前出『水戸市史』、中巻、(3)、一一三一—三頁。

(70) 前出『日本教育史資料』二、五六九頁。
(71) 一一歳で入学し、一四歳まで文学専修、期限は五年。一五歳より文武両道を学び、武術専修も可能になるが、文武いずれの専修の場合にも、武術一、二芸を修めるか、もしくは月次講釈の聴聞が義務づけられていた。
(72) 寛政四年（一七九二）閏二月六日の「達」。小松周吉「加賀藩明倫堂の学制改革」、若林喜三郎『加賀藩社会経済史の研究』より重引。
(73) 前出『日本教育史資料』二、二〇一頁。以下同じ。
(74) 前出『水戸市史』、中巻、(2)、一七一頁。
(75) 天保一三年（一八四二）一月の教授頭取の申出書中には、「文館之儀ハ三寮之惣人数大図千余人も可有之候」とある。鈴木暎一『水戸藩学問・教育史の研究』、三〇〇頁。
(76) 「弘道館教職人数一覧」、前出『水戸市史』、中巻、(3)、一一二二頁。
(77) 前出『日本教育史資料』二、八二頁。
(78) 13907×0.0208×9＝2603.4
(79) 小松論文、前出『加賀藩社会経済史の研究』、三五〇頁より重引。
(80) 同前。
(81) 『石川県史』、第二編所収。
(82) 乙竹岩造の六年制小学校児童の比率一二・五％を採用すると、九年制の男子のみの比率は九・三七％。一家当り平均五名とすると、1489×5＝7445　7445×0.0937＝697.6　なお、年齢構成による誤差は無視した。
(83) 前出『水戸市史』、中巻、(1)所収。なお、未登録の諸手代坊主同心中間等は、元禄二年（一六八九）の調査で二五一五家を数える。この他に陪臣が相当数いたから、結局、総計は五〇〇〇家をこえたと推測される。
(84) 1067×5×0.0208×26÷2＝1442.6
(85) 前出『水戸市史』、中巻、(2)、一七一頁。
(86) 552×5×0.0208×26÷2＝746.3
(87) 前出『水戸市史』、中巻、(3)、一一三七頁参照。
(88) 松本亮『東備郡村誌』巻之一、高橋梵仙『日本人口史之研究』、二七三頁より重引。なお、谷口澄夫『岡山県の歴史』によれば、安政六年（一八五九）当時の平士以上のサラムイは九六七名、これに士鉄砲以下足軽までの下士四三〇七名を加えると、総計五二七四名となる。

(89)『宮城県教育百年史』、第一巻、四一七頁。

(90)同前書、四三一頁より重引。以下同じ。

(91)『日本教育史資料』一、六九七頁には、「生徒学習ノ期限ハ八歳ヨリ入学シ退学ノ定期ナシ筆道ハ十一歳ヨリ入校シ学習十年ニシテ退校セシム外諸科ハ入退ノ定期ナシト雖モ概ネ学習十年許ニシテ退校ス」とある。

(92)前出『日本教育史資料』三、二一三—四頁。以下同じ。

(93)熊本県教育会編『熊本県教育史』、上巻、七二頁。

(94)同前書、一一六—七頁。

(95)同前書、一一〇頁。

(96)8050×0.0208×14＝2344.2

(97)前出『日本教育史資料』三、一九六頁。

(98)児玉幸多・北島正元共監修『新編物語藩史』、12、二三八頁。

(99)前出『日本教育史資料』三、二〇〇頁。

(100)明和元年（一七六四）四月「達」、同前書、一九八頁。

(101)1235×0.0208×18＝462.4

(102)前出『日本教育史資料』一、五三一頁。

(103)同前書、五六三頁。

(104)年月不詳。同前書三、二六六頁。

(105)997×0.0208×22＝456.2

(106)前出『日本教育史資料』二、七八一—三頁。

(107)『藩制一覧』一によれば、士族人口三五三三名（男一七二二名、女一八一一名）、卒族人口二七一五名（男一五一七名、女一一九八名）、陪卒人口一七六四名（男九三一名、女八三三名）だから、士卒の男女の総計を見積もった数字になる。

(108)前出『水戸藩学問・教育史の研究』が行った「文武出精書」の分析参照。

(109)　九月二五日付江戸邸への報告書。前出『明倫館の教育』、八四頁。
(110)　前出『日本教育史資料』二、六九四頁。
(111)　前出『明倫館の教育』、七三頁。
(112)　『萩市誌』、一二〇―二頁より重引。
(113)　末松謙澄『防長回天史』、第一編、二五六頁。
(114)　前出『明倫館の教育』、七三頁。
(115)　2.08×7=14.56　6792×0.146=991.6
(116)　2.08×26=54.08　6792×0.541=3674.5

第二章　士庶共学——門戸開放の実態

第一節　近世初頭の士庶混淆

『日本教育史資料』一・二・三所収の二四三藩のうち、庶民の入学を許可していた藩校は一二三校、五〇・六%、入学を禁止していた藩校は八八校、三六・二%であるが、その他、規定なしの藩校が二五校、一〇・三%、不明の藩校が七校、二・九%となる。規定なし以下は、おそらく入学を認めなかったと思われるから、ほぼ半分にちかい四九・四%の藩校が庶民に門戸を閉じていたことになる。

もっとも、入学を許可していた場合も、このことを明文化していたものはそれほど多くなく、むしろ大半は禁止規定をもたないまま、有志中より願い出があればとくべつに認めるといった消極的スタイルであった。なお、入学を禁止していたものの多くも、明治初年には相次いで門戸を開放し、「学制」頒布の前夜には、全体のほぼ半分にあたる一二三校が士庶共学を実施していた。(1)

ところで、過半をこえる藩校が庶民の入学を認めていたというのは、調査年代をいっさい無視したところからくるもので、開校の時期が遅くなればなるほどその比率が大きくなる。逆にいえば、早い時期の藩校では大ていい庶民の入学を禁止していたが、いくつかの例外がなかったわけではない。岡山藩花畠教場、米沢藩興譲館、熊本藩時習館、加賀藩明倫堂などがその代表例である。いずれも開校の時期が早く、しかも、はじめから庶民の入学を認めていた。

(一)　岡山藩—花畠教場、仮学館の時代は、寛文六年（一六六六）の「掟」に、「家中宗子八歳ヨリ廿歳之間入学望次第タルヘシ但廿歳以上ノ者幷庶子庶民タリ共品ニ寄可令入学事」[2]というように、サムライ身分に並べて一般庶民にも門戸を開放していたが、さすがにフリー・パスではなく、教場の吏員、教師の使役に任ずる「小侍者」の資格で入学を認められ、また在学中はのちの規定からみて、士分・鉄炮徒組のための教室と並置された諸生部屋に寄宿し、在学年限も五年以下という制限があったらしい。寛文九年（一六六九）七月に新設された「学校」[3]の時代にも、この制度は継承されている。開校時に表裏両門に掲げられた「達文」に、「農民ノ子タリト云トモ小侍者トナリ国学（学校）ニ相詰候内ハ刀ヲ可佩旨泉八右衛門之ヲ達ス」[4]とあるのがそれである。天和二年（一六八二）に至る一三年間の小侍者の数は、「六拾七名ヲ極トス」[5]というから、常時数十名を擁していたことは間違いないようだ。

(二)　熊本藩—宝暦二年（一七五二）一二月の家中一統への「達文」の中で、「知行取ノ子弟中小姓ノ嫡子凡士席以上ハ大小身ノ無差別時習館及両榭ヘ可罷出候」[6]といいながら、すぐ続けて、「軽輩陪臣タリトモ抜群ノ者内膳承届罷出候様申附候、農商モ同断」とのべるように、一般庶民の中から学力優秀のものがとくべつに選ばれて入学することが許された。サムライ身分の「官生」に対し、彼らは「民生」と呼ばれたが、生徒数の大きさなどははっきりしない。開校後三〇年をへた天明五年（一七八五）度の就学状況を、府儒の中山黙斎は、「今講堂生には郷大夫士府史巫医の子弟陪臣の子弟までも出るなり」[7]というが、農商の子弟については一言もふれていない。あるいはこの時期には、「民生」の大半が軽輩陪臣の下級武士クラスで占められ、農商民の入学は名目化していたのかもしれない。

㈢ 米沢藩興譲館―安永五年（一七七六）五月着任した細井平洲は、四と九の日館内で講義したが、これに出席できたのは学生と一般藩士までであり、陪臣、足軽・中間以下の人びとは館外の諸方で催された平洲の講筵に出席したようだ。その盛況ぶりは、「足軽以下工商ノ輩或ハ一隊或ハ一町連署シ平洲ノ講義ヲ聴聞センコヲ請願ス是ニ於テ国中駸々トシテ学事ヲ尊崇シ農児商童唐詩選ヲ吟詠シテ街巷ヲ行歩スルニ至レリ」(8)と伝えられるとおりである。安永六年（一七七七）二月、平洲の意を体して制定され、永規となった「興譲館当直勤方」に、「出家沙門若ハ庶人ト雖トモ受業ニ来候面々ハ登堂平等タルヘシ」(9)とあるように、間もなく農・町民の入学も許可された。年一回の秋試のさい、足軽以下の試験席が講堂の域際とされ、また陪臣、町医師、僧侶、修験の類いは藩主の臨試に出席できず、家老以下がこれにあたったというから、講義の聴聞だけでなく、会業等の日課にも出席できたことが分かる。ただ、その数は、「学校ニ通学スル者ハ実ニ千中ノ一ニ過ギズ」(10)といわれるから、それほど大きなものではなかったようだ。『藩制一覧』一によれば、米沢藩の総人口は一二万七二七七名（男六万四九七七名、女六万二三〇〇名）であったが、ここから士卒の人口三万八二三九名を除くと、八万九〇三八名になる。つまり、千分の一は約九〇名になるが、その半ばを占める女性、そしてまた、学齢(11)以外の幼・老年者は当然対象外となるから、多くてもせいぜい二、三〇名前後といったところであろう。興譲館の通学生は、開校直後で三、四〇〇名、のちしだいにふえて「八九百名乃至千余名」(12)に達したといわれるから、相当数の庶民がふくまれていた可能性もあるが、正確なところは分からない。

㈣ 加賀藩―寛政四年（一七九二）閏二月の明倫堂創設のさい、「為四民教導泰雲院殿学校可被仰付御内意之処（中略）、諸士は勿論町在之者迄も、志次第学校へ罷出、学習可仕候」(13)と達したように、はじめから士庶混淆であった。ただ、ここでいう町在之者とは、村方三役や家柄商人など一握りの上層庶民を指しており、[14]また講書は毎月二七日の一回と定まっていた。ちなみに、サムライ身分を対象とする講書は、毎月二日・七日・一二日・一七日・二二日の朝夕と二七日の夕の計一一回行われたが、各々のクラスは、㈠、人持頭分とその子弟、㈡、御小将六組とその子弟、㈢、御馬廻六組とその子弟、㈣、御馬廻四組とその子弟、㈤、御馬廻二組とその子弟、定番御馬廻六組とその子弟、㈥、定番御馬廻二組とその子弟、組外四組とその子弟、㈦、寺社奉行支配下の平士・御射手・御異風・御医者・新番組・御歩とその子弟、諸小頭・与力とその子弟、㈧、御歩・御歩並とその子弟、㈨、陪臣・給人とその子弟、㈩、足軽・坊主・小者とその子弟、⑪、町在之者、⑫、定日に出席できなかった諸士のための予備、というふうに身分ごとに組分けされており、間違っても士庶が同席することなどありえなかった。[15]

ところで、一般庶民への門戸開放は、その後も一貫して続いたのだろうか。花畠教場時代の岡山藩では、他藩人や浪人に対しても門戸を開放していたが、新設の「学校」の時代になると、自藩家臣団の教育にもっぱら焦点をあわせる関係上、他藩から来学したいわゆる他所者がすべて排除された。たしかに、小侍者の制度は依然としてあったが、在学中の帯刀を義務づけたように、あくまでサムライ身分のはしくれとして混淆を認めていたにすぎない。百姓や町人をことさら小侍者と呼称したのも、その辺に理由があるだろう。学問好きで知られた藩祖池田光政の隠退後は、小侍者の員数が分からなくなるが、手習所の大整理[16]にみられるような悲観的状況からみて、この制度が早晩、有名無実化していったことは十分考えられる。

開校当初から「四民教導」を掲げた加賀藩の場合にも、事情は大して変わらない。たとえば文化九年（一八一二）二月の「建白」で大島清太が、「講釈は御教導第一之義且四民御教導抔と被仰出も有之候得共学校之法制には無之事に候学校に於て四民を教候と申義は別而古法に無之事に候」[17]というように、明倫堂の本領はあくまでサムライ教育にあり、庶民教育はいわば例外的に行われるサービス活動にすぎなかった。明倫堂の正式の「生徒」が、人持以下平士並以上のサムライの子弟一五歳から二三歳までに限られていたのも、[18]そのことをはっきり裏書きしてくれる。なお、一五歳未満の入学生は素読生とよばれ、会読とともに陪臣や町医までの出席を認めていたが、前出の大島清太のように素読の授業には彼らの出席を禁止すべきだというものもおり、[19]しだいに入学資格を厳しくしていったようだ。いずれにせよ、これらの授業は農・町民の子弟とは無関係であった。

天保一〇年(一八三九)七月に定められた「文武稽古割」をみると、一般庶民向けの講書がなくなり、毎月二七日の夕方に、「足軽坊主小者子弟」[20]と席を並べて行われることになった。身分的には上位の人びとと同一のクラスになったわけだから、一見進歩的のようであるが、人持頭分以下、身分の上下にしたがって作られた一〇クラスは依然として健在であり、一般庶民にすれば、むしろ特設のクラスが消滅した分だけマイナスであったといえなくもない。出席者がジリ貧状態でクラス編成が難しくなったということも考えられるが、そのテコ入れをふくめ、藩当局が庶民教育そのものに大して関心を示さなくなったことが、やはり最大の原因であろう。

建学の精神が大して長続きせず、しだいに色あせていったのは、もともと士庶共学のスローガンが多分に名目的なものであったことによる。いずれの場合にも、せっかく庶民の入学を明示しながら、一方でまた、学習カリキュラムの随処にさまざまな身分差別をもちこみ、結果的に入学者の増大に歯止めをかけたのが実情であるが、これは何よりも、藩校というイレモノがサムライ教育を本領とする基本原理の面で少しも変わらなかったためである。学校づくりが緒についたばかりで、制度的にまだ未整備の段階で漠然と士庶混淆を認めていたものの、身分差別を前提にした封建学校の本質は一貫して微動だにしなかったというわけである。それはちょうど、寛政一〇年(一七九八)二月の「達」で林家家塾が収公されて昌平黌になる、すなわち幕府の旗本や御家人の教育機関としての性格を明確化したとき、今まで認めていた諸藩士や一般庶民の入学をきっぱりと拒絶したのと同じである。士庶共学の建前が、ほとんど例外なくサムライ教育の本音をともなっていたという意味で、一般庶民への門戸開放に、「厳しい身分制のわくを越える進歩的なもの」(21)などという評価を与えるのは、当らざるもはなはだしい。

第二節　教育対象の厳密化——士庶別学

庶民の入学を禁止していた藩校も、創設以前の私塾や家塾の時代には、彼らの出入りを自由に認めていた。民間在野の教育機関である私塾が、あらゆる身分に広く門戸を開放していたのはあたり前であるが、当局側の意を体し、教育費の一部負担など物心両面の援助をうけていた家塾も、大ていは士庶混淆を認めていた。たとえば広島藩修道館の起点となった天野源之進の家塾は、「士族平民ヲ問ハス其門ニ入ヲ得」(22)たといわれ、また日出藩致道館の前身となった帆足万里の家塾も、やはり士庶の別なく、「四方笈ヲ負テ来リ学フ者常ニ数百人日出文学ノ盛一時ニ鳴ル」(23)とうたわれた。いずれも家塾が収公されて正式の藩校になる、すなわちサムライ学校としての性格を明確化した時点、前者は天明二年（一七八二）、また後者は天保年間（一八三〇—四三）をさかいに、庶民の入学を禁止した。その辺の経緯をもう少し詳しく、会津藩日新館の場合について見てみよう。

日新館の起源はとおく寛文四年（一六六四）に創められた在野の儒者横田俊益の私塾稽古堂にさかのぼるが、彼自身はかつて五年間藩主保科正之に侍講として仕えたことがあり、またその主宰する稽古堂は、開講後間もなく当局より校地を永代無年貢地として認められ、また維持費として一五人扶持を給されるなど、実質的にはほとんど家塾と変わらなかった。

もともと、稽古堂の開設は、俊益が致仕後自宅で行っていた講義に出席していた人びとが発起したもので、「四民の子弟数百人が金銭を出し合って」[24] 完成したものである。当然のことながら、新築なった塾舎での講義には、「城中近臣数輩、市井両吏鵜沼氏木村氏乃至巫医、僧童、農工商賈不レ論ニ貴賤一」多数が参集して「乱履戸外に満つ」といわれたように、士庶一般の好学者が机を並べた。

藩直轄の学校がつくられたのは一〇年後の延宝二年（一六七四）のことであり、城郭内にあったところから「郭内講所」と呼ばれたが、サムライ身分をもっぱら対象にしていたためか、間もなく消滅した。これが再開されたのは元禄元年（一六八八）であるが、このとき、郭内講所だけでなく、稽古堂もまた収公されて直轄学校となり、前者はサムライ、後者は庶民を教育対象にした。再興された講所には学料一〇〇石、一方、稽古堂には学料五〇石が給せられており、ほぼ二対一の規模であったことが分かる。なお、稽古堂は翌年四月には町講所と改称され、旧私塾時代の名残りを一掃した。士庶別学のスタイルではあるが、ともかく藩立の庶民教育機関が発足したわけであり、この時期の藩校としてはきわめて珍しいケースである。

ところで、天明八年（一七八八）には文武両道を併せて教授する必要上から、郭内講所の大拡張が計画され、まず従前の講所を母体に東講所をつくり、ついで翌年新しく西講所を開設した。サムライ身分の一一歳から一八歳までの嫡子・嫡孫が、日々講所へ出席すべしと令されたのは、このときである。同じころ、町講所の方も一校を新設して、のちに北学館、南学館と称する二校が並行したが、いずれも、「御通以下の二男より軽々のものまで」[25]、すなわちお目見以下の次男より「襟制」（士の階級で黒半襟以下のもの）までの下級サムライの教育機関であり、今まで認められていた一般庶民の入学は禁止された。なお、はじめからサムライ学校であった東・西両講所は、享和三年（一八〇三）に開校した日新館の母体となるが、一貫して入学資格を士分の子弟に限っており、一般庶民には無縁の存在であった。『日本教育史資料』一には、南・北両学館は、「独礼（士分格）以下ノ子弟ノ学フ所ナリ然レトモ歩卒ハ入門ヲ許サス」[26]とあるが、この歩卒の閉め出しは日新館の開校以後に行われたものらしい。文政三年（一八二〇）両学館を改組した南・北素読所の時代になると、はっきり「独礼以下次番格（月割）に至る子弟」[27]の学校であることを打ち出しており、「襟制以下」の子弟はすべて入学を禁止された。[28]

家塾時代には士庶共学であったのが、藩校創設の一時期士庶別学となり、ついには庶民にいっさい門戸を閉ざすところまで二転・三転したのは、一見時代逆行のようであるが、身分差別を根底にした封建学校という点に注目すれば、学校の整備・充実とともに、しだいにその真面目を発揮したということに他ならない。前節でもみたように、同様の傾向は、開校当初から一般庶民に門戸を開放していた藩校にも大なり小なりみることができる。その典型を、ここでは新発田藩道学堂に見てみよう。

安永元年（一七七二）二月に開校した道学堂は、講釈日こそ別であったが、はじめから下級サムライや一般庶民の入学を認めていた。安永六年（一七七七）制定の「講堂諸則」によれば、㈠、毎月八日の月並講釈は中小姓以上、㈡、二・七・四日の講釈は家老以下中小姓まで、㈢、五・九・一〇日の講釈は小役人以下町在の者というふうに、いちおう身分別の三コースが設けられていたが、いずれも例外的に篤志者、社講担当者[29]などの出席を認めており、事実上士庶共学であった。なお、この時期には、他藩人も人物査定のうえで入学を許された。

「講堂講解貴賤老幼平民ニ至ルマデ聴聞ノ制ニテ安永ヨリ天明ノ間聴徒多数堂中容ルル能ハス因テ一時士以上以下聴聞ノ課日ヲ別ツ」[30]というのは、開校後しばらくの盛況を伝えたものである。出席者は多いときで三〇〇余名、少なくても二〇〇名ばかりを数えたというから、そのためのクラス編成であろう。もっとも、しばらくすると聴衆は一〇〇名前後に減少したが、それゆえに複数コースが解消されたわけではなく、エリート層に焦点を合わせたこのいわば差別教育は、一貫して存続した。文政九年（一八二六）五月の「勧学令」が、「殊ニ重キ家筋ノ若輩並子供ハ別テ無油断可心掛候」[31]といい、また嘉永二年（一八四九）一月の「藩士給知（禄一七石以上）之者」への「達」が、「身分重キ者程猶更出精可致」[32]などというのが、その何よりの証拠であろう。

この基本原理は、文政一一年（一八二八）学寮を新設して有志者を入寮させたとき、士分のうちより「門閥ノ長子」[33]を選び出し、特別の課目を設けて修学させたこと、また同じころ、堂中に句読師をおき、「藩中貴賤トナク童稚ノ者ニ授読セシム」[34]といいながら、実は出席を歩卒の子弟までに限ったこと、さらに嘉永二年（一八四九）学寮を増築して、「給知以上ノ当主長男十三歳ヨリ三ケ年必ス入寮」[35]としたことなどにも反映している。たしかに、そのいわゆる有志者中に一般庶民の混じっていた可能性がないではないが、一連の制度的改革が士分、それも身分の高いサムライの長子に焦点を合わせていたことからみて、大して期待できなかった。その証拠に、明治二年（一八六九）、従前の学寮を廃して小・大学寮が開設されたが、小学寮の入学資格を、「士分以上ノ子弟小役人ノ長男十一歳ヨリ十五歳マデ」[36]とし、小役人の次・三男目見以下、すなわち歩卒の子弟については、「志願ノ者試ノ上秀ルモノ入寮ヲ許ス」とされたにすぎない。大学寮はいっそう入学資格がきびしく、もっぱら「中小姓以上ノ当主長男十六歳ヨリ期三ケ年必ス入寮セシメ」[37]るための施設であり、次・三男以下や小役人などの子弟については、やはり学業優秀の者がとくべつ選ばれたにとどまる。いずれも、江戸時代の道学堂にみられた制限づきの門戸開放をうけつぐものであり、厳密な意味での士庶共学には、なおかなりの距離があった。

士庶混淆を漠然と認めていた藩校の場合も、学校としての体裁が整っていく過程でしだいに別学の方針を明らかにしていく。たとえば享保三年（一七一八）創設の萩藩明倫館は、一貫して庶民の入学を禁止した藩校のように思われているが、[38]往時の盛況に言及した村田清風の一文に、「文道此時相開ケ人倫上ニ明ニシテ小民下ニ親ムノ講釈聴衆堂上ニ充堂下ニ百姓町人満チケルト于」[39]とあるところから、一時期、講釈の聴聞を一般庶民に認めていたことは、ほぼ間違いない。同年六月の「達」が、「文学諸武芸諸士常ニ相嗜候儀ハ勿論ノ事ニ候此道興隆ノ事ハ風俗ノ本ニシテ大小ノ御家来中弥以面々可嗜業ニ怠ラス其道ニ深ク志候様ニ有之度儀ト被思召候」[40]と、身分の上下を問わない家臣団全体の教育を高調したのも、そのことと無関係ではないだろう。開校当初は聴衆を一定数集めるのに精一抔で、まだ身分差別をとやかくいう段階ではなかったということかもしれない。もっとも、このとき、出席を許されたのは、毎月一二回、二・三・七・八・一二・一三・一七・一八・二二・二三・二六・二七日に行われる儒書の講釈のみであり、袴を着けて出席するのが定めであった。[41]

明倫館が庶民の講釈聴聞を禁止するようになった正確な時期は分からないが、宝暦五年（一七五五）三月の「達」に、「御先代深キ御思慮ヲ以学館御造立有之別テ此道ニ御心ヲ被寄家中ノ諸士国民ニ至ル迄ヲノツカラ心立モ宜ク風俗モ厚ク相成候」[42]とあるところから、その後もずっと聴講が認められていた可能性がないではない。ただ、同じ「達」は学校の衰退を挽回するために、「大臣厚禄ノ者ハイフニ及ハス小身ニ至ル迄成ヘキ程ハ諸用相省キ学館へ罷出不絶講釈聴聞文武修養スヘシ」[43]と続けており、その教育対象がもっぱらサムライ階級であったことははっきりしている。のみならず、その焦点はやはり、藩の政治に直接関係する上士の子弟に合わせられていた。事実、大小身の別なく文武両道に励めという建前の下で、とりわけ身分の高いサムライの教育を強調する布達が出るのに、大して時間はかからなかった。前節でもみた寛延・宝暦年間（一七四八—六三）の「達」に、「大身寄組以上ノ面々別テ其心懸可有之」[44]とあるのがそれであり、家臣団の中でも一握りのエリート層である寄組以上のサムライの教育を重要視した。ちなみに、嘉永五年（一八五二）の『萩藩分限帳』によれば、一門六家、永代家老二家、寄組が六一二六石の堅田氏より二五〇石の飯田氏まで六二家、総計七〇家を数えるが、これは、いろは別にあげられた諸士二五五四家を合わせた全体の僅か二・七％程度でしかない。おそらく明倫館から庶民を閉め出す動きと、そうした上級サムライの就学奨励の試みが軌を一にしていたのであろう。同じ身分内では、「諸士中本人嫡子」という表現が多用されたように、家長本人を中心としながら、嫡子と庶子、長男と次・三男以下との区別が厳然とあった。なお、明倫館が教育対象を軽輩・陪臣などの下級サムライや一般庶民にまで拡大するのは幕末最後の時期であるが、これについては後述する。

第三節　門戸開放はどこまで行われたか

はじめ藩政の中枢に与る上級サムライの教育をめざした藩校が、その教育対象をしだいに拡大し、軽輩や陪臣などの下級サムライまでを含めた家臣団全体の 教育をめざすようになるのは、藩校の成立根拠である 封建体制の破綻、やがて解体の進行と不可分に結びついていた。江戸中期以後、しばしば繰り返された藩政改革は大てい教育改革をともない、藩校の新設やその整備・充実をもたらしたが、既設の藩校の場合はほとんど例外なく、教育対象の拡大が取り上げられ、その都度、何がしかエリート教育の色彩が薄められていった。

大小の藩政改革が、実は財政的ピンチを乗り切るための経済改革を主要なテーマにしていたことは周知のとおりだが、量入制出の倹政一つにしても、家老以下の一部のエリート層がいくら奔走してみてもどうにもならない。たとえば半知借上げであるが、世襲の禄高が突然半減され、生活水準が二分の一以下になる荒療治は家臣団全体、とりわけ禄高の小さい大多数の下級サムライの支持や協力がなければとうてい成功は覚束かない。一方、藩営の殖産興業を起し、対外的な商業活動による利益をめざす積極策にしても、従前とは異なる新しいタイプの人材を多数必要とするという意味で、教育対象の底辺を拡大することが不可欠であった。幕末期の危機状況が深刻化し、藩体制が瓦解に瀕すれば瀕するほど、家臣団全体を対象にした教育システムの確立が望まれるというわけであり、一般庶民を視野に入れた門戸開放も、その延長線上に登場してきたものである。もちろん、一口に門戸開放といっても、早くから庶民階級を教育対象にしていたもの、逆に、遅くまでごく少数のエリート武士層の教育に焦点を合わせていたものなどがあり、その実施の時期や態様はさまざまである。まず、門戸開放にもっとも消極的であった藩校からはじめてみよう。

寛政八年（一八九六）七月開校した弘前藩稽古館は、一貫して庶民教育に関心を示さなかった場合であるが、その原型は、寛文元年（一六六一）六月にはじまった城内講席が家禄一〇〇石（二八家）[45]の嫡子、および二〇〇石以上（二四家）の子弟、すなわち「上級藩士」[46]の子弟に限られた辺りにあるようだ。開校に先立つ「布令」が、入学資格を「目見以上ノ子弟」[47]までとし、御目見以下の卒族の子弟については、学業優秀で師家の推せんがあるもののみ入学を認め、しかも、家禄の大小によって入学年齢に差をつけたのは、この伝統を承け継いだものであろう。

開学当初の生徒は三〇〇名ほどであり、それなりの盛況をみせたが、弘前藩二七万石の士族戸数二〇六六戸、人口一万二四六九名（男五八六九名、女六六〇〇名）からすれば、いかにも少なすぎる。これは、「禄二〇〇石長柄奉行（二四家）の嫡子は一〇歳より入学のこと」[48]、および「禄一五〇石四奉行以上（一五家）の嫡子は一〇歳以上一五歳まで入学のこと」と規定されたように、就学強制がもっぱら上級サムライに焦点を合わせたものであったためであろう。なお、同上身分の次・三男以下については、一〇歳以上のものを随時入学させたが、「可成入学為致候様」といった程度で、就学強制の対象ではなかった。

天保元年（一八三〇）三月の改革では、さすがに教育対象が大幅に拡大され、家中一統――天保八年（一八三七）時の目見以上の人口一万一八七五名――の子弟一〇歳より学問所に入学、一八歳より武芸の稽古をはじめ、五〇歳以上になってもなるべく出席して文武両道に励むように達せられたが、お目見以下の下級サムライ（同上九一二九名）

は、従前どおりの待遇であったらしい。その証拠に、天保一二年（一八四一）六月の「入学規則」をみると、お目見以下支配の子弟は、「学士・二教の業事」[49]に優れたもののみ入学許可とある。なお、このときはじめて、お目見の社家や町医の当主と嫡子の入学が認められた。

文久二年（一八六二）二月の「奨学令」[50]は、学校に出入りしているのはほとんど幼年者で、壮年に達すると廃学の傾向があることを戒めたが、すぐ続けて、高禄の士の就学が大切なことを強調しており、この点はまったく変り映えがしない。慶応二年（一八六六）一一月の「入学規則」[51]は、資格外であっても学業優秀ならば入学を許すといい、ようやく士庶一般に門戸を開放するかにみえたが、その真意はやはりサムライ身分の子弟にあり、庶民階級にそうした人材を求めたような形跡はない。稽古館の学生数が文化年中（一八〇四―一七）より一貫して五、六〇〇名であったのは、サムライ身分を対象にした就学強制が一定程度の成果をあげたことを示すとともに、反面、それがまた、数次の改革をへてもいっこうに庶民クラスに及ばなかったことを物語るものであろう。

明治三年（一八七〇）七月の「入学規則」が、相変わらず「士族以上の子弟一三歳」[52]で入学というように、維新後も稽古館は、サムライ学校であることを止めていない。同年九月、領内各地にあった郷校をすべて稽古館の管轄下におき、在郷の子弟の員数、すなわち学齢人口調査を行ったのが、藩当局の庶民教育に関する最初の施策らしきものであるが、廃藩置県にともなう閉校の一年前であり、時すでに遅きに失した。『藩制一覧』二によれば、弘前藩の総人口は二七万八八四二名であり、士族人口一万二四六九名はその僅かに四・五%にすぎない。逆にいえば、全体の九五・五%の人びとが藩校教育の対象外であったということになる。

藩校明倫堂の出発点に、庶民教育の熱心な提唱者として知られる督学細井平洲を擁した名古屋藩の場合はどうであったのだろうか。明倫堂の前身は、寛永年間（一六二四―四三）に召聘された熊谷主節の主宰する大津町学校、そしてまた、寛延元年（一七四八）九月開校した蟠養斎の巾下学問所の時代にまでさかのぼるが、いずれもまだ正式の藩校になる前のいわば家塾の段階であり、カッコづきではあるが、庶民階級の入学を認めていた。たとえば巾下学問所では、「入門之儀も貴賤に不依望次第」(53)というように、原則として士庶の別なく出席を許した。もっとも、その生徒には、師弟関係を正式に結んで継続的に学ぶ「門弟」と、随時、不定期的に出席して聴講する「門客」の二種があり、庶民の場合には後者の資格しか認められなかった。つまり、「門弟」の形をとる正式入学は士卒の子弟のみに限られており、その意味では、あくまでサムライ学校の本質を失なっていない。「門客」の内訳が士分以下、出家、山伏、百姓、町人、無袴の輩、土足の輩に及ぶ一方で、座席を身分の上下にしたがって七つに分け、士庶混淆に一定の歯止めをかけたのは、そのことと無関係ではない。身分別の出席者数など何も分かっていないが、最下層の土足の輩になると、玄関や式台あたりで講釈の様子を垣間みる程度だったというから、実質的な効果という点でははなはだ疑わしい。

天明三年（一七八三）四月開校の藩校明倫堂は、「御家中之輩末々子弟等に至迄罷出文学可令修行」(54)という趣旨から、サムライ身分を「規式已上」(55)「惣同心弁規式以下諸士以上」(56)「士外之分」(57)の三種に分け、家中一統の子弟を教育対象にしたが、就学の強制はまだ行われず、家塾等で学ぶことも認められていたから、それほど多くの入学者は期待できなかった。なお、このとき、総裁（のち督学）細井平洲の教育方針で、表講釈——毎月四と六の日に計六回行われるもので、学生だけでなく藩士一般の出席を建前とした——にかぎり、庶民の聴講が認められた。「平洲ノ講釈不学ノ士民ニ至ルマテ耳朶ニ徹シ安キニヨリ満堂立錐ノ余地ナキニ至リ動モスレハ雑沓ニ至ル」(58)と伝えられるように、この講筵には城下一円から多数の聴衆が集まった。士庶混淆の有無についてははっきりしないが、あまりの混雑ぶりに、国老出坐のさいには明倫堂の表門を閉ざすのが例規であったというから、六回の定日のすべてが庶民に開放されていた可能性もある。

明倫堂に出席できない遠隔地在住の人びとのためには、すでに天明元年（一七八一）よりはじめられた巡回講釈があったが、天明二年中領内五ヶ所で行われた平洲の講筵には、総計五万人の聴衆が集ったというから[59]、その人気の大きさは表講釈どころの騒ぎではない。なお、表講釈に出席した庶民はあくまで聴講生の資格であり、正式のいわゆる「学生」ではない。開校直後の「学生」には何の制限もなく、随時自由に出入りできたらしいが、間もなく定員一〇〇名となった。もっとも、「学生」の前段階の「勤学生」には誰でもなることができたから、門戸開放という点では従前と変わりがない。

「勤学生」が素読中心の初等教育課程を学ぶ、のちのいわば小学生であるのに対し、「学生」は学力・品行ともに俊秀なものの中から選ばれ、「高度でしかも学派的な教育[60]」を課せられる、いわば本科生だったのだから、定員制限があっても当然だが、実際上はそうした必要性はほとんどなく、員数は一貫して小さかった。平洲時代のことははっきりしないが、三代目督学石川香山のころは、「学生僅七十人程有之、勤学之輩は漸弐三十人程[61]」と、定員を大きく下廻った。文化八年（一八一一）に冢田大峰が四代目督学に就任したころはもっとひどく、一時生徒数が三、四〇名にまで落ち込んだという[62]。

明倫堂内の表講釈は[63]、寛政四年（一七九二）の平洲致仕後も存続したが、庶民の出席はしだいに制限されていき、冢田大峰の時代には、サムライ身分だけを対象にするようになったらしい。事実、文政五年（一八二二）二月の「規定」をみると、四の日は寄合組三番組以上と大御番組四番組まで、六の日は大御番組五番組以下と寄合組四、五番組までというふうに、目見以上の番組（各五〇名）を約三五〇名ずつの二クラスに分けている。なお、八一家ほどあった[64]一〇〇〇石以上の高禄者の当主や嫡子の場合は、どの日でも自由に出席できた。「規定」中に洩れている目見以下の下士層にも聴講を許していたようだが、庶民階級はいずれのクラスからも排除されていた。領内各地の民衆を対象にした巡回講釈も同様の運命をたどったらしく、天保六年（一八三五）閏四月には平島新田庄屋の服部市兵衛外一〇名が連署して、平洲時代の先例に倣って明倫堂教授の巡回講釈を願い出ているが、[65]陽の目をみたような形跡はない。

明倫堂の庶民教育は、幕末最後の時期になって突然再開される。すなわち元治元年（一八六四）六月、これまで入学資格のなかった陪臣、社寺、医師、農・町民のために明倫堂内に新しく学寮を設け、毎月二・五・七の日を限って、「文学ハ勿論天文地理其余兵学有職学を初都而有用之技芸又ハ器械制造」[66]の学が教授されることになった。強硬な攘夷論者として知られる藩主慶勝の主張がヒキガネになったらしいが、彼のいう攘夷のための富国強兵は藩内士庶一統の団結、「上下一致」を不可欠の条件にしており、それだけ一般庶民をまきこんだ学校教育に期待するところが大きかったといえる。教科目の面で、兵学をふくむ実用の学や文学（実は政治学）など、いずれも治者階級の教養が並べられたのは、この時期の藩校としてはきわめて珍しいが、一方でまた、新しく入学した人びと、すなわち陪臣以下を特設の教室に囲い込み、授業日も指定してなるべく士庶混淆を避けようとつとめている。この辺は、あくまでサムライ教育の伝統に固執したためであろう。ちなみに、一年前の文久三年（一八六三）一一月には、藩主の「直書」というかたちで一〇〇〇石以上の当主や嫡子一一歳より二〇歳までの就学強制を実施したが、これは門戸開放をすすめながら、しかも、なおエリート教育を温存しようとするいかにも封建学校らしいやり方である。[67]

ところで、学寮の新設にみられるように、いわば鳴物入りではじめられた門戸開放の成果は、実のところはっきりしない。冢田督学の学制改革で息を吹きかえした明倫堂は、文化年中（一八〇四―一七）に「学生」の定員を二〇〇名にふやし、「勤学生」までふくめると四、五〇〇名にまで達したというが、この数字は、名古屋藩八五万石の士族戸数二五二〇戸、人口一万五六四四名（男七六二九名、女八〇一五名）、卒族戸数六一三〇戸、人口三万三六九六名（男一万七八四四名、女一万五八五二名）からみると、[68]決して大きくない。明倫堂の入学年齢は七、八歳以上で、しかも退学の期限がはっきりしないため、学齢人口を推計することは難しいが、仮に一〇〇〇石以上の就学強制のさいにいわれた一一歳より二〇歳までの一〇年間とすれば、士分の学齢人口だけですでに一六〇〇名[69]ちかくを数えることになる。いずれにせよ、生徒数がふえなかったのは、就学そのものが原則として各人の自由に任されていたためであろう。明治初年には生徒数も若干ふえて七〇〇名ほどに達しており、前述の上級サムライに対する就学強制の実施や門戸開放にともなう新入生がプラス二〇〇名になったとも考えられるが、正確なところは分からない。

創設当初の一時期、庶民の出席を認めながら、間もなくこれを禁止したのは、萩藩明倫館も同じである。開校以来、事あるごとに繰り返された貴賤を問わず文武に励めという「達」が、例外なく家臣団、それも中級サムライ以上を対象にしていたことはすでにのべたが、この明倫館が門戸開放に着手したのは、安政年間（一八五四—九）に入ってからである。嘉永二年（一八四九）の明倫館重建に先立つ建白書の中で、村田清風は、講釈の出席者がかつて三〇〇余名もあったのに、最近では一〇〇名前後しかなく衰微もはなはだしい、また弓・剣・槍術の教室は平均五〇名ずつの生徒を擁すると見積もれば、弓三流、剣四流、槍三流の計一〇流あるから、生徒数の総計は五〇〇名となるが、うち二芸出精の人びとがかなりおり、この重複分を除くと実数はせいぜい三〇〇名前後にしかならず、これでは城下在住のサムライ数からみてあまりに少なすぎるという。[70]嘉永五年（一八五二）の『萩藩分限帳』によれば、明倫館に入学資格のあった中級サムライ以上は二六〇〇余家を数え、しかも、その多くが萩城下に在住していたのだから、清風の嘆声も無理からぬところであろう。

明倫館が出席をやかましくいうようになったのは、天保一四年（一八四三）諸士各班に稽古掛二名ずつをおいて出席状況をチェックするなど、館内の文武督励にあたらせ、また藩内各地にあった諸学校—郷校や剣槍の師家に対し、明倫館の教則に準じて毎月末、サムライ身分の子弟の勤怠を記した面着帳（出席簿）の提出を命じたときからであるが、(71)いずれも村田清風の建白書あたりがきっかけになったと思われる。もっとも、この措置は出席督励ていどの効果しかなかったらしく、嘉永二年（一八四九）の重建によって一時期活況を呈した明倫館教育も、安政初年になると、「講堂会席も於于時は至て人数少く議論等も相励不申」(72)といった低迷状態に陥る。このため、安政五年（一八五八）七月には、八手総奉行をして各一手の文武勤怠を監督させるとともに、一手ごとに稽古掛を選任して支配下のサムライ一人ひとりの勉学を督励させた。従前の稽古掛は多分に名目的で、毎月一、二回文武の成績をみるていどであったが、新任の稽古掛は毎日必ず明倫館に出勤し、文武の教室をまわって勉学の実際を検分することになっており、怠学者を呼び出して訓戒することはもちろん、悪質なものには閉門蟄居や減禄などの厳罰を課すこともできた。その他、明倫館に通学できない地方在住の諸士については、定期的に稽古掛が巡回して勤怠の状況を検分することになっていた。毎月末に提出を義務づけられていた各稽古場の面着帳が、毎日提出に改められたのもこのときであり、事実上就学強制がスタートしたといってよい。(73)

入学資格のある中級サムライ以上の就学を督励することと軌を一にして、教育対象の拡大、すなわち門戸開放が取り上げられた。まず安政五年（一八五八）一一月、徳山・豊浦・清末の三支藩と岩国藩士、(74)および諸大身者の家来（陪臣）の明倫館（大学生）への入学が許可された。同じ「布達」で、学生同志が家格を争う陋習を戒め、すべて学力の深浅、才識の高下によって席順を定めることとしたのは、そうした身分の低いサムライの入学許可をふまえたものであろう。なお、『明倫館御用掛日記』によれば、それ以前、これらの人びとは他藩よりの遊学者なみに扱われており、聖廟見学にも一々届出を必要としたが、(75)安政二年（一八五五）ころになると、砲術の稽古場へ岩国藩士

表11　敬身堂出席者調〔嘉4年(1851)10月～安2年(1855) 8月〕

年　月　日	足軽以下	百姓町人	計	講　　師
嘉4・10・26	84	21	105	近藤晋一郎
12・6	94	37	131	〃
嘉5・2・26	65	17	82	中村伊助
3・6	68	31	99	中村宇兵衛
3・16	65	15	80	片山与七
5・6	38	12	50	中村宇兵衛
5・16	91	20	111	片山与七
5・26	50	13	63	中村宇兵衛
7・6	42	12	54	〃
7・26	63	25	88	片山与七
11・6	50	12	62	近藤晋一郎
11・26	39	39	78	中村伊助
嘉6・1・16	32	19	51	佐々木逸平
6・6	31	10	41	片山与七
6・26	35	5	40	中村宇兵衛
7・6	39	12	51	近藤晋一郎
7・16	50	126	176	片山与七
7・26	41	94	135	中村宇兵衛
安1・9・26	33	36	69	近藤晋一郎
10・6	29	33	62	中村宇兵衛
10・26	36	31	67	佐々木逸平
12・6	22	22	44	近藤晋一郎
安2・2・16	32	20	52	片山与七
4・6	34	17	51	〃
4・16	41	14	55	佐々木逸平
4・26	42	30	72	近藤晋一郎
6・6	47	23	70	中村宇兵衛
6・26	55	14	69	中村百合蔵
8・16	32	9	41	佐々木逸平
8・26	29	13	42	中村宇兵衛
合　計	1409	782	2191	——
平　均	46.97	26.07	73.03	——

『明倫館御用掛日記』1～7所収の「敬身堂出人数付立」により作成。

二名、また槍術の小幡道場へ徳山藩士一名が入込みを希望する記事が散見されるところから、[76] 武芸関係の授業にかぎり例外が認められていたようだ。全面開放でないことは、許可願の手続きを要したことが裏書きしてくれる。一五歳未満者を対象とする小学舎の場合は正確な時期が分からないが、おそらく、前出の門戸開放に追随するかたちで行われたのであろう。文久元年(一八六一)六月には、高禄者の子弟が家来をつれて寄宿し、修業することが認められたが、これは、今まで入寮資格のなかった陪臣の子弟にも学寮を開放するための措置である。定員一五名、経費自弁としたのは、陪臣の子弟ばかりになってしまうことを防ぐためと思われる。ちなみに、明倫館寄宿生の定員は、重建以来四五名と定まっており、うち三〇名が藩費生として二人扶持、もしくは一人扶持を給された。

足軽・中間などの軽格武士の教育については確証がないが、明倫館の分校格の三田尻講習堂では、まだ越氏塾と称していた安永年間（一七七二―八〇）からずっと出家、足軽、陪臣以下の入学を認めていた。萩城下では、天保一〇年（一八三九）に心学講舎の日章舎を藩立形式に改組したころから、そうした人びとの教育がようやく取り上げられたが、本格的には、嘉永二年（一八四九）日章舎を廃止して新しく敬身堂を開設し、毎月三回足軽・中間、陪臣、農・町民を集めて小学講談を行うことになったのが最初である。以下、その大要を、『明倫館御用掛日記』所収の「敬身堂出人数付立」によりながら見てみよう。

過去四年間に総計三〇回しか講筵が設けられていないのは、記録上の不備もあったと思われるが、出席人数が年々減少の傾向にあるところから、講談そのものが今一つアピールしなかったのもたしかなようだ。毎月三回実施の原則がしだいに守られなくなり、現に、この間、六・一六・二六日の計三回講筵を設けたのは、僅かに三度しかなく、月に一回実施するのがやっとという状態であった。なお、嘉永六年（一八五三）七月一六日に最も多い一七六名を集めたのは、ペリー来航のちょうど一ケ月後であり、藩当局が積極的に人集めするだけでなく、一般大衆の側にホットな情報を求めるやじ馬気分があったのかもしれない。

出席者調べが足軽以下と百姓町人の二座に分けられているのは、おそらく、教室内で身分別の座席指定があったためと思われる。その内訳をみると、足軽以下のサムライ身分が百姓町人の二倍ちかくもいるが、最大のときで九四名という人数自体は、萩城下に少なくとも五〇〇〇名前後はいたと見られる卒族男子の二%にも満たない低率である。百姓町人の出席者は、嘉永六年（一八五三）七月一六日の一二六名を除けば、一〇〇名をこえたことは一度もなく、常時二六名ほど、ほとんど人影を見ないときもあったが、萩城下の庶民人口は士・卒の合計にも勝るとも劣らない二万名ちかくも見込まれるのだから、低率という点では足軽以下をはるかに下廻る。いずれにせよ、安政二年（一八五五）中は平均五六名余の聴衆しか集めていない。ジリ貧状態はその後も大して変わらず、万延元年（一八六〇）一〇月二八日には「作興の令」(77)を出して、数年連続の出席者に褒詞を与えることになったが、低落の歯止めになったような徴候はない。

敬身堂に通学不可能な遠隔地在住の人びとに対しては、前出の五名の教師が交替で出張講筵を行うことになったが、嘉永四年（一八五一）五月七日の「伺書」に、「諸郡地下人為ニ教諭一農業ニ不ニ相障一時節、年中両度、小学講談師被差廻候ニ付、是迄ハ諸郡御代官ヨリ明倫館御用所へ直様申出廻在之沙汰被ニ仰付一来候……」(78)とあるように、多分にお祭騒ぎ的なところがあり、庶民階級全体を対象にするという意味では、もう一つ迫力に欠ける。敬身堂の聴衆がピークに達した嘉永六年（一八五三）七月二一日付の「願書」では、さすがに徳地、三田尻、都濃郡、熊毛郡、上関、大嶋郡などの藩内各地から講師の派遣を求めているが、(79)その後の経過については明らかでない。敬身堂の講談そのものが振わなかったのだから、その地方版である巡回講談に多くを期待できなかったのも止むをえないだろう。

三田尻越氏塾を例外とすれば、明倫館支配下の諸学校が一般庶民に門戸を開放した最初は、安政六年（一八五九）二月西洋医学校の好生館が陪臣医や町村医の子弟の入学を認めたときであるが、(80)この場合も、医者以外の農・町民の子弟はもちろん対象外であった。なお、『明倫館御用掛日記』をみると、安政二年（一八五五）中にすでに陪臣医や町医の入込みに関する記事があるから、(81)なしくずし的に門戸開放が行われていたことは間違いない。もと好生館と一体であった博習堂の方は、洋式兵学校であったため、サムライ身分の英才を選抜して入込ませる方針を一貫したらしく、庶民階級に門戸を開放したような形跡はない。

明倫館への庶民入学は、慶応元年（一八六五）春小学舎（八—一四歳）の門戸開放からはじまった。[82] 文学寮や武芸関係の教室（一五歳以上の大学生が学ぶ）は今までどおり入学禁止であったらしいが、同年一〇月ころから、毎月二の日に行われる国典、および経書の講釈にかぎり士庶一統に聴聞を許されることになった。重建以来、毎月六回藩士一般を対象に行われてきた講堂講釈を一部開放したものであろう。二年後の慶応三年（一八六七）七月二日付の「伺指令」をみると、文学校（大学生）の下等会業に小学舎上等生が士庶混淆で出席できるようになっているが、その開始の時期ははっきりしない。なお、「伺指令」の中に、「学業抜群ニテ往々御用ヒモ可相立見込有之大学校撰挙入塾ヲモ被仰付度モ候得ハ……[83]」とあるように、庶民の子弟が大学生になる道が絶たれていたわけではないが、一方で、藩主が臨校のさいは文学校下等会業への庶民の出席不可という身分差別に固執して[84]おり、依然として狭き門であったことに変わりはない。

士庶混淆に一定の歯止めを忘れなかったのは、三田尻講習堂における小学舎の新設にもみることができる。萩・山口両明倫館の小学舎が庶民の入学を認めた慶応元年（一八六五）八月二九日付の「伺指令」をみると、三田尻講習堂における士庶混淆の授業では諸士の教育が行届きかねるから、旧舎を大学寮として諸士の教育に専念させ、新設の小学舎で庶民教育を行いたいとあるが、[85] これは事実上士庶別学の二教室を創めたことであり、しかも、庶民の就学を初等程度の小学舎にまで限ったという点で、安永以来の伝統に逆行する措置であった。文久元年（一八六一）八月明倫館の支配下に入ってから、三田尻講習堂は学規や教則を徐々に明倫館のそれに合わせつつあったが、このいわば士庶別学は本校明倫館のカッコづきの士庶混淆に歩調を合わせたものであろう。[86]

足軽・中間など軽格武士の教育については敬身堂の開設の項でみたとおりだが、明倫館内の諸学舎が彼らを受け入れるようになった時期は、実のところはっきりしない。門戸開放の出発点となった安政五年（一八五八）秋の場合は、支藩士、陪臣までであり、足軽・中間は対象外であった。『防長回天史』第二編は、漠然と「文久年間に至り之を許せり」というが、(87) 文久元年（一八六一）五月の時点で、山口講習堂（のち山口明倫館）の教育対象は、相変わらず「諸士中幷陪臣等ニ至迄」(88) となっており足軽・中間については一言もふれていない。敬身堂の教育でみたように、足軽・中間は大てい農・町民と一括扱いであったから、彼らを対象にした門戸開放が行われたとしても、慶応元年（一八六五）春の小学舎における士庶混淆を大してさかのぼらない時期であっただろう。元治元年（一八六四）二月の「規則」には、「二六ノ日朝五半時ヨリ諸士中幷足軽以下調練ノ事、三八ノ日朝五半時ヨリ地町兵調練ノ事」(89) とあり、足軽・中間は農・町民と別コースのサムライ集団にふくめられた。これから推せば、文学の授業でも諸士中に卒分をプラスした可能性がないではないが、その場合でも、学業抜群という付帯条件は不可欠であったと思われる。

「大身寄組以上」の上級サムライをもっぱら教育対象として発足した明倫館は、天保改革がスタートしたころから、急速に大組など中級サムライをふくめた諸士一般の学舎として整備されはじめる。とくに安政五年（一八五八）以降は、支藩士、陪臣、軽輩などサムライ階級全体を視野に入れた一大教育機関に成長し、その延長線上で庶民の子弟の入学を認めるようになったが、この一見分かりやすい門戸開放は、必ずしも封建学校に固有の差別性の放棄を意味するものではなかった。門戸開放によって明倫館が一部の特権階級の占有物でなくなる、その限りではたしかに学校の性格は、近代学校にみられる教育機会の拡大、つまり均等化に一歩も二歩も近づくものであったが、そうした一連の改革が進められる過程で、明倫館はまた、身分差別に固執するいわば逆コース的な措置を次つぎに行っている。

たとえば文久三年（一八六三）一一月には、寄組以上の幼少の本人、嫡子、次・三男以下はすべて山口講習堂に入込み、文武の修業を命じられたが、[90]これは、藩政府の山口移転にともなう山口明倫館（もと講習堂）の発足に照準を合わせたものであり、翌元治元年（一八六四）四月の「達」で一〇〇〇石以上のサムライ（寄組三九家と家老格八家の計四七家）は、すべて明倫館で学ぶことを義務づけられ、怠学者は減禄処分とされたことや、[91]慶応元年（一八六五）一〇月の「達」で大身（寄組以上の七〇家か）の本人、嫡子、庶子七歳以上はすべて山口小学校へ入込みを命じられたことなども、[92]同様の趣旨からであろう。

上級サムライの当主や子弟を強制的に就学させることだけに満足しなかった藩当局は、慶応元年（一八六五）一一月、山口明倫館内に、「老臣以下大禄を有する者の子弟」[93]の学問所としての成器塾を特設した。その「塾則」中に、「御座陣之図を以大規則となす故に朝夕出入再拝諸将之功業を厚く考へ続其志他日為国家御補佐可申上候事」「御軍役被仰出候通に付十五歳迄に凡胸臆之方向を決十五歳以上は国相軍将之心得を以修業可有之候事」などとあるように、これは、将来藩政府のリーダーたることを約束されている門閥勢家の人材養成をめざすものであり、早くから就学督励を行ってきた寄組以上の子弟が教育対象であった。サムライ階級内部での貴賤上下の混淆はともかく、一般庶民までも包みこんだ士庶共学は、封建的な為政者教育にとってマイナスになる、それゆえ特別教場において建学以来のエリート教育を何とか堅持しようとしたのであろう。明倫館への庶民入学が認められた同年に成器塾が創設されたのは、決してたんなる偶然ではない。なお、この種の特別教場の設置は、佐賀藩弘道館にもみることができる。[94]

庶民階級への門戸開放がエリート教育と並行するという変則的なものでしかなかったのは、明倫館が身分差別を前提にじた封建学校であることを依然として止めなかったためであるが、このいわば見せかけの近代化が正体を現わすのに、大して時間はかからなかった。すなわち明治元年（一八六八）一一月二五日の「達」が、「向後学校入込諸士中陪臣迄ヲ限リ僧侶等入込ノ儀ハ被差止候事」といい、また同月二七日の「達」が、「山口小学校ハ是迄士庶混淆入込被仰付候処向後足軽以下庶人ノ儀ハ最寄私塾郷学校ニ於テ修業被仰付小学校入込被差止候事」[95]というように、明倫館はこれ以後、文学寮、兵学寮、小学校などすべての面で中級サムライ以上と陪臣団のための教育機関となり、軽輩や一般庶民はいっさい入学を禁止された。初等教育段階でいえば、藩内各地に二一校あった郷学校がそうした人びとを受け入れ、すでにあった上級サムライの子弟のための成器塾、小学舎とともに明倫館文学寮の支配下におかれた。明治二年（一八六九）正月二〇日の「小学舎規則」に、「諸士中凡八歳ヨリ十六歳迄本人嫡子庶子ヲ不分罷出可有稽古候事」[96]とあるのはそのためであり、安政五年（一八五八）以前に逆戻りするこのいわば別学体制は、明治三年（一八七〇）一一月の学制改革まで続いた。

門戸開放、とくに一般庶民の入学許可が行われた慶応元年（一八六五）春は、藩内訌戦をへて正論派政府が成立し、やがて押し寄せる征長の大軍に備えて挙藩一致体制がもっとも大きな声で叫ばれた時期であり、一方また、士庶別学をきめた明治元年一一月は、王政復古の大号令によって登場した明治新政権が、奥羽、北越の平定をおえ、ほぼその権力的基盤を固めた時期であり、すでに廟堂の中心勢力であった長州藩にとっては、一般庶民の動向をさして気にする必要はなかった。それどころか、のちの脱隊騒動[97]にみられる民衆的エネルギーの爆発に備える意味では、すみやかに旧体制に復し、貴賤上下の別を明確にした封建的教育を確立することが期待されたのである。

廃藩置県前夜の諸藩藩校は、ほとんど例外なくサムライ学校であることを止め、広く士庶一般に門戸を開放したのであるが、その背景には、明治二年（一八六九）二月の「府県施政順序」や翌三年二月の「大学規則並中小学規則」にみられる中央政府主導の近代学校システムへの模索があり、はたしてどれほど各藩独自の政策を展開しえたのか疑問である。

たとえば岩国藩は、明治三年一二月の「学制ノ議」で「凡ソ藩内ノ士民子弟年七歳ニ至ルモノハ貴賤ニ拘ハラス士農工商ヲ論セス悉皆同一ニ入学スルヲ得セシムヘシ(98)」というように、すこぶる開明的な制度づくりをめざしたが、これはまた、「謹テ朝廷ノ聖意ヲ奉体シ完ク其学制ニ遵ヒ前日ノ旧弊ヲ一洗シテ新ニ中学小学ノ両校ヲ開キ」とのべるように、中央の教育政策をそのまま引き写したものにすぎない。現に、改革以前の藩校養老館は、士分のみを対象とし、卒族以下一般庶民の教育についてはまったく度外視していたのであり、新しく発足した岩国藩学校―中学校や小学校との間には、厳然たる一線が画される。

これは要するに、封建学校の典型としての藩校がいくら門戸開放を徹底してみても、その延長線上に近代学校を導き出すことはできない、そうではなく、藩校がいったん廃絶され、封建学校のカンバンを下すこと以外に、近代学校の誕生はなかったということである。明治五年(一八七二)八月三日の「学制」が旧藩時代のすべての教育機関の一斉閉鎖(99)を強行することによって陽の目をみたのは、何よりもそのことを証明するものであろう。

(1) 石川謙の調査では、維新以前に入学許可の藩校は三四校、維新以後に許可したものが七八校、計一一二校となる。『我国における児童観の発達』、一五一頁。
(2) 文部省編『日本教育史資料』二、五八四頁。
(3) たんに学校と称し、特定の名称なし。
(4) 前出『日本教育史資料』、五九一頁。
(5) 同前書、六〇〇頁。
(6) 同前書三、一九六頁。以下同じ。

（7）「肥後中山氏学政考」、同前書五、六一五頁。
（8）同前書一、七三三―四頁。
（9）同前書、七六一頁。
（10）同前書、七三二頁。
（11）学習期限を三年満期とするのみで、入・退学に関する規程はなかったが、多くは一〇歳前後で入学した。
（12）前出『日本教育史資料』一、八〇八頁。
（13）同前書二、一六一―二頁。
（14）「四民教導」の達と同時に、「能州四郡御扶持十村（他藩の大庄屋層）中」に対して、「右之通申来候条、得其意、罷出度者有之候はば、日限迄可書出候」と達している。若林喜三郎『加賀藩社会経済史の研究』所収の小松周吉「加賀藩明倫堂の学制改革」参照。
（15）クラス分けの理由について、『日本教育史資料』二は、「四民教導ノ趣旨ナルニヨリ出席人数多ナルヲ以テ之ヲ区分シ」たという。
（16）第六章第二節参照。
（17）「旧加賀藩士学事意見書」、前出『日本教育史資料』五、五五二頁。
（18）天保九年（一八三八）四月制定の「明倫堂御規則」によって九年間の就学が義務づけられた。希望すれば、さらに一年延長することもできた。
（19）前出『日本教育史資料』、五四六頁。
（20）同前書二、一六八頁。
（21）楢林忠男「時習館」、奈良本辰也編『日本の藩校』、二七二頁。なお、この評価は、前野喜代治『青森県教育史』上の「岡山池田藩が、教学に熱心且つ進歩的であった」、和島芳男『昌平校と藩学』の「岡山・金沢・熊本の諸藩の学校のごときは進歩的であった」、笠井助治『近世藩校の綜合的研究』の「〈達〉（加賀藩の四民共学の）にはさらに一層進歩的な思想が現われている」にみられるように、ほぼ定説化している。
（22）前出『日本教育史資料』二、六五三頁。
（23）同前書三、一〇三頁。

(24)「俊益年譜」、『福島県教育史』、第一巻、七七—八頁より重引。以下同じ。
(25)同前書、八五頁。小川渉『会津藩教育考』、一一四頁参照。
(26)六八八頁。
(27)前出『会津藩教育考』、三〇九頁。
(28)寛文五年（一六六五）度の知行取家臣団は五八九名しかいないが、藤沢正啓「会津武士と日新館」は入学資格を有する格式の家が一五〇〇—一六〇〇戸あったという。家臣団の総計は四〇〇〇名ちかいから、この数字を信用しても全藩のせいぜい四〇%程度が入学できたにすぎない。『福島県史』、2、五八二頁。蜂谷吉之助『藩学史談』、五〇五頁。
(29)庄屋や名主宅に置かれた庶民教育機関の教師。庄屋や名主自身が任ずることもあれば、学力優秀者が選抜されることもあった。年米一石を給され、お目見えの資格が与えられた。
(30)前出『日本教育史資料』二、二九〇頁。
(31)同前書、二七七頁。
(32)同前書、二七八頁。
(33)同前書、二八二頁。
(34)同前書、二七三頁。
(35)同前書、二八六頁。
(36)同前書、二八八頁。以下同じ。
(37)同前書、二八七頁。
(38)『日本教育史資料』二の「平民子弟教育方法」には、「藩立校へ入学スルヲ許サス」とある。
(39)「旧山口藩士建白書」、前出『日本教育史資料』五、五八六—七頁。
(40)同前書二、六五九頁。
(41)萩市立明倫小学校『明倫館の教育』、一〇頁。
(42)前出『日本教育史資料』二、六六七頁。
(43)同前書、六六八頁。
(44)同前書、六六六頁。

(45) 一〇〇石以上二〇〇石未満者の数、宮崎道生『青森県の歴史』、一四七頁参照。
(46) 『弘前市史』藩政編、四六〇頁。
(47) 前出『日本教育史資料』一、七〇八頁。
(48) 前出『弘前市史』、四九三頁。家数はすべて『青森県の歴史』により推定。以下同じ。
(49) 稽古館の教官である学士や二教の実施する試験か。
(50) 前出『弘前市史』、五二一頁。
(51) 同前書、五二二頁。
(52) 同前書、五二六頁。
(53) 『愛知県教育史』、第一巻、一一三頁。
(54) 同前書、一五三頁。
(55) 規式(四〇七家)をふくまない馬廻以上とすると七七〇家。林董一『尾張藩家臣団の研究』、二〇二頁参照。以下同じ。
(56) 同心、小普請(規式)、五十人、徒、徒士以下などを総計すると五〇七家。
(57) 『藩制一覧』一によれば、卒族の戸数六一三〇軒。
(58) 前出『日本教育史資料』一、一三七頁。
(59) 前出『愛知県教育史』、一五〇頁。
(60) 同前書、一八二頁。
(61) 同前書、一八〇頁。
(62) 同前書、一五八頁。
(63) 平洲が督学時代の表講釈をふくむ授業は毎月八回あったが、「士外之分子弟共」、すなわち卒分以下一般庶民にまで開放されたのは、四日と二〇日の二回分にすぎない。同前書、一五六頁。
(64) 前出『尾張藩家臣団の研究』、一三八頁。
(65) 「先年細井甚三郎様御勤御廻村御講釈被成下候儀に御座候処何となく当時は御中絶に相成候段乍憚遺憾至極奉存候念此節右等之御再興被成下……」。前出『日本教育史資料』一、一三六頁。
(66) 前出『愛知県教育史』、二一九頁。

(67)　「千石以上之輩は、往々重職に可二召使一者之分に付、別而練磨専要之事候、就而は当主子弟共、十一才より廿才迄は、必出堂可二精学一修事」、『名古屋市史』、第二巻、二二一頁。なお、八一家の平均家族数を五名とすると四〇五名、入学資格のある一一歳から二〇歳までの男子は四二名程度と見込まれる。
(68)　『藩制一覧』一、二八九頁。
(69)　各歳の男子の比率一・〇四％を基準値として算出した。
(70)　前出『日本教育史資料』五、五八七頁。
(71)　末松謙澄『防長回天史』、第一編、二四九頁。
(72)　同前書、第二編二、五五四頁。
(73)　同前書、五五八—九頁。
(74)　関ヶ原以来の確執を利用した幕閣の政策で、独立の藩なみの待遇であったが、事実上は、萩毛利家の分家吉川氏の藩領。
(75)　安政元年（一八五四）一二月一日付の届出に、岩国藩士大塚左伝治と長和源三郎が聖廟見学を願い出たとある。『明倫館御用掛日記』、六参照。
(76)　六月一六日岩国藩士の水谷勝平と内藤清三郎が郡司公平の稽古場へ砲術修業を願い出た。八月二一日には徳山藩士増田勇四郎が同じく砲術修業を願い出ている。同前書、七参照。
(77)　前出『防長回天史』、第三編下四、五三五頁。
(78)　御薗生翁甫「萩藩の庶民教化」、『山口県教育』、三二二号より重引。
(79)　『明倫館御用掛日記』、五の記事によれば、この時は小学講談師が派遣された。
(80)　前出『防長回天史』、第二編二、五六六頁。
(81)　四月一九日長府町医宮沢鼎、六月二日吉敷毛利家臣正田南岳、大野毛利家臣岡喜平、永代家老益田弾正家臣田村徳庵、大島郡地下医辻晋人が、いずれも好生館に入学した。前出『明倫館御用掛日記』、七参照。
(82)　八月六日付伺に「小学校ノ儀当春以来士庶混淆ニ被仰付候処……」とある。前出『日本教育史資料』二、七二六頁。
(83)　同前書、七三六頁。
(84)　同じ「伺指令」の中に、「御参堂被遊候節庶人ノ儀ハ出席相成不申」とある。
(85)　「於三田尻講習堂御建置諸士中御引立相成候処蓑町ノ者其外ニ到リ候テハ教方行届兼候儀ニ付講習堂ハ大学寮ニシテ別ニ

小学舎取立庶民引立仕度」、同前書、七二六頁。

(86) 万延元年（一八六〇）一一月より山口講習堂と並んで萩明倫館の一手捌となり、慶応二年（一八六六）三月からは山口明倫館（もと講習堂）の管轄下に入る。

(87) 一〇八頁。

(88) 「伺指令」、前出『日本教育史資料』二、七一八頁。

(89) 同前書、七六八頁。

(90) 前出『日本教育史資料』二、七二〇頁。

(91) 前出『防長回天史』、第四編上、三五一頁。

(92) 前出『日本教育史資料』、七二七頁。

(93) 前出『防長回天史』、第五編上、七、三四三―五頁。以下同じ。

(94) 佐賀藩の場合、天保一一年（一八四〇）の弘道館改築後、藩士全体に入学を命じたが、「宗室家老の子弟」にかぎり、「他日藩の重職に当り、藩主と休戚を共にすべき者である」という観点から、篤信局（別名奥の寮）を設置して、「貴族的の教育」を授けた。佐賀県教育会『佐賀県教育五十年史』、上篇、一六五―六頁。

(95) 前出『日本教育史資料』二、七三八頁。以下同じ。

(96) 同前書、七六八―九頁。

(97) 明治二年（一八六九）一二月兵制改革に不満をもった奇兵隊以下の諸隊士が蜂起し、藩政府に迫ったが、これに誘発された百姓一揆が各地に爆発した。

(98) 前出『日本教育史資料』二、七八三頁。以下同じ。

(99) 明治五年（一八七二）八月二日文部省布達第一三号、「今般被ニ仰出一候旨モ有レ之、教育之儀ハ自今尚又厚御手入可レ有レ之候処、従来府県ニ於テ取設候学校一途ナラズ、加レ之其内不都合之義《ママ》モ不レ少、依テ一旦悉令ニ廃止一、今般定メラレタル学制ニ随ヒ、其主意ヲ汲ミ更ニ学校設立可レ致候事」、倉沢剛『小学校の歴史』1、三四〇頁より重引。

第三章　遊学——学習者中心の勉学

第一節　遊学の制度化

武芸者が諸国を遍歴して技術の蘊奥を究める武者修業は、中世末期から近世初頭にかけて盛んであったが、戦乱の世が終りを告げ、平和の時代に入ると、これに新しく文学の修業がプラスされた。むろん、はじめは各人の純粋に学問的衝動にかられたプライベートな修業の旅であったが、しだいに少しずつ藩当局の意を体した、つまり公費負担の遊学生もみられるようになった。藩校がまだ開設されていない時期には、文武修業の機会は藩外、すなわち京都や江戸の地に求めるほかはない。とくに家職が儒者であるような場合、その子弟ははるばる笈を負うて遊学の途に上ったのであるが、彼らのすべてが私費遊学生であったわけではなく、稀れには公費負担の人びともいた。比較的早くから公費遊学生を派遣したのは、大ていこのケースであり、また小藩で廃藩置県までついに一度も藩校を設立しなかったものも、同様の傾向にあった。

かつては公費遊学生を派遣したが、しだいに自藩の教育システムが整備、充実されていくにともない、藩外への遊学を縮小、もしくは廃止していった場合もないではない。たとえば秋田藩では、京都や江戸をめざす儒学と医学の遊学生に若干の学資を補助していたが、文政年間（一八一八―二九）になると、儒学の遊学に関してはいっさい禁止した。寛政五年（一七九三）八月の「御条目」で、一六歳以上の藩士が家督相続を願い出るとき、四書の素読修了と武術修業中の証明を要すると定めたように、早くから一種の就学強制を実施していたが、[1] とくに文化八年（一八一一）、旧明道館を拡張して新しく明徳館を発足させてからは、「苟モ士籍ニアル者ニ在テハ唔咿《マヽ》ノ声ヲ聞カサルナク斯文ノ隆盛ナル是時ヲ最ナリトシ」[2]といわれたように、就学強制がいちだんと進められた。サムライ階級を一人残らず藩校に囲い込むために、遊学に名を借りた不就学者や怠学者を一掃することが必要と考えられたようだ。

　江戸時代の人びとが原則的に旅行の自由をもたなかったのは周知のとおりだが、とくにサムライは主君に対する奉公を欠くことができなかったから、一般庶民以上の不自由さを強いられた。このことは文武修業の旅に出るときも例外でなく、たとえ私費遊学であっても、藩当局へ願い出、その許可を得てから出発した。嘉永四年（一八五一）一二月一四日から翌年四月五日にかけて行われた吉田松陰の東北歴遊が、藩許を得なかったため脱藩の罪に問われ、[3] 士籍を削られる羽目になったのは象徴的であろう。

　とはいえ、物見遊山の旅とは異なる文武修業であるから、公費負担ならばともかく、私費負担で願い出れば大てい許可されたが、なかには豊津藩のように、儒者と医官の子弟でなければ認めなかったもの、[4] また飯田藩のように、戸主は文武の師範家の場合しか認めなかったものもある。[5] いずれも専門職者や教師に限って遊学を認めたものであり、飯田藩では若干の学費を補助したというから、厳密な意味での私費遊学ではない。なお、豊津藩では、維新後はすべてのサムライに私費遊学を認めるようになったが、おそらく飯田藩をふくめた諸藩でも、同様の措置がとられたものと思われる。

私費遊学の願い出があったとき、学力その他の面で成業の見込みがあるかどうかをチェックした藩もある。松江藩では、文武諸芸の担当教官が認めれば許可（担当教官のいない新しい分野については藩庁が直接可否をきめる）されたが、[6] 鹿島藩ではいっそうきびしく、試験を課して一定の学力を有すると判定されたものにのみ遊学を許可し、しかも、学資の半ばを補助した。[7] 補助額の大きさからみて、むしろ公費遊学生にちかいが、この藩には別に完全給費の遊学生があり、[8] あくまで私費遊学の建前をとっていたようだ。

同様の制度は高鍋藩にもあった。嘉永四年（一八五一）の「遊学中扶持規定」[9] をみると、公費遊学は二年を一期として四人扶持（のち一二両へ増額）、私費遊学はその半額を支給された。いずれも師範の吟味を要したというから、何らかの試験を課されたことは間違いない。公費生の定員ははじめ二名、遊学希望者のふえた文久・元治（一八六一―四）ころに増員されたというが、正確な数字は分からない。[10] 明治二年（一八六九）に計上された公費生の経費は、二〇名（皇学生六、漢学生六、医学生四、礼律学生一、算学生一、書画学生一）[11] の米五四〇俵に達しており、往時の一〇倍の規模にふくらんでいる。私費生の定員についてははっきりしないが、同じ二年中医学生のみで七名の半学料支給者が認められており、その他、学費の支給のない純然たる私費負担の皇学生や古疾医生、経学生がいたりしたから、[12] 継続中のものをふくめれば、相当数の遊学生がいたことは想像に難くない。

遊学希望者に面接して実否をただし、藩主直々に奨学の令を下したのは久留里藩であるが、[13] そのさい、三年、あるいは五年の期限を切っていったん暇乞いをする、すなわち家禄の返還をするのが慣例であった。業成って帰藩すると旧禄に復したが、優秀者はしばしば加増の対象にされた。いずれも私費遊学生の場合であり、公費遊学がはじめられたのは、明治年間に入ってからである。

文武の修業を願い出た場合、才能のあるものが公費遊学生に選ばれたのは当然であるが、郡山藩では、加うるにまた、各人の経済的事情が考慮され、才能がありながら家計不如意のものが公費遊学生に選ばれ、その他はすべて私費遊学生とされた。修業年限が満ちて帰藩すると、公・私費遊学生ともに試験があり、優秀者には金品が与えられたが、稀れには増禄されたり、要職に抜擢されるものもあったという。(14)

私費負担の遊学といえども自由でなかったのは、サムライ身分であったためであるが、やはり一連の取締まりは、時代が遅くなるほど多くの藩でみられるようになる。藩校が開設され、やがて就学強制がはじまると、サムライの子弟は好むと好まざるとにかかわらず、所定の学校に通学しなければならず、以前のように自由に家塾や私塾に出入りすることはできなくなった。藩外の学校をめざす、すなわち遊学のチャンスが制限されたのも、その延長線上の出来事であるが、サムライたちの中には、就学強制を回避する方便として遊学願を出す不心得者もいたりしたから、これを取締まる狙いもあったようだ。

遊学が多くの藩でみられるようになったのは、サムライ教育の成立に拍車をかけた社会環境の変化、すなわち「内憂外患」に象徴される幕末期の危機状況の深刻化ということも、むろん看過できない。自藩内に閉息していたままでは、新時代のバスに乗り遅れることに逸早くめざめた藩ほど、積極的に藩外の新しい世界へ眼を向けたのであるが、学習の分野がかつてのように儒学や医学にとどまらず、国学や洋学をふくめた広範囲に及んでいたこともあり、私費遊学に新しく公費遊学をプラスして、万全を期する必要があった。

ところで、公費遊学生は藩主や藩国の輿望を一身に担って旅立つわけだから、なによりも優秀な人材でなければならず、家格の如何は今までほど問題にされなかったが、やはり当初は、高田藩のように、儒者や医師、その他の諸芸術家業人、すなわち教師を世職にする人たちを公費遊学生にしており、(15)時代が下ると、儒者の子弟と一般諸士の子弟の中から学業優秀者を選抜して公費生とする飯田藩のようなケースがしだいにふえ、(16)最終的には、そうした

表12　延岡藩の遊学生

	文学											武芸					
	藩費					自費						自費					
年度＼科目	和学	漢学	洋学	医学	洋算	和学	漢学	洋学	医学	漢算	洋算	槍術	剣術	炮術	兵学	柔術	計
明和4～6		1															1
安永6～天明1		1															1
文化9～11		1															1
天保2												1					1
3												1					1
4												2					2
5												1					1
6		1										2					3
7																	
8													1				1
9		2					1						2	1			6
10		2					2					4	1	1			10
11		2											1	2			5
12		2					1						2	1			6
13		2					1						2	1			6
14		2					1						2	1			6
弘化1		1					1					3	8	1			14
2							1						4	1			6
3		1					2						4	1			8
4		1					2						4	1			8
嘉永1		1					4						6				11
2							4					1	7				12
3							8						5				13
4		1					5					1	5				12
5		1					3					3	5				12
6		1					3					1	4	1	1		11
安政1		2					1						5	1			9
2		2					3					5	5				15
3		1					4			1		2	6				14
4		1					5			1			3				10
5		1					11			2		2	2	1			19
6		1					11			2		2	3				19
万延1		1					9			2		3					15
文久1							8			1		3		1		1	14
2		1					6			1		2					10
3		1					4			1			3				9
元治1		1					3			1			2				7
慶応1		1					1	1		1							4
2		3	2	1			4				1		2	1		3	17
3		3	2	1			4				1		2			3	16
明治1	3	2	2	1			5				1		2			3	19
2	1	1	8	2	1		11				1						25
3	3	3	8	4			6	5	1								30
4	2	1	7	6	1		1	10	5								33
5	2		7	8	1	1	1	8	1								29
計	11	49	36	23	3	1	137	24	7	13	4	39	98	16	1	10	472

『日本教育史資料』3により作成。

条件をすべて排除し、純粋に能力本位に人材を選抜するようになる。もっとも、この場合、各々の藩校がサムライ階級全体に門戸を開放していたのかどうかが、一つのカギになる。士分のみを入学させ、卒分などの下級サムライが埒外におかれていたような場合、やはり彼らは、公費遊学からも除外されていた。要するに、能力主義は限られた身分の内側だけで実施されていたのである。なお、一般庶民の中から公費遊学生が選ばれることは、少なくとも江戸時代には見あたらない。幕末期の藩校にみられる農・町民への門戸開放が多分に名目的であったことは、この面からも指摘できるようだ。

ところで、遊学システムの実際であるが、早い時期の遊学に関するまとまった記録は皆無にひとしく、延岡藩のように、藩校広業館開校の前年にあたる明和四年(一七六七)以降の消長の分かるものは、きわめて珍しい。もっとも、この時点ではまだ、明和四年より六年にいたる三年間に公費生一名、安永六年(一七七七)より天明元年(一七八一)にいたる四年間に公費生一名、文化九年(一八一二)より一一年にいたる三年間に公費生一名、いずれも漢学修業生を派遣した程度である。その間、私費遊学生は一人もなく、天保二年(一八三一)槍術修業生一名が出発したのが最初であるが、同三年一名、同四年二名、同五年一名、同六年二名、いずれも槍術修業生が私費負担で出発した。公費生の方は、天保五、六年ころに一名あったのみで、しばらく途絶の状態であったが、天保九年(一八三八)漢学修業生二名が選ばれてから、毎年一、二名がこれに続き、慶応二年(一八六六)以後は、洋学二名と医学一名がプラスされた。

公費遊学が再開された天保九年度には、私費の漢学修業生一名、同じく剣術修業生二名、砲術修業生一名がおり、しかも、その数は時代が下るにともない大きくなった。嘉永元年(一八四八)の一〇名以後は、毎年十数名の私費生を送り出したが、ピーク時の安政五年(一八五八)には、漢学修業生一一名、漢算修業生二名、槍術修業生二名、剣術修業生二名、砲術修業生一名、計一八名を数えている。同年度の公費生が漢学修業生一名であったから、事実上、延岡藩の遊学は私費生に依存していたといってよい。公費生がふえるのは維新前後、とくに明治年間に入ってからであるが、似たような傾向は、多くの藩においてもみられた。

公・私費生がそろったのが天保初年、また公費生が規則正しく派遣されるようになったのが天保九年（一八三八）以降ということから分かるように、延岡藩の遊学が軌道に乗るのは天保年間に入ってからであるが、この点は、比較的早くから遊学に関心をもった藩の場合でも同様であり、大ていはペリー来航に刺激され、安政年間（一八五四―九）に入ってから遊学生を送り出している。公費遊学の方はもっと遅れており、加賀藩や広島藩のような大藩でも、ようやく文久年間に入って創めたものもある。(17)

サムライの教育に早くから熱心であった萩藩でも事情は大して変わらず、他国遊学は、天保一一年（一八四〇）ころから文学研究、剣槍修業の奨励というかたちでようやく緒についたにすぎない。翌一二年六月の「布令」に、文学・弓・馬・剣・槍の師家の私費遊学を認めるとあるから、(18)この時点ではまだ、諸士一般の遊学を認めておらず、まして公費遊学もなかった。

嘉永四年（一八五一）四月には、剣・槍の他国修業は予め日数を定め、師家の証明を得て願い出れば直ちに許可されることになり、間もなく文学研究もこれに準じた。いずれも私費遊学であったが、翌五年になると、家計困難で遊学できないものを補助するために、公費遊学の制度がつくられた。(19)文学研究者は毎年二、三名を選抜して、年間の学費として金一〇両を与え、また剣槍修業者は毎年一四、五名を選抜して、年間の学費として金五、六両を給することとした。これとは別に、国内遊学生として、毎年剣槍修業者二、三名を選抜して、年間の学費として銀一〇〇目を給したが、その目的は、在郷諸士の芸術奨励、および各修業者に藩内の地理風土を実見させ、また身体を鍛えて後日の他国遊学に備えさせることもあったようだ。

天保一一年（一八四〇）七月の他国剣術修業者への「訓令」中に、「各国の武備海陸之形勢山川之険易等に依り当今海寇之手当を察し」「国々の旧法新政等聞繕ひ諸士の風儀を察し高《ママ》家民間之事に至る迄心を用ひ記し置」[20]くようにとあるところから、藩当局が遊学生に何を期待していたのか明白であるが、この姿勢は、文武両道にわたる公費遊学生制度の創出により、いっそう徹底された。遊学中の日録にあたる「修行者帳」の提出は、公・私費の別を問わず、すべての遊学生に義務づけられたのであり、たとえば吉田松陰の「西遊日記」は、嘉永三年（一八五〇）八月二五日より一二月二九日までの一二三日間[21]におよぶ九州遊学の記録であるが、[22]これは、彼の私的な日記であると同時に、藩政府への提出原簿でもあった。なお、松陰の遊学は公費制度が発足する以前であり、藩当局への願書にもあるように、いっさいの費用は自弁であった。

ところで、嘉永五年（一八五二）にはじまった公費遊学生に選ばれたのは、どのような人びとであろうか。八月七日文武修業を命じられた五名のうちに、小笠原謙槌（大組、一八〇石）、有福半右衛門（大組、一六〇石）、白井九郎右衛門[23]（大組、一三六石）、中島彦兵衛（大組、一二三石）らがおり、また剣術修業を命じられた二名のうちに、茂岡論（大組、五〇石）、さらに槍術修業を命じられた三名のうちに、末武寅助（大組、五八石）らがいた。その他、国内遊学の剣槍修業生に選ばれた七名のうちに、山県次郎右衛門（大組、二〇〇石）、粟屋新之允（大組、一五三石）、大和又四郎（大組、一三八石）、赤川彦右衛門（大組、九二石）、進藤又蔵（大組、一二七石）、楢崎久之助（大組、六六石）らの名前が見える。藩校明倫館がまだ門戸開放をはじめていない時期だけに、身分不明の五名はいずれも中士以上であったと思われるが、[24]無給通や遠近付[25]などの姿がないところから、中級サムライの中でもやはり家格の高い人びとが選ばれたようだ。禄高も一、二の例外を除いて大きいが、この点は、明倫館兵学師範であった大組士吉田松陰の五七石余と比べると明白である。

安政二年（一八五五）夏からはじまった西洋兵学や砲術関係の遊学生の中には、さすがに藩医（松島瑞益―手廻組、針医、三一石）や砲術家（郡司熊次郎―遠近付、大筒打隆安流鋳張兼帯、一二石、湯浅祥之助―遠近付、大筒打筒習流、荻野流天山流兼帯、一〇石）などが含まれていたが、それでも大半は、福原清介（大組、一〇〇石）、来原良蔵（大組、七三石）、田上宇平太（大組、一五九石）、楊井祐二（大組、四〇五石）、北条源蔵（大組、一〇九石）、山県半蔵（大組儒者、一四七石）らのように、大組中の高禄者であった。(26)

文久三年（一八六三）五月、イギリスへ密出国というかたちで派遣された留学生五名の中に、寄組士繁沢石見の家来、すなわち陪臣の山尾庸造や足軽出身の伊藤春輔（のち博文）の姿があったのは画期的なことであるが、残りの三名は、井上聞多（大組、一〇三石）、野村弥吉（大組、二五一石）、遠藤謹助（大組、二八〇石）らであり、相変らず家格は高い。井上のごときは出発直前まで世子公の近侍役であったのだから、典型的なエリート武士である。なお、伊藤はすでに三月二〇日付で士列士雇（准士）にあげられており、従前の足軽身分とは異なる。山尾の方も留学がきまった時点、四月一〇日付で士席に準じられたというから、おそらく伊藤と同じ士雇に抜擢されたのであろう。いずれも士分格で留学生に選ばれたものであり、その意味では、育英制度の創設以来堅持されてきたエリート武士を選抜するという原則は、少しも変わらなかった。

第二節　遊学修業の場所

周知のように、昌平黌の前身である林家家塾は、旗本・御家人たちだけでなく、全国各地からはるばる笈を負うてきた諸藩士の子弟を多数入学させていた。石川謙の調査によれば、林羅山が上野の忍岡に開塾した寛永七年（一六三〇）から二代目鵞峯の没した延宝八年（一六八〇）までの五一年間に「升堂記」に録したものは総計三一〇名（旗本・御家人五名、諸藩士八三名、身分不明二二二名）となる。[27] 同じく三代目鳳岡の時代、すなわち天和元年（一六八一）より享保一七年（一七三二）までの五二年間の入門者は総計四八三名（旗本・御家人一四名、諸藩士一二二名、身分不明三四七名）となる。さらに四代目榴岡、五代目鳳谷、六代目鳳潭、七代目錦峯の時代、すなわち享保一八年（一七三三）より寛政四年（一七九二）までの六〇年間の入門者は総計四七九名（旗本・御家人二五名、諸藩士一三〇名、身分不明三二四名）となる。いずれも幕臣は数％にも満たない低率であった。

八代目林述斎の登場以後は、入門者の身分が正確に分からず、またその間、林家家塾の官立移管、すなわち昌平黌の開校があり、教育対象を原則として幕府直参のサムライに限ったから、諸藩士の教育機関としての役割は、よほど後退することになった。現に、寛政一〇年（一七九八）二月二二日付の「令達」は、「御目見以上以下ノ子弟御教育可有之タメ」[28]といい、旗本・御家人以外のサムライ、すなわち諸藩士、陪臣、浪人などをすべて締め出すことになったが、一方ではまた、昌平黌教官が自宅で営む家塾の門人に対する授業というかたちで、従来と同質の教育が行われていた。たとえば尾藤二洲のように、役宅を学問所の構内に賜っているものは、家塾の門人たちと起居をともにしたが、彼らの中には諸藩士もたくさん含まれていたから、教室こそちがえ、同じ昌平黌の先生に学ぶという点では、何らの変化もなかった。

享和元年（一八〇一）八月、林述斎、尾藤二洲、古賀精里の連名で出された書生寮増築の「願書」[29]には、諸藩士や浪人の門人たちが二〇余名を数えて収容しかねるとあるが、ここでいう書生寮とは、すでに尾藤二洲の旧役宅を転用してスタートしていた[30]諸藩士以下のサムライを収容する施設である。「書生寮姓名簿」をみると、弘化三年（一八四六）より慶応元年（一八六五）までの二〇年間の入寮者は五〇四名、毎年平均二五・二名程度であるが、その数は時代をさかのぼるほど多く、創設当初は四〇名前後もあったらしい。(31)寛政一二年（一八〇〇）に定員三〇名でスタートした旗本・御家人のための寄宿寮が、天保年間（一八三〇―四三）になってようやく四八名にふえたことをみても、書生寮がこれにほぼ拮抗する規模を有していたことが分かる。

幕府直轄の教育機関としては、昌平黌の分校格の国学・医学・洋学校なども無視できないが、とくに安政年間以降に出そろう洋学系の諸学校は、軍事教育に焦点を合わせていたということもあって、諸藩からの遊学生が多数みられた。たとえば安政二年（一八五五）七月長崎に創められた海軍伝習所は、幕臣勝海舟以下三九名のほかに、佐賀藩四七名、福岡藩二八名、鹿児島藩一六名、萩藩一五名、津藩一二名、熊本藩五名、福山藩四名、掛川藩一名、総計一二八名の伝習生がいた。(32)いずれも藩命を帯びて来学した公費遊学生である。安政三年（一八五六）三月江戸築地に開校した講武所、のちの陸軍所は、入学資格を直参の子弟に限り、陪臣や浪人を除外したが、安政五年五月以降は、武器の貸与というかたちで事実上陪臣の入学を認めた。安政四年（一八五七）正月に開校した蕃書調所、のちの開成所も、はじめは直参の子弟のみを入学させたが、間もなく陪臣以下に門戸を開放した。(33)なお、同年閏五月講武所内に開校した軍艦操練所、のちの海軍所は、はじめから直参、陪臣の別なく入学を認めたが、(34)これは、長崎の海軍伝習所を継承した新組織であったためである。いずれにせよ、兵学という最高の機密に属する分野が諸藩士にも公開されたのは、中央政権たることを自認する幕府の学校であったためであるが、それ以上に、この時期、海防問題が焦眉の急となり、したがって軍事教育が、幕府や諸藩の別を問わない、いわば国家全体のテーマであったことが大きい。

林家家塾の時代から一貫して諸藩士に門戸を開放していた幕府の学校と異なり、諸藩藩校はいずれも自藩の家臣団の教育機関として機能し、他藩人の入学を認めなかった。幕府の学校、とくに昌平黌の場合は、三百諸藩を統轄する中央政府の教育機関であるという関係上、旗本・御家人の教育のみに限定できなかったが、諸藩藩校になると、封建割拠の領主政権がそれぞれ必要とする人材を養成するという意味で、むしろ自閉的かつ排他的であることの方が普通であった。

広く藩外に知識を求めようとすれば、一方通行的に遊学生を送り出すだけでは不十分であり、優秀な人材を他藩人といえどもどんどん積極的に迎え入れる必要があるが、受け入れ側の藩校はあくまで藩ナショナリズムに立脚した封建学校であっただけに、その許容の範囲はきわめて狭かった。たとえば教官の採用にあたり、比較的技術の優劣が分かる剣・槍などの武術教師を短期間、非常勤講師のようなかたちで招くか、洋学や国学など従前の世襲スタッフでは賄えない空白部分を臨時雇的な待遇で充当した程度である。外来の遊学生の場合は、直接的な効用が期待できなかっただけに、どちらかといえば歓迎されざる客であり、現に、大ていの藩校が依然として門戸を開放せず、ごく少数が修業者宿を指定したり、あるいは他流試合のための特別教場をつくって、いわば隔離されたかたちの交換教授を行ったにすぎない。その具体例を、佐倉藩成徳書院と萩藩明倫館に見てみよう。

天保七年（一八三六）開校の成徳書院は、同一〇年正月の「心得書」に、他所者で入学を希望するときは佐倉領内の請人があれば許可されるとあるように、(35) 開校当初から他藩人に門戸を開放していたきわめて珍しいタイプの藩校であるが、この一項は多分に名目的であり、実際には、藩外からの来学者はほとんどなかった。他藩人との接触を喜ばなかったのは武術教育の面でとくにいちじるしいが、これは秘伝的要素を色濃く有する領域であるだけでなく、軍事機密の漏洩を怖れる意味もあったようだ。現に、佐倉藩でも、城下を訪れる武者修業者と他流試合をすることは固く御法度になっており、成徳書院を開放した交換教授などは夢にも考えられなかった。

旧藩士平野知秋の回想によれば、(36) 嘉永三年（一八五〇）ころ城下で秘かに行われた他流試合に佐倉藩士がことごとく惨敗したのがきっかけで、改めて他流試合御免の令が出され、城下新町にあった旅宿油屋が外来の修業者を宿泊させる「文武宿」に指定された。嘉永三年七月よりはじまる「諸藩文武修行者姓名録」[37]は、明治三年（一八七〇）一〇月に及んでいる。いま、各年度の遊学者数を文武別にみると表13のようになる。

嘉永・安政のころに来学者がもっとも多く、時代が下るほど減少するのは、佐幕側の一大勢力であった譜代佐倉藩が、幕末政局の渦中でしだいに反幕勢力に圧倒され、主導権を喪失していく過程と照応するものであろう。ちなみに、来学者が最大の安政三年（一八五六）は前年冬老中に就任した藩主堀田正睦が、外国掛老中となって通商条約問題を画策しつつあり、佐倉藩の動向に全国の視聴が集まっていた時期である。その意味では、文武修業に名を借りた情報蒐集を目的とする来学者も少なくなかったと思われる。

表13　佐倉城下に来学した他国修業者（名）

年　　号	文学	武芸	不明	計
嘉永3（1850）	0	19	1	20
4	8	69	5	82
5	1	73	1	75
6	9	26	10	45
安政1（1854）	3	52	8	63
2	2	23	13	38
3	3	89	5	97
4	5	86	3	94
5	4	57	3	64
6	3	26	5	34
万延1（1860）	1	10	6	17
文久1（1861）	1	6	4	11
2	0	33	0	33
3	0	14	2	16
元治1（1864）	—	—	—	—
慶応1（1865）	0	12	0	12
2	0	17	7	24
3	6	8	0	14
明治1（1868）	0	0	2	2
2	3	26	9	38
3	0	0	7	7
計	49	646	91	786

「諸藩文武修行者姓名録」（篠丸頼彦『佐倉藩学史』所収）により作成。

いずれにせよ、安政三、四年のように年間一〇〇名ちかい来学者があると、佐倉城下には常時七、八名の修業者が宿泊し、伝手を求めて成徳書院内の文武教場に出入りしていたことになる。安政三年三月のごときは、二五名の人びとが山城・岡・延岡・萩・掛川・川越・柳川・松代の諸藩から来学した。萩藩がもっとも多い七名を送り込んでいるが、おそらく前述の情報蒐

図１　他国修業者の出身地

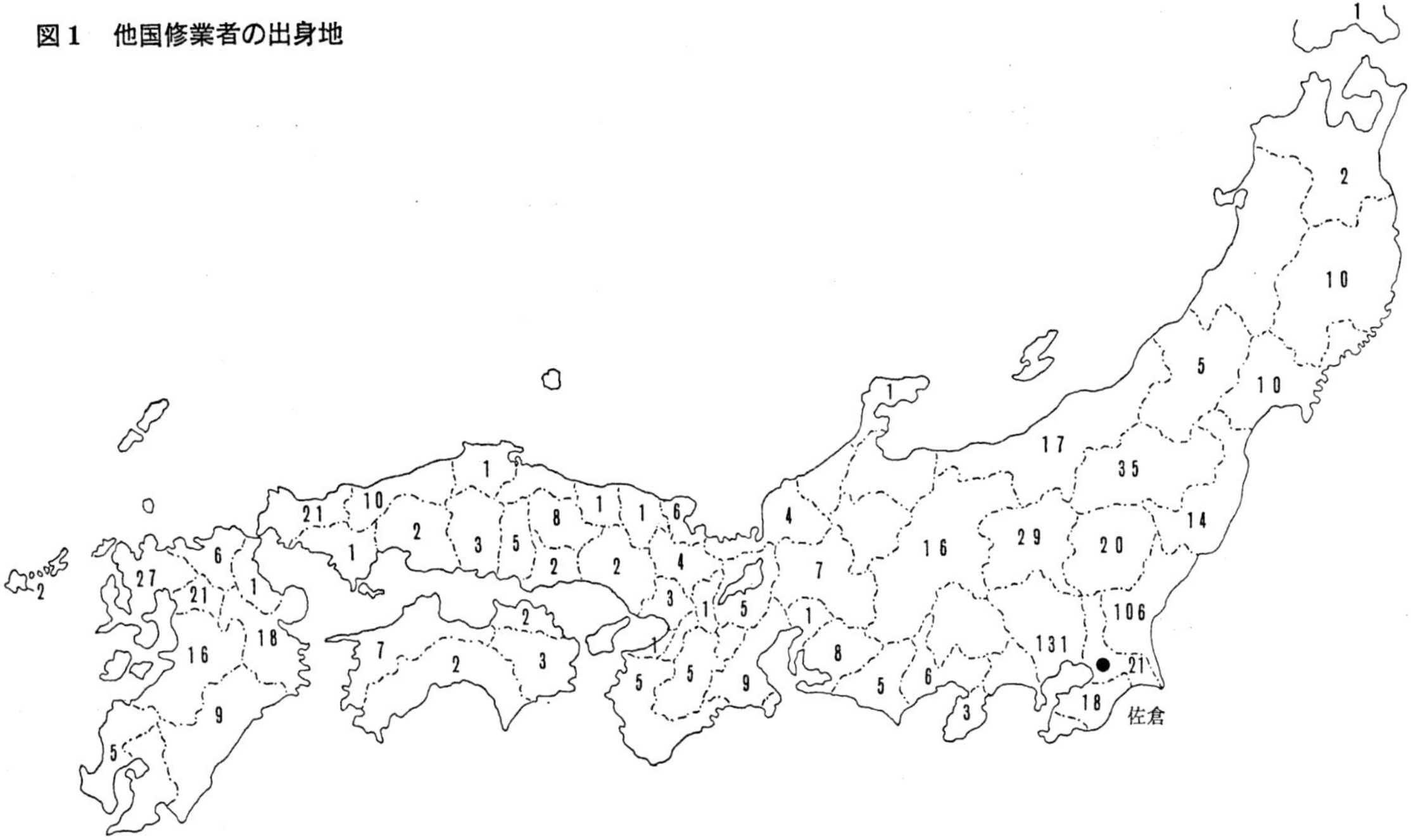

「諸藩文武修行者姓名録」（篠丸頼彦『佐倉藩学史』所収）により作成。

集をめざす類いであろう。

来学者の出身藩をみると、北は松前から南は薩摩まで九七藩を数えるが、めだって多かったのは水戸・会津・萩・佐賀藩などであり、それだけこれらの藩が藩外への遊学生派遣に意欲的であったことが分かる。時代が遅くなるほど小藩からの遊学生がふえるが、これもまた、従前無関心であった小藩をふくめながら、遊学システムが全国一円に拡大していったことを示すものであろう。その他、御家人クラスの幕臣多数と若干の朝臣もいた。

遊学生の内訳は武術修業者が圧倒的に多く、全体の九二％余を占め、剣・槍・鎌槍・薙刀・砲術など多彩な技術を競ったが、時代が遅くなると洋式砲術の遊学生がふえる。僅か七、八％しかなかった文学修業生は、儒学、軍学、算学、書学、洋学などの人びとであるが、やはり維新前後には洋学をめざすものがふえた。嘉永四年（一八五一）に英学の祖として知られる周防出身の手塚律蔵を西洋学師範に登用したように、この方面の先達であった佐倉藩洋学の実績が評価されたのであろう。

限られた年限内に全国各地をめぐる修業の旅のためか、在学期間は申し合わせたように短い。たとえば武術の遊学生は、大てい二、三日から四、五日ていど、長くても半月ばかりの滞在で去っており、嘉永四年（一八五一）五月八日から七月一一日まで六二日間も滞在した水府北辰一刀流千葉周作門人海保島三のごときは、例外的なケースである。文学の遊学生になるともっと短かく、多くは一、二日、長くても五、六日ていどの滞在であったから、学習というより、むしろ見学や参観の類いに近い。佐倉藩当局が遊学生の長期滞在を喜ばず、一定期間を限っていたことはおそらく間違いない。(38)

萩藩明倫館が他藩人に門戸を開放するようになった直接のきっかけは、いわゆる「形前」のみを主とする剣・槍が、実戦の役に立たない飾り物でしかないことが他流試合で明らかになったためであるが、(39)この辺は、佐倉藩の場合と似たりよったりである。天保一二年（一八四一）柳川藩より剣術二名、槍術三名の師家を招き、また同一四年には会津藩より槍術一名の師家を招いたが、いずれも明倫館生に教授する立場であり、武者修業中の人びとに教場が開放されたわけではない。明倫館がはじめて外来の遊学生を迎え入れたのは、嘉永二年（一八四九）館内に他国修業者引請場のカンバンを掲げた剣術と槍術の二教場を新設して、他流試合をはじめたときからである。館内にいくつもある剣・槍の教場に入り込むのでなく、特別教場におけるいわば別学のかたちで切磋琢磨するという辺りは、いかにも機密保持に汲々とした封建学校らしい。来学者がふえるにともない、城下の旅宿中より「修業者宿」が指定され、一定の期間を限って滞在を認めたようだが、嘉永五年（一八五二）中に来藩した人びとすべての寄宿先である山下七右衛門の名は、嘉永四年中の「伺書」にも見えるから、この指定はかなり早くからあったらしい。嘉永三年（一八五〇）の九州遊歴の帰途、佐賀城下を訪れた吉田松陰は、一二月二一日から二四日まで「文武修業者宿」に宿泊して藩校弘道館を見学しているから、この当時、同じような試みが各地で創められていたことが分かる。

ところで、萩城下の修業者宿における滞在期間はふつう一週間から一〇日前後であり、出発前に大てい聖廟の見学を願い出ている。嘉永五年（一八五二）八月一四日から九月三〇日まで四六日間も長期滞在した斎藤新太郎(40)の一行六名は、江戸の剣術道場練兵館からやって来た人びとであるが、おそらく萩藩当局の依頼で派遣された交換学生の類いであろう。文学関係の遊学生は『日記』の記事をみるかぎり一件もないが、滞在期間中のすべての時間を武芸にあてたわけではなく、大てい二、三日の余裕をみているから、文学系の授業に出席した可能性も十分ある。現に、九月二六日来藩の浜田藩士多羅尾勢五郎と島原藩士井上卓馬の稽古日割は、九月二八日北川弁蔵（剣）、二九日平岡弥三兵衛（剣）、三〇日馬来勝平（剣）、一〇月二日内藤作兵衛（剣）、三日森重百合蔵（剣）、栗栖半蔵（剣）であ

表14　萩城下に来学した他国修業者〔嘉永5年(1852)の場合〕

月　日	藩・地名	人数	科目	出　発	滞在日数	備　考
3・2	津	2	槍術	3・8	7	3・7聖廟見学
3・10	〃	3	剣術	3・15	6	3・13　〃
	小　松	1	槍術	6・22		
6・20	宇和島	2	〃	6・24	5	
6・21		1	柔術	7・8	17	6月小月
7・28	京　都	1				聖廟見学
8・10	江　戸	1	剣術	8・19	10	
〃	土　佐	4	〃	〃	〃	
〃	柳　川	1	〃	8・26	17	
8・12	高　鍋	2	〃	8・20	9	
8・14	江　戸	1	〃	9・30	46	斎藤新太郎ら6名の一行
〃	津	3	〃	〃	〃	
〃	大　野	2	〃	〃	〃	
8・26	小　倉	3	〃	9・4	9	9・2聖廟見学
9・13	平　戸	1	〃	9・14	2	
9・26	浜　田	1	〃	10・3	8	9・30聖廟見学
〃	島　原	1	〃	〃	〃	
10・24	佐　賀	2	槍術	10・27	4	
11・16	〃	1	〃	11・24	9	11・22聖廟見学
12・6	上　田	1	剣術			

『明倫館御用掛日記』2～4により作成。
＊京都社人をのぞき，いずれも士分。

り、また一一月一六日来藩の佐賀藩士野中大七の稽古日割は、一一月一七日小幡源右衛門（槍）、一八日岡部右内（槍）、一九日横地七郎兵衛（槍）、二一日より二四日まで小幡源右衛門であり、いずれも二、三日の空白を残しており、また出発前に聖廟の見学を願い出ているが、あるいはこれが文学の授業を聴講する名目であったのかもしれない。

嘉永六年（一八五三）四月当時の学頭小倉尚斎は、外来の遊学生、とくに文学修業者が詩賦の唱和ていどにとどまって成果が上らないため、以後、館内で経書を講釈させ、館生と相互に議論を闘わせてみてはどうか、また予めその可否を滞在中の宿屋の主人に確めさせ、不可の者は滞在させないように

図2　他国修業者の出身地〔嘉永5年(1852)〕

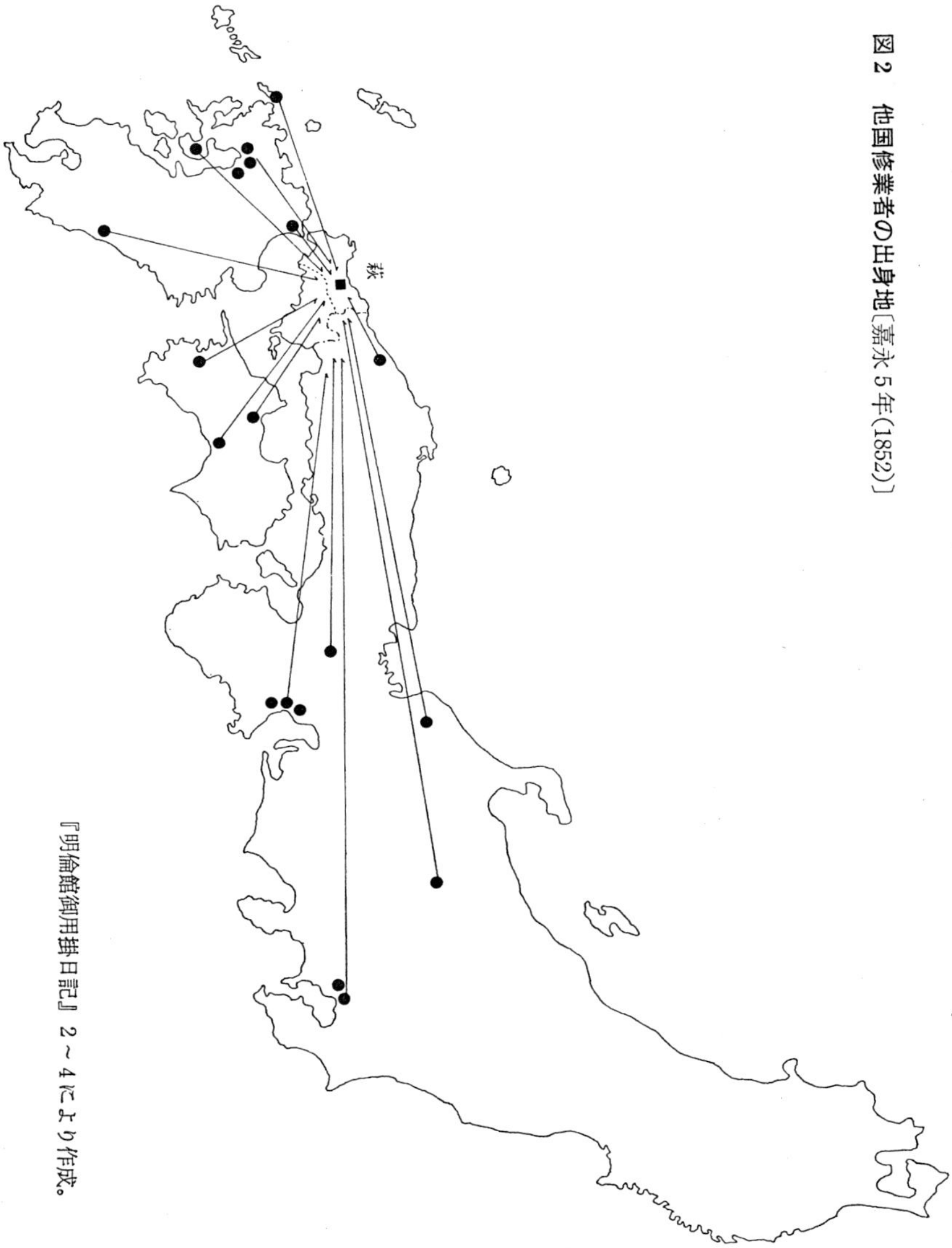

『明倫館御用掛日記』2～4により作成。

すべきではないかと上書したが、[41]ここでいう宿屋は前出の修業者宿のことであろう。やや時代は下るが、久坂玄瑞は文久二年（一八六二）正月二一日の日記に、来萩中の土佐藩士坂本龍馬を「修行館」に訪ねたと書いており、[42]正確な名称についてはもう一つはっきりしない。

外来の文学遊学生をすべて出講させるというのはさすがに実現しなかったが、すぐれた人物を館内に招いて講義を聴くという程度は、しばしば行われた。たとえば安政三年（一八五六）一二月一八日より翌年正月一四日まで滞在した梅田雲浜は、明倫館内に講筵を設けて、「満城心服の様子」[43]と評されたりしたが、万延元年（一八六〇）三月に来藩した豊前人長光太郎（三洲）のごときは、修業者宿に滞在中の身でしばしば明倫館に出講して好評を博し、のちには正式の藩儒に登用された。[44]

昌平黌の前身である林家家塾がかつて多数の諸藩遊学生を受け入れていたように、民間在野の教育機関、とくに有名私塾には全国各地から有為の青年たちが笈を負うてきた。伊藤仁斎の古義堂や中江藤樹の藤樹書院のように、まだ官・公立学校が出そろっていない時代には、私塾はそのいわば代替物としての教育機能を発揮したのであり、サムライの子弟が多数来学した。なお、早い時期の遊学にはやはり私費生が多く、公費生の場合は大てい藩主個人の命をうけ、そのポケット・マネーで来学しており、したがって人数も少ない。

本居宣長の鈴の屋塾がはじめて他国人を迎えたのは、開塾後二二年をへた安永九年（一七八〇）であるが、このとき入門した浜田藩儒官小篠大記は、藩主松平康定の意を体したものという。松坂を訪れたのは天明四年（一七八四）四月九日、五月ころまで滞在したことが明らかであり、また天明六年（一七八六）春の来訪は八月ころまで滞在していたようだが、藩命による遊学かどうかははっきりしない。ところで、寛政七年（一七九五）四月の来学は、藩主康定の命令による『源氏物語』講釈への出席が目的であり、翌年三月までちょうど一年間滞在している。往復の旅費、滞在費、学費などはすべて公費で賄われたと思われるが、同じころ、すなわち寛政七年（一七九五）より一一年（一七九九）まで松平康定の名で平均金三両一分余が納入されているのは、[45] おそらく小篠の学費を一部負担する意味もあったのだろう。

藩主個人の学問好きがきっかけになったのは蘭学の世界でも同様であり、いわゆる蘭僻諸侯は強力なパトロンとして蘭学学習をめざす有為の青年たちを援助した。一関藩医の大槻玄沢が福知山侯朽木昌綱の援助で長崎遊学に出発したように、[46] 自・他藩の区別はあまりなかったが、蘭学が医学から兵学方面に視野を拡大していくと、もっぱら人材を自藩のサムライ集団に求めるようになる。長崎防衛の任にあった佐賀藩のごときは、最新のオランダ兵学を導入して軍制を近代化することを焦眉の急としていたが、似たような事情は、多かれ少なかれすべての藩にあったからである。ペリー来航以後は、対外戦争だけでなく、国内戦争も予想されたから、それだけオランダ兵学への需要が高まったが、いずれの場合も、自藩の軍備強化をめざす藩ナショナリズムに立脚しており、家臣団中のエリートが選ばれて遊学に出発した。

蘭医学の時代から蘭学学習の期待に応えたのは私塾であるが、兵学の場合にも事情は大して変わらず、たとえば江川坦庵の韮山塾では、嘉永元年（一八四八）より安政元年（一八五四）にいたる「韮山塾日記」[47] に登場するものだけで、一六藩より四五名の入門者が確認できる。開塾は天保一三年（一八四二）秋にさかのぼるから、それ以前の入門者を合わせると、少なくとも一〇〇名ちかい人びとが来学したようだ。天保一三年九月入門の松代藩士佐久間象山、河原衛守、金児忠兵衛、および足軽一〇名、総計一三名はいずれも藩命によるものだが、松代藩からはその後も士卒の入門が続き、総計数十名に達したという。象山らと机を並べた松前藩士竹田作郎も藩命により来学したものであり、束脩や謝儀を納入するときは必ず藩主松前志摩守の名前になっている。「韮山塾日記」に登場する四五名の塾生は、四名をのぞく四一名がすべて主持ち、すなわちサムライ身分であるが、彼らの大半はこうした公費留学生であったと思われる。韮山塾で勉学するには、平均的な漢学塾にみられる束脩や謝儀、寄宿費だけでは足らず、砲術稽古や火薬調製などの実費負担があり、かなり多額の学費を必要としたから、自費留学するのは容易でなかった。それ以上に、洋式砲術というとりわけ専門的な軍事技術の習得が、もともと各藩の兵制改革に結びついていたことが、公費生を大量に受け容れる結果になったのであろう。韮山塾に百姓や町人など一般庶民の子弟がほとんどいなかったのも、そのことと無関係ではないようだ。

韮山塾に学んだ佐久間象山は、嘉永三年（一八五〇）七月江戸深川の藩邸内に砲術教授のカンバンを掲げたが、初年度に入門した一二三名のうち松代藩士一〇名と幕臣五名をのぞく一〇八名が、中津・小浜・佐賀・佐倉・姫路・徳島・大洲・会津・新発田・篠山・府中⒅・仙台・上田・大垣の諸藩から来学した。ほとんど公費生であったと思われるが、最大の七一名を送り込んだ中津藩の場合は、藩の目付が象山塾まで出張して勉学状況をチェックしたというから⒆、明らかに藩命による入門である。安政元年（一八五四）まで続く「及門録」⒇に登録された入門者は総計四五二名、出身藩はほとんど全国一円に及んでいるが、中津藩一〇一名、大野藩二五名、土佐藩一六名、佐倉藩一三名のように、同一藩より大量の入門者があったのは、やはり藩命による公費遊学のためであろう。

第三節　学習者自身によるカリキュラム構成

幕府昌平黌や諸藩藩校は制度としての学校である以上、そのすべての教育対象に一定の学力に到達することを求め、したがってまた、学規や教則の類い、なかんずく学習カリキュラムに法定の規準が設けられることになった。いずれの場合も、入学の年齢、すなわち学齢が定められ、修業期間も無制限に延長できず、学期や学年制を前提にした毎日の授業に一定範囲内の継続的な出席が強制されたのが、その何よりの証拠であろう。

もっとも、これら官・公立学校にみられた特色は、民間在野の学校である私塾にとっては、ほとんど無縁であった。たしかに、教師個人の人間観や教育観の違いから、きびしい学規や教則を設けた場合もないではないが、それはいわば教師側の一方的な意思表示であり、必ずしも学習者の側の服従を強制していたわけではない。というのは、もともと私塾は、就学を強制されたサムライ学校と異なり、学習者一人ひとりの自由な取捨選択の対象であったからである。学習者の好きなときに入学し、好きなだけ在学し、好きなときに卒業できる、文字どおり学習者の側の学ぼうとする意思を下敷きにした出入り自由の学校であった。所定の課程を修了し、相当の学力を認定された者がはじめて卒業を許される、つまり教える側の意思、学校当局の期待する人間像への、いわば強制的陶冶をめざす官・公立学校とは、はっきり一線を画していたのである。その意味では、遊学に旅立った人びとにとって真に自らの求める学習の場となったのは、私塾以外になかったといっても過言ではない。個々の教育的現実をみるまえに、まず遊学の一般的傾向を押えておこう。

一口に遊学といっても、その身分がサムライか農・町民かによってさまざまな違いが出てくる。家に縛られたサムライの場合は、各人の家格や世職によって自ら遊学先が限定された。儒臣の子はやはり文学の世界をめざし、藩医の子は医学修業に旅立つことになる。いずれも主人持ちであるから、好きなときに好きな場所に出かけることは難しかった。そのうえ、自藩内に藩校が整備されてくると、大てい就学強制を行い、一定の年齢までに所定の課程を修了することを求めたから、いきおい遊学者の年齢は高くならざるをえない。彼らの在学が長期にわたらなかったのも、その辺に原因がある。

これに反し、一般庶民の場合は、家業を継ぐことに関してそれほど厳重な制約はない。商人の子が一念発起して医者になることもできるし、また医者の子が必ずしも医者になることを強制されず、転職を前提にした遊学を試みることも可能であった。公教育との関係でいえば、はじめから無縁の存在であったから、好きなときに好きな場所に自由に旅立つことができたのであり、年齢も比較的老年の者まで幅広く及び、また在学期間にも何の制約もなかった。

遊学生を受け入れる側の私塾についてみると、漢学塾、国学塾、蘭学塾ごとに遊学のスタイルがかなり異なっていた。たとえば日田咸宜園の入学者の平均年齢は一九歳であり、(51)これは漢学塾に一般的にみられた傾向であるが、国学塾や蘭学塾になると、入学者の年齢はもっと高くなる。漢学があらゆる学問の大前提であり、国学や蘭学のいずれを学ぶ場合にも、まず漢学的素養を修得することが必要であったという意味で、国学や蘭学を志す遊学生の年齢が高くなったのはかくべつ不思議ではない。鈴の屋塾の夜間授業が、開業医である宣長の都合だけでなく、家業を有する年配の門人たちの便宜を図るためもあったことは、その何よりの証拠である。蘭学塾は大てい医学塾であったが、ここに辿りつくまでに漢学や漢医学の勉学をおえてやって来ただけに、やはり年齢は相当程度に高い。たとえば緒方洪庵の適塾では、入門者の平均年齢は二二・九歳であるが、(52)シーボルトの鳴滝塾のようにすでに一家を成した開業医たちが笈を負うて来るときは、平均年齢は二八歳余にも達した。(53)ただ、いずれの場合にも、年齢の幅は一二、三歳から四、五〇歳までの広範囲に及んでいるが、これは、遊学生自身の自由意志で来学したためである。換言すれば、私塾はもともと、制度的な学齢と無縁の存在であったということに他ならない。

遊学生の自由意志は、在学期間が各人各様で一定しなかったということにも反映している。表15は咸宜園の塾生が大帰、すなわち卒業までに要した期間であるが、一年未満で去るものもあれば、一〇年以上在学して月旦九級制の上位にランクされてはじめて退塾するものもあり、実に多彩である。修業年限の長短からある程度分かるが、一

表15　大帰者の位次と修業年限

位次＼年	1未満	1〜2未満	2〜3未満	3〜4未満	4〜5未満	5〜6未満	6〜7未満	7〜8未満	8〜9未満	9〜10未満	10以上	計
9級 上					1					1		2
9級 下			2	2	1	3	5	1				14
8級 上			2				1					3
8級 下			1		1	4		1				7
7級 上		2	1	2	1				1			7
7級 下		2	3	2	1	1					1	10
6級 上			1	1					1			3
6級 下	1*	4	2	2	2	1		2				14
5級 上	1	6	5	3								15
5級 下		3	8	1		2						14
4級 上		5	1			1	1					8
4級 下		3	3									6
3級 上	1	1	1									3
3級 下	1	1		1								3
2級 上	1	4										5
2級 下		1										1
1級 上	1			1								2
1級 下	1											1
無級	2											2
計	9	32	30	15	7	12	7	4	2	1	1	120名

1）天保10(1839)～安政2(1855)年の大帰者についてみた。
2）位次，修業年限不明の14名を除く。

表16　武谷祐之の昇級コース

等　級	年　月　日	所要期間	備　考
入　席	天保7・2・26	——	4・7侍史
1級下	6・26	4ヶ月	7・4常侍
1級上	7・25	1ヶ月	
2級下	8・26	1ヶ月	9・5〜21帰郷
2級上	11・2	2ヶ月	
3級下	12・21	1ヶ月	12・23帰郷
3級上	天保8・4・25	4ヶ月	3・2入塾
4級下	6・26	2ヶ月	
4級上	8・26	2ヶ月	
5級下	10・28	2ヶ月	11・16〜20不在
5級上	天保9・1・26	3ヶ月	1・27〜3・22帰郷
6級下	5・27	5ヶ月	6・2〜7・25帰郷
6級上	11・26	6ヶ月	12・6〜26帰郷
*8級下	天保10・10・26	11ヶ月	3・16〜5・27帰郷
8級上	天保11・1・25	3ヶ月	2・11〜26帰郷，あとは在塾
9級下	12・21	11ヶ月	12・23〜翌年2・21帰郷 この間都講として在塾
大　帰	天保14・4・28	2年5ヶ月	

『増補淡窓全集』下巻により作成。
1)　*天保10・3・26の月旦評改定のため，旧7級下。
2)　天保9，12年は閏月をふくむ。

人ひとりの就学の形態になるといっそう複雑である。表16・17は、天保七年（一八三六）二月一八日入門の武谷祐之と翌八年一二月二三日入門の合谷三郎の大帰までの就学状況を追跡したものだが、彼らのように比較的集中的に学ぶものはむしろ稀れであり、多くは必要に応じてひんぱんに出入りしている。淡窓の日記をみると、塾生の出入りを帰省・帰郷・帰家・来別・来告・去塾などと表現しているが、これらは卒業を意味する大帰と区別される一時的な離塾であり、生家に帰ったり、在塾のまま短期間の旅行に出かけるための離塾をいいあらわしたものである。もっとも、帰省が極端な場合は数年間に及び[54]、また旅行も数ヶ月にわたることも珍しくなかった。要するに、私塾の授業は、教師が予定した授業プログラ

表17　合谷三郎の昇級コース

等級	年月日	所要期間	備考
入席	天保9・1・26	——	3・28〜7・24帰郷
1級上	12・21	12ヶ月	12・26帰郷
*3級下	天保10・4・20	4ヶ月	
3級上	5・26	1ヶ月	6・24〜7・8帰郷
4級下	10・26	5ヶ月	〜12・4入塾
4級上	12・20	2ヶ月	
5級下	天保11・3・26	3ヶ月	3・2〜8，4・5〜13帰郷
5級上	6・26	3ヶ月	6・28〜7・1帰郷
			7・22〜翌年1？，3・3〜4・27帰郷
権6級下	天保12・6・26	12ヶ月	7・7〜11帰郷
2権6級上	9・14	2ヶ月半	
3権7級下	9・26	半ヶ月	
4権7級上	12・19	3ヶ月	
4権8級下	天保13・4・20	4ヶ月	7・8〜翌年1帰郷？
			この間数次帰郷
5権8級上	天保14・10・26	1年7ヶ月	
			短期離塾するも大むね在塾
6権9級下	弘化2・2・23	1年4ヶ月	
			この間都講として在塾
大帰	弘化4・5・1	2年3ヶ月	

『増補淡窓全集』下巻により作成。

1）　*天保10・3・26の月旦評改定のため，旧2級下。

2）　天保9，12，14，弘化3年は閏月をふくむ。

ムを順次消化していったのかどうかとは無関係に、もっぱら塾生の側の取捨選択に委ねられていた。鈴の屋塾の授業で、『源氏物語』がテキストの場合には熱心に出席した人びとが、『伊勢物語』の授業になるとばったり姿を見せなくなったというのも、[55]同じパターンであろう。いずれも、私塾の授業が真に学習者中心に運営されていたことを物語るものである。

総じて国学塾は、漢学的素養のある年配者がプラス・アルファの教養として日本古典を学ぶ場であったから、継続的かつ集中的に在学する必要性はそれほどなく、書簡の往復による通信教育でも十分間に合った。和歌の詠草を一定期間ごとにまとめて送り、添削を乞うというやり方がそれであり、古典の解釈、文法上の疑義についても自説を手紙文に托して回答を求めることで出席に代えることができた。(56) 鈴の屋門人録に登録された五〇〇名ちかい門人中、直接来学して宣長に教えを乞うたのは一〇〇人にも満たない。つまり大部分は地方講筵などの機会に入門し、その後は一貫して書簡の往復で師弟関係を維持していた人びとである。

ところが、蘭学塾の場合は、何よりもまず外国語を修得しなければならず、しかも、蘭学をベースにした医学や兵学の領域に進もうと思えば、いっそう専門性の高い勉強をしなければならないのであるから、塾生側の都合で自由に出入りするような学習の形態ではうまくいかない。表18は適塾門人帳所収の六三七名中より入・退塾の時期がはっきりしている、つまり在学期間の判明した三八名についてみたものだが、大半は二、三年ていど継続して学んでおり、なかには加賀の町医の子田中発太郎のように、「七年間（足かけ）とどまってついに塾頭に推された」ものもいる。田中につぐ長期在学者の長与が塾頭をしていた安政六年（一八五九）九月一日の席次表をみると、八一名中二年以上の在塾者が一九名もいる。長与自身はすでに五年三ヶ月の在学歴を有していたが、その他、五年余が二名、四年余が二名、三年余が七名おり、相当長期にわたる在学が珍しくなかったことが分かる。

一年前後の短期間で去った人びとは、長崎遊学でモーニッケ（Otto Mohnike）に学び、その帰途しばらく適塾に留まった村松岳佑のように、諸方の蘭学塾を遍歴して修業を積み、最後の仕上げに来学したもの、あるいは退塾後、改めて伊東玄朴の象先堂に入門した佐野常民のように、適塾を起点にしながら、なお蘭学修業を続けようとするものの二種があった。その他、村田良庵（のち大村益次郎）や渡辺卯三郎らのように、入門後しばらく学んだあと、一時休学して長崎遊学に出かけ、再来、復学してさらに数年間学んだものもいる。年数の大小とは関係なく、ここでの在学は文字どおり塾内に留まって継続的に学ぶことを意味していた。

表18　適塾生の在学期間

	氏　名	入　門	退　塾	在塾期間
1	緒方郁蔵(1)	天保9	弘化1	5年余
2	河田雄禎	天保13・1	弘化2・4	(3年3ヶ月)
3	横山謙斎	弘化1・2	弘化4・6	3年4ヶ月
4	深沢雄甫	弘化2・10	弘化3・12	1年3ヶ月
5	奥山静寂	弘化2	弘化3	1年?
6	村田良庵	弘化3春	嘉永3末(2)	3年?
7	片山文哲	弘化3	嘉永2	(3年間)
8	原　省蔵	弘化3	弘化4	1年?
9	武田斐三郎	嘉永1・2	嘉永3・5	2年4ヶ月
10	渡辺卯三郎	嘉永1秋	安政1(3)	(3年)
11	佐野常民	嘉永1秋	嘉永3	1年余
12	箕作秋坪	嘉永2・4	嘉永3	1年?
13	大島周禎	嘉永2・9	嘉永5・10	3年1ヶ月
14	橋本左内	嘉永3春	嘉永5	2年?
15	大田良策	嘉永3春	嘉永6	3年?
16	山県周平	嘉永4・8	嘉永5・5	9ヶ月
17	国府彰哉	嘉永4・9	安政2・5	3年8ヶ月
18	大鳥圭介	嘉永5・2	安政1・8	2年7ヶ月
19	村松岳佑	嘉永5春	嘉永5・10	6ヶ月余?
20	松井元純	嘉永6・10	安政2・1	1年4ヶ月
21	長與専斎	安政1・6	安政6・12	5年6ヶ月
22	柏原学介	安政1・7	安政4(4)	2年?
23	柏原謙益	安政1・8	安政5	4年?
24	鐈木立本	安政1・10	安政4・2	2年4ヶ月
25	福沢諭吉	安政2・3	安政5・10	3年7ヶ月
26	鈴木儀六	安政2・8	万延1・3	4年8ヶ月
27	田中発太郎	安政3・3	文久2	6年余?
28	室　良悦	安政3・5	安政6	3年余?
29	沼田芸平	安政3・10	万延1	(約4年間)
30	所　郁太郎	万延1・8	文久2	2年余?
31	花房義質	万延1・10	文久1	1年余?
32	長谷川默蔵	文久1・4	文久2・12	(1年10ヶ月)
33	高松凌雲	文久1・4	文久3	(3年)
34	岡本文吾	文久1・11	元治1・2	2年4ヶ月
35	北条謙輔	文久3・2	元治1	1年?
36	伍堂春閣	元治1・2(5)	慶応1・7	1年6ヶ月
37	関沢安太郎	元治1・6	元治1・8	2ヶ月
38	近藤岩次郎	元治1・6	元治1・10	4ヶ月

『適塾門下生調査資料』第1・2集，記念会誌『適塾』などを中心に在学期間の判明した38名についてみた。

(1) もと大戸郁蔵，号独笑軒。 (2) 弘化3年8月退塾して長崎遊学，嘉永元年春再来。 (3) 中途退学，長崎遊学ののち再来。 (4) 中途退学，1年後に再来。 (5) 伍堂以下の3名は没後入門者。 (6) ( ) は略歴中の記述。

オランダ語のA・B・Cからはじめるという学習内容の特殊性のゆえに、蘭学塾の在学は一定期間継続的かつ集中的であることを求められたが、そのことは来学者の学ぶ自由と何ら矛盾するものではない。弘化三年（一八四六）春、適塾に入門した村田良庵は、蘭医学のメッカである長崎で学ぼうと一念発起し、翌年八月いったん退塾して、適塾の先輩奥山静寂を頼っていったが、一年余の長崎滞在、そしてまた、大坂へ戻って適塾に再入学するなどというジグザグ・コースはすべて良庵自身の意思や選択によったものであり、教師洪庵の思惑はいっさい介在していない。もちろん、村医の子が乏しい嚢中をはたいて遊学したのであるから、公権力、彼の場合、萩藩当局のコントロールともまったく無関係であった。

来学者の学ぶ自由をいちばん端的に反映したのは、遊学に旅立った人びとが実に多くの私塾を転々とし、また同時に複数の私塾に学ぶ人びとが珍しくなかったということである。図3は、萩明倫館兵学師範であった吉田松陰の九州遊歴についてみたもの。藩政府への願書には、平戸の陽明学者葉山佐内と山鹿流兵学の宗家山鹿万介に学ぶのが主目的とあり、(57)家学修業の旅であったことが分かる。一〇ヶ月の予定が四ヶ月に短縮されたのは、病気などの思わぬ事故のためというが、私費遊学であったから、途中で旅費が欠乏したことも考えられる。それはともかく、九月五日長崎に着いた松陰は一一日まで滞在、その間、蘭館や蘭船を見学したり、洋酒やスープ、パンなどを試みている。目的地である平戸へは九月一四日に入り、直ちに葉山佐内と山鹿万介に入門の礼を執り、五〇余日間学んだ。一一月八日には再び長崎を訪ね、一二月一日まで滞在して砲術家高島浅五郎や清国訳官鄭勘介らの許へしばしば出入りして学び、傍ら後藤亦次郎の蔵書多数を借りて読んだ。一二月九日には熊本に着き、池部啓太、宮部鼎蔵らと交際、二〇日には佐賀へ回って武富文之助、草場佩川、千住太之助らの学者を訪ねて意見をきいた。草場の主宰する長楽庵の詩会に出席したり、藩校弘道館を見たのも、このときである。

図3　吉田松陰の九州遊歴

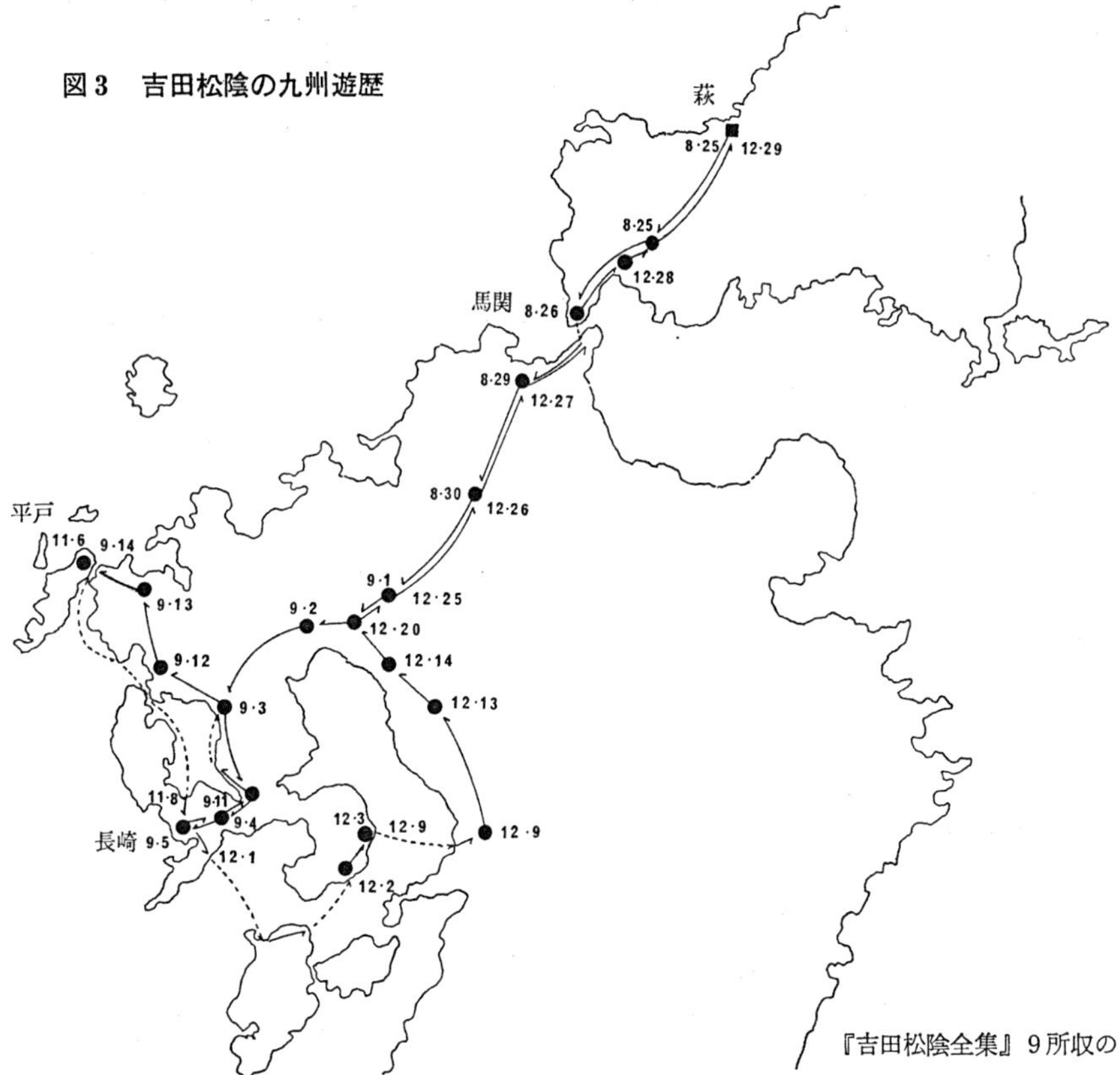

『吉田松陰全集』9所収の「西遊日記」により作成。

一二月二九日には萩に帰ったから、遊学期間は前後一二三日、四ケ月程度でしかなかったが、その間、彼が訪問した知名士は三〇名以上、行く先ざきで蔵書を借覧したりして読破した書物は六一冊、(58)一日八〇枚から一〇〇枚ずつのペースで読みすすみ、要点を抄録しており、その勤勉ぶりは実に驚嘆に価する。旅行中の克明な観察や見聞の記録は、藩庁へ提出を義務づけられていた修行者帳の原簿でもあり、その限りでは、お定りのサムライの遊学のように見えるが、一方ではまた、この旅の行程、訪問先、滞在期間などすべてを松陰自身がプランニングしており、遊学の実質は、公的制約をいっさいもたなかった庶民の場合とさして変わらない。

表19 旅の足跡

月　日	地　　名	備　　考
8・25	萩　　出発	早朝旅立つ
〃	四郎ケ原(泊)	美祢市大嶺町四郎ケ原
8・26	馬　関　着	下関市内伊藤木工助宅
8・29	黒　　崎(泊)	北九州市八幡区黒崎
8・30	内　　野(泊)	福岡県嘉穂郡筑穂町
9・1	中原宿(泊)	佐賀県三養基郡中原町
9・2	小　　田(泊)	〃　杵島郡江北町
9・3	彼　　杵(泊)	長崎県東彼杵郡東彼杵町
9・4	矢　　上(泊)	長崎県大村市矢上郷
9・5	長　崎　着	萩藩邸に入る
9・11	永　　昌(泊)	長崎県諫早市永昌町
9・12	早　　岐(泊)	佐世保市早崎町
9・13	江　　向(泊)	長崎県北松浦郡江迎町
9・14	平　戸　着	旅館紙屋に滞在
11・6	平　戸　発	
11・6	楠　　泊(泊)	船中で泊る
11・8	長　崎　着	
12・1	富　　岡(泊)	熊本県天草郡苓北町(船中)
12・2	有　江　着	長崎県南高来郡有家町
12・9	熊　本　着	
12・13	肥　　猪(泊)	熊本県玉名郡南関町
12・14	柳　川　着	風邪を引く
12・20	佐　賀　着	21日より文武修業者宿へ
12・25	久留米(泊)	
12・26	内　　野(泊)	
12・27	小　　倉(泊)	北九州市小倉
12・28	吉　　田(泊)	下関市吉田
12・29	萩　　着	午後9時帰宅

『吉田松陰全集』9所収の「西遊日記」により作成。

表20　九州旅行中の読書一覧〔嘉永３（1850）８・27～12・６〕

月　日	書　　名	著　　者	冊・巻	読了日	備　　考
8・27	東潜夫論	帆足万里		8・28	
〃	入学新論	〃		〃	
9・7	中興鑑言	三宅観瀾		9・8	
9・10	海防説階			9・10	写本6，7頁
9・14	伝習録	徐愛	1～3，附	9・23	葉山塾でのテキスト
〃	辺備摘案	葉山佐内		9・14	写本
9・15	聖武記附録	魏源	1～4	9・25	
9・21	阿芙蓉彙聞	塩谷宕陰	1～7	9・28	目録写本
9・23	大学古本旁釈		1	9・23	
9・26	経世文編抄乙集		1～3	9・28	
	刻四庫全書簡明目録序	佐藤一斎	1		
9・29	近時海国必読書		1～5	10・4	
10・2	北冦杞憂				写本
10・5	近時海国必読書		6～10	10・6	
10・6	王文成公年譜節略				抄録
10・10	近時海国必読書		11～17		
〃	新論	会沢正志斎	2	10・10	
10・11	武教全書	山鹿素行	2，3		天野宅での校合
10・12	聖武記	魏源		11・16？	葉山塾でのテキスト
10・13	配所残筆	山鹿素行			
10・14	武教全書	〃	4上，4下		天野宅での校合
10・16	先哲叢談	原善	1～4	10・18	儒者72名の関係資料
10・18	貞観政要	呉兢	1～10	10・22	
10・24	先哲叢談	原善	5～8	10・26？	
10・26	書経講義	申時行	1～8	11・1？	
11・1	百幾撒私	ペキサンス	1～5	11・3	フランスの砲術書
11・4	台場電覧		1～2		11・1借出し
	炮台概言				〃
11・10	南郭文集	服部南郭	1～4	11・11	
11・11	穀堂遺稿抄	古賀穀堂	1～3	11・13	
11・14	新策	頼山陽	1～4	11・16	本邦制度史，農業経済の要
11・16	国姓爺忠義伝		1～5	11・24？	
〃	洗心洞劄記	大塩平八郎	1～4	11・24	購入
11・18	日本考略	僧横川	1～2		わが国事跡の抄集
〃	夢物語	高野長英		11・20	
11・20	海国聞見録	陳炯		11・24	
〃	鴉片隠憂録			11・20	アヘン戦争関係記事
〃	漂流人申口		1	〃	
11・25	漂流人申口		1～3	11・25	
12・6	大閤真顕記		1～6		

『吉田松陰全集』９所収の「西遊日記」により作成。

1）　大部分の書物は借出し，または所蔵先で閲覧。

2）　つとめて抄録したが，小冊の場合は写本した。

武者修業者の場合も、事情は大して変わらない。たとえば土佐藩士佐々木高行は、嘉永五年（一八五二）八月二三日江戸遊学に出発したが、途中各地の剣術場を訪ねて他流試合を行っている。すなわち九月一一日大坂城代屋敷、一九日津藩演武場、二〇日同上、九月某日吉田藩平常舎、翌日同上、といったような修業を重ねながら東上した。一〇月六日江戸着後も、諸方の剣術場に他流試合を申し込んでいるが、これとは別に、青山在の旗本武田某、および神田三河町在の旗本浅野某の道場には定日に通って学んだという。

佐々木の場合、遊学の目的には文学修業も入っていたらしく、武術修業の暇に佐久間象山、羽倉外記、藤森恭助、吉野柳蔵ら当時府下で盛名を博していた学者の門を次々に叩いている。たまたま出府中の斎藤拙堂を津藩邸に訪ねたのも、同じころである。なお、彼の遊学は私費遊学であり、一年間の予定で借財をして旅費をかきあつめ、また毎月二朱ずつ叔父からの送金をあてにしていたが、これではとうてい長続きするわけがなく、四ヶ月後の翌年正月二八日には、早くも江戸を離れて帰国の途についた。(59)

藩政府へ願書を出し、その許可をえて実現したサムライの遊学でも如上の通りであるから、一般庶民の遊学がいかに自由奔放なものであったかは、想像できるだろう。寛政一一年（一七九九）周防平生村の村医の五男として誕生した岡研介は、一三歳のとき麻郷村の医家志熊氏について儒学を学んだが、これは自宅からの通学であり、家を出たのは一六歳のときである。遊学先については伊予とも安芸ともいい明らかでないが、文化一三年（一八一六）のころには広島の蘭学者中井厚沢の塾で坪井信道と同窓であった。翌一四年冬には、大坂に出て後藤松陰に従学したが、在学期間は分からない。二年後の文政二年（一八一九）四月には九州へ下り、広瀬淡窓の咸宜園に入った。ここには文政五年九月まで約三年半在学しており、位次六級下まですすんだ。この時点での月旦評の最上級者は中島益多の七級上（文政四年五月二六日現在）であるから、短期間のうちに最上クラスまで駈け上ったことになる。

図４　岡研介の遊学コース

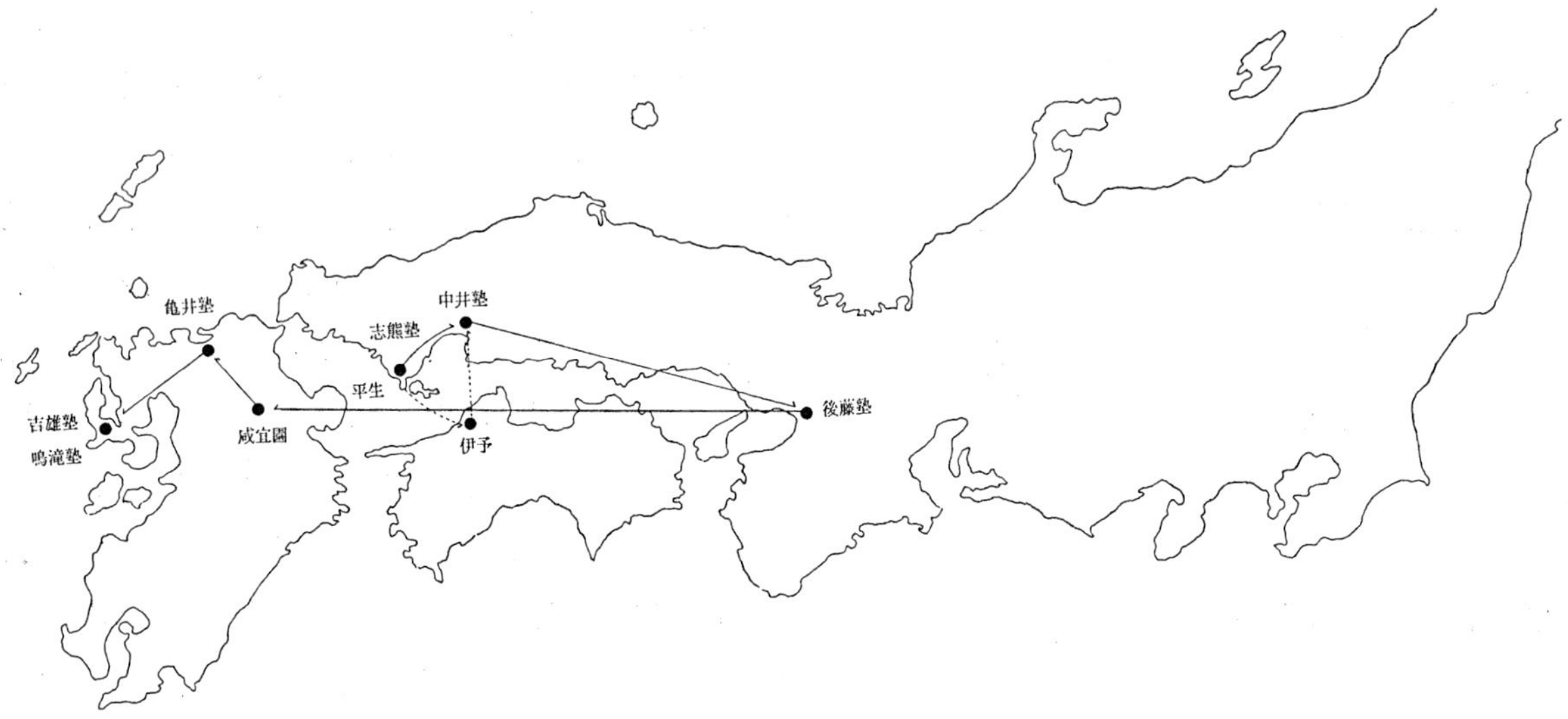

日田を去った彼は、淡窓の旧師である筑前福岡の亀井昭陽の門を叩き、さらに在塾一年半に及んだ。文政七年（一八二四）二月急に亀井塾を辞して長崎へ向ったが、これはオランダ商館医シーボルト来日の報を聞いたためである。はじめ市内樺島町にあった吉雄権之助の塾[60]に入ったのは、その他の門人の場合と変らないが、出島から出張するシーボルトの授業は毎週一回に限られていたから、その余は吉雄塾で学んだことになる。文政七年六月鳴滝の地に学舎が開設されてからは、美馬順三、高良斎らとともに寄宿生として住み込んだ。塾内では、高野長英を凌いで第一等と評された彼の会話力が生かされ、シーボルトのよきアシスタントであったらしい。シーボルト事件の直前、すなわち文政一一年（一八二八）前半まで長崎にいたことがはっきりしており、ほぼ四年間在塾したことになる。一六歳のとき故郷を出てからすでに一四年余、三〇歳になっていた。

岡研介より一八年後の文化一四年（一八一七）周防遠崎村の真宗妙円寺に生まれた桂月性もまた、多彩な遊学経験の持ち主である。天保二年（一八三一）一五歳のとき豊前上毛郡薬師寺村にあった恒遠醒窓の蔵春園に入門、途中帰省したり若干の断続はあるが、天保六年冬まで四年半在学した。遊学のきっかけは、宗乗の師として選んだ佐賀善定寺の僧不及に勧められたものである。おそらく、宗乗を学ぶだけの学力がまだ月性になく、まず漢学的素養を身につけることを期待されたのであろう。月性の遺稿中に、「辛卯（天保二年）之夏予甫十五遊ㇾ豊、入ニ真卿先生之門一、中間ニ省ㇾ親、一上京、往来五年作詩風一千余首自謂ㇾ足矣」[61]と見えるから、咸宜園風の詩文中心の勉学であったことが分かるが、独見会のテキストには、『日本外史』や『日本政記』『国史略』なども使われたというから[62]、時事問題に啓発されるところも多々あったに違いない。在塾中はおよそ寺の子らしからぬ乱暴書生ぶりを発揮したエピソードが残されているが[63]、天保七年（一八三六）秋には肥前へ旅立つ月性を送って数十名の塾生が黒土村まで追従したというから[64]、リーダー的存在であったのであろう。

図５　月性の遊学コース

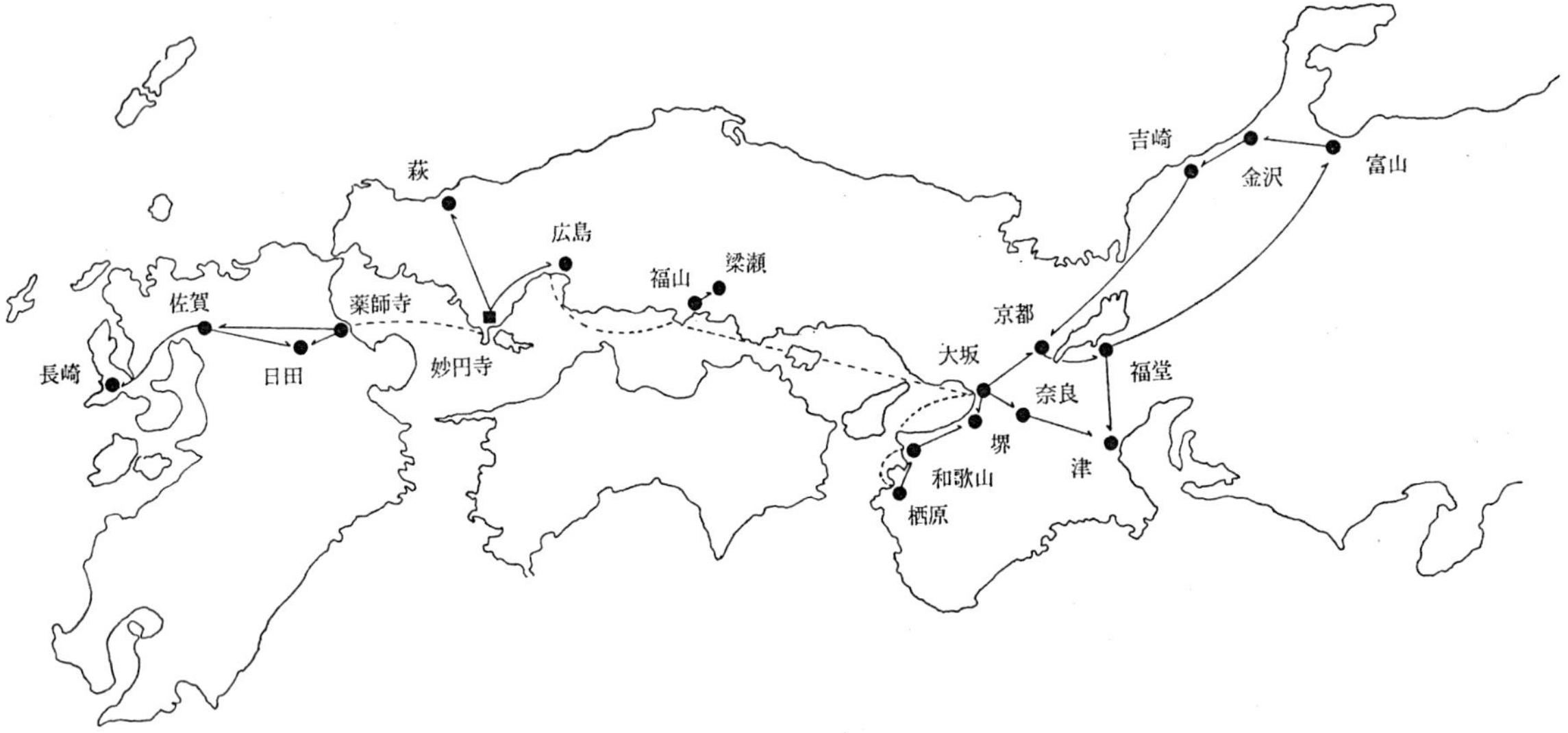

「略年譜」「東北遊日記」などにより作成。

話が前後するが、豊前から帰国した月性は、翌七年正月には早くも上洛して三月末まで京坂地方に遊び、帰途、広島の坂井虎山を訪ねるなどしたが、秋になると、かねて遊学を希望していた佐賀の不及門をめざした。善定寺の学寮である精居寮には、天保一〇年（一八三九）六月まで三年ちかくいて宗乗を学んだ。もっとも、この時期の彼は、仏典以外の多方面に興味を示している。佐賀藩儒として令名のあった草場佩川と親交を結んだのをはじめ、佐賀藩尊攘運動の先駆的存在であった願正寺の僧離蓋を知り、しばしば往来している。精居寮に入って間もない天保七年（一八三六）一一月末には、旧師醒窓や養父周邦らがかつて学んだ日田咸宜園を訪ね、一週間ばかり滞在して、月旦評にも名前を連ねた。[65]咸宜園には二年後の天保九年四月末にも来学したが、[66]このときの滞在期間ははっきりしない。月旦評に名前がないところから、一、二日程度で去ったものと思われる。その他、長崎にも何回か遊んでいる。天保一〇年（一八三九）春長崎を訪れたときなどは、遠く鬼界島まで足を伸ばしてオランダ軍艦の威容を眼のあたりにしたという。「蛮奴善く舟中の事に習ひ」で知られる勇壮な詩は、[67]この時の感懐を綴ったものである。

天保一〇年夏不及門を辞して帰郷した月性は、広島の坂井虎山を訪ねたり、また萩に遊ぶなど相変らず多忙であったが、天保一四年（一八四三）八月二七歳のとき、諸国遊歴の志を立てて東上した。人口に膾炙した「男児立志の詩」[68]は、この壮途を鼓舞するために詠まれたものである。叔父龍護が住持する大坂島町の長光寺を頼った月性は、ここからさして遠くない尼ケ崎町にあった篠崎小竹の梅花社に入り、詩文を学んだ。詩才に秀れていた彼は間もなく都講に挙げられたというが、[69]確証はない。いずれにせよ、知識欲の旺盛な人物であったため、梅花社に閑居するだけでは満足せず、暇さえあれば各地の知名士を訪問した。大坂市中だけでなく、堺・奈良・京都方面へはたびたび出かけたが、時おりかなり遠距離まで足を伸ばしている。

上坂一ヶ月後の九月二八日には、早くも伊勢の津に斎藤拙堂を訪ねて詩を呈したが、この地には弘化二年（一八四五）二月、同三年一〇月、同四年六月と一〇月の合計五回訪れている。弘化元年（一八四四）五月、叔父龍護の紹介で知った僧超然に、京都に出るたびに親しく教えを乞うたが、超然が住持する近江福堂の覚成寺へも、弘化二年二月と翌三年一〇月の二回訪れている。さらに弘化三年には、六月末から七月末までの約一ヶ月間にわたる北陸旅行を試みており、その概要は七月九日起筆の「東北遊日記」[70]にまとめられている。

弘化四年（一八四七）春にはいったん帰郷したが、五月初旬にはふたたび上坂して年末まで滞在した。結局、月性が遊学に要した期間は、天保一四年（一八四三）八月から弘化四年（一八四七）一二月までのおよそ四年半に及ぶ。すでに三一歳、天保二年（一八三一）一五歳で家を出たときから数えると、実に一六年余の歳月が流れていた。

梅花社に在学中の月性が諸方に足を伸ばして席の暖まる暇がなかったように、遊学生たちは良師を求めて遍歴し、その結果、同時に複数の師について学ぶことも珍しくなかったが、これを徹底的に行ったのは、江戸遊学時代の吉田松陰である。嘉永三年（一八五〇）一二月末九州遊歴の旅から帰ったばかりの松陰は、翌四年三月早くも江戸遊学に出発した。前年の九州地方への私費遊学と異なり、今度は藩命による出府であったから[71]、江戸藩邸内での公務、すなわち藩主への進講やサムライたちの参加する会読会の指導などがあったが、余暇には、諸方の私塾に束脩の礼を執り、実に精力的に学んでいる。はじめ安積艮斎の塾で学んだが、間もなく古賀茶渓、山鹿素水、佐久間象山らに次々と入門した[72]。六月八日のごときは、安積・古賀・山鹿の三塾を廻っているが、いずれも桜田橋の藩邸から、「一里許りの所」[73]にあり、行動半径の大きさだけでも瞠目に価する。このころ松陰の作成したスケジュール表をみると、一の日は山鹿塾、安積塾、二の日は有備館（藩邸内の学校）、安積塾、三の日は山鹿塾、細川藩邸（宮部鼎蔵らとの会読）、四の日は佐久間塾、五の日は安積塾、六の日は山鹿塾、八の日は佐久間塾、安積塾、九の日は聖武記（宮部らとの会読、場所不明）、佐久間塾で学ぶことになっていた。七・一〇の日が外してあるのは、藩邸内の公務のためだろう。「辛亥日記」に見える佐久間塾の勤怠表(74)によれば、九月一一日より三〇日まで一日の休みもとらず集中的に学んでおり、必ずしもスケジュールどおりになっていないが、いずれにせよ、ここには、同時に複数の学塾に出入りして多くの先生について学ぶという、真に学習者中心の就学形態があった。

(1) 文部省編『日本教育史資料』一、八四五頁。
(2) 同前書、八五七—八頁。
(3) 萩藩士が旅行する場合、過書と呼ばれる身分証明書を携帯しなければならなかったが、松陰の場合、旅行の許可は得ていたが、この過書は藩主が国元にいたため交付されていなかった。同行の友人との約束を重視した彼は、過書を持たないまま出発したため、脱藩と同じになった。
(4) 前出『日本教育史資料』三、六六頁。
(5) 同前書一、五四七頁。
(6) 同前書二、四六四頁。
(7) 同前書三、一八六頁。
(8) 「其才学秀俊ノ者ハ特ニ撰抜シ相当ノ学資ヲ給シ他国ヘ遊学セシメ」（同前）る。
(9) 儒者の当主、嫡子の遊学の場合が四人扶持、彼らが自費遊学を願い出る場合にはその半額を給費。石川正雄編『明倫堂記録』、五八三頁。
(10) 同前書の解説によると、このころ、皇学生六名、漢学生六名、医学生四名、礼律学生一名、算学生一名、書画生一名に増員されたという。なお、家禄一五〇石以上の戸主は自弁、それ以下は半額を支給されたらしい。
(11) 「遊学生廿人分」の内訳は一九名となり、一名分不明。同前書、八五四頁。
(12) 同前書、八九六—七頁。
(13) 前出『日本教育史資料』一、二三六頁。
(14) 同前書、六頁。
(15) 同前書二、二六六頁。

（16）同前書一、五四七頁。

（17）加賀藩では文久元年（一八六一）航海測量学研究のため江戸の軍艦操練所へ藩費留学生を送り出したのがもっとも早く、また広島藩では文久年間に洋学修業生若干名が江戸、および英国に派遣されたのが最初である。

（18）末松謙澄『防長回天史』第一編、二五〇頁。

（19）同前書、二七〇頁。

（20）同前書、二五一―二頁。

（21）八・一〇月大月（三〇日）、九・一一月小月（二九日）の計算。

（22）山口県教育会編『吉田松陰全集』（大和書房版）、第九巻、二五―一〇七頁。

（23）胤永・子祥と称したところから、大組白井良三郎（胤良）の一族と推定される。

（24）中島彦兵衛は大組一〇三石中島善兵衛の一族か。藤井太吉は大組一〇六石藤井太郎兵衛の嫡男太郎吉か。渡辺謙輔は同姓者が大組のみで一六家もあり、その一族の可能性大。平岡藤馬は平岡姓の大組三家の一族か。

（25）馬廻とも呼ばれた大組の下位にランクされる身分で、遠近付は馬廻並、無給通は近習とも呼ばれた。供徒士・地徒士・三十人通などとともに、士席班中の下位を構成する。

（26）身分不明の氏家鈴助は、同姓の大組二家の一族だろう。

（27）石川謙『日本学校史の研究』、一七四・一八九・一九二頁の分析による。

（28）原出典、前出『日本教育史資料』七、八〇頁。

（29）同前書、一九一―二頁。

（30）はじめ旧役宅に古賀精里・尾藤二洲の門人三、四名がいたが、しだいにふえて二〇余名を数え、手狭まになったのが直接の原因であった。

（31）前出『日本学校史の研究』、二〇六―七頁の分析による。

（32）「海軍伝習」下、勝部真長・江藤淳編『勝海舟全集』、12、一二二―六頁。

（33）安政三年（一八五六）一二月三日老中よりの「達」に、「来正月中より蕃書調所御開相成候間、御目見以上以下、次三男厄介ニ至る迄、年齢等ニ拘ハらす、勝手次第罷出、稽古可レ被レ致候、尤罷出候以前、短冊持参、同所玄関江可ニ申込一、陪臣稽古之儀ハ、追て相達候事可レ有レ之候」とある。倉沢剛『幕末教育史の研究』一、一一四頁より重引。

(34)　安政四年（一八五七）閏五月一一日老中よりの「達」に、「御旗本御家人幷悴厄介等ニ至ル迄、有志之輩罷出、真実ニ修行可レ被レ致候、委細之儀ハ御目付永井玄蕃頭江可レ被ニ承合一、且又万石以上以下陪臣之儀も、主人〻〻之格別見込之者ハ、稽古御差免可レ被レ成候……」とある。同前書、四五九頁。

(35)　「入学規」には、「他所者入学仕候節は御領分之者請人に相立其者より学頭迄相願可申事」とある。前出『日本教育史資料』一、二八〇頁。

(36)　同前書、二五〇—一頁。

(37)　篠丸頼彦『佐倉藩学史』所収。

(38)　天保一〇年（一八三九）一二月の「成徳書院心得書附録」では、他藩人の入門の節は家中で証人を立てるだけでなく、その証人より奉行へ願い出、さらに奉行より大目付へ通達するなど、手続きが複雑になっている。前出『日本教育史資料』一、二九六頁。なお、福山藩の場合には他藩遊学者を受け入れるさい、その人物の学力の高低をみて滞在期間をきめている。

(39)　前出『防長回天史』、第一編、二四八頁。

(40)　練兵館を主宰した弥九郎の子。

(41)　前出『防長回天史』、二七二頁。

(42)　一五日より二三日まで九日間滞在したらしい。福本義亮『久坂玄瑞全集』、二八九—九〇頁。

(43)　安政四年（一八五七）一月二六日付吉田松陰より久保清太郎宛書簡。前出『吉田松陰全集』、第七巻、四七四頁。

(44)　明倫館学頭飯田左門の申請書に、「彼れ詞章に長じ文学に名あり請ふ定例の淹滞待遇日数に関せず強て之を留め以て館内専門文章科の生徒を教授せしめん」とある。前出『防長回天史』、第三編下、四、五三六頁。

(45)　正確には寛政七年度金一両一分、銀一〇枚（代金七両）、八年度金六両、一〇年度金一両一分、一一年度金一両一分。大久保正編『本居宣長全集』、第一九巻所収の「諸用帳」、「金銀入帳」による。

(46)　天明五年（一七八五）一一月より翌六年三月まで滞在した。杉本つとむ『江戸時代蘭語学の成立とその展開』、Ⅳ、四二三頁。

(47)　石井岩夫編『韮山塾日記』所収。

(48)　越前府中（武生）藩と考えられる。

(49)　『慶応義塾百年史』、上巻、五五頁。

(50) 信濃教育会編『象山全集』、第五巻所収。

(51) 天保二年（一八三一）三月以降の大帰者（卒業生）一一九名についてみると、入門時の年齢は一二歳より三九歳まで大幅に分布する。拙著『近世私塾の研究』、八六頁。

(52) 適塾記念会編『適塾門下生調査資料』、第一・二集所収の八二名についてみた。

(53) 入門月日の判明した三五名の平均年齢。前出『近世私塾の研究』、二三八頁。

(54) 文化一四年（一八一七）八月一六日筑後御井郡仁王丸村から来学した高松衛門は、翌一五年（文政元年）三月二九日一級上で帰国したまま再来しなかったため、文政二年（一八一九）一月二六日の月旦評で除名、二年おいた文政四年（一八二一）四月二日に再入学、同月二八日の月旦評で二級下にランクされ、その後も時どき数ヶ月におよぶ離塾があったが、いちおう二年余在塾して文政六年（一八二三）一〇月二九日四級上で大帰した。咸宜園では数年間離塾しても、書簡の往復などで在塾の意思が確認されていれば除名されなかった。

(55) 前出『近世私塾の研究』、一四三—四頁。

(56) 二度松坂に来学したことのある出雲大社の神官千家俊信は、在国中は書簡の往復で教えを乞うた。俊信宛の宣長の手紙は三三通残っているが、その一つ、寛政五年（一七九三）一〇月一〇日付書簡に、「一、祝詞考の誤り正し申候書とては無ニ御座一候。大祓の詞斗は注釈致シ可レ申と心掛罷在候へ共、いまだ成就不レ仕候。来年は書可レ申と存居申候。出来仕候はば、可レ入ニ御覧一候。一、御詠二首拝見仕候。随分宜敷奉レ存候。追々御詠出可レ被レ成候」などとある。奥山宇七編『本居宣長翁書簡集』、一四二頁。

(57) 「此度自力を以、肥前平戸松浦壱岐守様御家来葉山佐内と申者、拙者同流之軍学鍛練仕候由承候に付、彼方え罷越稽古仕候はば、流儀修練之便りにも可ニ相成一と奉レ存候……来春夏之間出足月より往来十ヶ月之御暇被ニ差免一被レ下候様奉レ願候」、妻木忠太『吉田松陰の遊歴』、二一—二頁。

(58) 「吉田松陰伝」の計算（『吉田松陰全集』〈昭和九年岩波版〉、第一巻、三一頁）。

(59) 『保古飛呂比』、佐々木高行日記、一、六六—七四頁。

(60) はじめシーボルトは隔週に大村町にあった楢林栄建の塾と吉雄塾に出張して、病人の診療や医学教育に従事したため、来学者の多くは両塾に寄宿した。

(61) 岡為造『豊前薬師寺村恒遠塾』、七〇頁。

(62) 同前書、二三頁。
(63) 「月性の逸話」、同前書、一六一頁。
(64) 現在の豊前市黒土のことか。
(65) 「醒斎日暦」巻一二、『増補淡窓全集』、下巻、六二三頁。
(66) 「醒斎日暦」巻一五、同前書、六七〇頁。
(67) 三坂圭治編『維新の先覚月性の研究』、三八二—四頁。
(68) 同前書、三九六頁。
(69) 布目唯信『吉田松陰と月性と黙霖』、七六頁。
(70) 山口県玖珂郡大畠町妙円寺内月性展示館所蔵の自筆日記。
(71) 嘉永四年（一八五一）一月二八日付の辞令には、「軍学稽古の為め江戸差登され候」とある。三月五日出発の藩主の東行に「冷飯」（行列の一員でなく、藩吏某の食客格）として随従する形で出府した。
(72) 四月二五日安積艮斎へ束脩、五月一四日古賀茶渓へ束脩、五月二四日佐久間象山へ束脩、同日山鹿素水へ束脩。
(73) 五月二七日付松陰より玉木文之進宛書簡、前出『吉田松陰全集』、第七巻、五〇頁。
(74) 同前書、第九巻、一五七頁。

第四章　世襲制と能力主義

第一節　「競争原理」を導入する

寛政一〇年（一七九八）二月より一年間、熊本藩時習館で教鞭をとった脇愚山がいみじくもいうように、学校に人気がなく、出席者も少なかったのは、「高禄の家は入学を耻、有才気者は入学を厭と申」[1]すような風潮が城下一円にあったからであるが、実は、これはどの藩においても大なり小なりみられた現象である。[2]その理由は、やはり世襲制のサムライ社会ということに求められよう。家格の高い大禄者の子弟が学校に来ないのは、身分の低い人びととの同席を嫌ったこともあるが、もともと彼らの側に、懸命になって学業に励まなければならない事情はなかった。なぜなら、個人的な賢愚と関係なく、家老の息子はやはり家老になり、先祖伝来の封禄を承け継ぐはずであったからである。一方、身分の低いサムライの側は、どれだけ才能があっても、上下の身分が固定して動かないというのであれば、学問で身を立て名を挙げることは至難の業となり、いきおい学校は敬遠されざるをえない。

学校が立身出世に大して役立たないから人気がないということは、観点をかえていえば、学校に人気をつけるための最善の方法は、能力本位に優秀な人材をどしどし登用し、しかも、学校をそうした人材を供給する場たらしめることであるが、このいわば世襲制に風穴をあける作業が、そうやすやすと実施されたわけではない。なぜなら、家老の子は必ず家老になるという意味で、サムライ学校の場合は、どうしても世襲制の枠組内での能力主義の採用にならざるをえなかったからである。

愚山は直接ふれていないが、学校の不人気は、教育の現場に焦点を合わせてみると、学習活動の不活発、なかんずく学生一人ひとりの学習意欲の低さということになる。やる気のない学生ばかりであったのは、より正確にいえば、学生の側に互いに切磋琢磨する競争心が欠如していたということでもある。無競争的な学習の場が、プラスの意味では、和気あいあいの雰囲気をかもし出すことはあるが、逆にマイナスに働けば、呆れるばかりの怠惰や放逸をばらまいたことは想像に難くない。

教えるものと教えられるものが一対一の教育関係で対面する家庭教師的な場では、他人との競争ははじめから排除されているが、学校はもともと能力がちがい、性格の異なる大勢の学生をかかえこんだ教育の場であり、学生同志のさまざまな人間関係にともなう競争を前提にしていた。競争が一人ひとりの学習活動を刺激し、励みを与えることを利用しながら、最大の教育効果をあげようというわけであり、その意味では、学校ははじめから競争を軸にした教育システムであったといってもよい。むろん、世襲制にしばりつけられていた近世の藩校もその例外ではなく、一見不活発で無気力そのもののように見える教室の随処で、実は競争を何とか活かそうとする工夫がこらされていた。

萩藩明倫館の家業人制度にみられるように、文武両道の師家は原則として世襲であったが、各々のポストを名実ともなうものにするために、さまざまな仕かけがあった。同じ学問や技芸でありながら、大てい流派の異なる複数の師家を配したのも、その一である。たとえば水戸藩内では八四流派もの武芸の道場がしのぎを削っていたというが、[3]天保九年（一八三八）開校の弘道館には、このうち四〇流派――兵学二（山本勘介流、佐久間流）、軍用二（松田古流、松田新流）、弓術四（日置流、雪荷流、印西流、大和流）、馬術四（大坪流、大坪本流、悪馬新当流、素鞍流）、槍術四（佐分利流、宝蔵院流、鎌宝蔵院流、種田流）、剣術四（水府流、北辰一刀流、神道《ママ》無念流、東軍流）、柄太刀一（長剣流）、薙刀二（常山流、穴沢流）、居合四（田宮流、新田宮流、一宮流、無形流）、砲術六（神発流、高山流、竹谷流、石川流、関流、荻野流）、火術二（本郷流、唯心流）、柔術四《ママ》（三和流、浅山流、浅山一伝流、浅山一伝古流、卜伝流杖小太刀）、水術一（水府流）が採用されている。[4]類似の流派がなお十数流あったのを統・廃合した結果がこれだというのだから、師家の競合というより、むしろ乱立といった方がよいかもしれない。流派ごとの教師は一名、手副とよばれた助教が二名以上、生徒数が多いときは六、七名も配されたという。[5]どの流派を選ぶかは生徒側の自由であるから、教室ごとに生徒数の増減があったわけである。なお、師範が欠員になったときは、手副の中から補充されることになっていたが、この辺は師範の嫡子が世襲する一般的な方法とは、はっきり一線を画する実力主義であった。

嘉永二年（一八四九）に重建された萩明倫館の場合は、流派数こそ比較的少ないが、流派そのものに複数の教師を配している。弓術二流三師家、剣術五流七師家、槍術二流三師家、馬術五流一〇師家、砲術五流一〇師家、薙刀一流一師家、兵学四流四師家、天文数学地理一流一師家、礼式一流二師家[6]というのがそれであり、薙刀、兵学、天文・数学・地理の三教科を除けば、いずれも各流派の内側で競争するように仕組まれていた。なお、文学関係の儒官は、一〇〇年以上続いた徂徠学の時代から朱子学一本へ学統を変更したばかりであり、いずれも朱子学を奉じていた。

ところで、明倫館に入学したサムライの子弟が剣術を学ぼうとする場合、まず五流、すなわち新蔭柳生流、新蔭柳生当流、片山流、無念流、一刀流のどれにするかを決め、ついで新蔭柳生流のように、同流派の師家である内藤作兵衛、馬来勝平のいずれかの教室を選ぶことになる。当然実力の高い流派や先生に人気が集まり、同じ剣術の教室であっても生徒数に大小の差が出てくる。教師の側からいえば、他流派や他師家との激しい生存競争を強いられるわけであり、絶えず刻苦勉励しなければならなかった。ちなみに、「明倫館諸稽古出人数付立」で嘉永六年（一八五三）六月中の剣術教師四名の生徒数を見てみると、表22のようになる。(7)

複数の流派があるため、互いに我流を主張し、他流を批判する弊害がなかったわけではなく、しばしば党争の原因になったりした。とくに遠来の武者修業者との交流は秘密保持の面で問題があったから、早い時期の藩校は大てい他流試合を禁じていた。もっとも、実力をしっかり身につけようと思えば、自流に閉息した一人よがりの修練だけではどうにもならず、むしろ積極的に他流と交わり、その長所や利点を採ろうとする姿勢が必要であろう。嘉永三年（一八五〇）の土佐藩主山内豊信の「直達」が、「以来槍剣等他流打込み、孰も流儀は不択、実用に基き、屹度修業可致候」と、従前の禁止令を廃して大いに他流試合を奨励したのは、そのためである。もちろん、いきなり他国人との他流試合が解禁されたのではなく、大ていの場合、まず他流の兼習を許すというかたちで流派間の接触をはかり、ついで藩士同志の他流試合を認め、さらにこれを藩外からの武者修業者に拡大していったが、その時期は、嘉永三年（一八五〇）に佐倉藩が他流試合の禁止を解いたように、おおむねペリー来航の前後である。海防という焦眉の課題に直面して、何よりも実戦に役立つ武術が強く求められたのであろう。(8)(9)

もちろん、他流試合の解禁になかなか踏み切れなかった藩も多い。ペリー来航当時、幕府老中として活躍した阿部正弘を藩主に戴く福山藩は、早くから開明的な教学政策で知られたわりには、藩初以来の閉鎖主義を崩さず、他流試合を許すようになったのは安政四年（一八五七）からであるが、安政六年七月二五日付の「達」に、「他邦ゟ儒者書(10)

表21　明倫館武術教師一覧〔嘉永年間〕

科	流派	氏名
弓術	日置流	粟屋弾蔵
	〃	岩崎壬生之介
	伴流	山県十蔵
剣術	新蔭柳生流	内藤作兵衛
	〃	馬来勝平
	新蔭柳生当流	高木宗六
	〃	平岡弥三兵衛
	片山流	北川万蔵
	無念流	森重百合蔵
	一刀流	粟栖又助
槍術	宝蔵院流	岡部右内
	〃	小幡源左衛門
	夢想流	横地七郎兵衛
馬術	八条流	内藤作次郎
	〃	高田三平
	〃	石黒次郎兵衛
	〃	仙波三郎兵衛
	八条流安西流	山本湖十郎
	人見流	折下喜左衛門
	〃	波多野源左衛門
	〃	楢崎四郎兵衛
	大坪本流兼安西流	蔵田門之助
	馬医安西流	吉松惣右衛門

科	流派	氏名
天文・地理・数学	関流	松本彦右衛門
礼式	小笠原流	小笠原次郎太郎
	〃	緒方十郎左衛門
兵学	北条流	多田藤五郎
	北条流兼山本流	大西喜太郎
	山鹿流	吉田寅次郎
	合武三島流兼水軍火術	森重政之進
砲術	隆安流	郡司源之丞
	〃	郡司仙左衛門
	〃	郡司権助
	〃	郡司十左衛門
	〃	中村寮平
	简習流	山県東馬
	〃	石川楊佐
	简習流・天山流・荻野流	湯浅馬之助
	種島兼荻野流	山崎五郎兵衛
	円極流兼天山流	三輪兵馬
薙刀	鞍馬流	香川左司
柔術		*粟栖又助

『明倫館御用掛日記』１～７，『萩市誌』などにより作成。

1）剣術は内藤・馬来・平岡・北川の四教室が中心で，あとは助教格。

2）粟栖又助は剣術兼柔術の教師。

図6　福山藩の公費遊学生

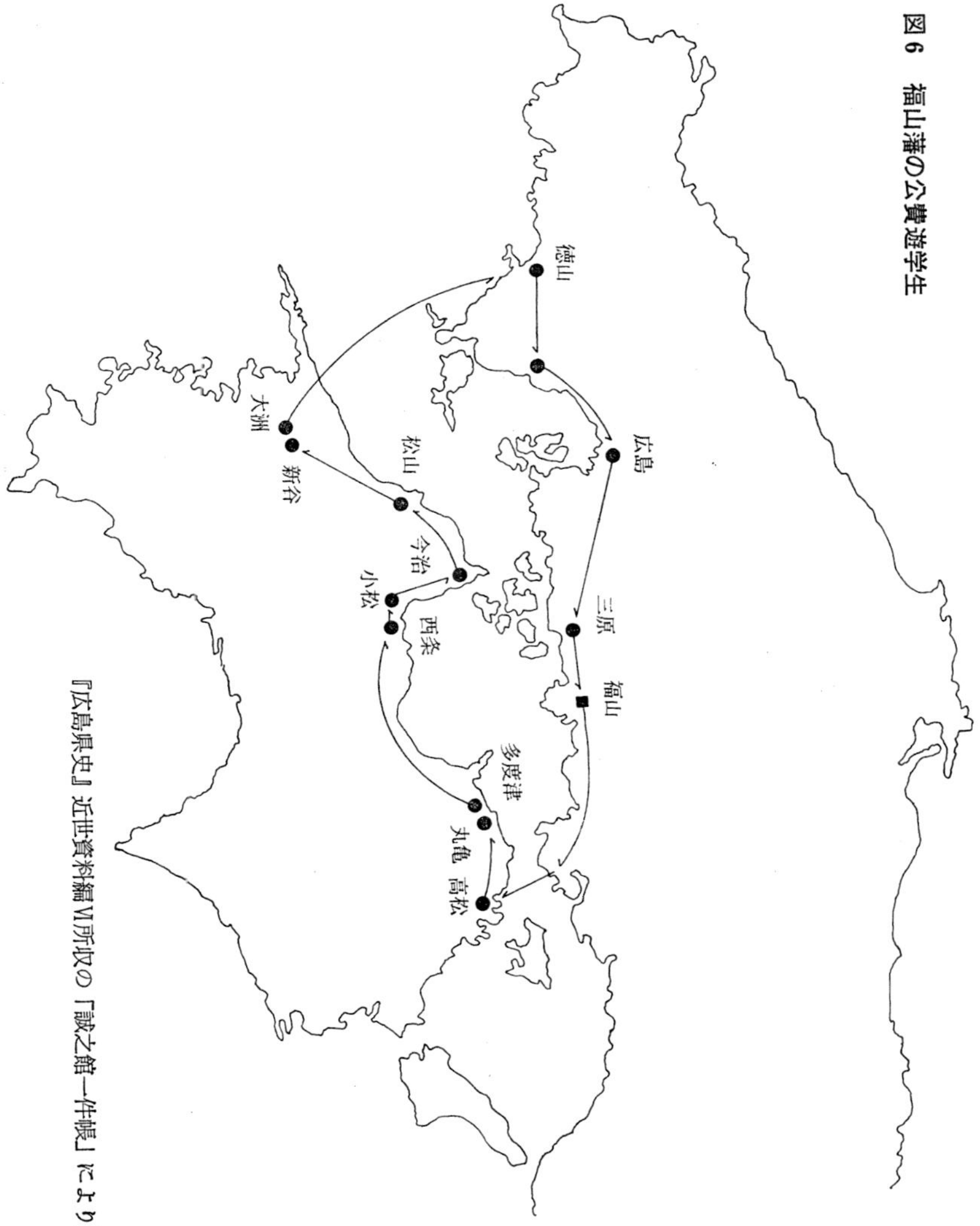

『広島県史』近世資料編Ⅵ所収の「誠之館一件帳」により作成。

表22　嘉永6年(1853)6月中剣術4教室への出席者

授業日	3	4	6	7	8	9	11	12	13	14	17	18	19	21	22	26	27	延人数	平均
内藤作兵衛	75	60	74	76	71	63	64	80	72	60	79	67	62	57	83	62	62	1167	68.6
馬来勝平	87	62	75	78	78	70	66	73	83	72	66	75	70	68	80	71	64	1238	72.8
平岡弥三兵衛	58	60	86	71	66	59	55	56	57	51	48	47	40	50	58	51	48	961	56.5
北川弁蔵	75	70	75	76	71	75	71	78	126	67	63	65	57	70	64	64	59	1226	72.1

『明倫館御用掛日記』5所収の「諸稽古出人数付立」により作成。

表23　福山藩の公費遊学生〔安政6年(1859)6～7月の場合〕

	出発日	科目	人数	所要日数	行先
1	6・15	剣術	5	20＋α	三原→広島→岩国→徳山
2	6・17	槍術	4	20＋α	御近邦
3	7・17	〃	5	38	広島
4	7・21	〃	4	20＋α	高松→丸亀→多度津→西条→小松→今治→松山→新谷→大洲→徳山→岩国→広島→三原

『広島県史』近世資料編Ⅵ所収の「誠之館一件帳」により作成。
1)　所要日数は各人当り旅費などにより推定。
2)　行先は目的地，帰路は不明。
3)　旅籠代1人1泊銀3.5～4匁＋船賃，用心金などを支給。

生来候節文武宿へ止メ置、御儒者申込御儒者罷越有益之人与見込候得者館中へ呼出し可申、尤添書有之歟又者旧識之人ニ候へ者尚更之事、扨呼出し候上経書ヲ為講、御儒者・助教其外門弟之面々、勝手次第討論いたし、其余者詩文章総而任済談等勝手次第可致儀、有益之人ニ候得者伺之上逗留為致、其上者酒肴又者金子等被下評談次第之事、勿論逗留中賄遣候事」(11)とあるように、文学系の授業に他国人を混ぜるようになったのは、さらに遅れる。文武とも、自藩士の勉学にプラスするような学識や技倆を備えた人物でなければ交流の意味がないわけであり、六月二八日に到着した石州浜田藩の剣術修業者横山桂七郎のように、「業合未熟ニ付是ゟ留候儀ハ無用ニ候得共(12)」、せっかく本人の希望であるから、四日間だけ文武宿に公費負担で宿泊させ、あとはすべて自弁させよと命じた場合もある。他国人の来藩を認めるということは、自藩士を積極的に外へ送り出すことと照応するものであり、たとえばこの時期、六月一五日から七月二一日までの一ヶ月間に武芸のみで総計一八名の公費遊学生が派遣された。

ところで、競争の原理は文学の世界においても変わらなかった。たしかに、萩藩明倫館のように、はじめ朱子学、のち徂徠学、さらに朱子学へと二転、三転するさい、必ず学統を一本化して他派の学問を採らなかったものもあるが、[13] これはむしろ例外に属し、多くは学派相互の自由競争に任せ、実力あるものを次々に採用し、場合によっては、同時にいくつかの学派を併用したものもある。たとえば久留米藩明善堂では、朱子学、古学、徂徠学、折衷学の四派が次々に交替、もしくは混在したが、[14] 和歌山藩学習館でも一時期、朱子学、古学、徂徠学の三派が鼎立していた。[15] 広島藩や福岡藩のように、はじめから学館を二分して両派の教育を競合させたものもある。すなわち広島藩修道館では、東堂を朱子学、西堂を徂徠学とし、学生各人の自由な選択に任せたが、福岡藩脩猷館でも、東学問稽古所を朱子学、西学問稽古所を徂徠学とし、入学を各人の随意とした。大儒亀井南溟の主宰する西学問稽古所が多数の学生を集め、事実上の福岡藩校であったのはよく知られているが、間もなく南溟が失脚し、加うるに寛政異学の禁があり、なしくずし的に朱子学へ一本化された。異学の禁を画策した朱子学者の一人頼春水の属する広島藩の場合はいっそう露骨であり、西堂は閉鎖、教授香川南浜以下の三名は致仕、下野を余儀なくされたが、城下にあった南浜の自宅に設けられた修業堂には若干の公金補助が続けられ、入学者も少なくなかったというから、実質的には二派併用のままであったといえなくもない（第六章第一節参照）。なお、このスタイルに遅くまで固執したのは長岡藩崇徳館であり、はじめ古学と徂徠学、のち古学と朱子学というふうに、常に学派の異なる二教室を置いた。[16] 崇徳館の開校は文化五年（一八〇八）であるから、異学の禁の影響がまだ相当に強く働いている時期に、あえてこれに抗したわけである。

複数の学派が互いに自説を主張し、他説を批判するというのは、その論争が純粋に学問的世界で闘わされているかぎり正しく、したがって、その排除をめざす異学の禁のごときは、暴挙以外の何ものでもなかった。もっとも、諸藩の採用した朱子学正学主義は、単純明快に朱子学のみをよしとし、他派をすべて排除したわけではなく、多分に幕閣を意識したカモフラージュ的な傾向がつよい。たとえば熊本藩時習館は、朱子学を建前としながら、しかも、徂徠学を捨てず、「朱註を宗とする折衷」[17]を貫いたが、享和四年（一八〇四）朱子学を採用した膳所藩も、「朱子学に限り候而は却て差支も有之」[18]という観点から、表向きは朱子学、実は古学を混ぜた折衷学派を続けた。中津藩進脩館のように、藩校で朱子学を奉じながら、自宅の家塾では古学を講じる儒官が多かったのも、[19]同じ範疇であろう。いわゆる「陽朱陰王」「陽朱陰物」の類いであり、学問統制の弊害はよほど薄められていた。

異学の禁を名目化するだけでは飽き足らなかった藩では、さかんに民間在野の学者を登用したり、藩外から有名学者を招聘するなど、世襲の教授スタッフに新しい血を供給することに意欲的であったが、なかには福山藩誠之館のように、儒臣の子弟で才能のない者が出た場合には、これを左遷し、家中より優秀な人材を選んで儒者に任じ、数年間勤務させるという、ほとんど世襲制を否定する荒療治を行ったものもある。[20]同じころ、文武引立役が御年寄と儒臣の中から計三名、「入札」という画期的な方法で選ばれることになったが、これもやはり、能力本位に人材を登用しようとしたものであろう。ただ、その効果のほどについては、必ずしもはっきりしない。

第二節　試験の工夫

近世の学校がすべて試験（試業、吟味、考課、考試、考功）を実施したのかというと、必ずしもそうではなく、広瀬淡窓の咸宜園のように、毎月九回の定期試験――書牘二回（制限時間内で示された文字を書く。大文字か細字かは等級ごとに異なる)、句読切り三回(線香二本を焚く時間内に唐本などから二〇〇字を謄写し、句読を点ずる)、詩文各二回(線香三本を焚く時間内に与えられた題について詩文を作る)――を実施したものもあれば、逆に、吉田松陰の松下村塾のように、それらしきものにまったく無縁だったものもある。元来、教師にとって試験は、一定期間の教育活動の成果を判定し、検証する効用がある。彼が教えたことを、学生がいったいどの程度理解しているかを知るために役立つ。学生の側からいえば、自らの到達レベルを客観的情報によって自己評価するための方法という利点もある。もっとも、試験は大てい学生側の意向と無関係に、一方的に教師が課すものであり、後者の要素はほとんど問題外となる。つまり、試験は、もっぱら教師の側の有用性を軸に成り立っていたと考えてよい。

試験なしで自発的な学習活動に任せていたら、放逸怠惰な学生ばかりになると考えた淡窓は、有名な月旦九級制と呼ばれる昇級システムを考案し、無級より四級までの下・中等生は日常の課業点(たとえば輪読の授業では、五行ごとに賞点一とし、音義精詳で三葉以上朗読すれば、賞点二〇を与える)、五級以上の上等生は試業点で進級の可否をきめたのであるが、これは、咸宜園が最盛時には二〇〇名をこえるマンモス校であったということとも関係する。多くても十数名、大ていは四、五名ていどの門人に対面する松陰の授業では、一人ひとりの理解度や到達レベルが手にとるように分かったはずであり、試験は無用であった。怠惰な学生を叱咤鞭励するのも、ミニ・サイズの学校であれば各人への眼くばりが十分行き届いたから、わざわざ試験に頼る必要はなかった。

もちろん、学校の規模の大小だけでなく、二人の教師が学生たちに期待する学力観が根本的に異なっていたということもある。オーソドックスな教師の典型である淡窓は、何よりも学生に漢学教育の平均的カリキュラムを着実に修得していくことを期待した。無級プラス九級上下、合計一九ランクのすべてにふさわしいテキストを配し、所定の学力に達しないと昇級を認めなかったのは、そのためである。要するに、淡窓は本が読める、文が書ける、詩が作れるという意味での相応の学力を身につけた人物を理想とした。ところが、松陰はまったく逆に、そうした学力を真の学力とは認めない。彼が望んだのは、学習の成果をそのまま日常の出所進退に生かせる、いわば社会的実行に移せるような人間であり、本が読めるか、詩文が上手か下手かなどはさしたる問題ではなかった。村塾に入門すると、必ず松陰が、「学者になってはいかぬ、人は実行が第一である、書物の如きは心掛けさへすれば、実務に服する間には、自然読み得るに至るものなり」(24)と諭したのは、そうした理由からである。

一部の蘭学塾や医学塾をのぞけば、試験をしないという点で、近世の私塾はほとんど松下村塾のタイプであったが、一方、昌平黌や藩校のような官・公立学校では、大てい咸宜園に類似した試験の方式を採用していた。いずれも学生数が多く、マンモス化していたこともあるが、何よりも学生のやる気を引き出し、学習活動を活性化するためには、試験を課すのが最善の方法と考えられたからである。入学から卒業にいたる学習カリキュラムのすべてが学生の選択に任されていた、すなわち学ぶ自由を下敷きにしていた私塾と異なり、官・公立学校の場合は、はじめから到達目標が設定され、それに見合う入学年齢、修業年限、課業の細目がすべて予めセットされており、文字どおり上から与えられた学習であった。世襲制を前提にしたサムライ学校の性格上、どうしても競争意識が欠けがちであったが、加うるにまた、上から押しつけられた官製カリキュラムがこれに拍車をかけたから、学生のやる気はますます後退し、怠学ムードが充満することになった。学校側が期待する学力にすべての学生を引き上げようと思えば、どうしても試験にウエイトを置かざるをえなかったわけである。なお、就学強制が実施されておらず、家塾や私塾に学ぶサムライの多かった藩では、試験の対象を在学生に限ることなく、広く一般からの受験を認めたが、なかにはこれを義務制にしたものもある。(25)

ところで、試験は文武両道にわたって行われたが、これをはっきり制度化したのは大てい文学に関するものであり、武芸についてはそれほど普及していない。たとえば松本藩崇教館では、文学について毎月一回の例月試験と年末の定期大試験が行われたが、武芸については、「各師範家ニ於テ年内ノ勤惰ト其技ノ進否トヲ通考シテ優劣ヲ定ムルノミ別ニ試験法ヲ設ケス」(26)となっていた。ただ、藩の役人が年に一、二回教室に見学に来たり、藩主が帰国のさい、臨時に試場をつくって技芸を検閲する程度は行われたから、まったくノー・タッチというわけではない。いずれにせよ、武芸の定期試験を明文化していたものはあまりなく、しかも、水戸藩弘道館が毎月三・八・五・一〇の日に国老番頭などが立会う私試と秋季に一日藩主が親臨する大試を各種の武芸について行う、白川藩修道館が剣・槍・柔術を毎月三の日、弓・馬術を毎年二月と八月の一八日に試験する、飫肥藩振徳堂が剣・槍術と弓・馬術を一括して隔月に試験する、盛岡藩作人館が春秋二回、剣・槍術の試合や弓・砲・馬術の見分を行うというように、きわめて大ざっぱな規程でしかない。武芸の種類ごとに試験のスタイルが異なっていたことから分かるように、特定の科目のみを試験し、その他は無試験としたものもある。たとえば二本松藩敬学館では、春秋の二回、弓・馬・砲術の試験があったが、剣・槍・柔術の試験はなく、年一回藩主の上覧に供することで代えられている。(27)(28)

武芸の試験が大して普及しなかったのは、技術の上達の如何を判定するのに実技試験を行う以外にさほど有効な手段がなく、しかも、これを点数に換算することがきわめて困難であったためだろう。二本松藩敬学館の弓・砲術試験のように、矢数四本、小銃四発、大砲二発を実際に発射させ、その命中の精度を競うのであれば、客観的な点数評価もできなくはない。もっとも、福山藩誠之館の弓術試験のように、弓の大きさや発射数、命中率を細かくきめていても、「百五拾射皆中」「弐百射皆中」(29)というような水増し報告ばかりであると、正確な評価は期待すべくもない。優劣を判定するあいまいさという点では、剣・槍の試験はそれ以上であり、技巧の一々についてきめ細かな成績査定など至難の業であり、また教育的にも大して効果がないと考えられたためであろう。永く泰平の世が続き、武芸一般が実用性に乏しくなっていたということも無関係ではないと思われるが、ペリー来航以後の新しい緊迫した状勢下では、弓術の廃止にみられるように、銃砲中心の新しい武芸にウェイトが移りつつあったから、それだけ伝統的な武芸の試験に関心が集まらなかった。

文学の試験は、今日の面接テストにあたる口述式と筆答式、ペーパー・テストをうまく組み合わせれば、学生一人ひとりの到達レベルを客観的かつ合理的に評価することができたから、大ていの藩校で頻繁に繰り返された。試期ごとに細かくみると、日試（毎日の終業時に試みる）、旬試（一旬ごと月三回実施）、月試（月末一回）、時試（季節ごとに年四回試みる。四時試、四季試ともいう）、春秋試（年二回実施、七月と一二月の二回のようなものもある）、歳試（毎年末に実施する歳終試が多かったが、毎年一回行う年試の類いも少なくない）などがあるが、すべての藩校がこれらの試験を実施したわけではない。もっとも多かったのは、春秋試のように年二回の試験を行うものであるが、これに月試の類いを併用するものも案外多く、そうした場合には、前者を大試、大試験、大試業とよび、後者を小試、小試験、小試業などとよんで区別している。大試は藩主や諸役人立会いの試験であるのが普通だったが、月試の場合は学校の教官が実施する試験であり、取り扱いもさまざまである。林田藩敬業館のように月旦評を採用しているところでは、月試の成績をそのまま昇降に反映させ、春秋二回行われる大試験はセレモニー的色彩が強かったが、むしろ多かったのは、赤穂藩博文館のように二月と八月の大試業の成績で坐次を進退し、月試の点数は参考程度にとどめたものである。旬試や日試のみを実施する場合はもちろん、そのたびごとの成績で昇降したが、なかには中津藩進脩館のように、毎月一回実施した試験の点数を二月と八月の二期に集計して昇降をきめたものもある。

大試や小試を公試（本試）や私試（内試）といいかえたものもある。水戸藩弘道館では、秋季一回の歳試を文武大試（藩主の親試）とよび、また毎月三と八、五と一〇の日に行う文武の試験（国老・番頭など出席）を私試とよんだが、米沢藩興譲館のように毎年一回二月に実施されるものを本試（御前試業）とよび、これに先立ついわば予備試験を内試とよんだものもある。似たような制度は、館林藩造士書院にもあった。すなわちここでは、毎年四回試験があったが、四月か五月に一回行われる藩主臨席の試験を公試とよび、三月、八月、一一月の三回、藩吏立会いで行われる私試と区別している。私試は過去数ヶ月間の学習成果をみるもので、今日のいわゆる期末試験であるが、公試は一年間の総まとめの試験という意味で、やはり学年末試験に相当する。(30)

本試と内試の呼称は同じであるが、その内容は従前のタイプと一線を画するのが、会津藩日新館の場合である。就学強制が実施されていたため、藩士の子弟は一〇歳になると必ず素読所に入ったが、その課程修了時、すなわち一等生になって受験するのが内試であり、これにパスすると本試をうけて大学校に進学した。要するに、ここでいう内試は卒業試験であり、また本試は入学試験をさしている。なお、各等いずれの場合にも小試、すなわち旬試や月試の類いを併用したらしいが、その取り扱いの実際は分からない。

当然のことながら、試験の成績は賞罰の対象にされた。たとえば神戸藩教倫堂では、年一回句読と講義の試験を行い、成績を甲・乙・丙・丁各三級、合計一二ランクで評定したが、甲の上中下三級に対しては褒賞を与え、丁以下はすべて落第として温習を命じ、再試を義務づけた。その他、毎月六回、書と算の試験も行われたが、この点数は年末に集計されて昇降の資料とされただけであり、温習や再試の対象にはなっていない。

試験の成績が極端に悪い、いわば落第生に対して再試を課したのは、村上藩克従館や岩国藩養老館でも同じである。すなわち克従館では、毎月三回素読試験を行い、誤読のまったくなかったものを甲科、一失のものを乙科、二失のものを丙科、三失以上のものを大失と四ランクに分けたが、最下の大失者は再試を命じられた。なお、受験者の成績はすべて記名入りで掲示されたという。一方、養老館では、春秋二回の試験で上等生六、七名を選んで討論させ、一〇問中八問を弁明すれば合格としたが、七問以下の場合は落第となり、半年後に再試を義務づけられた。この再試に失敗し、落第を繰り返すと隠退、もしくは廃嫡になったから、落第生は否応なしに猛勉した。

賞罰とは直接関係がないが、本荘藩修身館のように、試験後に答案内容を詳しく発表したものもある。修身館では、毎月三回句読生と文義生の試験があったが、このうち句読生の試験では、受験生の失訓点がすべて張り出され、後進の戒めとされた。二つの試験結果を集計し、出席日数を考慮して毎月末に席次の昇降をきめたのは、その他の藩校の場合と似たりよったりである。

実施方法や取り扱い方がちがっていても、学校が行う試験は、ふつう毎年のスケジュール表に組み込まれたいわゆる定期試験であり、したがって、すぐれて教師中心の一方的評価であったが、稀れには、学生各人の学習の進捗状況にあわせて試験を課そうとしたものもある。たとえば舞鶴藩明倫斎で、「小学家礼ノ素読終レハ試験ノ上四書生ニ登科シ四書近思録読畢レハ五経生ヘ進メ五経生読畢レハ学頭生ヘ挙グ」(31)というごとくであるが、何年間か学校に通えば自動的に修了になるというのでなく、各人が所定の課程を修めるたびごとにその学力を試そうとするものであり、試験のやり方としてはよほど学生よりであった。「学生学業ノ熟スルニ当リ之ヲ行フ予メ期日ヲ定メス」(32)とした宇都宮藩修道館や、「確定セル期月ナシ督学監督教頭ノ見込ヲ以テ臨時ニ之ヲ施行」(33)した山崎藩学問所や、「凡ソ試験ヲ為スニ定期無シ生徒ノ上進ニ従ヒ臨時ニ之ヲ行」(34)った彦根藩弘道館なども、同じタイプであろう。課程修了の場合もふくめて、一人ひとりの学業の進度や成就度を判定し、試験の実施をきめたのは教官であるが、なかには、これをすべて学生側の申告に委ねた鳥取藩尚徳館のような場合もある。すなわち尚徳館には、上の上中下、中の上中下、下の上中下の合計九階級があり、各級にふさわしいテキストが配当されていたが、(35)学生は在籍の級ごとに一冊ずつ取り組み、習熟の見込みがつくと、その都度担当の教官に申し出て試験をうけた。

改めてのべるまでもなく、学校の定期試験は、学生側の事情とはまったく無関係に行われる。より正確にいえば、試験を定期的に課すことにより、学生たちを否応なしに勉学に駆り立てようとするものであったが、これに比べれば、所定の課程を修了し、しっかり実力がついた時点で試験を行う、いいかえれば、各人の進度の遅速を前提にしたやり方は、いちじるしく教育的であった。なぜなら、一人ひとりの学生の到達レベルを無視して一方的に試験を行ってみても、正しい評価は大して望めなかったからである。その意味では、学生各人の申告に基づいて試験を実施した鳥取藩尚徳館の場合は、もっともすぐれた試験の方法であったが、似たようなケースは管見のかぎりでは見あたらない。

試験の有無やその実施の時期が学生側の事情によってきまったというのは、毎日の課業においても彼らの意思が大事にされる、つまり、学生中心の学習活動がある程度認められていたということでもあろう。就学強制を実施し、入学年齢、修業年限、毎月の出席日数、テキスト、等級制など、カリキュラムの細部にわたって制度化しつつあったサムライ学校に、こうした方式が異質であったことは想像に難くない。就学を強制する狙いが、学校側の期待する学力を予め設定し、すべての学生をそこへ到達させる点にあったとすれば、試験もまた、学校の教育計画にはっきり位置づけられたものであり、教師がもっぱら主宰するほかはなかった。就学強制が大てい修業年限をきめ、学齢に達すると必ず入学させ、所定の課程を期間中に修了することを要求していたのであるから、一定の時期をかぎって学習の成果を判定する試験、すなわち定期試験を行うことは、ほとんど必須であった。就学強制とは実は、学校側が期待する学力水準に限られた期間中に到達することを強制されていたことであると解釈すると、そのことはいっそう分かりやすいだろう。

第三節　テスト至上主義の弊害

学生一人ひとりの到達レベル、すなわち学力を正確に知ろうとすればするほど、試験の方法に改良を重ね、工夫をこらすことになるが、そのさい、誰もが納得する信頼度の高い試験とは、要するにいかに客観性にすぐれているかということであり、いきおい点数評価に頼らざるをえない。近世の学校のうち、もっとも点数評価に熱心だったのは、月旦九級制で知られる豊後日田の咸宜園であるが、諸藩藩校の中にも似たような試みは珍しくない。咸宜園の九級制の直接のモデルについてははっきりしないが、熊本藩時習館の藩儒秋山玉山が、宝暦五年（一七五五）に作成した「時習館学規」の中で試験方法に言及して、「その芸業を日省し、月考し、時試し、歳課する等して之を進退（席の上下）す。勤惰を督し作テツを験する所以なり。兼科する者は班一等もしくは二等を昇せ、虚曠一月もしくは二月のごときはその班を降して之を過し、その籍を削り、あえて歯列せしめず。けだし一たびこれを出で一たびこれに入るは塗巷の人なり。但し疾病事故はこの限りにあらず。古は三年にして一経に通じ、その通ぜざる者は学を移し習うことを易くす、以て変らんことを観じてこれを待つの道なり。九年に至りて学変らず業成らざる者はやめ帰らしむ。年限を過ぐるといえども才成立に近き者は、又留学（学校に留まる）して卒業するをゆるす」[36]などというように、昇級システムに関する情報や知識は、必ずしも淡窓の専売特許ではない。玉山がお手本にしたのは、元の国子学の升斉法や明の国子監の率性堂における及第システムあたりと推定されるが[37]、淡窓の情報源もおそらく大同小異であろう。

時習館の等級システムは、毎月二九日もしくは三〇日に行う月試や毎季の終りの試験、年末の試験、三年ごとの試験によって子弟の坐班を上下するという程度しか分からないが、九州地方の藩校に等級システムを採用するものが多かったのは、その直接・間接の影響かもしれない。ただ、咸宜園の月旦九級制が完成されると、これを範とする藩校がふえてきた。咸宜園出身の儒官がいた府内・小倉・佐伯・久留米・秋月・福岡・中津・柳河・佐賀・平戸・大村・森藩などが、何らかの形で等級システムを導入していたのがそれであるが、なかんずく佐伯藩四教堂の等級システムは、(38)咸宜園のほとんどコピー版といってよいほど酷似していた。

咸宜園と四教堂の関係は、まだ桂林園と称していた文化一三年（一八一六）、佐伯藩より中島益多と古田豪作の藩費留学生が派遣されたことにはじまる。古田は在塾中に病没したが、中島の方は二年在学、当時としては最上位の六級下で退塾した。文政三年（一八二〇）五月に再来、すぐ七級下となり、翌年五月まで在塾して七級上で卒業した。月旦評が改定され、位次がふえるたびに、常にその最上位にランクされたのは、咸宜園中第一の秀才であるばかりでなく、淡窓にもっとも信頼された高弟であったことが分かる。この彼が帰藩して四教堂の教授に就任したのだから、学館内のいたる処に咸宜園の方式が導入されたことは想像に難くない。天保一二年（一八四一）にやはり藩費留学生として派遣された高妻芳州も、帰藩後、四教堂の教授になり、学制改革に敏腕を振っており、両者の密月関係は一貫して変らなかった。

表24にみられるように、等級を九つに分け、一級から四級まで上下を設けて合計一三ランクとしたのは、咸宜園の無級プラス九級上下、合計一九ランクを応用したものである。一級上下を下等としたのは、咸宜園で無級を下等としたもの、二級下より四級上までを中等としたのは、咸宜園の一級下より四級上までを中等としたものであり、五級以上を上等としたのは、双方に共通する。ただ、四教堂の場合、七級より九級までを最上の位次とみなしており、また五級以上には上下の区分をしていない。

若干の相違点はあるが、初学者をすべて最下級に入学させ、毎月末ごとに集計される得点数によって順次昇級さ

表24　四教堂の等級システム

等	級		課程	昇級点数
最上	9		常課なし	学力査定
	8		〃	〃
	7		〃	〃
上	6		詩経，書経，史類の独看 経史子集の輪講	2500
	5		四書，小学，十八史略，蒙求の独看 経史の輪講	2000
中	4	上	史記の句読	1500
		下	左伝，国語の句読	800
	3	上	蒙求，十八史略，世説の句読	600
		下	四書朱註の句読	250
	2	上	礼記，小学の句読	150
		下	書経，周易，春秋の句読	70
下	1	上	孟子，詩経の句読	50
		下	孝経，大学，中庸，論語の句読	30

『日本教育史資料』3により作成。

せていったのは、咸宜園とまったく同じやり方である。すなわち四教堂では、毎月末の二九日に小試――素読・講義・独看などの試験があり、また詩と文の宿題が毎月三回あった。むろん、いずれも点数評価の対象にされている。この他、日常の学習活動にも点数評価が持ち込まれており、下等生の授業中一字を誤ると五点減点などと定められていたが、各人の得点数は、一ヶ月間累積してきたものの総計であり、毎月末の定期試験の得点数と合わせて、所定の点数に達していれば昇級が認められた。なお、七級以上には、「点数ヲ用イス学力ヲ査定」(39)することとなっていたが、おそらく面接試験などによるきめ細かな評価をめざしたもの

表25　成宜園の等級システム〔天保10年(1839) 3月以降〕

等	級		課程	昇級点数
上	9	上	詩五篇，文五十篇	460
		下	淡窓六種，墨子，管子，近思録，伝習録	420
	8	上	名臣言行録，資治通鑑，世説荀子，文中子	380
		下	荘子，資治通鑑，八大家文	350
	7	上	遠思楼詩講義，書経講義，漢書講義	320
		下	詩経講義，史記講義	290
	6	上	国語講義，左伝後半講義	260
		下	左伝前半講義，文範講義	230
	5	上	孔子家語講義，孟子講義	200
		下	論語講義，日本外史講義	170
中	4	上	蒙求暗記，中庸講義，十八史略暗記	140
		下	大学講義，十八史略抜萃	120
	3	上	国史略講義，孝経講義	100
		下	易経素読，詩経素読，書経素読	80
	2	上	礼記素読，春秋素読	60
		下	小学素読，孟子素読	50
	1	上	論語素読，孝経素読	40
		下	中庸素読，大学素読	30
下	無級			20

課程ごとの点数は，中島市三郎『教聖広瀬淡窓の研究』による。

であろう。咸宜園にあった消権のための淡窓自身による面接試験にヒントをえたことは間違いない。

日常の課業点と定期の試業点を合計して月旦評を行うというのは、まったく咸宜園方式の再現であるが、四教堂にはその他、毎年一回四月に実施される試験―本試があった。その目的は、「各生徒ノ標榜ヲ進退」することにあったが、ここで「標榜」と称する等級には、上等生(三〇点)、権上等生(二五点)、中等生(二〇点)、権中等生(一五点)、下等生(一〇点)の五ランクがあり、各種の試験結果を集計した総得点数の大小によって合否が判定された。この辺は、熊本藩時習館の月旦評に季試や年試、三年試などを組み合わせた等級システムの影響を思わせるが、時習館の方式そのものが不明なため、両者の関係を云々するほどの証拠はない。

それはともかく、四教堂の本試のいわゆる上・中・下等に権を組み合わせた五つの位次と、月旦九級一三ランクに見合う上・中・下等の三つの位次との関係は、もう一つはっきりしない。詩の試験については、「小試ノ成績ヲ参酌シテ評定セリ」というから、月旦評と本試がセットになって運用されたことも考えられる。一方でまた、「小試ノ等級ハ月々進退スト雖標榜ニ於テハ来年ノ試業迄変動セサルコト勿論ナリ」と説明されており、別種の二つの位次が併用されていた可能性がないではない。武田勘治は、学校限りで事をきめ得なかった藩校の性格上、月試で私的な月旦評を作り、年試で公式の標榜を評定したのではないかと推測するが、(40) 両者の関係が不分明なことには変わりがない。いずれにせよ、四教堂の学生たちが、ほとんど完璧な等級システムの下で、あらゆる学習活動を点数評価の対象にされていたことははっきりしている。

所定の点数に達すれば間違いなく進級するというのは、学生の出自、すなわち家格や禄高などに左右されない、いわゆる実力主義であり、世襲制の温室内で眠り込んでいた人びとを刺激し、ほとんど無風状態の教室に新風を吹き込むことになった。身分の低いサムライの側からすれば、勉強さえがんばってやれば、確実に等級システムを一ランクずつ昇っていき、最高位をきわめることもできる。そうなれば、藩政の重要ポストに抜擢され、またそれにふさわしい家格や禄高を得ることもあながち夢ではない。一方、世襲制の恩恵をうけていた身分の高いサムライも、今までのように不勉強を続ければ、試験の成績は期待できず、もし落第でもすれば、現在の地位を維持することすら覚束なくなる。要するに、実力主義の導入によって、はじめて学生たちはやる気を出し、教室内に活気があふれることになったのであるが、世襲制に固く縛りつけられていたサムライ学校ほど、そうした傾向が強かったのは、やはり否定できない。

すでに四教堂でみたように、学生一人ひとりの到達レベルは、試験の成績、すなわち得点数の大小で判定された。その限りで、すこぶる信頼度の高いデータに裏づけられていたのであるが、実はこのことは、皮肉にも真の勉学とはまるで異なる非教育的な事態、すなわちいかに試験の成績をよくするか、高い点数を獲得するかに腐心する学生を大量に生み出す結果になった。その弊害は、能力主義をもっとも徹底的に導入した日田咸宜園でとくにいちじるしい。

塾生たちがいっこうに勉強しない、ひたすら現状維持に甘んじ、向上心に欠けるのは世襲制に深く毒されているからではないのか、そう考えた広瀬淡窓は、試験を頻繁に行い、得点数を競わせることによって、塾生たちの学習意欲をかきたて、教育効果をあげようとした。月旦評なる評価システムは、そうした淡窓の期待をこめて考案されたものである。

人口に膾炙したいわゆる三奪法[41]により封建学校に特有の年齢、学歴、身分上の差別をいっさい払拭され、まったく平等の人間関係で学習する咸宜園では、この月旦評はほとんどオールマイティであった。咸宜園の講堂には四ケ所の昇降口があり、その一を淡窓、その二を七級生以上、その三を五級生以上、その四を四級生以下と定められていたように、[42]塾生はすべて彼自身の実力によってのみ評価され、またそれにふさわしい待遇をうけたのであり、それゆえに彼らは、より高い位次をめざして猛勉強をした。「惰夫ト雖モ、一度我門ニ入レハ、勉励ノ心ヲ生セシム」[43]という淡窓の言葉は、必ずしも自画自賛の類いではなかった。月旦評に併行してつくられた諸規約が、「謹厳ヲ極メ、賞罰黜陟、殆ト軍令ノ如シ。其施設セル所、一端ニ非スト雖モ、大意其放蕩懶惰ノ気ヲ除キテ、順従勤勉ノ行ヒヲ生セシムルニ在リ」といわれたのも、相乗的に作用したものと思われる。
日々の課業や毎月九回の試験などの成績によって月旦九級制を一歩一歩昇級して卒業に到らしめるという工夫は、近代学校の学習カリキュラムにも似た整然たるものであり、学習の成就度という面からみれば、ほとんど注文のつけようがない。考えられるかぎりのあらゆる成績評価の網の目をくぐり抜けた塾生たちの実力がカンバン倒れでなかったことは、容易に想像される。事実、九級近くまで昇級して大帰した咸宜園の出身者たちは、すでに一個の独立した学者として通用するだけの学力と識見を備えており、豊前上毛郡薬師寺村に私塾蔵春園を創めた恒遠醒窓（文政八年〈一八二五〉、位次六級上、塾長で大帰）のように、教育者として世に出たもの、あるいは府内藩遊焉館の督学になった矢野範治（のち広瀬青邨[44]、天保一四年〈一八四三〉、位次九級下、都講で大帰）のように、藩校の教官に抜擢されるものも少なくなかった。

ところで、ほとんど完璧に近い学習カリキュラムを備えていたという意味で、近代学校にもっとも近かった咸宜園は、それゆえにまた、近代学校が遅かれ早かれ直面する病理的徴候、すなわち教育の制度が整備され、充実すればするほど、かえって真実の教育的なるものがはく落するという傾向を免れることができなかった。

永世の制となった月旦九級制に到達するまでに何度も試行錯誤を重ね、またその後も、消権や超遷[45]を考え出して月旦評をより精密化するなど、運用面の工夫を怠らなかったように、淡窓自身は決して月旦評なるものを万能視していない。それどころか、「抑百事皆一得有レハ一失有リ、一利アレハ一害アリ、後人此事ヲ論センニ、余ヲ以テ功首トセンカ、将タ罪魁トセンカ」[46]と大いに謙虚であったが、やはり最大の問題点は、成績至上主義を徹底したがゆえに、学生たちの間に、「奔競ノ心」[47]をもって、「躁進ヲ患フ」風がつよくなったこと、すなわち「人心淘々トシテ、名利ニ競フコト、火ノ熟スルカ如シ、学ニ入ル者、学問ヲ以テ名利ヲ釣ルノ具トスルノミ」というマイナス面が肥大したことである。文化二年（一八〇五）八月の四等制にはじまり、文化一一年（一八一四）二月の四級上下と無級の九ランク、文化一三年（一八一六）八月の六級上下と無級の一三ランク、文政一一年（一八二八）一月の八級上下と無級の一七ランク、天保一〇年（一八三九）三月の九級上下と無級の一九ランクへと、しだいに月旦評は精緻になったが、(48) そうなればそうなるほど、塾生たちの関心がいかに得点数をあげるか、試験にうまくパスして等級の階梯を昇っていくかに集中したのは、やはり否定できない。

その辺のところは淡窓自身もよく承知していたらしく、たとえば詩文について、「宜園諸子の詩文、概ね簡短きずなきを以て主となし、雄放の気に乏し、蓋し、試業の蔽なり。夫れ詩文を学ぶ者は、疎より密に入り、繁より簡に入り、放胆より忿に入る。次序然りとなす。今は之に反す、是れ百人一調、百篇一律、而して永く窩臼を脱せざる所以なり。試業の設は、優劣を判ずるにあるのみ。故に月二三次にすぎず。其の学力を増し、筆路を弘めるの工夫、固より與らず。然して其の稿を観るに、試業に作る所十の七八に居る。則ち常日に詩文を課とせざること知るべきなり。其の才力いずくんぞ進発するを得んや(49)」と、はっきり試験の弊害を認めている。要するに、試験の合否、得点数の多寡を競う塾生たちの詩文は、いかに欠点を少なくするかに汲々とし、それだけ個性や独創性に欠ける憾みがあったのであるが、同じことは、詩文だけでなく、おそらく咸宜園におけるすべての学習活動に共通していたのではなかろうか。

月旦評システムの現状を深刻に憂えた淡窓が、これを廃止しようとしたかというと、そうではない。弊害が出てくるのは、月旦評がまだ未完成であるからと考えた彼は、改良に改良を加え、より厳密かつ正確な評価の方法が確立されれば、問題はおのずから解決されると信じて疑わなかった。試験そのものが悪いのでなく、試験のやり方に問題がある、得点数の多寡を競うのは決して間違っていないというのが、彼の一貫した信念である。月旦九級制にプラスされた真権の法――昇級に必要な点数を試験で獲得しても、配当されたテキスト類について淡窓自身が課す面接試験に合格しないと、仮進級として権の字を付される。不合格の数だけ権の字がつくので、極端な場合には五権、六権を付されて進級することになる。権の字をとり、真の字を付される、すなわち本進級が目標であり、これがいわゆる消権である――のごときは、その延長線上で創められたものである。

日常生活の面では、朝起きてから夜寝るまでの生活の一切、たとえば飲食の多少や他人への接し方のよしあしなどの細々としたものをすべて白・黒丸の数で判定し、万善を積み上げようとしたように、(50)もともと淡窓は点数評価が好きで、これをほとんど絶対視した観さえあるが、彼があくまで点数に換算された実力に固執したのは、天保初年来のいわゆる「官府の難」による「塾乱」(51)ということとも、無関係ではなかったようだ。月旦評の学力認定に情実ありとした塩谷代官は、特定の塾生を名指ししながら位次の訂正を要求したり、果ては都講の人選にまで介入してきたが、淡窓の側からすれば、こうした一連の干渉に対抗するには、いっそうきめ細かな評価方式を確立する以外になかった。その意味では、誰がみても文句のつけようがない客観的な評価、点数の多寡による序列化の徹底は、ほとんど選択の余地のない道すじであったといえる。

咸宜園の教育の成否をいうことは容易でないが、一つだけはっきりしているのは、前後八〇年間に全国六四ケ国から五〇〇〇名ちかい人びとが笈を負うてきたにもかかわらず、この塾から幕末動乱期の政治的実践に身を投ずる、いわゆる志士の輩出がほとんどなかったということである。(52)たしかに、咸宜園では月旦九級制のきびしい成績評価によって、学校側が期待する高い学力を身につけた、いわば学校の秀才は大勢つくられたが、眼前の政治や社会全体に常に熱い眼ざしを注ぎ、その変革をめざすような行動の人を生み出すことにはついに成功しなかった。政治の革新、社会的浄化を一身の問題として献身するような政治的人間の育成という点では、咸宜園の教育はほとんど役立たず、同時代にあった多くの政治結社的私塾、たとえば周防大島の時習館[53]や萩城下の松下村塾などとは厳然たる一線を画していた。安政二年（一八五五）七月来学した長州人の大楽源太郎が、従学状況も明らかにしないまま一年足らずで退塾してしまったのは、淡窓が老齢のため満足に授業がなかったばかりではなかろう。なぜなら、彼は、来学の直前まで僧月性の主宰する時習館におり、その政治教育のおかげで着実に志士的人間に成長しつつあったからである。大村益次郎を僻易させた詩文[54]、それも時事経世とは何の脈絡もない宜園調が、熱血多感な若者たちの心を打たなかったとしても、かくべつ不思議ではなかろう。

（1）寛政一一年（一八九九）二月一日付「内存書」、『熊本県教育史』、上巻一一〇頁。
（2）天保一〇年（一八三九）五月の加賀藩「達」にも、「学校之儀本来冑子之教育方を主と致し候躰に候処、御国に而近来之習俗不宜、生徒等相願候者、先に軽き組柄之者に而、身柄之人々は却而学校へ致入学候儀を愧ぢ候様成姿も相見え……」とある。小松周吉「加賀藩明倫堂の学制改革」、若林喜三郎『加賀藩社会経済史の研究』、三五四頁より重引。
（3）『水戸市史』、中巻、(3)、二五九頁。
（4）文部省『日本教育史資料』一、三四九頁。
（5）前出『水戸市史』、二五九頁。
（6）『萩市誌』、三六七―八頁、『萩市史』、第一巻、四二四―五頁、時山弥八『増訂もりのしげり』、三二三―四頁、『明倫館御用掛日記』一―七など参照。
（7）「但剣術四流」という形で、出席人数がチェックされたのは、内藤・馬来・平岡・北川の四名であり、その他の人びとは助教的な扱いしかうけていないため、ここでは割愛した。
（8）斎藤真太郎『史談藩学と士風』、三八五頁。
（9）前出『日本教育史資料』一、二五〇頁。
（10）『福山市史』、中巻、八〇三―四頁。
（11）「誠之館一件帳」、『広島県史』、近世資料編Ⅵ、八八三頁。

(12) 七月二日付「達」、同前書、八七八頁。
(13) 享保三年(一七一八)初代学頭に任じられた小倉尚斎は朱子学者であったが、元文二年(一七三七)二代目学頭になった山県周南は徂徠学を奉じ、以後一〇〇年以上も徂徠学の時代が続く。天保六年(一八三五)一〇代目学頭に就いた山県太華は徂徠学より朱子学へ転じたため、朱子学が事実上の学統となるが、これが正式に認知されたのは嘉永二年(一八四九)三月の重建明倫館のスタート時である。
(14) 笠井助治『近世藩校に於ける学統学派の研究』、下、一五八一頁。
(15) 同前書、九一八頁。
(16) 正確には慶応年間に古学を廃して朱子学へ一本化したため、従前の二派併行の伝統は消滅した。前出『日本教育史資料』二、三〇六頁。前出『近世藩校に於ける学統学派の研究』、上、四二七頁。
(17) 同前書、下、一七二〇頁。事実上の二学派併行がのちの学校党、実学党、勤王党などの対立、抗争につながったと見ることもできる。
(18) 同前書、上、八二〇—一頁。
(19) 寛政八年(一八九六)七月の「学規」中に、「経義朱註を宗とし兼て古註を可用異説を以不可紛乱但し深造自得卓異の見所有之候はは非此限」とあるのをうけたもの。前出『日本教育史資料』三、八四頁。
(20) 前出『福山市史』、七九五頁。以下同じ。
(21) 「月旦評」に登場する生徒名によれば、嘉永元年(一八四八)に二二九名を数えてから、常時二〇〇名前後の在塾生がいた。拙著『近世私塾の研究』、五三一—四頁参照。
(22) 拙稿「松下村塾」、奈良本辰也編『吉田松陰のすべて』、一二二—五頁参照。
(23) 昇級に必要な点数は各ランクごとに定額があり、しかも、その点数の大小によって昇級に遅速があったらしいが、淡窓時代の詳細は不明。中島市三郎が発掘した「学則」の中に試業点の新旧一覧表があるが、それによると、九級上四六〇点、九級下四二〇点というふうに、級が高くなるほど条件が厳しくなっている。中島市三郎『教聖広瀬淡窓の研究』、二五五頁。
(24) 「渡辺嵩蔵談話第一」、山口県教育会編『吉田松陰全集』(大和書房版)、第一〇巻、三五四頁。
(25) 安政五年(一八五八)三月明倫館内で行われた素読試験に松下村塾の生徒一五名が応試したのは、入学資格のあるサムライの子弟中の希望者に対して行われたものであるが、学校ごとに実施された学業試に藩当局が行う総試業(学問吟味の類い）がプラスされるようになると、家塾や私塾で勉学中の人びとも受験が義務づけられるようになる。就学義務制を採用した藩の試験は、大なり小なりこのタイプであった。

(26) 前出『日本教育史資料』一、五一四頁。

(27) 春秋二度あった「弓馬ノ試ミ」とは騎射、というより馬術の試験らしい。やはり春秋二度あった「弓砲ノ見分」とは弓術と小銃・大砲の試験。

(28) 前出『日本教育史資料』一、六九一—二頁。なお、武術の試験についてもっとも精緻な規程を有したのは館林藩造士書院であり、文久元年（一八六一）九月の「文武諸芸術程度比例改正達」に、各技芸ごとの試験方法が詳しく定められている。同前書、五九四—六頁。

(29) 安政六年（一八五九）四月二三日印西流弓術教師よりの上書中に、「一、弐百射皆中、松村綱五郎、右者壱尺弐寸的皆中ニ付此段御届申候、以上」とある。前出『広島県史』、八五四頁。

(30) 文政年間（一八一八—二九）よりはじまったもので、学業優秀者より選抜されて入学した定詰生を対象にした試験。その他の通学生は一一月に試験があったが、いずれも家老試業や内試とよばれる予備試験をへていた。前出『日本教育史資料』一、七四三頁。

(31) 同前書二、三六四頁。

(32) 同前書一、六三四頁。

(33) 同前書二、五五一頁。

(34) 同前書一、三七八頁。

(35) 安政元年（一八五四）九月制定の一覧表中の最下級、「下の下」の「生徒階級」は『孝経』読了、同じく「学寮生自読返講之階級」は漢籍として『孝経』『小学』『靖献遺言』『十八史略』『元明史略』、皇典として『神代正語』『馭戒慨言』『保建大記』『国史略』をあげている。同前書二、四四一頁。

(36) 武田勘治『近世日本学習方法の研究』、四〇二頁より重引。

(37) 同前書、四〇三頁参照。

(38) 井上義巳の調査では、九州諸藩より総計一六七名のサムライが来学したが、そのうち府内藩から四〇名、小倉藩（豊津をふくむ）から二一名、佐伯藩から一二名、秋月藩から一〇名、久留米藩から一〇名、福岡藩から八名、中津藩から七名、森藩から六名、佐賀藩から四名、柳河藩から一名の入学者があった。平戸・大村藩については言及なし。井上義巳『日本教育思想史の研究』、四三五頁。

(39) 前出『日本教育史資料』三、一一二頁。以下同じ。

(40) 前出『近世日本学習方法の研究』、四八四頁。

(41) 「入㆓我門㆒者。有㆓三奪法㆒。一曰奪㆓其父所㆑付之年歯㆒。置㆓之於少者之下㆒。以㆓入門先後㆒為㆓長幼㆒。二曰。奪㆓其師所㆑与之才学㆒。与㆓不肖者㆒同㆑伍。以㆓課程多少㆒為㆓優劣㆒。奪㆓其君所㆑授之階級㆒。混㆓之於卑賤之中㆒。以㆓月旦高下㆒為㆓尊卑㆒。是三奪之法也」、「灯下記聞」巻二、『増補淡窓全集』上巻、一四頁。

(42) 大分県教育会『大分県偉人伝』、二五九頁。

(43) 「夜雨寮筆記」巻二、前出『増補淡窓全集』、一九頁。以下同じ。

(44) 成績優秀を認められて広瀬家の養子に迎えられた。府内藩に聘せられたのは、文久二年(一八六二)四四歳のとき。

(45) 等級ごとに定められた課業点や試業点を大幅に上廻る好成績をあげた場合、飛び級的に二、三ランクを駆け上った。月旦評中に二超、三超とあるのがそれである。

(46) 「懐旧楼筆記」巻一一、前出『増補淡窓全集』、上巻、一三八頁。

(47) 「夜雨寮筆記」巻三、「六橋記聞」巻七、同前書、四〇―一頁、七二頁。以下同じ。

(48) 前出『近世私塾の研究』、六二―七頁。

(49) 原漢文、「六橋記聞」巻六、同前書、六四頁。前出『教聖広瀬淡窓の研究』、七八頁より重引。

(50) 五四歳の天保六年(一八三五)七月九日より七三歳の安政元年(一八五四)八月一九日までの自筆日録の「万善簿」。前出『増補淡窓全集』、下巻所収。

(51) 天保二年(一八三一)四月、代官所役人の子弟の進級に不満の塩谷代官は、役人の子弟全部を退塾させた。結局、代官の主張どおりに月旦評を改めることで結着したが、この種の干渉、介入はその後もたびたび起り、前後一〇回に及んだという。

(52) 志士の範疇に入るのは、長三洲(日田郡馬原村矢瀬の人、嘉永二年〈一八四九〉二月位次九級下に上った。高杉晋作の奇兵隊に参加、数次の戦争に従軍した)、松田正人(鳥取の人、安政三年〈一八五六〉一六歳のとき入塾、四年在学したが位次等級は不明。幕末期に国事に奔走した功で本藩士籍にあげられた)、大楽源太郎ぐらい。広瀬先賢顕彰会『咸宜園出身二百名略伝集』は、藤井藍田、長春堂、鷹羽浄典、首藤周三、矢田宏、中井弘らの名をあげるが、やや苦しい。なお、大楽の志士的活躍については、内田伸『大楽源太郎』参照。

(53) 前出『近世私塾の研究』、四一一—五七頁参照。

(54) 漢籍の学力をつけるため梅田塾での蘭医学修業を一旦打ち切って来塾した大村（当時村田宗太郎）は、一年三ヶ月後の弘化元年（一八四四）六月二九日に離塾したまま再び帰らなかったが、その理由は咸宜園での詩文中心の教育に飽き足らなかったためといわれる。このあとすぐ、大坂の適塾をめざしたのも、その辺の事情を裏書きしてくれるようだ。

第五章　教育費は誰が負担したのか

第一節　恩・忠理念に支えられた無償制

周知のように、学校財政の態様は、各々の学校の維持・運営の母体が何であるかによって異なる。幕府や諸藩が設立した官・公立学校の場合は、当然その経費のすべて、またほとんどを官・公費で賄ったが、私塾や寺子屋のような民間在野の私立学校になると、受益者負担主義の原則から、もっぱら入学金や授業料の収入によってその経費を賄っていた。

ところで、近代学校の歴史をみると、官・公立学校の場合も、大てい何ほどか入学金や授業料を徴集した、つまり受益者負担主義を一方の側で採用していたが、江戸時代の官・公立学校でこの種の学費を徴集するものはむしろ例外であり、多くは官・公費で必要経費を賄う、いわば無償制の学校であった。たしかに、若干の学校は入学金や授業料を徴集したが、それらも、大てい金額が小さく、形式的である場合が多かった。なぜ、そのようなことが行われたかを考えるまえに、まずいわゆる無償制の概略をみておこう。

表25　藩校における束脩，謝儀

	藩数	納入方法		内数	のち廃止	百分率
束脩・謝儀あり	47	束脩	定額	31	4	20.00
			自由	16	5	
		謝儀	定額	24	3	
			自由	23	6	
束脩のみ	35		定額	32		14.89
			自由	3		
謝儀のみ	13		定額	9	2	5.53
			自由	4		
武術のみ	3	束脩	定額	1*		1.28
			自由	1		
		謝儀	定額	1		
			自由	1**		
定則なし	17					7.24
束脩・謝儀なし	120					51.06
計	235	——		—	—	100

『日本教育史資料』1・2・3により作成。
1）不明8藩をのぞく。
2）百分率は藩数についてみた。
3）＊三田藩束脩のみ，＊＊芝村藩謝儀のみ。

江戸時代の官・公立学校は無償制を原則にするといったが、表25をみるかぎり、束脩・謝儀ともになしの学校は一二〇校、全体の五一％余でしかない。もっとも、この数字だけで約半数の学校が有償制であったとするのは早計である。たとえば束脩、すなわち入学金のみを徴集し、謝儀、すなわち授業料をとらなかった学校は三五校、一四・九％あるが、束脩の内容たるや、大ていが扇子一本、半紙一帖といった程度であったから、実質的な負担という点では、ほとんど取るに足りない。束脩の語源は束ねた脩、すなわち乾肉であり、上代の中国ではじめて教師に接見するとき、軽い贈物の意味で持参したものであり、のち転じて入学金になってからも、金額はそんなに大きくない。藩校の束脩は、その本来の字義どおり、多分に儀礼的なものであり、物納が普通であった。扇子一対（三春藩明徳堂）、白扇一対（岩崎藩勅典館）、扇子箱（小浜藩順造館）のように、扇子を束脩にするものがもっとも多かったが、その他、酒一升（勝山藩成器堂）、筆二枝（福岡藩脩猷館）、干鯛一折（延岡藩広業館）のような場合もあった。

物納は文字どおり現物の納入を意味したが、なかには名目上は物納でありながら、実質はその代価を金銭で納めるものもあった。もっとも、品物そのものが安価であった関係上、金額はさして大きくない。厳原藩日新館が入門時に永三〇文を徴集したのは、きわめて安い例と思われるが、高くても村岡藩明倫館のように、入門時に扇子肴料として金五〇疋（永一二五文）[1]を徴集した程度である。

物納・金納を問わず、概して藩校の束脩は安く、また大てい一本化されていたが、稀れには、身分や家格に応じてこれをいくつかにランク分けしていたものもある。たとえば熊本藩時習館では、入門時に筆・紙・墨・扇子の中より一品を選び、納めることとなっていたが、その箇数は禄高に応じて異なり、筆ならば二対より二〇対まで、紙ならば一束より五束まで、墨ならば一挺より五挺まで、扇子ならば二本より一〇本までとされていた。[2]上限を定めたのは、いたずらに華美に流れることを避けようとしたためであろう。なお、時習館には謝儀の規則はなく、その有無、多寡ともに学生の自由意志に任されていた。

謝儀の納入方式からみて、時習館における束脩は、家格の上下に応じて多少の幅を認めるという程度を出なかったようであるが、この点を厳密化していた佐賀藩弘道館になると、㈠、御親類同格御家老―白麻一折・杉原三〇〇張・唐紙五〇枚、㈡、着座―白麻一折・笘紙三〇〇枚、㈢、侍―白麻一折・折納銭四匁、㈣、手明鑓―白麻一折・

折納銭二匁五分、㈤、御歩行以下―白麻一折・折納銭一匁五分、㈥、右次男以下は一等下の格合、㈦、陪臣その他はこれに準ずる、というように、はじめから七ランクに分けられていた。(3) 侍以下のランクに折納銭とあるのは、品物の代価を金納する意味であろう。同じようなタイプに津藩有造館があるが、ここでも、㈠、高知以上―扇子一〇本、㈡、槍奉行以上―同七本、㈢、五〇〇石以上―同五本、㈣、五〇〇石以下独礼並まで―同三本、㈤、小役人、切米取―同二本の五ランクに分けられていた。(4) 家臣団の大半を占めていたのは小役人、切米取の身分であるから、実質的な束脩は扇子二本ということになる。なお、武術の諸師範にも同様の礼式を必要としたが、この点は、その他の藩校の場合と大同小異である。

弘道館や有造館以上に束脩を細分化していたのは、館林藩造士書院である。すなわちここでは、束脩・謝儀ともに、「禄高ニ随ヒ嫡子二三男ノ区別ヲ立左ノ銀子ヲ納ム」(5) ることになっていたが、その内訳は、㈠、五〇〇石以上の嫡子銀一両、㈡、同次・三男銀二匁、㈢、二〇〇石以上の嫡子銀三匁、㈣、同次・三男銀一匁五分、㈤、一〇〇石二〇人扶持以上の嫡子銀二匁、㈥、同次・三男銀一匁、㈦、九〇石以下給人中小姓の嫡子銀一匁、㈧、同次・三男銀五分、㈨、無足人以下の嫡子銀五分、㈩、同次・三男銀三分というように、実に一〇ランクに及んだ。

身分や家格が高く、また家督を継ぐ嫡子や長男ほど束脩が高額であったのは、それだけ学校側の彼らに対する期待の大きさを物語るものであろう。造士書院では、早くから藩士の子弟に就学強制を実施していたが、安政三年（一八五六）一二月の学制改革のさい、これをいっそう徹底する意味で、文武のうち一芸が免許にならないと家禄の一部を召し上げ、成業のうえ旧禄に復する制度を創めている。もちろん、家督を継ぐ有資格者は嫡子、または長男であったから、次・三男以下の人びとははじめから格外の扱いをうけたわけである。なお、高禄者の子弟への期待は、安政四年（一八四七）六月の「達書」に、「文学ノ儀ハ思召被為在候ニ付二百石以上ノ者ハ別テ厚ク心掛可申旨被仰出之且中小姓以上ノ面々廿四歳迄仮令武芸専業相願卒業致シ候共其儘退学不相成……」(6)とあるとおりである。

扇子一本や半紙一帖などの物納に比べれば、造士書院の金納はかなり高い感じがするが、実際にはどうだったのだろうか。いちばん高額の銀一両は四匁三分、金に換算すると、およそ二九疋に相当する。(7)以下、これに準じて銀三匁は金一九疋余、銀二匁は金一三疋余、銀一匁五分は金一〇疋、銀一匁は金六疋余、銀五分は金三疋余、銀三分は金二疋となる。同時代の平均的な漢学塾の束脩が金一〇〇疋であったから、その三分の一以下ということになり、金額的には問題外である。しかも、これが、おそらく高い部類の束脩と思われるから、その他は推して知るべしであろう。

金額の大小をもう少し正確に知るために、学制改革の行われた安政三、四年ごろの米価を見てみると、一石あたり銀八〇匁計算であるから、(8)もっとも高い銀四匁三分で米五升余、もっとも安い銀三分で米四合ほどに相当する。米四合といえば、当時の人びとの一日の飯米五合にほぼ同じであり、負担らしい負担とはいえない。

束脩あり、謝儀なしに属する一四・九%の内容が、ほとんど儀礼的なものであったことから、これを前出の束脩・謝儀ともになしの五一・一%にプラスすると、合計六六・〇%になる。依然として三分の一程度の藩校が束脩や謝儀を必要としたが、その実態はどのようなものであったのだろうか。束脩なし、謝儀あり、すなわち授業料だけを必要とした藩校は五・五%あるが、束脩・謝儀ともに必要とした藩校の二〇%をふくめて、総じて謝儀の金額はごく小さい。

束脩の大方が物納であったこととも無関係ではないが、謝儀のなかにも物納ですますものがかなりあった。たとえば白川藩修道館は、「毎年末ニ白紙二帖ヲ納メ謝意ヲ表セシム」(9)る程度であったが、毎年正月一七日に扇子二本を納めた弘前藩稽古館、暑中にソーメン三〇〇匁、寒中に書簡紙三〇〇葉を納めた高鍋藩明倫堂、毎年末に袴地等の反物を納めた三池藩修道館なども、同じ範疇であろう。

束脩の場合と同じく、物納を建前としながら、実際にはその代価を金納するものもあった。毎年末些少の魚価を贈ることを慣例とした大洲藩明倫堂の場合は、はっきりした金額が分からないが、魚代というのだから、そんなに大きな額ではなかっただろう。村上藩学館（のち克従館）のように、「各貧富相応物品ヲ以テ年謝トス」[10]としていたところもあるが、天保年中の大倹政のさい、文武師家への年謝を一銭相当に限るとしたことからみて、従前の物品による謝儀の大きさが分かる。

家庭の経済状況によって謝儀が異なるというのは、私塾や寺子屋あたりではかくべつ珍しくもなかったが、似たようなことは、藩校の場合にもあった。「年末謝儀金百疋ヨリ銀壱両貧富ニヨリ同カラス」[11]という延岡藩広業館や、富家金二朱、貧家金一朱から銀二、三匁とした菰野藩麗沢館などがそれであるが、いずれも漠然と金額を定めただけで、その多寡は生徒各人の自由とした。なお、菰野藩のいわゆる富家の生徒には農民の子弟が多く、大てい半季ごとに金五〇疋、多いときは金一〇〇疋を納めるものもいたというが、これは、庄屋・名主などを勤める上層農民の子弟が入学したためのようである。[12]

きわめて稀れな場合であるが、身分や家格に応じて、はじめから謝儀の金額を明示していたものもある。束脩のところでみた館林藩造士書院や津藩有造館などがそれであるが、前者の場合、束脩と謝儀が同内容であり、したがって、前述のような一〇種類の謝儀が毎年末に行われた。後者に、束脩に扇子をあてる、つまり物納であったが、謝儀は金納であり、毎年末に一回、㈠、高知以上青銅一〇〇疋、㈡、一〇〇〇石以上南鐐一片、㈢、五〇〇石以上青銅五〇疋、㈣、三〇〇石以上青銅三〇疋、㈤、三〇〇石以下の独礼、切米取、陪臣（主人が納める）青銅二〇疋の五ランクごとに納入することとなっていた。[13]いちばん高額の高知以上の青銅一〇〇疋は銭一貫文、金換算で六二疋に相当するが、逆に、いちばん安い三〇〇石以下の青銅二〇疋は銭二〇〇文、金一二疋程度でしかない。[14] しかも、在学生の大半はこのランクであったから、実質的な謝儀は金一二疋前後ということになる。

謝儀を必要とした藩校のうち、その金額を生徒各人の自由としていたものは、はじめから低額であることが分かるが、予め金額を定めていた、すなわち定額制をとっていたものの中にも、村上藩克従館の年謝一銭のように、事実上無償制にひとしい場合もないではなかった。比較的高いものでも、飯山藩長道館の「凡年分金二朱位」[15]、あるいは蓮池藩成章館の「暑寒両度生徒一名ニ付銀壱匁(壱銭五厘ニ当ル)ヲ醵金シ教授ニ贈謝ス」[16]といった程度であり、金換算でいえば、前者が五〇疋、後者が通年で一三疋余でしかない。漢学塾の謝儀の平均的相場が、束脩と同じく金一〇〇疋ほどであり、これを大てい年二回納めたから、合計金二〇〇疋になる。藩校の場合、仮に金五〇疋納めたとしても、私塾の四分の一程度の金額でしかなく、段違いに負担額が小さかった。

束脩・謝儀を何らかの形で必要とした学校も、維新後になると、これを減額するか、もしくは全廃するものが相次いだ。表25の中では、総計一七藩がこのタイプであるが、いずれも、新体制の成立にふさわしい人材養成に熱心な時代状況を敏感に反映したものであろう。無償制を採用すれば、全家臣団を対象にした就学強制も、それだけスムーズに運ぶはずであったからである。

束脩・謝儀を徐々に廃止する趨勢とはうらはらに、維新後に入って束脩や謝儀を徴集するようになった藩校が三校あるのは、なぜだろうか。たとえば和歌山藩学習館は、講釈所と称した正徳年間(一七一一—五)の開学時から一貫して束脩・謝儀なし、すなわち無償制の学校であったが、明治二年(一八六九)四月より束脩として、「紙(半紙又ハ美濃ノ類)一帖」[17]を納めることになった。もっとも、紙一帖というのだから、金額的にはほとんど問題外であった。なお、謝儀については従来どおり行われていない。飯田藩読書場も寛政初年の開校当時より無償制であったが、明治元年（一八六八）に文武の教場を統合して「学校」を開設したとき、月謝として毎月二銭ずつ納入することになった。学校新設にともなう財政難をいくらかでもカバーしようとしたのかもしれないが、金額的には無償制時代と大差がない。彦根藩弘道館も開学以来ずっと束脩・謝儀がなかったが、明治二年（一八六九）文武館の開設に先立ち、東京より島村行蔵を聘して学務を委任したさい、「政庁官吏以下学校事務員文武ノ教員等ハ金千匹以下百匹以上ヲ諸生徒ハ金一朱以上ヲ扇子料トシテ贈ラシム」[18]ことになった。扇子料とはふつう束脩、すなわち入学金をさすが、諸生徒以外の官吏や教員にまで出費を義務づけたことからみて、一般的な意味の入学金とは異なるようだ。東京から招いた高名な学士への藩士全体のいわばあいさつ料、もしくは必要経費の一律賦課が扇子料になったとも考えられるが、いずれにせよ、この措置は一回かぎりで終ったらしく、その後の弘道館で束脩や謝儀が行われたような形跡はない。ちなみに、明治四年（一八七一）度の学校—旧文武館は年額六〇〇〇円の予算を計上し、「学校営繕費書籍購入費生徒褒賞費寄宿生費等総テ学校ニ関係ノ費額ハ悉皆此ヲ以テ使弁」[19]した。この他、教職員関係の人件費もすべて藩費で賄われており、無償制の原則がともかくも保持されていたことが分かる。

純然たるサムライ学校ではないが、江戸時代にはもう一つ、これに準ずる郷校という教育機関があった。大部分が官・公立学校であり、無償制を原則としたが、この点は藩校の場合と似たりよったりである。事実、表25の場合と同じく、その半ばが束脩・謝儀なしであり、仮に必要な場合でも、多分に儀礼的なもので、金額は総じて小さかった。もともと郷校は、藩校に入学資格のない足軽・中間や陪臣などの軽格武士を対象にするものと、農・町民などの一般庶民を対象にするものに大別できるが、時代が下ると、大てい両者を混淆した士庶共学の学校に変わっていった。いずれにせよ、教育対象の身分は一貫して低かったが、そのことはまた、学校側のめざす学力レベルの相対的な低さと無関係ではない。現に、多くの郷校は寺子屋プラス・アルファの知識や教養を授け、学規や教則の面でも寺子屋とほとんど変わらなかったが、そのことを反映したのか、束脩や謝儀の徴集についても寺子屋のそれに類似したものが少なくない。たとえば土佐安芸郡にあった秉彝学舎（家老五藤氏）の謝儀、「五月十二月両度生徒ヨリ師家へ些少ノ魚類ヲ贈ルヲ以常トス」[20]、また肥前小城郡にあった東原庠舎（家老多久氏）の謝儀、「文武共暑寒両回団扇索麵或ハ鼻紙等ノ謝儀アリ」[21]などは、田舎の寺子屋に一般的にみられた物納のスタイルそのままである。

金納の場合も、周防熊毛郡にあった徳修館（家老宍戸氏）の謝儀、「五節句ノ都度藩札二匁宛」[22]にみられるように、寺子屋の納入時期や回数に倣うものが多かった。設立や維持・運営面での類似点もさることながら、やはりその教育程度が寺子屋に近かったことが、最大の理由であろう。なお、前出の東原庠舎では、束脩にあたる扇子料が金納であったが、その額には、藩札八分（銭八〇文）、同五分（銭五〇文）、同三分（銭三〇文）の三つのランクがあった。佐賀藩国老多久氏が創めた郷校で、その家臣団と領民が士庶混淆で学んでいたから、おそらく身分や家格に応じて金額に差をつけたものであろう。

官・公立学校の典型であるサムライ学校が無償制を原則としたのは、もともと藩主や藩国のために必要な人材を育成するという建前からみて、きわめて当然である。学校に毎日通って文武の修業に励むのは、サムライ個々人の人格の完成というより、そのことによって藩主や藩国のために役立つことができるという点にメリットがあった。つまり教育の目的は、何よりもまず、いかに公人としてすぐれているか、この場合、自藩の人間として役立つ存在になるかということであった。世襲の家禄を賜った主君の恩に対して、サムライの側がとうぜんのように忠誠でもって酬いるという文字どおり主従関係は、藩校に学ぶサムライの子弟たちにそのままあてはまるものであった。なぜなら、主君のつくった学校に入って一生懸命に学ぶことは、とりもなおさず忠誠をつくす、奉公の道に他ならなかったからである。

サムライ一人ひとりの教育が主君の恩として贈られたものであれば、彼らが学ぶ学校に関するいっさいの費用が官・公費負担になったとしても、かくべつ不思議なことではない。束脩や謝儀を必要とする場合でも、ほとんどが名目的なもので、しごく安価であったのは、そのような理由からである。この点は、近代以後の官・公立学校が官・公費負担を原則としながら、慢性的な財政難もあって相応の入学金や授業料を徴収せざるをえない、つまり受益者負担主義を併用しながら維持・運営されたのとは、はっきり区別される。サムライ学校の束脩や謝儀がほとんど例外なく学生の師事する教師個人に対してなされ、学校宛でなかったのも[23]、そのことと無関係ではない。要するに、江戸時代の官・公立学校には、はじめから教育対象の側の学費負担をあてにする発想はなかったのである。

その辺の事情は、郷校が束脩や謝儀を必要とする場合、サムライ学校に比べ、より大きな負担を求めたことにも通じるようである。たしかに、給領地を有する高禄のサムライがその家臣団のために創めた郷校は、ほとんど藩校のタイプであり、大てい束脩・謝儀ともになし、すなわち無償制を原則としたが、農・町民を混じえた士庶共学の学校としてスタートしたものや、はじめから郷村有志の醵金を主体に設立された一般庶民のための郷校になると、教育対象の側に何ほどか負担を求めたものが少なくない。たとえば備中後月郡西江原村にあった興譲館は、一橋領立の郷校であったが、「建築ハ郡中荘屋(ママ)又ハ父老ノモノヘ命シ担当セシメ其総裁ト役所ニテ之ヲ為ス経費ハ役所ヨリ郡中ヘ貸附金ノ法ヲ設ケ又掛金講ヲ組立テ其利子ト講金トヲ以テ支出ス」[24]といわれるように、民間有志中の醵金でつくられたことが分かる。当初、束脩は金一〇〇疋、謝儀は中元と歳末に金一〇〇疋ずつ納めることになっていたが、文久年間に入ってからは、いずれも金一両(四〇〇疋)ずつに改められた。学校経費の主たるものは、建築費の剰余金五、六〇〇両の年利五、六〇両であったというが、文久期の寄宿生だけで一〇〇余名を数えた興譲館の生徒たちが納める謝儀は、優に年間二〇〇余両にも達しており、その負担の比率からいえば、むしろ受益者負担主義の学校に近かったとさえいえる。

維新後に登場した郷校で束脩・謝儀を必要とするものは、大てい金納、それも定額制を採用していた。相模愛甲郡山際村の淳風館[25]が、束脩二五銭、謝儀一ヶ月一〇銭、同じく足柄下郡小田原駅の共同学校[26]が、束脩一二銭、月謝三〇銭と定めていたのがその代表例であるが、これらはむしろ、江戸時代の学校というより、近代学校の先駆的タイプとして受益者負担主義を前面に押し出していた。学問に励むのは「官ノタメ師ノ為メ」[27]でなく、「人倫日用ノ道」[28]に資する、すなわち「己ノ才智ヲ達シ生産ヲ営ムノ基」[29]になるからであり、その必要経費を受益者である人民の側が負担するのは、しごく当然というわけである。明治五年（一八七二）八月二日に出された太政官布達二一四号、「被仰出書」に鮮明な個人主義的、功利主義的な教育観[30]につながるものであるが、おそらくその原型と目される福沢諭吉の『西洋事情』や『学問のすすめ』あたりの影響であろう。幕末維新期、とくに版籍奉還から廃藩置県にかけて旧藩勢力の退潮がいちじるしく、領主権力の経費負担に大して期待できなかったことも、もちろん無関係ではない。明治五年（一八七二）三月より毎月五銭の授業料徴集をはじめた岩国藩が、「多少ノ金穀ヲ費シ教授ノ官ヲ設ケ生徒ノ報ヲ待スシテ教育ス」[31]るいわば無償制の伝統のゆえに、「因襲ノ久シキ習ヒ風ヲナシ其弊生徒師ニ報ユルノ義ヲ知ラサル」悪習が生まれたと、苦しまぎれの弁明をしなければならなかったのも、その辺の経緯を説明してくれるだろう。

第二節　学費納入のセレモニー化

恩─忠理念に支えられた無償制の原則を下敷きにする江戸時代の官・公立学校が、たとえ少額といえども束脩や謝儀を求めたのは不都合のようであるが、その内容や納入の方式を見てみると、それなりに整合性のあることが分かる。近代学校の入学金や授業料の場合、学生が在籍する学校当局に対して所定の額が納入されたが、江戸時代の学校では、大てい学生が師事する教師その人に対して行われた。束脩、すなわち入学金は、㈠、入学に先立って納める、㈡、入学の当日に納める、㈢、入学後に納めるの三種があったが、ほとんど例外なく師範家に対するものであった。たとえば高鍋藩明倫堂の入学手続をみると、「礼服ヲ着シ教授助教ノ宅ヘ参リ相頼候上麻上下着用ニテ出席可致尤幼年ノ輩ハ父兄同道可致事」(32)とあるが、入門を乞うさい、教授や助教に酒肴を贈るか、もしくは彼らを招待、饗応するのが例であった。笠間藩時習館、佐野藩観光館、中村藩育英館などが、やはり入学前に教師宅に廻礼して束脩を納めたが、なかには笠間藩時習館のように、まず礼服を着用した新入生が教授宅に赴いて束脩―扇子一筐を納め、ついで学校へ出頭して学規の口諭と読本一・二章の口授をうけ、さらに学職師家を廻礼するなどという念入りなものもあった。(33)

藩校に入学しようとするとき、教師その人に相応の礼儀を必要としたのは、文武両道とも師範家がいくつもあって、どの流派の誰を教師として選ぶかが入学者の自由意志に委ねられていたこととも関係がある。吉田松陰は山鹿流の兵学師範であったが、萩明倫館にはこの他、北条流の多田藤五郎、北条流兼山本流の大西嘉太郎、合武三島流兼水軍火術の森重政之進らがやはり兵学師範としており、新入生は各人が希望する教師を選ぶことができた。大勢の後見人に支えられて授業していたまだ若輩の松陰に、入門者が少なかったのは当然であり、嘉永元年（一八四八）、一九歳で独立の師範になったころの彼の教場には平均四、五名の出席者しかなく、(34)しかも、その多くは兄や従兄・弟たちの親類縁者であった。

束脩の有無を問わず、いったいに藩校に入学するときには厳めしいセレモニーを必要とした。礼服を着用するのはもちろんであったが、そのさい、挙母藩崇化館のように、「正服（羽織袴或ハ白衣ニテモ不苦）」(35)というのはむしろ珍しく、大てい麻上下の着用を求めた。なかには福井藩明道館のように、一四歳以下の場合は継上下（上は肩衣、下は常袴）でもよいが、それ以上はすべて麻上下を着用させ、衣裳をもたないものは貸与するなどと細かく定めていたところもある。(36)入学手続きに教官の紹介を必要とするときは、当該教官が本人を引率して出校したが、それらをふくめ、多くは父兄同道で入学式に列することになっていた。漢学塾あたりで身許保証人、もしくは引請人が新入の本人をともなって教授を願い出るやり方に倣ったものであろう。(37)

入学式当日は、教職員が居並ぶまえで学頭が学規制条を読み聞かせ、説諭したりしたが、ときには在学生が列席して新入生の挨拶をうけることもあった。校内に設けられた聖廟に礼拝して勉学に励むことを誓うのも、しばしばみられた。束脩・謝儀なし、文字どおり無償制の水戸藩弘道館の場合は、この種の入学式の中でもっとも儀式ばったものの一であるが、その大要は次のとおりである。

「生徒始テ学ニ入者ハ塾師其姓名属籍年齢ヲ録シ前数日之ヲ総教（学長）ニ申シ報ヲ得執政已下館ニ会スル日（三八若クハ五十ノ日）ヲ以テ本人ヲシテ礼服館ニ登ラシム文ハ舎長武ハ手副（平服）本人ヲ帥キ正庁ニ候ス執政已下列座ス監察乃チ本人ヲ召シ座ニ就カシム総司或ハ奉行入学勉励スヘキノ旨ヲ喩ス総教進テ学規条目ヲ申諭ス（中略）、其布衣並三百石已上ノ者ハ国主諭文ヲ拝読セシム（中略）、訖テ舎長手副本人ヲ帥キ社廟ニ拝謁シ後各其業ニ就カシム」(38)

水戸藩では諸士以上の本人、子弟は、一〇歳になると必ず家塾（安政四年〈一八五七〉に創められたもので、本館教師の中から若干名が選ばれて主宰した。経費はすべて官給）に上って学び、一五歳になると弘道館に入学することになっていた。入学予定者の身上報告を塾師に義務づけたのはそのためであり、また身分の高い布衣ならびに三〇〇石以上のものにだけ藩主諭文を読み聞せたのは、義務就学を建前とする弘道館が、身分の上下によって出席日数を定めたさい、前出の格式の人びとに対して毎月一五日ともっとも多い出席を要求したのと照応している。

入学式は行うが、師範家への廻礼は行わなかった鳥取藩尚徳館、荘内藩致道館、岡田藩敬学館のような場合もあるが、それらは大てい、すでに義務就学の制を布いていた。士分であれば誰でも藩校に学ばなければならないのだから、ことさらに格式ばった廻礼など不必要と考えられたのかもしれない。新発田藩道学堂は、農・町民を対象にした講堂への入学と士族長子の入寮にかぎって師範家への廻礼を要しない、つまり都講に届出るのみでよかった。講堂はもともとサムライ身分のみに開放された教場ではなかったのだから、[39]簡略化されたとも考えられるが、士族長子の場合は、彼らだけが義務就学の対象であったから、前出の三校と同じようなケースであろう。就学を強制されなかった次・三男以下の人びと、すなわち「特別ニ命セラレ或ハ志願ニヨリテ許可ヲ得ル者」[40]が「袴着用教授へ回礼」と定められたのも、そのことと無関係ではない。なお、道学堂は束脩・謝儀ともになし、すなわち無償制の学校であったが、廻礼の場合は当然何がしかの挨拶―金品の納入をしたと思われる。もっとも、その内容については何も分からない。

近代学校の入学式ではごく普通にみられる誓約書の提出については明らかでないが、師範家へ廻礼のさい、誓約的な挨拶をするか、あるいはこれを文書化する、つまり誓約書の作成は行われたようだ。岡田藩武学校の演武場では、「一二ケ年毎ニ新ニ入学ノモノヲ召集シ礼服ニテ神文ヲ為サシムル」[41]とあるが、これは中世以来の家塾や私塾に伝統的にみられたいわゆる起請文の類いであろう。萩藩明倫館の兵学師範であった吉田松陰もやはり、入門希望者に起請文の提出を求めているが、内容の精粗はともかく、同様の手続きは文学関係の師範家にもみられたようだ。本居宣長の鈴の屋塾や大塩平八郎の洗心洞塾などの入門誓詞の儀式が、その辺の事情をうかがわせてくれる。

「起請文前書之亊

一、山本勘助流兵学幷城築縄張一切御相伝之通他見他言仕間敷候叓

附御伝来之書物他筆を以写申は堅以二誓紙一可二申付一候叓

一、右之趣公用之節於二戦場一は可レ為二格別一候叓

一、武士之本意御相伝之儀本望之至候雖レ為二御免許一以後無三違背一立二自流一申間敷候幷大事秘事共別而御伝授之儀雖レ為二相弟子一其品御相伝無レ之方えは申談間敷候叓

付及二末期一候はは御書物覚書ともに返進可レ申候其段不二相叶一節は焼失可レ申候兎角疎略仕間敷候叓

右之条々於二相背一者

日本国中大小神祇別而摩利支尊天・八幡宮幷自分崇敬之神社神罰深重可二罷蒙一者也、仍起請文如レ件(42)」

「誓詞

一、此度御門入奉レ願候処、御許容被二成下一、御教子之列に被二召加一、本懐之至奉レ存候、然《ル》上者、専皇朝之道を致二尊信一、最敬神之儀怠慢致間敷、永蒙《ク》二御教諭一、生涯師弟之儀を忘却仕間敷事。

一、公之御制法に相背候儀者不二申及一、惣而古之道を申立、世間にかはりたる異様之行を致《シ》、人之見聞を驚し候様之儀有レ之間敷、殊更師伝と偽り、奇怪之説なと申立候儀なと、一切仕間敷事

一、於二大人《うし》御流儀一者、秘伝口授なと申儀曽而無レ之旨堅相守、左様之品を申立、渡世之便りと致候様之儀なと、惣而鄙劣之振舞を致《シ》、古学之名を穢《シ》申間敷事

一、大人万歳之後、学之兄弟、不二相替一随分むつましく相交り、互に古学興隆之志を相励し可レ申、立二我執一争論なと致候儀有レ之間敷事

右之条々謹而相守可レ申、若及二違犯一候はは、八百万之天神国神明に可二所レ知食一者也、仍誓詞如レ件

年号月日

何国何郡何村
姓名判

奉

鈴屋大人御許(43)」

「入学盟誓

一、忠信を主とし、聖学の意を失わない。俗習にしたがい、学業荒廃、奸細淫邪に陥るときは、貧富に応じて塾主の命ずる経史を罰として購い、納付する。

二、躬ら孝悌仁義を行うをもって問学の要とし、小説・雑誌の類は読まない。違反者には鞭扑若干。

三、経業を先にし、詩章を後にす。違反者には鞭扑若干。

四、俗輩悪人との交際、登楼飲酒などの放逸を許さず。違反者には廃学荒業の罪と同じ。

五、寄宿中は私に出入することを許さず。違反者には鞭扑若干。

六、家事変故のさいは塾主へ相談する。

七、喪祭嫁娶、および諸吉凶はかならず塾主へ申告する。

八、公罪を犯せば官に告げ、処置を任せる(44)」

ところで、入学式に束脩を必要としなかった学校でも、大てい各人が教授を希望する師範家に廻礼する慣しがあったが、そのさい、若干の金品がやりとりされたのは想像に難くない。ただ、束脩を制度化していたものをふくめて、これらはいずれも師弟の契を結ぶための礼式であった。松山藩明教館が、入学式の当日、束脩として扇子一対を納め、教授・助教が新入生を率いて聖像を礼拝させることを、わざわざ「是聖門ニ入ノ意ナリ教授若クハ助教ニ入門スルニアラサルヲ示ス」[45]と断ったのは、師範家とその弟子の私的関係に終りがちであった学校の現状に一線を画そうとしたためであろう。殿さまが創めた学校で、藩国のために役立つ秀れた人間になるという建学の精神からすれば、師弟間の個人的関係に何がしかの歯止めをする必要があったことは、容易に理解されるところである。

束脩や師範家への廻礼が多分に儀式的なものであったということは、煩鎖な手続きを要したにもかかわらず、金額的には問題外に安く、しかも、その多くが謝儀を求めなかったことにもうかがえる。公費で賄う藩校の場合、教官は世襲の家禄を給されるいわば公務員であったから、金銭的な報酬をことさらに必要としない。謝儀が定額化されていた場合でも、「毎年末ニ白紙二帖ヲ納メ謝意を表セシム」[46]という白川藩修道館のように、おどろくほど安価であったのはそのためである。束脩・謝儀なしを原則としながら、実は、「年始五節句盆暮等進物ヲ懐ニシ師家ニ回礼スルノ習慣アリ」[47]と生徒各人の自由に任せた岡藩脩道館の場合も、安価という点では似たりよったりであろう。岡田藩敬学館でも束脩・謝儀なし、ただ、武術を教授する演武場にかぎり、任意の入門料を必要としたが、謝儀については、「初段目録免許等ノ伝法ヲ受ル時藩庁ヨリ下附アリシ謝金ヲ以テ贈ルヿ古来ノ例トナレリ」[48]というから、官給される褒賞金をあてていたことが分かる。教官が行う授業が公務であれば、生徒が励む学業もまた公務であり、師弟間で個人的な報酬をやりとりする必要などないと考えられたのであろうか。松江藩修道館では、中元と歳暮の二季ごとに学館執事か年中行司（生徒中より任命）が、生徒の家格に応じて銭三〇〇文以下を徴集して教官への謝儀としたが、「其事タル固ヨリ法則ノアルニ非ス情誼上ヨリ出ルモノナルヲ以テ之ヲ肯ンセサルモノハ強ヒサリシモノノ如シ」[49]というから、金額の大小だけでなく納入の有無まで生徒各人の自由であったようだ。いずれも近代学校の授業料徴集システムとははっきり一線を画する、いかにも江戸時代らしいやり方である。

ところで、束脩や謝儀を金納する場合、扇子料や酒肴料などというふうに、物品の名目で納入するものが多かったが、これはなぜだろうか。束脩の起源にみられるように、もともと弟子の師匠に対する謝意は物品で表現される、つまり物納であったが、これは金遣い経済がまだ未発達の時代であったせいもある。江戸時代も中期以降になると、米遣い経済がしだいに後退し、サムライたちは家禄の米を現物支給されてもどうにもならない。主食の米以外のさまざまな日常用品を自給するどころか、すべて金銭で購わなければならなかった彼らは、現物支給された米を換金する必要があった。時代が下ると、どこの藩でも禄高はたんなる名目であって、実際には、藩札などの現金を給与されるサラリーマン武士がふえたのも、そのことと無関係ではない。

金遣い経済の世の中では、何十本の扇子をもらうより、その代価を金銭でうけとる方が歓迎されたのは分かるが、問題は必ずしもそれほど簡単ではない。周知のように、生産活動に従事しないサムライの存在理由は、すぐれて道義的な面に求められた。理想のサムライは、人倫の道をきわめ、万民の鑑たりうるような出所進退をよしとされたのであり、その徳目は清廉・潔白・正直など、およそ金銭的な世界と無縁であった。江戸時代の教師たちの中でもっとも金銭に執着し、「銅臭」のそしりをうけた頼山陽ですら、潤筆料の金額を云い出しかねて、友人の篠崎小竹に聞いてくれと逃げたというのは有名であるが、[50] 名利に恬淡とした脱俗的境地、「武士は喰わねど高楊子」的なあり方を理想視すればするほど、教育活動の対価を金銭に求めることに抵抗があったのは当然だろう。この時代に一般的な「貴穀賤商」、すなわち第一次的な生産活動を至高のものとし、逆に、金銭を媒介する商行為をもっとも下賤視する時代風潮もあるが、なによりも聖人の道をきわめる教育という行為が、金銭的報酬で計れないとされたことが決定的である。

「七尺去って師の影を踏む可からず[51]」に象徴されるように、江戸時代の教師たちの社会的地位は総じて高かったが、これはやはり、教師の労働、すなわち教育的営為が聖人の道という真理の探求に関わる至高のものだと考えられたためであろう。金銭的な報酬に恵まれない、つまり経済的に低位の環境にある教師たちが、想像以上に高い威信を有し、世間一般の深い尊敬を集め得たのは、その辺に理由がある。すなわち彼らは、聖人の道を修得している、少なくとももっとも近い存在とみなされたのであり、そのような人物に弟子入りし、師弟関係を結ぶがゆえに、ことさらに厳めしい儀式を必要としたというわけである。

ところで、毎年数回納められる謝儀もまた、束脩に劣らず儀式ばったものであった。その当日は大てい礼服を着用し、本人または父兄が金品いずれの場合にも水引をかけ、熨斗をつけたものを三宝にのせて恭々しく呈上するのがしきたりであった。この種の仰々しさを嫌った福沢諭吉は、「教授も矢張り人間の仕事だ、人間が人間の仕事をして金を取るに何の不都合がある、構うことはないから公然価をきめて取るが宜いというので、授業料という名を作って、生徒一人から毎月金二分ずつ取り立て、その生徒には塾中の先進生が教えることにしました」[52]などというように、謝儀を教授という労働の対価とみなし、自らの経営する塾で一定の金額をきめて全員からきちんと取り立てたため、売文の徒と非難されたりしたが、この新しい学費納入のシステムが成立したのは、明治元年(一八六八)四月芝新銭座への移転後であり、それ以前の慶応義塾では、やはり世間並みの束脩・謝儀が行われていた。[53]なお、明治二年(一八六九)八月の「規則」には、一、入社の式は金三両、一、受教の費は毎月金二分ずつ、一、盆と暮には金一〇〇〇匹ずつ納めるなどとあるが、[54]毎月徴収の月謝はともかく、中元と歳暮の二季に謝儀を求めたのは、従前の慣習をそのまま踏襲したものであろう。もっとも、授業料をきめる経緯は、「其節在塾の教員若干名、其人々一月の食費雑費を概算すれば物価下値の際とて、一人に付凡そ四円にして足る可き見込なりしを以て、各教員平等に四円づつ給す可き金額と、塾の諸雑費とを共計して、之を学生の数に割附けたるものなり」[55]などといわれるから、文字どおり近代学校に一般的な受益者負担主義の原則である。「規則」の中でわざわざ、「金を納るに水引、熨斗を用ゆべからず[56]」と断ったのも、封建的な束脩・謝儀を排するいかにも福沢らしいやり方である。

第三節　最も学費の高い学校、安い学校

無償制を原則とする官・公立学校の場合は、たとえ学費を徴集したとしても問題外の安さであったが、民間在野の学校、私塾や寺子屋などは、学校経費のすべてを自給自足しなければならなかったから、いきおい束脩や謝儀、すなわち生徒側の負担に頼ることが多かった。もっとも、江戸時代の私立学校は、主宰者である教師自身の教育情熱を軸にしたチャリティ・スクールであることが珍しくなく、教師の持ち出しですべてを賄い、束脩・謝儀の類いをいっさい要求しなかったのもあり、一概にはいえない。

数量的にもっとも多く普及した漢学塾の場合は、日田咸宜園の束脩金一〇〇疋、謝儀年二回各一〇〇疋ずつというのが平均的であるが、その金額は必ずしも明確に定額化されておらず、生徒の側の貧富の差に応じてかなりのプラス、マイナスがあった。たとえば咸宜園では、束脩は金一〇〇疋がいちばん多かったが、金二朱（五〇疋）のものも結構あり、稀れには金二分（二〇〇疋）と、一般塾生の倍額を納めるものもいた。謝儀は中元と歳暮の二回あり、金一〇〇疋が普通だったが、ここでも金三朱（七五疋）、金二朱（五〇疋）、金一朱（二五疋）の大小があった。その他、暑中見舞、寒中見舞と称する二候の礼金があったが、これらはいずれも銭二一〇文を標準とした。計銭四二〇文は金換算でおよそ三二疋余だから、結局、一年間に金二五〇疋ぐらいあれば、平均的な学費が賄えたと考えられる。[57]もっとも、これは塾主でもある教師の許へ納める授業料であり、毎日の飯料・日用品などをふくむ諸経費とは関係がない――この問題については後述する。

国学塾の場合は、入門者のかなりが直接来学せず、在宅のまま書簡による通信教育で師弟関係を維持するという独自の学習形態を反映していたためか、総じて学費が安い。漢学が江戸時代の学問のオーソドキシィで、国学その他は余技的な扱いをうけたという、その学問に対する評価の相対的な低さということも、無関係ではなかったかもしれない。

たとえば本居宣長の鈴の屋塾では、寛政七年（一七九五）秋より享和元年（一八〇一）までの総計五七名の束脩は、金二分（二〇〇疋）四名、金一分（一〇〇疋）三二名、銀八匁（金五三疋）五名、金五〇疋四名、金四〇疋五名、金三三疋三名[58]、銀一両（金二九疋）二名、不明二名であり、大部分の人びとが金一〇〇疋か、その半ばの金五〇疋程度を納入したことが知られる。金額の大小は、入門者側の経済的事情によるものと考えられる。

鈴の屋塾の収入一切について記録した「金銀入帳」（寛政七年〈一七九五〉―享和元年〈一八〇一〉）[59]は、一年間を春・盆前・秋・暮の四半期に分けている。春はふつう正月の年玉のことであるが、四月ごろまでに納入された授業料をふくむ。盆前は中元であるが、年度によっては秋にまとめられ、一二月初旬までを総称することもある。暮は歳暮・歳末ともいわれ、一二月に納入された授業料をさす。毎年四回ずつが普通であるが、盆前が欠ける場合は年三回となる。

授業料の納入が毎年四半期と定まっていたから、すべての門人がそのとおりに実行したのかということ、必ずしもそうではない。たとえば寛政九年（一七九七）度の納入者一三二名についてみると、四回すべてに名前の見えるものは烏帽子権之介一名のみ、大半が年一回か二回まで、稀れに年三回納入した程度である。数年におよぶ継続的な納入になると、個人差がいっそう激しい。天明八年（一七八八）にはじまった「諸用帳」[60]から前出の「金銀入帳」まで、すなわち享和元年（一八〇一）にいたる一四年間の経過をみると、天明八年までの入門者五六名のうち[61]、一年も欠かさず授業料を納入したのは、大館左市と富山与三兵衛の二名のみであり、(62)大ていは何年かの間隔をおいて断続的に納入している。

この事実は、鈴の屋塾に出入りし、宣長の授業に出席した期間のみ授業料を納入するものが多かったことを示している。松坂町内の門人も例外ではないが、地方在住の門人の場合はとくにそうした傾向がつよい。たとえば石見浜田藩の儒官小篠大記は、安永九年（一七八〇）入門の古い門人であるが、授業料の納入は、寛政七年（一七九五）四月二日の金二分、一二月二八日の金二分、寛政八年（一七九六）二月一二日の金一分ぐらいしか見当らない。大記の松坂への来学は、すでに天明四年（一七八四）四月から五月ころ、また天明六年（一七八六）春ころの二回あったが、いずれも「諸用帳」のはじまる前のため、記録に見ることができない。おそらく二回とも、同様の授業料納入があったと思われる。寛政七年（一七八五）の来学は、やはり宣長の門人である藩主松平康定の意を体した『源氏物語』の授業への出席が目的であり、四月ころ松坂に着き、翌年三月ころまで滞在した。合計金五分、すなわち金一両一分納めているのは、一年間集中的に学んだためであろう。ちなみに、四半期の授業料をすべて納めた前出の烏帽子権之介の場合は、春銀八匁、盆前金五〇疋、秋銀八匁、暮銀八匁、金換算で総計二〇九疋、金二分程度にしかなっていないが、これは前者が公費留学生であったためかもしれない。

授業料納入が継続していないことは、鈴の屋塾に書簡の往復による通信教育の門人が多かったことも関係している。鈴の屋塾では入門誓詞に束脩を添えた書簡による入門も可能であり、遠隔地在住の門人のなかには、一度も松坂に来学しなかったもの、おそらく宣長その人に面会の機会のなかった人びとが珍しくない。松坂に来学してほんの数日間か、せいぜい一ケ月程度で去る場合がむしろ普通だったが、彼らの場合は師弟関係の大半を在宅のままで継続したのであり、書簡の往復によって宣長にテキストの疑問を質し、また自説の批評を乞い、文章や詠歌の添削をしてもらったのである。

書簡の発信はもちろん、すべて門人側の自由意志によるものだから、入門当初の学習意欲がしだいに薄らぎ、いつしか音信の絶える名目上の門人も少なくなかった。何年間も音沙汰のなかった門人が、突然思い出したように手紙をよこす場合もあり、師宣長を怒らせたりした。寛政一一年（一七九九）七月鈴の屋塾より門人中に達した文書に、師弟関係を継続したければ、改めて「名簿代誓詞両品御認、早々大平方迄御指出可レ被レ成候」とあるのは、そうした人びとに向けられたものである。「金銀入帳」でみると、二、三年、極端な場合は五年間の空白をはさんで、授業料の納入を行っているものがあるが、通信教育による門人の場合は、書簡の往復が行われていた期間であろう。同様の傾向は松坂町内の門人についてもみられるから、鈴の屋塾では在籍の門人のうち、授業に出席するか、それとも書簡による通信教育をうけるか、すなわち実質的な教授関係を維持している人びとが、その期間に限って授業料を納めるのが常態であったらしい。

蘭学塾は、漢学塾や国学塾に比べると、総じて学費が高い。その多くが高度に専門性を有する医学塾であったためもあるが、加うるに、オランダ学のようないっそう専門性の高い学問を授受したのであるから、稀少価値という点ではこれ以上のものはない。大槻玄沢の芝蘭堂に学んだ小石元瑞が、文化六年（一八〇九）京都に創めた究理堂では、入門時に先生に束脩料金二〇〇疋、子息へ扇子料金二朱、都講二名へ扇子料金二朱ずつ、奥方へ扇子料金二朱（入塾者のみ）、合計金四〇〇疋が必要であった。謝儀は二季諸祝儀の名目で、盆・暮の年二回、先生へ金一〇〇疋、子息へ金二朱、合計金三〇〇疋が定っていたが、その他、寄宿生の場合は下女への心付若干、会読出席者は都講二名の祝儀（入門料金二朱に準ずる額であったろう）が必要であった。[65]

束脩金四〇〇疋、謝儀金三〇〇疋というのはいかにも高額な感じがするが、シーボルトの鳴滝塾に学んだ伊東玄朴の象先堂でも、ほぼ同じころ、入門時に先生へ束脩金二〇〇疋、扇子一箱、奥方へ鼻紙料金一〇〇疋、若先生へ金五〇疋、塾頭へ金五〇疋、塾中へ金二〇〇疋、僕へ金五〇疋、合計金六五〇疋余を必要としているから、(66)平均的なレベルであったと考えられる。なお、象先堂の謝儀は不明だが、当時の私塾に一般的にみられた束脩と同額、すなわち金二〇〇疋を盆・暮の二回納めたとみて、ほぼ間違いない。

天保九年（一八三八）緒方洪庵が大坂に創めた適塾は、「四方より来り学ぶもの常に百人を超え、四時の輪講絶ゆることなく、当時全国第一の蘭学塾なりき」(67)とうたわれた最大規模の学舎であるが、その分校、緒方郁蔵の独笑軒塾(68)の規則より推せば、入門時に先生へ束脩金二〇〇疋、奥方へ金二朱、塾長・塾監へ金二朱、塾中・属僚へ金二朱、婢僕へ銭二〇〇銅（入塾者のみ）、合計金三五〇疋余を必要としており、また謝儀は、盆・暮の年二回、先生へ金二朱、婢僕へ銭一〇〇銅ずつ、合計金一〇〇疋余であった。(69)

適塾の謝儀が前二者に比べてかなり安いのは、洪庵が学んだ坪井信道の日習堂の影響かもしれない。江戸市中の人気を象先堂と二分したといわれる日習堂は、文政一二年（一八二九）創設の安懐堂にまでさかのぼる。この時代は、束脩大豆一升、謝儀大豆一升ずつ年二回という破格の安さであったが、天保三年（一八三二）開設の日習堂時代になっても、「束脩金百疋、扇子料金五十疋、奥方金五十疋、塾頭金五十疋、塾監二人、各人ニ半紙二帖、他同僚諸子半紙一帖宛、僕一人銭二百文、右ノ外中元ト歳暮ニ塾生一人毎ニ黒豆一升宛ヲ呈ス」(70)といわれるように、相変わらず低額であった。入門時に金二五〇疋程度を要したのは究理堂あたりと大差がないが、謝儀が金納でなく、しかも、黒豆二升と質素であったのは、いかにも金銭に恬淡とした信道らしい。開業医としての信道は、診療に貧富の差を設けず、貧者には薬代を請求するどころか、かえって米塩・薪炭を与え、また諸芸人・僧侶からはいっさい謝礼をうけなかったというが、この文字どおり仁術的姿勢が、日習堂の経営に反映されたものであろう。

アヘン戦争のニュースがしきりの天保末年になると、対外的危機感が強まり、蘭学塾の中で兵学を教授するものがふえたが、このいわば兵学塾の場合も、高い学費という点では変わらない。天保一二年（一八四一）高島秋帆に入門した江川坦庵は、御肴代として金五〇〇疋、御上下地一端を納めているが、(71)これは韮山代官という彼の高い身分だけでなく、砲術教授が医学以上に専門性の高い分野であったためのようだ。天保一四年（一八四三）、韮山に帰った坦庵が創めた兵学塾では、束脩金五〇〇疋、三〇〇疋、二〇〇疋、一〇〇疋、五〇疋（一〇名一括で五〇〇疋、一九名一括で一〇〇〇疋）、四〇疋（五名一括で二〇〇疋）、など、大小さまざまの場合があるが、(72)やはり来学者の貧富の差によるものであろう。謝儀は盆・暮の年二回、束脩と同額ていどを納めたらしく、たとえば松代藩士の佐久間象山、河原衛守、金児忠兵衛らは、いずれも束脩金一〇〇疋であったが、中元御祝儀や歳暮御祝詞もやはり金一〇〇疋を納めている。

小銃や大砲の実技指導を中心課題とする韮山塾では、この他にもいろいろな名目の学費が必要であった。たとえば入門時に塾中道具料（砲術稽古、火薬調製の諸道具費）として銭一貫一五九文を徴集しているが、授業への初参加のさい神酒二升の献呈、また所定の課程を修えて、伝授を許されるときにも、相応の金銭を納めることになっていた。天保一四年（一八四三）二月幕内立入御伝授となった佐久間象山が金五〇〇疋、翌三月同じく森慶弥が金六〇〇疋を納めたりしたのが、それである。大砲試射の授業で玉先金（荒らした田畑に対する補償金か）として金二朱（五〇〇疋）ずつ納めたように、(73)その都度必要経費を何がしか徴集している。兵学塾の性格上、公費留学生が多く、高い学費がそのまま生徒側の負担になったわけではない。天保一三年（一八四二）に入門した松前藩士竹田作郎が、藩主松前志摩守の名で金五〇〇疋（束脩）や金三両三分（幕内立入伝授）を納入したのがその典型であるが、この他にも、堀田摂津守（佐野藩）や鳥居丹波守（下総藩）のように、藩主名で学費を納入した例が沢山ある。(74)

該博な知識や高度の技術を教授する学校ほど高い学費を必要としたのは、蘭学系統の医学塾や兵学塾ですでに明らかであるが、それらの学塾を主宰する教師の身分が高く、社会的エリートであればあるほど、そうした傾向が強かったようである。象先堂を主宰した伊東玄朴は、はじめ佐賀藩医、のち栄進して幕府奥医師、法印の最高位まできわめたが、彼がたんなる田舎医者であれば、いかに学識・経験に秀れていたとしても、それほど高い学費は期待できなかったであろう。幕府奥医師に選ばれるほどえらい人物に学びたいということもさることながら、それほど有名な先生の門下生に連なれば、自らの世俗的評価も高くなると考えられたのではなかろうか。むろん、玄朴のような斯界の最高位にある教師はごく一にぎりでしかなく、稀少価値という意味でも、高い学費を要求することがいくらでも可能であった。

ところで、そのような要素をいちばん豊富に備えていたのは、本居宣長が学んだ京都の漢方医武川幸順の塾である。宣長の入門した宝暦四年（一七五四）といえば、まだ紅毛医学、蛮医学の時代であり、それも外科的方面に若干の卓越性が認められていた程度である。つまり漢医学が全盛であり、朝廷出入りの典薬で法眼の位にあり、親王の侍医を勤めていた武川幸順が、ほとんど雲の上的な存在であったことは、想像に難くない。

室町四条にあった武川塾の「寄宿弟子衆入門之式」をみると、「一、金子一両、一、御酒一樽（三升）、一、堅魚一連（十節）、右ハ法橋方江。一、金子百疋、右法橋内証方江。一、金子百疋、右法眼方江。一、金子百疋、右法眼内証方江。一、白銀弐両、右法橋舎弟方江。一、同弐両、右同子息仙蔵方江。一、同、弐朱、右内つ方へ。一、同、一両、右若党方へ。一、鳥目百五拾疋、惣家来中弁出入之親方へ」[75]と、実に一一項目におよんでおり、現金だけで総計金二両一分二朱を必要とした。平均的な漢学塾の束脩金一〇〇疋に比べると一〇倍ちかく、蘭学塾の中でもっとも高かった象先堂の束脩金六五〇疋の一・五倍程度の高額である。謝儀は中元と歳暮の年二回、金二〇〇疋ずつ、計金四〇〇疋を納めることになっており、やはり咸宜園あたりの金二〇〇疋の倍額である。なお、その都度、「惣家来男女共壱人に付鳥目百ヅッ」を挨拶料として納めなければならず、このプラス・アルファの費用も馬鹿にならなかった。

武川幸順の医学塾は、江戸時代でおそらくいちばん学費の高かった学校と思われるが、では、逆にもっとも学費の安かった学校はどれだろうか。サムライを教育対象にした官・公立学校は、無償制の原則のゆえに束脩や謝儀を要求しないところが多く、安いという点ではこれ以上のものはなかったが、民間在野の私立学校の中にも、同様の学校が案外少なくなかった。ここでは、私塾に焦点をしぼって見てみよう。

文政七年(一八二四)六月、シーボルトが長崎の郊外に創めた鳴滝塾は、束脩や謝儀をまったく取らなかったが、これは、外国人に私塾経営の自由がなく、鳴滝塾の教育そのものが日本人の名儀を借りる変則的なものであったからであろう。学生たちがはるばる故郷から携えてきた土産物の類いを挨拶がわりに納めることはあったかもしれないが、正規の学費はいっさいなかった。シーボルトの有名な課題研究――塾生一人ひとりにテーマを与えてレポートの提出を命じる――が、おそらく教育活動の対価とみなされていたのであろう。塾内に寄宿して学んだ人びと、すなわちシーボルトに親しく教えを乞うことのもっとも多かった美馬順三、岡研介、高良斎、二宮敬作、高野長英らほどレポートの数が多かったのも、(76) そうした背景から考えると分かりやすい。

鳴滝塾のような特殊例はともかく、江戸時代の私塾には、意外と生徒側の学費負担をあてにしなかったものが多い。幕末期に台頭した政治結社的私塾、すなわち教師自身の政治理想を具体化するための場と化した学校ほど、そうした傾向が強かったが、やはりその代表例は吉田松陰の松下村塾であろう。

松下村塾は、自宅檻禁中の松陰が四帖半の幽室に秘かに訪れてきた有志者に対する講義にはじまる。安政三年

（一八五六）三月ころ高須滝之允ら三名に対するものがもっとも早いが、同年中にすでに総計一五名の来学者があり、立派に一個の学塾の体裁を整えていた。安政四年（一八五七）一一月には、瀬能某の借家住いの杉家の一角にあった廃屋（はじめは畳がなくムシロ敷きであった）を修復して八帖一間の教室とし、翌五年二月には、これを増築して計一八帖余の塾舎を完成させている。いずれも来学者がふえ、従前のスペースでは収容不可能になったためである。幽囚中の松陰は、外出はもちろん、友人知己との交渉も禁じられていたのだから、門戸を構えて弟子をとるなどもっての外であり、その教育活動はあくまで藩当局を憚かる非公然のものであった。八帖一間の新舎の時代になっても、塾生を久保五郎左衛門、教師を富永有隣として、松陰自身が姿を隠していたのはそのためである。[77]なお、藩当局より家学教授を公許されたのは、安政五年（一八五八）七月であり、同年末には二度目の野山獄入りをするから、正式の私塾教師として世に出たのは、僅か半年足らずの期間にすぎない。

安政四年（一八五七）冬から翌五年中在塾した天野精三郎（のち渡辺蒿蔵）は、「月謝会費の如きもの」[78]は「なし、却って食事の御馳走になる事もあった」、つまり授業料はなかったというが、これはおそらく松陰が罪余の身で、塾の経営が公然化していなかったことにもよるだろう。たしかに、安政五年（一八五八）七月の家塾公許後に授業料をとるようになったという証拠は何もないが、長期にわたる在塾者が志程度のものを差し出すことはあったかもしれない。

謝儀はなかったとしても、束脩の方は、安政四年（一八四七）五月ころ滝弥太郎の紹介で入門した馬島春海が、「始て先生に見え、束脩を行ふ」[79]と回想しており、新入時の挨拶ていどは行われたようだ。明倫館時代からの兵学門下生や久保塾から村塾にやって来た人びと[80]は新入生ではなかったから、この件は省略されたと思われる。

寄宿生の食費[81]や夜学に使った灯油料[82]のような諸経費は、原則として塾生の実費負担であったが、教師である松陰、というより杉家の側もさまざまな持ち出しをしたようだ。村塾の通学生のうち弁当をもたないものは、昼どきになると自宅に帰ったが、授業が中断するのを嫌った松陰は、しばしば「飯は食はせる」(83)といい、杉家の台所から飯びつを持って来て馳走したという。夜学のあるときは、松陰の母滝子が番茶を入れ、煎豆を振舞ったりしたというが、いずれや半士半農の杉家のやりくり家計から賄われたものである。

無給通二三石の微禄で一〇人(84)ちかい大世帯を支えねばならなかった杉家の台所を考えれば、塾生たちにも何ほどか負担を求める、つまり授業料を徴集する方がむしろ自然であるが、松陰がそれをしなかったのはなぜか。教師である松陰が罪余の身で、私塾経営が公然化できなかったことも無関係ではないが、やはり決定的であったのは、彼が自らの教育活動を従前の学校教師のそれとはっきり区別していたことである。村塾に入門を乞うと、松陰はまず何のために勉強をするかと問い、書物が読めるようになりたいというと、いつも学者になってはだめだ、人は実行が第一であると答えたというが、ここにはたんなる書物読みにすぎない、したがってまた、知識の切り売りに終始している世間一般の学者先生に対する痛烈な批判がある。教師はすべからく自らの理想を全身全霊をあげて弟子の側にぶっつけていくべきであり、皮相の分かる分からないをいっさい超越した人格教育をよしとした松陰にとって、教育活動の対価を求める発想など最初からなかったといってもよい。教師である彼自身もまた未完成な学習者として、師弟ともに机を並べて真理の探求をめざそうとする同朋同行的な姿勢をとり、それゆえに上下関係のいっさいを排し、村塾に集うすべての人びとをパートナー・シップでつながる「吾党の士」とみなしたのも、そのことと無関係ではないだろう。

第四節　学費はどれだけ必要だったのか

自宅通学の可能な寺子屋や私塾に学ぶ場合には、束脩や謝儀を納める資力さえあれば、何年でも好きなだけ勉学を続けることができたが、何百里もの山坂をこえてはるばる来学しなければならない遠隔地の人びとは、旅費はもちろんのこと、遊学中の寄宿費を賄うだけの学費がどうしても必要であった。鈴の屋塾のように寄宿施設をもたなかった場合には、市内の旅館に泊るか、しかるべき下宿を探さなければならず、それだけ学費もかさむことになった。松坂滞在中の費用について問い合わせてきた出雲大社の千家俊信に対し、本居宣長は、「御逗留中御費用之儀、是は大抵一日銀弐匁五分或は弐匁ぐらいに而御座候、乍レ去宿見苦敷家御構無二御座一候へは、銀壱匁五分ヅツに而も、御宿申候方可レ有レ之候(85)」と答えているが、これによると、ふつう一ヶ月に金一両三分弱から一両ていど、下級旅館でも金三分近くの支出が必要であった。寛政七年（一七九五）九月一〇日ころから翌八年一月一二日まで在塾した千家俊信の場合は、したがって滞在費のみで金四両から五両の支出となる。この間、俊信は師家に対し九月一一日金三分、二月二五日金二分を納め、また九月一一日「くしらのし」三把、四月二〇日「くわし袋」、一〇月一八日鯛一枚、一二月一日「あまのり」一包、同月二五日「つつみかし」を贈っている。別に出雲から松坂までの往復旅費が金二両ぐらいは必要だったと思われるから、学費の総計は金七、八両にも達したであろう。

旅館を出て市中に下宿したとしても、大して安上りにはなっていない。シーボルトの鳴滝塾にはやはり寄宿舎がなく、大部分の塾生は在籍中の私塾か市中の旅宿から通学したが、文政一〇年（一八二七）七月はるばる常陸から来学した本間玄俊・玄調の二人は、在籍中の吉雄塾にも余裕がなく、止むなく市中の商家に交渉して飯料一人一日鐚一〇〇文で滞留している。良銭（寛永銭）との換算率が明らかでないため、はっきりしたことはいえないが、一ヶ月当り鐚三貫文(86)という飯料はそう小さな金額ではなかっただろう。

私塾に入り込んで寄宿生となった場合には、どの程度の経費が必要であったろうか。日田咸宜園の嘉永五年（一八

表26　嘉永5年(1852)1～12月の月旦評

月　日	月旦評	在　塾	外　塾	居　家	帰　省	1日飯料	米価1升
1月25日	194	48	12	17	117	72	102
2．25	198	54	12	18	114	70	102
閏2．25	204	66	18	16	104	74	106
3．25	217	73	29	19	96	74	108
4．25	225	77	29	16	103	74	110
5．25	228	75	25	19	109	72	120
6．25	233	75	32	19	107	70	120
7．25	230	71	31	19	109	64	100
8．25	223	63	26	16	118	64	108
9．25	226	74	26	14	112	66	94
10．25	226	87	30	15	94	64	94
11．25	217	88	16	9	104	65	94
12．20	207	67	15	14	111	65	96
平　均	217.5名	70.6名	23.1名	16.2名	107.5名	68.7銭	104.1銭

「再修録」巻9・10（『増補淡窓全集』下巻）により作成。

五二）中の月旦評をみると、一日の飯料が平均六八・七銭、米価が平均一〇四・一銭となっている。咸宜園では、寄宿生の会計は師家とはまったく関係がなく、塾生中から選ばれた主簿と呼ばれる会計担当者が毎月末に各人の収支決算をして必要経費を賄うシステムをとっていた。飯料とは、食費として一人一日米五合分、それに「薪木塩醤野菜雇人塾の修覆料までを合して」[87]算出されたものであり、主食の米にプラスされた費用は、平均一六・七銭、二四・三％ていどである。米価の変動に応じて一日の食費単価が変わることになる。毎月ごとに飯料の大小があるのは、そのためである。天保五年（一八三四）に広瀬淡窓が書いた「倹約を勧むる説」をみると、「旧時塾生用財の度を制する事、其大略一日の食料五拾銭にして、雑費は人々に随ひ不同あり、大抵弐三拾銭より四五拾銭の間なり。如此なれば、一月の入用を合して、少きは弐貫文余、最多きは三貫也、一年の通計にては、少きは金四両、中は五両、多きは六両に過る事なし」[88]とあり、かつては金五、六両もあれば、一年間の寄宿費を賄えたことが分かる。もっとも、米価が騰貴し、諸経費がそれにともなってかさむようになると、この程度ではとうてい収まらず、「一月の通計は、五六〆文にもいたり、一年にては十余金に及」ぶものが出たりして、淡窓を驚倒させた。寄宿生の外出飲食を禁じて[89]何とか学費の増大に歯止めをかけようとしたのはそのためだが、ただ、そのような富生は咸宜園でもそう多くはなかった。現に、嘉永五年（一八五二）中の飯料の平均は、毎月二貫余、一年間に金四両前後となっている。

表27　安政5年(1858) 6月食料月計

	氏　　名	米	日　数	単　位
1	富永有隣	9升	18日	5合
2	岡部富太郎*	6升3合7勺5才	12日	〃
3	増野徳民	2升	4日	〃
4	山根武治郎	1斗1升	22日	〃
5	富樫文周	8升5合	17日	〃
6	村上卯七郎	2升5合	5日	〃
7	吉田松陰	1斗4升5合	29日	〃
計	7　名	5斗3升8合7勺5才	107日	〃

『吉田松陰全集』第10巻所収の「食料月計」により作成。
*岡部は3合7勺1才プラス

咸宜園の飯料の単価は、その他の私塾についてみても大して変わらない。古くは本居宣長の寄宿した武川塾が、[90]一ヶ月につき銀二九匁（金一九三疋余）を「寄宿飯料炭油諸雑用」[91]として徴集しているが、大塩平八郎の洗心洞塾でも、やはり飯料が銀三二匁（金二一三疋）であり、[92]また坪井信道の日習堂では、賄料として金一〇〇疋、学半銭（各自が所属する塾師に納める）二〇〇文、給復銭（毎日二文ずつ積み立て）六〇文を徴集している。[93]

飯料や賄料の算出の基準は、大てい一人一日の食料米五合に諸経費をプラスしたものであり、[94]この点は松下村塾あたりでも変わらない。たとえば安政三年（一八五六）一〇月一日より一二月二二日まで約三ヶ月間寄宿した増野徳民は、扶持米代として銀三七匁八厘を納めているが、当時の米価は白米一石銀一〇一匁ていど、銀三七匁八厘を在塾した八二日間で割ると一日当り四厘六毛余、ちょうど米五合の計算になる。この数字は、安政五年（一八五八）六月の食料月計の単価とも符合する。すなわち村塾の寄宿生は、一日米五合の割合で寄宿費を納めていたことになる。副食費などの雑費については何も分からないが、冷泉雅二郎が、「村塾に寄宿する生徒は交番して飯を炊き調理を為す。薪炭の如きも皆自身市に行きて購求す」[94]と回想しているから、その都度必要経費を分担したものであろう。

塾生の一ヶ月の費用を米で計算するのは、当時どこの私塾でも行われていた。適塾の分塾でもあった独笑軒塾で、一ヶ月の賄料白米一斗五升がそれである。[95]『福翁自伝』には、白米一石が金三分二朱とあるから、毎月二朱余が賄料ということになる。福沢自身は、「書生在塾の入費は一ヵ月一分二朱から一分三朱あれば足る」[96]と書いているが、諸経費を総計すると、このぐらいの金額になったのであろう。いずれにせよ、一ヶ月の最小の学費金一分二朱は一年間で金四両二分になる。これに盆・暮二回の謝儀——先生へ金二朱ずつ、婢僕へ銭一〇〇銅ずつ——をプラスすると、総計金四両三分余、大体金五両あれば在塾が可能であった。前出の日習堂で、「学資一ヶ年金五両アレバ富生ナリト称シタリ」[97]といわれるから、このあたりが当時の平均的な書生の学費であったとみてよい。

福沢がいう書生在塾の入費一ヶ月一分二朱は、官・公立学校の寄宿生の場合にも、ほぼあてはまる。たとえば佐賀藩士久米邦武は、文久三年（一八六三）正月、昌平黌書生寮に入ったが、入寮時に遊金（束脩ならん）を金一分納める他は、毎月金一分三朱ていどを支払えば事足りたという。その月費の内容は、「食事の賄は最低生活に定められ、入寮の時に炊夫が飯器の蓋に其の人の氏を貼付し置いて、翌朝から炊いた飯二合分を入れ置くのを沢庵漬副へて食し、昼飯も亦二合分で沢庵漬の他に味噌汁が副はる、椀の中に大根か葱、茄子が二三切浮いている。夕食は朝昼四合の飯を食ひ余して其の冷飯に沢庵漬を副へ、若くは焼塩等を自弁する、是が定食である。蓋し一日二食の法であろうが、貧書生は是で満足せねばならぬ」[98]と書かれているから、適塾あたりの一ヶ月の経費と大差がない。

諸藩藩校の寄宿舎の経費はどの程度必要だったのだろうか。昌平黌に遊学する前、久米が在学していた佐賀藩弘道館では、寄宿生になると一日飯米五合、菜代一二文を納入しなければならなかったが、(99)すぐ近くの日田咸宜園のように米一升一三五文とすると、一日当り七九・五文の飯料となり、そこでの飯料一日九〇銭と似たりよったりである。(100)なお、昌平黌書生寮の一ヶ月飯料金一分三朱は、金一両銀六〇匁の換算でいけば二六・二匁となるが、文久三年（一八六三）春の平均米価(101)が一石銀一六二匁余であるから、米一斗六升一合程度の購売力となる。久米の回想では、書生寮の飯米は一日四合だから、毎月一斗二升ほどになり、四升一合の余裕が出る。前出の算定方式でみると五五三・五文、一日当り一八文余となるが、これが菜代その他の雑費にあてられたのであろう。

ところで、弘道館では試験をうけて相当の成績を収めると、一日当り菜代六文を給せられ、さらに学力増進して「出精昇達」（武芸の目録相伝にあたる）の認定をうけると、経費の半ばを給せられる「半食」(102)となる。この場合は、飯米二合五勺と菜代六文を納めればよかった。秀才ぶりを喧伝された江藤新平などが、この待遇をうけたという。「出精昇達」をもう一ランク上って学習課程の最上位、「独看」（武芸の免許相伝にあたる）に到ると、全食費を給せられる「常食」になった。「定詰」と称される特待生がこれであり、助教格の教官として、学生の指導にあたった。

寄宿生の全員から原則として必要経費を徴集する弘道館のようなケースはむしろ稀であり、大ていの場合は、予めきめられた定員に全額または相当額を官給した。たとえば萩藩明倫館では、寄宿生の定員は四五名ときまっており、うち藩費生が二人扶持を給せられる一五名と一人扶持を給せられる一五名の計三〇名ほどおり、残余の一五名が自費生であった。身分の高いものほど藩費生に選ばれやすかったが、成績も加味されたらしい。藩費生の半ばを占める二人扶持を給せられると、毎日米一升ずつの勘定になるから、弘道館の飯料に比べてかなりの好待遇ということになるが、弘道館の方は定員制でなく、希望者をすべて収容する自弁扱いであり、現に、「内生寮寄宿の生徒

5・18	おいれ	8 文	乾飯を煎った食料か*
〃	笠と緒	3匁，124文	
5・19	餅	66 文	
5・20	梅実	8 文	
5・21	塩	4 文	
5・22	餅	8 文	
〃	きゅうり漬	6 文	
〃	蚊《か》幮《や》	2朱，500文	
5・23	煮豆	4 文	
5・24	うどん	40 文	
〃	藤くら	124 文	草履
〃	扇子	200 文	佐久間象山へ
〃	束脩	1 分	山鹿素水へ
〃	餅	20 文	
〃	料理	16 文	
5・27	蛮語箋	10 匁	蘭語字典
〃	士道要論	1匁8分	斎藤拙堂著
〃	新漬大根	4 文	
5・28	鰯	16 文	
〃	餅	28 文	
5・29	塩	3 文	
〃	酢	3 文	
〃	のり	4 文	
6・2	木銭	400 文	5月分，藩邸へ納める薪炭料
6・3	風呂銭	100 文	5月分，各10文10日分か
合計		金1両3分，銀14匁8分，銭4貫734文6分	

「費用録」，(『吉田松陰全集』第9巻所収）により作成。＊脚注では見世物の方言。

凡二百人」[103]と称されるほど大量の寄宿生を擁していたから、一概に待遇のよしあしを比較することはできない。

家格の高い、したがって経済的に恵まれたものは自費生として、官給を学費支弁の困難な人びとに向けた、文字どおり育英制度を採用していたものも案外多い。たとえば高鍋藩明倫堂では、一〇〇石以上の入寮は自勘(私費)、一〇〇石未満の入寮は半賄、五〇石未満の入寮は本賄(官給)ときまっていたが、明治二年

表28　嘉永4年(1851)5月分の支出明細

月　日	項　　目	代　　価	備　　考
5・1	五徳火箸	55　文	買得3人分割符
〃	徳利	48　文	
〃	手拭2本	224　文	
〃	鰯	32　文	
5・2	土瓶	43　文	3人分割符
〃	金山寺味噌	16　文	
5・3	炭	90　文	
5・4	茅巻	36　文	
〃	餅	8　文	
〃	書物箱	200　文	
〃	風切助炭と炭	86文6分余	火持をよくする具，3人分割符
5・6	煎豆	16　文	
5・8	漬菜	28　文	
〃	鰹節	68　文	
荷物運送代　金1両，銭547文			
5・11	金山寺味噌	8　文	
5・13	らっきょう	8　文	
〃	餅	806　文	
5・14	ひしお	8　文	なめ味噌
〃	束脩	1　分	古賀茶渓へ
〃	半紙5帖，塵紙2帖	174　文	
5・15	昼飯代	32　文	艮斎会の帰途の餅
5・16	梅実	8　文	
5・17	やたら漬	7　文	
〃	八大家文	2朱，500文	唐宋八家文

（一八六九）の時点で五四名を定員化、年間経費として米三〇〇俵を計上している。[104] 義務就学であった関係上、四〇〇名前後の在学生[105]がいたというから、相当高い比率である。なお、一〇〇石以上の自費生はこの数の中にはふくまれていない。

自勘入寮の場合は、一日米六合と味噌料（菜代）として六匁六才、計六合六匁六才を納入したが、この金額プラス・アルファが官給の経費となる。「寄宿渡方」[106]をみると、一日分味噌料までとして米六合六勺六才が計上されており、他に薪代や灯火用の油の現物支給などがあった。前出の米三〇〇俵を単純計算していくと、一人当り毎日六合余の飯料となるから、大部分の寄宿生が本賄、すなわち全額支給の官費生であったことが分かる。

ところで、江戸や大坂へ遊学する人びとの経費負担の大きさはどれくらいだったのだろうか。遊学に必要な経費のすべてを官給される藩費留学生ならば、優雅な書生生活が送れたであろうが、藩命、もしくは藩許をえて遊学したものの、学費の大部分を自弁しなければならなかったサムライたちの場合には、やはり貧書生の生活に耐えなければならなかった。嘉永四年（一八五一）三月江戸遊学に出発した吉田松陰の場合が、それである。起居したのは藩邸内の一室であるが、五月五日郷里の父宛書簡に、「飯のみ隣固屋にて炊かせ、料理は金山寺（ミソ）・梅実類に限り、式日は鰹魚（節）と制度を定め、且つ外出仕り少々刻限食時ニ後れ候ても飯は未だ外にて給べ申さず候[107]」と書いているから、きわめて質素な生活を送ったようだ。ちなみに、その間の経費をメモした「費用録[108]」をみると、五月分は学費（古賀茶渓へ束脩、佐久間象山へ扇子、山鹿素水へ束脩、書物代など）を金二分二朱、銀一一匁八分、銭七〇〇文、食費（金山寺味噌、梅実、塩、餅など）を銭一貫三一九文、雑費（手拭、書物箱、徳利、塵紙など）を金一両二朱、銀三匁、銭二貫七一五文六分支出しており、福沢のあげた金一分二朱が銭二貫四〇〇文という換算率でみると、大体金二両三分余りの経費を要している。もっとも、ここでいう雑費の中には、萩より運んだ荷物の運賃金一両と銭五四七文のいわば臨時費がふくまれており、学費約一両とあわせて除外すると、いわゆる月費にあたる支出は金二分一朱程度になる。主食の米代が見当らないのは、藩邸より支給されたためかもしれない。いずれにせよ、藩命による江戸出府だったのだから、いろいろな面で有利であったことは間違いない。藩邸内に起居した一事だけみても、そのことが分かる。

嘉永四年（一八五一）一二月一四日脱藩の形で東北旅行に出発した松陰は、翌年正月二〇日まで水戸城下に滞在、そこから白河、若松をへて佐渡相川へ渡り、新潟・酒田・本荘・秋田・大館・弘前など日本海側を北上して、三月五日津軽半島の龍飛崎にたどりついた。ここから今度は、八戸・盛岡・一関・仙台・米沢と南下し、足利をへて利根川を舟行、四月五日に江戸へ帰った。その間、一一一日に及ぶ大旅行であるが、出発前の松陰の見積りでは一日の宿料三〇〇文、食費その他が九〇文、計三九〇文ずつ入用であったから、この費用だけで金七両ちかくを要したことになる。東北行にあたり、国許へ旅費の無心をしたさいは、全行程一六五日、一日一朱（銭三九〇文の相場）の計算で金一〇両の送金を依頼しているから、ほぼこれに近い金額を旅費にあてたのであろう。(109)(110)

江戸藩邸に入り込み、種々の便宜を得ていた松陰らと異なり、そうした背景をまったくもたない、つまり遊学中の全経費を自弁しなければならなかった人びとの場合は、どうであったのだろうか。出羽庄内の豪農、酒造家として知られた斎藤家の長男八郎（のち清河姓）のように、親許へ金の無心をすれば、いくらでも引き出せるような恵まれた家庭環境の書生は、むろんきわめて珍しい場合であり、多くは、学資の工面に汲々とする苦学生たちであった。『福翁自伝』の中には、江戸で写本をして金二〇両の学資をため、ようやく適塾に来学した鈴木儀六の記事があるが、親元からの援助をあてにできない貧書生は、大てい写本で学資をふくむ生活費の一切を賄ったようだ。当時の蘭書写本の相場は一枚一六文、一〇枚写せば一六四文（九六の百文の計算法）になるから、福沢のいう一ヶ月の書生在塾の入費一分二朱、すなわち銭二貫四〇〇文には、十分足りる計算であった。(111)(112)

もちろん、これは「蘭学書生に限る特色の商売」であったが、蘭書写本の需要がそれほど大きくなかった一世代前の書生たちの場合には、こううまくは運ばなかった。たとえば文政三年（一八二〇）二六歳のとき、宇田川榛斎の門を叩いた坪井信道は、経費節約のため縁故を頼って二里半余も離れた平井村照明寺の食客となり、ここから鍛(113)

治橋内の津山藩邸にある塾まで毎日通学した。もっとも、用意した学資も数ヶ月を経ないうちに費消してしまい、以後は悲惨な生活がはじまる。一子信良に与えた遺訓の中で、「十月ニ至リ少ノ貯ヘモ全ク尽果、夫ヨリ神田竪大工町ニ一月五百文借家ヲ借リ、昼ハ宇田川ニ未明ヨリ行キ、夜五ツ（八時）ノ門限マデ教授ヲ受ケ、帰路按摩ヲ売リ、一二人ノ導引ヲナシ、日々ノ費ニ供スルモ中々給セス。此ニ由テ、菓子屋ニテ道明寺ノ粉（米粉）ヲ買ヒ、毎日一合五勺ノ道明寺ニテ、其翌年三月頃マデ暮セリ」(114)というのは、この時代のことである。

苦学生という点では、伊東玄朴も大して変わらない。蘭学をはじめたのはオランダ通詞猪俣伝次右衛門の塾であるが、学資の乏しかった彼は、長崎西山の安禅寺の食客となり、朝早く起き、侍僧と雑役をすませてから塾へ通った。弁当の中身がいつも焼芋か豆腐滓であったため、伝次右衛門の妻がこれを憐み、米飯や魚類を入れかえたというエピソードは、このころのことである。勉学ぶりを見込まれたこともあり、間もなく猪俣塾の学僕になったが、仲間の遊戯雑談にはいっさい耳をかさず、ひたすら机にしがみついていたため「馬鹿勘」(115)と嘲笑されたという。シーボルトの鳴滝塾へは、この猪俣塾から往復した。

備中足守藩士の子であった緒方洪庵は、大坂蔵屋敷から中天游の塾に通学したように、信道や玄朴らに比べ少しは恵まれていたが、江戸に出て日習堂に学ぶようになってからは、同じような境遇であった。江戸遊学の学資を得るために衣服や刀剣を売払ったがとうてい足らず、止むなくいったん上総に出てしばらく友人宅に寄食し、近在の子弟に教授して学資を稼いだというが、日習堂では玄関番として住み込み、義眼をつくり、写本を行い、ときには按摩に出かけるなどして生活費を工面しなければならなかった。

医学生である上述の人びとですらアルバイトに恵まれなかったのだから、漢学塾や国学塾の書生たちの場合には、想像を絶する苦学を強いられることが少なくなかった。日田咸宜園の貧書生は、八軒士と呼ばれる市中の豪商の食客になったり、按摩や『大日本史』の写本のようなアルバイトを世話してもらい、ようやく食いつないだ。また寺の子は、市中の諸方へ出かけて経文を誦み、相応のお布施を得て学資の足しにしたが、彼らの中にはまったく寺と関係のない書生もいたりした。たとえば文政七年（一八二四）六月入門の河田圭吉は、長門先大津郡神田村の医家の子であるが、入門後間もない翌八年七月には釈異教と改称している。(116)学費捻出に窮した圭吉が苦肉の策として、一時僧形を籍ったものである。

歌を詠み、文学に遊ぶといういわば余技的な教養に関わる国学塾の場合には、概して経済的余裕のある人びとが多かったが、それでもやはり苦学生はいた。寛政三年（一七九一）はるばる肥後の地から松坂に来学した神官帆足長秋、杉谷参河の両名は、一〇月上旬ころから翌年二月中旬ころまで約四ヶ月間滞在したが、いずれも典型的な苦学生であった。肥後を出発するとき、参河の懐中には一七文しかなかったというから、文無し状態で出発したことになる。同行者長秋の場合も、似たりよったりであろう。その貧乏ぶりは、「沿道の有志は其の旅宿を与へ、遂に松坂に到らしめたり」(117)と伝えられるから、行く先ざきで伝手を求めて一夜の宿を乞い、なんとか松坂までたどりついたものであろう。旅館代など思いもよらなかった二人は、市中の破れ家を借り、朝夕自炊して困苦勤勉したという。帰国のさい、稲掛大平（のち本居大平）の贈った長歌に、「神風の、いせの国に、草枕、旅のやどりを、にきひにし、家とおもひて、朝には水汲もち来、夕には飯をもかしき、ますら男の、ししらぬわさを、まけ長く、たしなみして、鈴の屋に、いゆきかよひ、古事の、書の巻々、ぬば玉の、夜ひるとはず、いそしみて、まなひたらはし」(118)などとある辺りにも、苦学生としての勉学ぶりがうかがえる。「諸用帳」寛政四年（一七九二）二月一四日の項に、「八匁、肥後人両人」(119)とあるのは、離塾にさいして長秋と参河の二人が納めた授業料とみられるが、一文なしで来学したはずの二人だから、滞在中写本などのアルバイトで稼いだ金の一部をあてたものであろう。寛政三年

（一七九一）中、すなわち来学後三ケ月間には、授業料納入の事実がないから、あるいは免除されたのかもしれない。生活費を切り詰めるために米を喰わず、おからを主食にして豆腐屋の主人でもあった稲掛大平を感激させ、代価を免じてもらったのはこの時のことであるが、おから代が総計一貫文にも達したというから、四ケ月間の全生活費がどの程度であったのか、大よその想像はつく。帆足は宣長の死んだ享和元年（一八〇一）六月にも来学しているが、今度は親子三人の一行であった。とはいえ、このときも家を畳み、夜逃げ同然にやって来たものであり、寓居とした市中の陋屋は、「此宿は海ならなくに雨ふれば畳の上に波ぞたちぬる」(120)と詠まれるような惨たんたる有様であった。この時期の授業料納入者の中に帆足の名はいっさい見当らないが、おそらく赤貧洗うがごとき窮状に同情した師の宣長が、前回同様に免除したものであろう。

（1）慶長年間の金一両（四〇〇疋）＝永一貫文（一〇〇〇文）の換算レートによる。明倫館が開校した天保三年（一八三二）ころは一二五文で米八合三勺五才しか買えなかった。小野武雄『江戸物価事典』、四四九頁参照。
（2）文部省編『日本教育史資料』三、二一四頁。
（3）同前書、一二七頁。
（4）同前書一、八四頁。
（5）同前書、六一三頁。以下同じ。
（6）同前書、五九一頁。
（7）中田易直・林英夫編『入門近世文書字典』所収の「金銀銭相場表」による。
（8）前出『江戸物価事典』所収の「米相場表」による。
（9）前出『日本教育史資料』一、六六一頁。
（10）同前書二、二九九頁。
（11）同前書三、二四一頁。

(12) 同前書一、一二二頁。
(13) 同前書、八四頁。
(14) 青銅一〇〇疋＝銭一貫文、金一両＝銭六貫五〇〇文（文政年間）として計算。前出「金銀銭相場表」参照。
(15) 前出『日本教育史資料』一、五四六頁。
(16) 同前書三、一八一頁。
(17) 同前書二、八三一頁。
(18) 同前書一、四二〇頁。
(19) 同前書、四二三頁。
(20) 同前書三、五〇〇頁。
(21) 同前書、五二五頁。
(22) 同前書、四四七頁。
(23) 束脩として納入される金品を教職員一同に配分したり、束脩・謝儀ともに「師範家ニ納ム」と規定した藩が、むしろ多かった。
(24) 前出『日本教育史資料』三、四三五頁。
(25) 明治四年（一八七一）九月、旧山中藩領の一一ヶ村が協議して設立したもの。藩より建築補助費二五円を得ていた。
(26) 旧小田原県営の文武館を継承したもの。旧藩士、および農・町民を教育対象とした。
(27) 岩国藩「壬申三月授業料徴収告論」、前出『日本教育史資料』二、七九九頁。
(28) 明治四年（一八七一）五月「教導所規則」、同前書、四六二頁。
(29) 前出「壬申三月授業料徴収告論」。
(30) 「但従来沿襲の弊学問は士人以上の事とし国家の為にすと唱ふるを以て学費及其衣食の用に至る迄多く官に依頼し之を給するに非ざれば学ばざる事と思ひ一生を自棄するもの少からず」という観点から、小学校の授業料は毎月五〇銭とされた。なお、「被仰出書」の近代主義については、拙著『教育学』、一〇一―五頁参照。
(31) 前出「壬申三月授業料徴収告論」。以下同じ。
(32) 前出『日本教育史資料』三、二六一頁。

(33) 同前書一、三六四頁。
(34) 兵学教場出席簿「稽古事控」、山口県教育会編『吉田松陰全集』(昭和一一年版)、第七巻、一九—二六頁。
(35) 前出『日本教育史資料』一、一六八頁。
(36) 安政二年(一八五五)六月「定」、同前書二、八頁。
(37) 拙著『近世私塾の研究』、一〇〇—四頁参照。
(38) 「学中諸儀」、同前書一、三五五頁。
(39) 安永六年(一七七七)の諸則をみると、日時を限ってではあるが、農・町民の出席が認められていた。同前書、二八三—四頁。
(40) 同前書二、二八九頁。以下同じ。
(41) 同前書、六二三頁。
(42) 前出『吉田松陰全集』、第九巻、五五三頁。
(43) 大久保正編『本居宣長全集』、第二〇巻、一九一頁。
(44) 原漢文。幸田成友『大塩平八郎』附録所収。
(45) 前出『日本教育史資料』二、八八三頁。
(46) 同前書一、六六一頁。
(47) 同前書三、九〇頁。
(48) 同前書二、六二三頁。
(49) 同前書、四八二頁。
(50) 杉浦民平『維新前夜の文学』、一二八—九頁。
(51) 「童子教」、『日本教科書大系』、第五巻、教訓、一七一—二頁。
(52) 『福翁自伝』(岩波文庫版)、二〇一頁。
(53) 慶応二年(一八六六)一二月入門の森春吉は、束脩として一分銀一枚を納めている。慶応義塾編『慶応義塾誌』、六六頁。
(54) 慶応義塾編『慶応義塾百年史』、上巻、二六七—八頁。
(55) 前出『慶応義塾誌』、二七頁。

(56) 前出『慶応義塾百年史』、二六八頁。
(57) 井上義巳『日本教育思想史の研究』、三五四—七頁。
(58) 三名一括の束脩で金一分（一〇〇疋）。
(59) 前出『本居宣長全集』、第一九巻所収。
(60) 同前。
(61) 「授業門人姓名録」記載の門人のみを対象とした。
(62) 前出『近世私塾の研究』、一七四頁参照。
(63) 稲掛大平。寛政一一年（一七九九）四四歳のとき本居家の養子となり改姓。
(64) 本居清造『本居宣長稿本全集』、第二輯、五五三頁。
(65) 「定書」中の入門式。京都府医師会編『京都の医学史』資料篇、四四—五頁。
(66) 「入門式」、伊東栄『伊東玄朴伝』、一二二—三頁。
(67) 長与専斎『松香私志』、上巻、九頁。
(68) 万延元年（一八六〇）開校、北久太郎町三休橋筋西入南側にあった。
(69) 浦上五六『適塾の人々』、九一—二頁。
(70) 青木一郎『坪井信道の生涯』、二二三頁。
(71) 石井岩夫編『韮山塾日記』、一三九頁。
(72) 「束脩請払帳」、同前書、一二六—九頁。
(73) 同前書、一〇五頁。
(74) 前出「束脩請払帳」、同前書、一二八—九頁。
(75) 前出『本居宣長全集』、第一九巻、七—八頁。以下同じ。
(76) もっとも多かった高野長英は一二編。日独文化協会編『シーボルト研究』、二六四—七四頁。
(77) 安政四年（一八五七）一一月二四日付松陰より松浦松洞宛書簡に、「久保氏の新塾（八帖一室の塾舎）は果して本月五日を以て開けり。富永儼然として之れに主たり……」とある。山口県教育会編『吉田松陰全集』（大和書房版）、第四巻、一五五頁。

(78)「渡辺崋蔵問答録」、同前書、第一〇巻、三五八頁。以下同じ。
(79)「松下村塾零話」、同前書、三四九頁。
(80)兵学入門起請者は九二名の塾生中三四名。久保塾出身が判明しているのは、吉田栄太郎、平野植之助、伊藤利助、坂道輔の四名。前出『近世私塾の研究』、四八八―九〇頁参照。
(81)安政五年(一八五八)六月中の「食料月計」、前出『吉田松陰全集』、第一〇巻、一一―五頁。
(82)安政五年(一八五八)の夏から秋にかけての夜学に要した灯油料の記録「村塾油帳」、同前書、別巻、一六七頁。
(83)「渡辺崋蔵談話」第一、同前書、第一〇巻、三五四頁。
(84)百合之助・滝の夫婦には、松陰をふくめ三男四女(一人夭折)の子どもがあったが、その他、祖母の妹である寡婦とその舅、および一児が同居したこともあり、常時一〇人前後の大家族であった。
(85)寛政六年(一七九四)六月三日付書簡、奥山宇七編『本居宣長翁書簡集』、一六一頁。
(86)慶長一四年(一六〇九)当時は鐚銭四貫文が金一両で通用したが、銭価下落のため、この換算率はしだいに悪くなる。
(87)「倹約を勧むるの説」、『増補淡窓全集』、中巻、二頁。
(88)同前書、一―二頁。以下同じ。
(89)たびたび改定された規則中に、「酒店茶店等に出浮飲食致候儀、酺日たり共禁之」「外出の時、飲食に不レ可レ多レ費事」などといった箇条が見える。同前書、中巻参照。
(90)室町四条の自宅に開塾していた。宣長は宝暦四年(一七五四)五月一日入門、七年一月二日まで在塾した。
(91)「寄宿弟子衆入門之式」、前出『本居宣長全集』、第一九巻所収の大野晋「解題」。
(92)前出『近世私塾の研究』、三二六頁。
(93)同前書、二八二頁。
(94)「松下村塾零話」、前出『吉田松陰全集』、第一〇巻、三五三頁。
(95)前出『適塾の人々』、九二頁。
(96)前出『福翁自伝』、八六頁。
(97)「先考行実遺漏」、前出『坪井信道の生涯』、二二三頁。
(98)『久米博士九十年回顧録』、五二三頁。

(99)「久米邦武博士談話」、佐賀県教育会編『佐賀県教育五十年史』、八頁。
(100)文久二年（一八六二）一〇月二九日の時価。前出『日本教育思想史の研究』、三六六頁。
(101)前出『江戸物価事典』所収の「米相場表」による。
(102)前出『佐賀県教育五十年史』、九頁。「定詰稽古」、同前書、四四三—四頁。以下同じ。
(103)同前書、八一頁。
(104)石川正雄編『明倫堂記録』、八五三頁。
(105)「高鍋藩の教育」、同前書、一一三六頁。
(106)同前書、八七七—八頁。
(107)前出『吉田松陰全集』、第七巻、四三頁。
(108)同前書、第九巻、一二九—四七頁。
(109)嘉永四年（一八五一）一二月は小月、翌年一・二・三月はいずれも大月。
(110)嘉永四年（一八五一）九月二七日付杉梅太郎宛書簡、前出『吉田松陰全集』、第七巻、九七頁。
(111)小山松勝一郎『清河八郎』。
(112)加賀藩陪臣の子。安政二年（一八五五）八月入門、万延元年（一八六〇）三月まで在塾。
(113)前出『福翁自伝』、八六頁。
(114)青木一郎編『坪井信道詩文及書翰集』、三一七頁。
(115)玄朴の幼名勘造をもじったもの。前出『伊東玄朴伝』、一九頁。
(116)文政八年（一八二五）七月二七日の月旦評に「異教、圭吉為﹂僧改称」とある。前出『増補淡窓全集』、中巻、三四九頁。
(117)武藤厳男『肥後先哲偉蹟』、六四八頁。
(118)同前書、六四九頁。
(119)前出『本居宣長全集』、第一九巻、六四一頁。
(120)前出『本居宣長稿本全集』、第二輯、三〇八頁。

第六章　公権力の教育統制

第一節　サムライ学校の正学主義

江戸時代の官・公立学校、すなわちサムライ学校は儒教を中心教科目としたが、その学統、学派については必ずしも一本化されておらず、むしろ朱子学、陽明学、古学、徂徠学などが有名学者の登場ごとに交替するか、もしくは複数の学派が併用されている場合の方が多かった。たしかに、林家の家塾、のちの昌平黌では朱子学者羅山の学統を代々うけついだが、幕臣一統に出席を強制したわけではなく、したがって、彼らが市中の家塾や私塾で他学派の先生について学んでも、いっこうに構わなかった。このことは、諸藩のサムライの場合にも大同小異である。

朱子学が諸学派の中で名実ともに優位である時期には、ことさらに他学派を排斥する必要などなかったが、田沼時代のように、古学派や折衷学派が学問や教育の世界を席巻して朱子学派を凋落の一途に追い込むようになると、事情は大いに変わってくる。というのは、朱子学が官許の学であっただけに、その衰退はすなわち幕府権威の失墜を意味したからである。朱子学の総本山として自他ともに許した林家家塾の不人気ぶりは、入門者の中に幕臣の姿がごく稀れにしか見られなくなったことからも分かる。石川謙によれば、(1) 享保一八年（一七三三）から寛政四年（一七九二）までの六〇年間に林家家塾に入門したサムライは、総計四七九名中の一五五名を数えたが、幕府直参の旗本・御家人は僅かに二五名にすぎず、大半が諸藩士であった。身分不明の三二四名中には御目見を許されない幕府奉公人（与力・同心・御徒士・小普請組その他）や陪臣（旗本・御家人の家臣）などの下級サムライがかなりいたようであるが、(2) それにしても、幕府当局がもっとも就学を期待した旗本・御家人が全体の僅かに五・二％程度というのはお粗末にすぎよう。享保七年（一七二二）刊の『吹塵録』に諸藩士をのぞく江戸市中のサムライ人口が二万三三五五名とあるように、旗本・御家人と呼ばれる人びとは、どんなに少なく見積もっても万余を数えたわけだから、そのほとんどは林家家塾の教育と無縁であったということになる。

天明七年（一七八七）六月、老中に就任した松平定信はとりわけ教育改革に意欲的な人物としてしられ、早くも翌七月文武の指南者や出精者に関する調査をはじめ、また寛政元年（一七八九）七月の幕臣に対する「文武奨励の布達」(3) では、文武出精の者は不時に抜擢や昇進を行うが、不出精の者については家督を継いでも父の勤役につかせない旨を明らかにした。それまで、林家に独占されていた幕府儒官に新しい血をプラスする意味で、徳島藩儒柴野栗山（天明八年〈一七八八〉正月就任）、小普請組岡田寒泉（寛政元年〈一七八九〉九月就任）、大坂の儒者尾藤二洲（寛政三年〈一七九一〉九月就任）らのいわゆる寛政の三博士を次々に登用したのも、いかにも定信らしい英断である。

寛政二年（一七九〇）五月二七日、老中首座松平定信は大学頭林信敬に、「朱学之儀ハ慶長以来御代々御信用ノ御事ニテ、既ニ其方家代々右学風維持ノ事被二仰付一候儀ニ候ヘバ、無二油断一正学相励ミ、門人共取立可レ申筈ニ候。然ル所近頃世上種々新規ノ説ヲナシ、異学流行、風俗ヲ破リ候類有レ之、全ク聖学衰微ノ故ニ候哉、甚以不二相済一事ニ候。其方門人共之内ニモ、右体学術純正ナラザルモ折節ハ有レ之様ニモ相聞、如何之事ニ候。此度聖堂御取締厳重ニ被二仰付一、柴野彦助・岡田清助儀モ、右御用被二仰付一候事ニ候ヘバ、能々此旨申渡シ、急度門人共異学相禁ジ、猶又自門他門ニ不レ限申合正学講究致シ、人才取立候様相心掛可レ申候事[4]」という訓告を与え、またその意を体した信敬は、ただちに門人中に、「近来種々の新規の学流行、われら門人にも右ていの学いたし候者これあり候ように相聞こえ、このたびご察度をこうむり候段、われらも恐れ入り、面目を失い候仕合わせに候、この後は門人一統正学いたし、正精人柄相慎しみ候よう、きつと相心得申すべき儀と存じ候[5]」という示諭を発した。いわゆる寛政異学の禁であり、幕府が官許した朱子学のみが正学で、その他の諸学は異学であるから、聖堂や林家家塾で教授してはならないという趣旨であるが、定信の意図が奈辺にあったにせよ、その適用範囲は幕府の学校だけにとどまらず、しだいに諸藩藩校や民間在野の諸学校にまで及ぶことになった。

白河藩主時代には、「学文の流義《ママ》は何にてもよく候、何の流義もよき事あり、又あしき事あり候（中略）、家中は何の流義にもいろいろあるがよき事[6]」と、むしろ自由濶達な学問観の持主であったと伝えられる定信が、老中職に就くや、一転して朱子学正学主義を採用したのはなぜだろうか。定信自身、朱子学を学ぶようになってからは、これを唯一無二の正学と信じて疑わなかったという傾倒ぶりもさることながら、やはり最大の理由は、彼のいわゆる「聖学衰微」、「異学流行」のゆえに、世上一般に「風俗ヲ破リ候類」がいちじるしくなったと観ぜられる現状であろう。眼前の弊風を一掃しようとすれば、まず何よりも異学を排除して正学にかえる、すなわち朱子学の興隆を図らなければならないというわけである。朱子学正学主義が幕藩体制の建て直しという政治改革のいわば基本原理と考えられていたのであり、それがまた、たんに聖堂や林家家塾における学統の確立にとどまらなかったゆえんでもある。異学の禁が出た同じ年、幕府が出版物の取締りを令し、新刊書についてすべて奉行所への伺出を義務づけ、禁を犯して洒落本を書いた山東京伝を獄につなぎ、また『海国兵談』や『三国通覧図説』など、「奇怪異説等取りまぜ著述」(7)した林子平を、「公儀をはばからざる」かどで蟄居させたのも、そのことと無関係ではなかろう。

朱子学以外の諸学派の人びとが、異学の汚名を冠せられることに甘んじていたわけでは、もちろんない。上書や質問書など、駁論の形式はさまざまであるが、要するにそれらは、㈠、仁義道徳を教え、治国安民に役立つのは儒学一般に共通するところで、朱子学のみに限られない、㈡、朱子学は家康と羅山の偶然の出会いから採用されたもので、唯一絶対の学ではない、㈢、学問が発達するにつれ、種々の学説が生まれ、学派が生じるのは自然の勢いであり、異説がふえ、競争が激しくなるほど学問が進歩するといえる、などというものであった。

上述のしごくあたり前の発言も、権力者定信の圧倒的な政治力の前には大して効果がなく、異学の禁は確実に諸方へ波紋の輪を広げていった。そのさい、もっとも大きな被害を蒙ったのは、江戸市中で幕臣の門人多数をかかえていた漢学塾である。経営規模の壮大さでは江戸随一を誇り、「旗本の士の来り学ぶ者千を以て数ふる」(8)といわれた亀井鵬斎の塾のごときは、教師その人が隣家のサムライ某の上書代作の嫌疑をかけられていたこともあり、定信の忌諱にふれることはなはだしく、後難を怖れた門人の退学が相次ぎ、ついには「門前寂然」(9)となって廃塾した。鵬斎自身が、「学術の異なる為かくの如し」といっているように、その最大の理由は、彼が著名な折衷学者であったためである。やはり江戸市中で二〇年来門戸を構え、諸大名や旗本の門人が多かった折衷学者冢田大峰の場合も例外ではなく、幕府への上書の中で、「近日に至り旗本の面々の入学せんとするに、先ず其の学風の何たるかを尋ね、朱子学ならざれば越中守殿（定信）御嫌などと申し遠慮せらる」(10)というような被害を蒙り、その塾は急速にさびれた。

老中首座、将軍補佐の大任にあった権力者定信の意を迎えようとする人びとが、従前のいわゆる異学を棄てて朱子学に走ったのは、かくべつ不思議ではないが、(11)そうした傾向に拍車をかけたのは、寛政四年（一七九二）にはじまった幕臣を対象にする素読吟味（一五歳未満児に対し四書五経、『小学』、『孝経』などの句読をテストする）、学問吟味（一五歳以上の者に経義・歴史・作文などをテストする）の試験制度が、朱子学一本で行われたことである。その徹底ぶりは、受験のさい、まず学派が何であるかをたずね、異学を学んだものは門前払いにしたという一事[12]をみても分かるが、この試験でよい成績をおさめればお番入り、すなわち何がしかの役職につき、立身出世することも望めたのだから、ますます朱子学の勉強に熱が入ることになった。異学系の漢学塾から旗本や御家人の姿が見えなくなったのは、あるいはこの試験制度による締めつけの影響が大きかったのかもしれない。

ところで、大学頭林信敬への訓告という形式をみるかぎり、異学の禁ははじめ、幕府直轄の学校やそこで行われる試験を視野に入れたもので、諸藩の教育政策とは何の関係もなかったが、林家家塾や昌平黌が伝統的に諸藩藩校の教官の養成所的な役割を果たしてきたという事実、石川謙の調査によれば[13]、一三〇藩にわたり五三六名の儒官が林門出身であり、これは入門者総計一二〇五名中の四四・五%にあたる、またそれにもまして、幕藩体制下の中央政治の動向に敏感に反応する地方政治のあり方からして、いつまでもその影響の圏外にあることは難しかった。定信自身の白河藩は、すでに天明四年（一七八四）に町布令を出して、「書物類は昔からあるもので十分である。是から新規に作り出すことは相成らぬ……[14]」と出版物の取締りを行っており、異学の禁を受け入れる素地は十分にできていた[15]。現に、異学の禁が達せられた翌月、早くも藩内全域に、「勉め申すべきは程朱の学にて候。かやうに申候ては狭きことと存ずべく候へども、見る所これあり候間申入れ候[16]」と令したが、多くの諸藩も遅かれ早かれこれに追随した。寛政七年（一七九五）には、定信の後を継いだ松平信明が全国の諸藩に向けて異学者登用の禁止令を出したこともあり[17]、そうした傾向にさらに拍車がかかった。

ところで、同じように朱子学正学主義を標榜したといっても、その実態は必ずしも一様ではない。たとえば姫路

（元禄六年〈一六九三〉）、鹿児島（安永二年〈一七七三〉）、佐賀（天明元年〈一七八一〉）、小浜（天明二年〈一七八二〉）、広島（天明五年〈一七八五〉）の諸藩のように、早くから朱子学の遵奉をいい、異学を禁じていたところでは、[18]従前の方針を再確認したにすぎないが、福岡藩のように、かねてから朱子学・徂徠学二派の角逐に悩んでいたところでは、異学の禁を奇貨として、このさい断然徂徠学を排除する挙に出た。はじめ陽明学、のちには徂徠学が朱子学を圧倒した熊本藩で、朱子学を根底にする学制改革がスタートしたのも、異学の禁にうまく便乗したものである。

時期的にはやや遅れるが、幕府直轄学校の昌平黌教授スタッフに、「陽朱陰王」とそしられた佐藤一斎がいたように、朱子学正学主義をかかげる諸藩藩校の教官の中にも、建前と本音の相違していたものが珍しくない。異学の禁を定信に慫慂したという頼春水を擁する広島藩は、早くも天明五年（一七八五）末の時点で、学問所を「程朱学に統一」[19]し、古学系の儒官香川南浜、梅園太嶺、駒井白水の常勤を差し止めたが、定例の講釈（毎月一二回あったらしい）については従来どおり交替で担当させた。寛政元年（一七八九）一一月にはさすがに彼らの出勤が全面禁止となり、儒官を免ぜられたが、自宅に弟子を集めて教授する自由はあった。[20]南浜のごときは、この年城下常林寺小路に下賜された屋敷に門弟の資金援助を得て修業堂を再興したが、その没後、駒井白水、梅園太嶺が相次いで教授したように、これは事実上古学派の学校であった。毎月末諸生の氏名一覧を学問所へ届出るように義務づけられていたのも、この学舎が準藩校的なものであったことを物語る。[21]なお、寛政四年（一七九二）南浜の没後は、修業堂は官立となり弘化年間まで継続した。表向きはあくまで朱子学正学主義を奉じたが、一方で古学派の授業も絶やさないというやり方であり、ほとんど二学館の併行時代といえるだろう。

開学以来、朱子学、仁斎学、徂徠学などが競合していた和歌山藩学習館では、寛政五年（一七九三）に、「学官所レ構以二宋学一為レ主、不レ許雑二他説一」[22]と定めたが、儒官の多くは依然として徂徠学や古学を奉じ、各人の自宅に設けられた家塾で教授したという。このあいまいさはその後も変わらず、天保一四年（一八四三）には、朱註だけでなく、古註の講究を認め、教科書として『春秋左氏伝杜註』を採用しているから、異学の禁はいちじるしく後退した。(23) 藩校では朱子学を講じ、家塾では異学を講ずるという変則的な方式をあえてしたのは、御三家という和歌山藩の立場とも無関係ではなかったと思われるが、観点をかえてみれば、形式さえ整えば、朱子学正学主義はどのようにでも運用可能であったということであろう。このことは、朱子学に一本化されたはずの諸藩藩校のあちこちに、実は「陽朱陰王」や「陽朱陰物」、すなわち陽明学や徂徠学を奉ずる儒官が珍しくなかったことにもうかがえる。独立の学舎をもたず、儒官の家塾でこれに代替させていた中・小藩の中に、異学の禁と関係なく、徂徠学や古学の学統をうけつぎ、あるいは朱子学と諸学を併用するものが多かったのも、同様の範疇であろう。藩当局が開設し、経営する学校で異学を奉ずることは憚られるが、儒官個人が自宅で教授するのはかくべつ問題にならないと考えられたようだ。とはいえ、これらはいずれも正学主義の枠内で行われ、その規をこえることはなかった。

前にもみたように、もともと異学の禁は、朱子学の正学たるゆえんを学問的に解明したうえで出されたものではない。のちに定信自身が、「程朱の学を学びしにぞ今に変ることとなし」「年月多く此流派に一定したると、良き人の多く尊信したると、尊信したる人の多きとを以て考えぬれば、程朱の説を信ずるは誤少しと言うべからんか」(24)と弁解したように、朱子学がいちばん弊害が少ないから、正学にして政治的に活用しようというのである。風俗のいちじるしい乱れという眼前の弊害を矯正するために、幕府官許の学である朱子学一本ですべてを律していった方が分かりやすい、閉息状態にある朱子学を浮上させるには異学を厳に抑制しなければならない、つまり公的世界から排除してしまうのがいちばん手っとり早いと信じられたのであり、取締りの対象にされたいわゆる異学者にしてみれば、寝耳に水の災難という他はなかった。田沼時代の積弊を一掃するべく、御政道全般の革新をめざした定信が、幕臣を中心とする人びとに自らの改革の趣旨をよりよく理解させ、またこれに積極的に協力する心性を期待したのはあたり前だが、そのことは、彼が信じて疑わなかったように、唯一特定のイデオロギー、この場合朱子学によってはじめて可能であった。なぜなら、百家争鳴的な諸学の主張に耳を傾けることがいくら原則的に正しくても、強権発動の政治にはふさわしくない。改革が大規模かつ徹底的に行われる非常時であればあるほど、その基本原理として朱子学の学統を確立することが必要になる。世の中の人びとが勝手気ままに、「思ひよることを言ひたらば、何をもて後の世を救ひなん」[25]という危機感が強かっただけに、「世を救ふ」ための「おほやけの学」を確立する政治的な立場が重要視されたということであろう。

似たような事情は、諸藩藩校においてもみることができる。たとえば萩藩明倫館では、異学の禁に遅れること四五年、すなわち天保六年（一八三五）第一〇代学頭山県太華のとき、従前の徂徠学を棄てて朱子学に代えることになったが、正式に学統として定められたのは、嘉永二年（一八四九）の明倫館重建のさいである。これ以後、藩内各地にあった郷校が次々に朱子学を採用し、ついで支藩藩校がこれに倣ったが、やがてその波紋は、民間在野の諸学校にまで及んだ。とりわけ萩城下の漢学塾がうけた影響は大きく、安政初年ごろには、吉田松陰が、「一言半句朱註に戻れば異端雑学と号す」[26]と批判したように、その大半が朱子学正学主義を奉じていた。

塾の開廃・経営などのすべての面で藩当局のコントロールの外にあった私塾が朱子学に傾斜したのは、その教育が事実上明倫館の補充・代替の役割を果たしていたためである。就学強制が実施されていなかったこともあるが、萩城下のサムライは藩校よりもむしろ私塾に学ぶものの方が多かった。下士層や百姓、町人にも門戸を開放していた松下村塾でさえ、明倫館に入学資格のある中士以上のサムライの子弟が六一％[27]を占めていたという事実が、そのことを裏書きしてくれる。朱子学正学主義を徹底しようと思えば、漢学塾の存在を無視できなかったわけであり、藩主が参覲交代より帰るたびごとに行われた「上聴」と称する試験に、私塾に在学中の子弟も出席させて学力を試めそうとした。[28] 朱註のみで行われる試験に優秀な成績を収めようとすれば、いきおい朱子学よりの勉強を日頃からやらなければ駄目である。正学主義を押しつけなくても、城下の漢学塾が遅かれ早かれ朱子学へ一本化されていったのは、自然の勢いというべきであろう。

藩校明倫館は開校後の一時期、正確には享保三年（一七一八）より元文二年（一七三七）までの一九年間、朱子学を採用していたことがあるが、その後はずっと一〇〇年以上も徂徠学を奉じており、異学の禁が出されたときも、これに追随こそしなかったが、明倫館の学風は必ずしもその趣旨と背馳するものではなかった。というのは、開学以来一貫してそうであったが、明倫館ではいったん学統を確立すると、その他の学派はいっさい採用しなかったからである。学校の規模が大きい萩藩のような大藩になると、学統が確立されても、その周辺に複数の諸学を配した折衷学風の行き方がむしろ普通であった。たとえば彦根藩稽古館（のち弘道館）は、寛政一一年（一七九九）の開学時より朱子学を学統としながら、その後も儒官の多くに古学派を採用した。つまり、正学主義は多分に名目的であったが、[29] 明倫館ではそのようなことはいっさいなかった。事実、徂徠学の時代には朱子学以下が異学となり、また朱子学に代ると、徂徠学以下が異学扱いされるという徹底ぶりであるが、この学統を常に一本化するやり方は、複数の学派を併行することによって生ずる無用の摩擦や混乱をさけ、藩政の基本原理を絶えず明快化していた方が好都合と考えられたためのようだ。関ヶ原の敗戦により、防長二国に押し込められた萩藩は、常に亡国の危機感に脅やかされ、それゆえにまた、国内の一本化、挙藩一致的な結集を必要としたのであるが、天保時代になると、防長二国を震憾させた大一揆[30]に新しく外圧の増大が加わり、いわゆる内憂外患の深刻化がいちじるしかっただけに、そのことはなおさら焦眉の課題であった。

たしかに、藩校明倫館を中心とする上からの教育政策の藩内全域への滲透は、嘉永二年（一八四九）以降であるが、明倫館の重建そのものは天保年間にさかのぼり、なかんずく、その起点は太華の朱子学正学主義の標榜にあった。挙藩一致体制を教育的方面から実現しようと思えば、まず何よりも学統を明らかにし、唯一特定のイデオロギーを確立することが期待された。対外国戦争だけでなく、対幕府戦争すら予想される状況下で、今まで以上に挙藩的結集が叫ばれつつあっただけに、そのことはほとんど絶対の条件といえた。(31)

朱子学を正学にするさい、学問的な是非が検討された形跡のないのは幕府の異学の禁と似たりよったりであるが、おそらく、重建のような大規模の改革を企てる場合、官学の学統をそのまま導入する。つまり幕府追随で行く方が万事に好都合と考えられたためであろう。学頭の太華自身が林門出身であったことが朱子学を選びやすくしたことはもちろんだが、教官の多くも藩の方針が変わる前後に林門に遊学しており、藩命で朱子学へ転向した可能性がつよい。石川謙の調査では、(32)宝永四年（一七〇七）初代学頭の小倉尚斎が林門に入学してから一二六年後の天保四年（一八三三）まで、萩藩から一人の入門者もなかったが、翌五年になると突然三名が入門した。その一人に第一一代学頭の平田新左衛門がいたが、天保一二年（一八四一）入門の第一四代学頭の小倉尚蔵、また一四年（一八四三）入門の第一三代学頭の中村伊助らも含め、もと徂徠学者であり、おそらく、朱子学正学主義の採用に照準を合わせた遊学であろう。いずれも世襲の家業人であるから、止むをえなかったのかもしれないが、それにしても、ある日突然徂徠学を棄てて朱子学へ走るというのは、いかにもこの藩らしい割り切り方である。

儒教の一学説でしかない朱子学を金科玉条とし、他学説はすべて異学として斥けるという、もっとも非科学的な教育の場に多くを期待できなかったのは、当然だろう。冢田大峯が早くも危惧した、「若し此のままにして進み行かんか、学問も遂に諂諛阿順となり、世俗の所謂我本尊美となり、貨財を以ておもねらず、貨財以外の賄路を以ておもねるに至る」[33]という想いは、不幸にもそのまま的中した。天保から嘉永にかけての激動の時代に、林家の塾長であり、昌平黌教授でもあった佐藤一斎が、朱子学者を装いながら、実は陽明学に傾斜していたことは有名であるが、このいわば二重人格的なあり方は、異学の禁が出されてから官学系の学者たちにしばしば見られたところである。一斎の場合は、「陽朱陰王」というより、朱子学、陽明学いずれにも等距離を保ち、決して一方に偏しないと自負した点で、むしろ折衷主義者というべきであるが、この立場は、彼の学問だけでなく、生き方のすべてに共通していた。

陽明学者大塩中斎の献じた『洗心洞箚記』に危険思想を察知して批評を辞退した処世術は、その何よりの証拠であるが、いったいに彼は、「すべて時事の是非、時事に処する態度如何のごときについては先生は一言もせざりき」[34]と門人が回想するように、時事、経世に関する事柄にはいっさい沈黙を守った。小藩の岩村藩（三万石）ではあるが、家老の子という恵まれた家庭環境に育ち、また林家に入門してからは順風満帆、ついに塾長の地位に昇り、昌平黌教授に抜擢されるという学者として最高の栄誉にかがやいた人物に、もともと現状に対する不満などあるはずもない。それどころか、現体制の転覆につながるラジカリズムは、彼のもっとも嫌悪したところであろう。

何事によらず、過激に走ることを排し、波風の立たない中道を求めるという安全無類ぶりは、ペリー来航のような非常事態を迎えるとたちまち馬脚をあらわす。事実、海防問題に関する昌平黌教官への諮問に、最初はあくまで、「祖宗之法」の遵守、すなわち鎖国論を唱えた彼は、幕府の方針がいったん開国ときまると、一転してこれに追随し、はては通商関係を認めてもよいなどという全面開港論に一八〇度変貌してしまった。[35]しかも、この無定見、無節操の極致は、吉田松陰が、「林家、一斎、筒井等皆和議を唱ふるの俗儒」[36]と批判したように、一斎を含めた官学系の学者たちにほぼ共通してみられるところでもある。

黒船来航に何一つ有効な提言のできなかったのは、朱子学という狭い視野でしか物事をとらえ、判断することのできなかった御用学者たちにとって無理からぬところであっただろう。すでに海防問題は、アヘン戦争の情報ひんぴんたる天保末年には、蘭学系の人びとを中心に百家斉放の議論があったが、いずれも御用学者たちの受け入れるところとならなかった。嘉永四年（一八五一）すなわちペリー来航の二年前に、同じ松陰が、「林家・佐藤一斎等は至つて兵事をいふ事をいみ、殊に西洋辺の事ども申し候へば老仏の害よりも甚しとやら申さるる由」(37)と書いたのも、決して誇張ではない。

蕃社の獄(38)や長崎事件(39)など、一連の蘭学者狩りの黒幕が、昌平黌の事実上のトップ・リーダーである佐藤一斎だとする説には確証がないが、弾圧の実行者鳥居耀蔵が大学頭林述斎の実子であったのは、偶然の一致ではなかろう。現に、いずれの事件にも、ムリヤリ証拠をでっち上げた鳥居の異常なまでの執念が感じられるが、蘭学への好悪の感情以前に、彼の頭の中に朱子学の牙城だけは何としてでも守りたいとする並々ならぬ決意があったことは、間違いないようだ。

もっとも、そのマイナス効果が現われるのに大して時間はかからなかった。ペリー来航時の幕閣をあげての周章狼狽のさま、なかんずく、官学系の学者たちすべての無能ぶりは先述のとおりであるが、新しい時代状況にいち早く反応し、また有効に対処しえたのは、皮肉にも鳥居の最大の反対者であった江川太郎左衛門を先頭にする蘭学者たちであった。その意味で、実に黒船こそは、異学の禁にはじまる幕府官学系の教育が何であったかを見分ける、いわばかっこうのリトマス紙に他ならなかったのである。

事情は、諸藩の藩校においてもまったく変わらなかった。『大隈伯昔日譚』は佐賀藩弘道館の朱子学正学主義を、「一藩の人物を悉く同一の模型に入れ、為めに倜儻不羈の気象を亡失せしめたり」(40)と酷評したが、問題は、「私学、私塾の如きは之を賤斥して士林に歯ひせられす。他に新奇なる学説意見を立るものあれは、悉く目するに異端邪説を以てし、痛く之を排斥したり」というように、これを藩内全域の諸学校にまで及ぼしたところにある。「一藩の年少子弟は皆此の厳格なる制裁の下に束縛せられ、日夜孜々として只管に文武の課業を励むの外は、毫も游刀の地はなかりしなり」という閉息状況は、「余多の俊英を駆りて凡庸たらしめ」る、つまり、もっとも非教育的な結果しかもたらさなかった。学制改革に失敗した大隈自身が脱藩という非常手段に訴えざるをえなかったのが、その何よりの証拠であろう。

第二節　庶民教化――良民の育成

「百姓は知らしむべからず、拠らしむべし」的な愚民観は、いっさいの知的情報を治者であるサムライ階級の側に占有してしまおうとするものであり、百姓町人などの被治者は、すべからくお上の威令に従順に服しておればよろしいという考え方である。ただ、そうはいうものの、すべての人びとが眼に一丁字もない文盲であることは、サムライ政権にとって必ずしも望ましいことではない。なぜなら、馬上によって得た天下を馬上によって維持するのでなく、「聖賢の道」、すなわち「文道」によって治めようとすれば、学問や教育に大きな期待をかけざるを得ず、当然のように、一般庶民もその埒外ではなかったからである。お上の威令、たとえば法規や制札の類いを広く民衆部分に理解させるために、一定程度の学力が必要であったことを思えば、そのことは容易に分かるだろう。

たしかに、水呑み百姓の隅ずみまで読み書きが普及しなくてもよかったが、少なくとも、郷村社会のリーダーである庄屋・年寄などの村役人クラスの人びとは、サムライ階級に準ずる教養を必要とした。たとえば寛文八年（一六六八）岡山藩内に創められた一二三校の手習所は、庶民教育のための公的施設としての郷校・教諭所のもっとも早い例であるが、いずれもこのような教育要求を体していた。

サムライ学校すらまだほとんどなかった時代に、早くも庶民教育機関を発足させたのは、藩祖池田光政のブレーンとして藩政を牛耳った陽明学者熊沢蕃山であるが、もともと彼には正確な意味での庶民教育論はない。「学校は、文学の所也。政といへるは何ぞや。云、学校は、人道を教る所也。治国平天下は、心を正しくするを本とす、是政の第一也。其上大君の諸侯を親み給ひ、父子のごとく、兄弟のごとく、心服するは、学有よつて也(41)」というように、政治の根本は道徳にあり、人道を教える学校こそが政治の出発点と考える蕃山にとって、サムライの教育が最大の関心事であった。道徳的にすぐれた士君子が政治の衝にあることによって、人心は自然に感化され、世の中全体がうまく治まるという考え方であり、被治者である百姓や町人の教養の有無は、さしあたり問題外であった。いわゆる先武後民説であり、政治に関わることの多い身分の高いサムライの教育ほど重要視されたのは、そのためである。

庶民教育にさして関心のなかった蕃山が、なぜ、一挙に何百もの手習所を新設したのか不思議だが、よく見てみると、これらの施設はもっぱら村役人クラスの子弟を対象にしていた。たしかに、時代が下ると、土着の下級サムライや他藩人の入学も認めるようになったが、やはり主眼点は、大庄屋・名主・年寄・豪農・神官・僧侶・医師など庶民階級中の指導者養成にあり、とくに村役人の子弟については、ほとんど強制就学であったらしい。領内一二郡に隈なく配置された手習所の就学者が総計二一五一名にも達したのは、そのせいであろう。ちなみに、彼らの出身村は四七六を数え、一村あたり平均四・五名余になるが、これは在郷の村役人クラスの定数にほぼ合致する。いずれにせよ、一般庶民の子弟はこの手習所とまだ無縁であった。

ところで、一二三校の手習所の命脈は意外に短く、早くも六年後の延宝二年（一六七四）には一四校に整理・統

図 7　岡山藩の郡中手習所

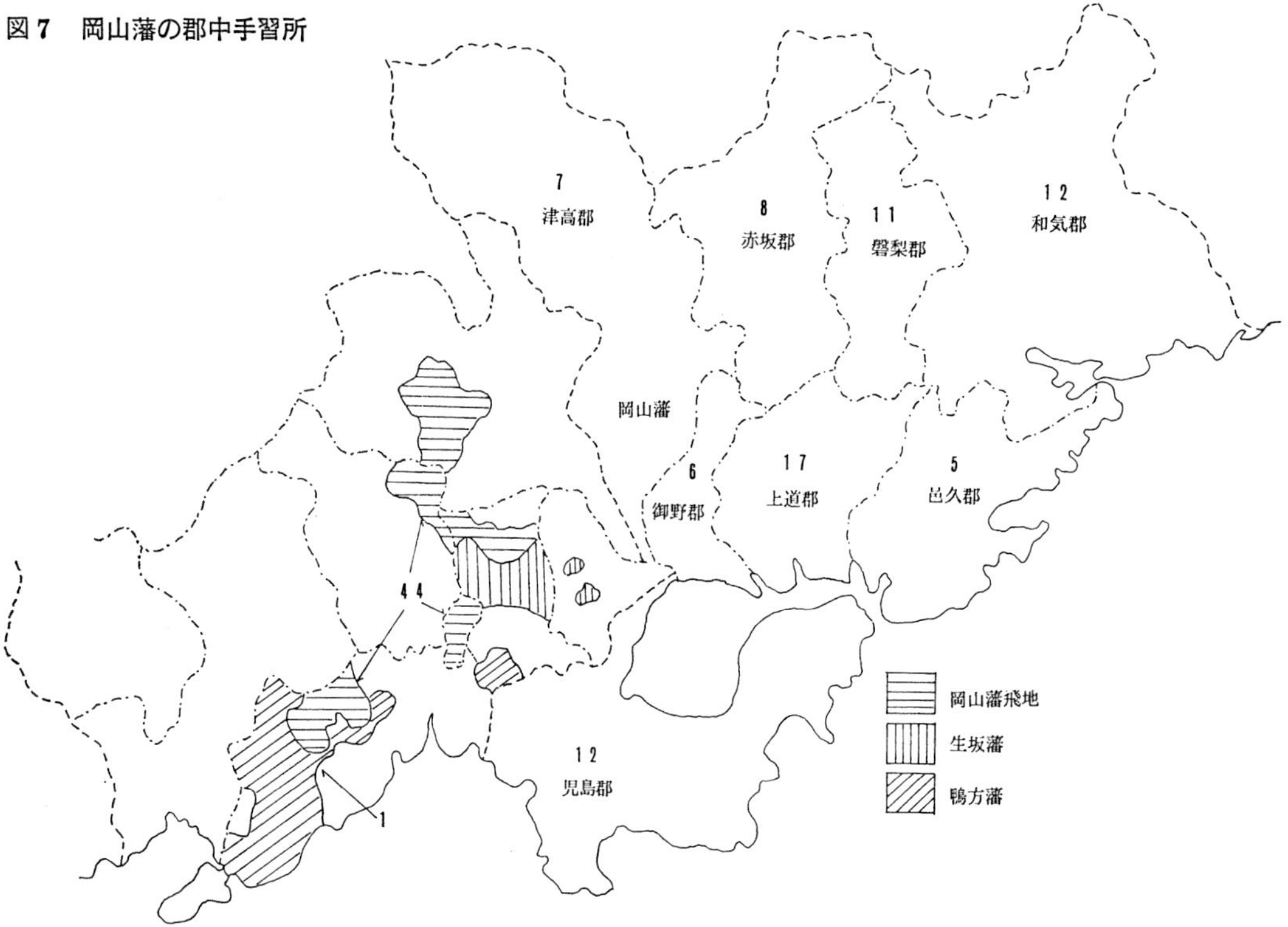

『閑谷学校史』，谷口澄夫『岡山藩政史の研究』などにより作成。
1）郡名などは幕末期のもの。　2）数字は表28参照。

表28　郡中手習所一覧

郡　　名	手習所数	教師数	生徒数	年　齢	出身村数	人　　口	就学比
口上道	11	11	128	6～18	34	35, 021	0. 82
奥上道	6	6	159	7～15	34		
御　野	6	6	150	7～17	62	17, 679	0. 85
和　気	12	12	201	7～20	52	30, 287	0. 66
邑　久	5	5	159	8～22	25	42, 886	0. 37
赤　坂	8	8	178	7～19	67	27, 224	0. 65
磐　梨	11	11	179	7～18	40	17, 815	1. 00
口津高	6	6	139	7～18	36	31, 825	0. 56
奥津高	1	1	40	7～20	22		
児　島	12	12	162	7～18	32	41, 443	0. 39
備中山北南	44	45	595	4～26	53	19, 646	3. 03
備中浅口	1	5	61	10～21	19	15, 939	0. 38
合　計	123	128	2,151	4～26	476	279, 765	0. 77

『閑谷学校史』，谷口澄夫『岡山藩政史の研究』などにより作成。

1）人口は延宝7年（1679）調査のもの。

2）享保11年（1726）調査では御野郡の人口51, 163名。

3）就学比は人口中に占める在学者数。

4）備中山北南は窪屋，下道，都宇，賀陽郡の一部を合せたものであろう。

合され、翌三年には閑谷学校一校をのぞき全廃された。藩主光政の隠退、執政蕃山の失脚が直接のきっかけであるが、やはり手習所が上から与えられた施設であり、庶民層の自生的な教育要求に支えられていなかったことが、決定的な理由であろう。なお、教育内容は、閑谷学校の教則や日課をみると、[42] 岡山城下の藩校花畠教場のそれに準ずるもので、やや低度のカリキュラムを有していた。はじめ習字と素読（五と十の休日以外は毎日午前一〇時より午後一時まで。テキストは『孝経』、『小学』、四書五経）の二科目制をとり、随時これに講義（一と六の日の午前一〇時から講堂で行う。テキストは四書。三と八の日は午後二時より習芸斎で行う。テキストは五経、諸賢伝）を加える程度であったが、これは、その教育対象である庶民層に期待された教養や知識のレベルを反映したものであろう。

全国的にみると、岡山藩のような公権力の直営する郷校・教諭所の登場はかなり遅く、むしろ当初は、在野の郷民有志の発起した教育施設に幕藩当局の物心両面からの援助がプラスされ、しだいに半官半民の学校へ発展していくのが普通であった。享保二年（一七一七）摂津平野郷に土橋友直ら六名の有志により開設された含翠堂の場合は、まだよほど私立学校的な形態を有していたが、(43) 享保八年（一七二三）江戸に菅野兼山が官金三〇両の下賜と土地の恩貸を得て創めた会輔堂、(44) 翌九年大坂で、将軍吉宗の内意に応じた三宅甃庵が官許を得、土地を下賜されて創めた懐徳堂(45)などは、ほとんど半官半民の学校と変わらなかった。

江戸や大坂などの都会地に設けられた郷校が、学校の設立や維持・運営に直接タッチした町人層の教育要求に応えるべく、実利実用を重んずる教育に比重をかけていたことは想像に難くない。もっとも、半官半民というその形態上、学習カリキュラムの枠組自体に大きな変化はなく、封建道徳を身につけ、町人の分限に安んずる教育という基本ラインは、いずれもはっきりしていた。その意味では、含翠堂をことさら、「全期を通じて民衆側からの自発性にもとづ(46)」く民間有志の学校ととらえ、そこでの教育があたかも権力から独立していたかのようにいうのは、やはり過褒の類いであろう。

含翠堂の教育の安全無類ぶりについては、開校時の領主古河藩本多忠良以下、歴代の領主権力がこれを追・公認し、しかも、常に何がしかの財政援助を与えたという一事にすでに明らかであるが、これを裏書きするように、三輪執斎「含翠堂記」も、「富ミ貴きハ貧しく賤しきをくたりいつくしミ、貧しく賤しきハ富ミ貴きをしたしミいたたき、才ある者ハ拙き者ををしへ、愚かなる者は賢きにならひ、相ともに、進てハ公の賦役を重んし、退ては父兄につかへ妻孥をはこくまハ、その説ところ異なる所ありとも共に堯舜の徒たるへし（中略）、況をのれを是として人を非とし、我にひとしきをよろこひ我にことなるをにくミ、父兄に和順ならす、朋友相争ひ、訟をこのミ事をおこして風俗をみたる者あらハ、誠に聖代の罪人なるへし（中略）、願は講読の君子、かく本とする所をうしなはすして、校中の式は訓蒙大意の旨に従ひ、広く諭俗の四条をよミきかせ、時のよろしきをはかりて、これを誘わハ、鶏の刀もあに牛を割へからさらんや」[47]などと伝えている。

住民有志中が基金を出し合って学校を建て、教師を招聘するというのは、郷校のつくられ方としてはしごくありふれたものであり、現に、懐徳堂も五同志[48]とよばれる有力町人の共同出資で創められたが、そこでの教育にお上の権力への違和感のようなものはない。第四代学主の中井竹山は、「最初ニ官命ヲ奉ジテ設タル故私に非ズ」[49]、すなわち「公儀ノ学校」であるという世評に対して、実態はむしろ「私校」であることを強調しながら、官費負担の割合をいっそう拡大して、できるだけ「官校」に近づけたいといったが、この発言は財政上の理由からだけでなく、彼がもともと、「私校」と「官校」の教育に質的な差異を認めていなかったことによるもののようだ。彼のめざす懐徳堂の「官校」化とは、これを昌平黌の大坂分校に昇格する謂であったことが、そのことを何よりも雄弁に説明してくれるだろう。

幕藩体制に過不足なく順応する人間をつくるという点では、寛政年間（一七八九―一八〇〇）にはじまり、文化・文政期（一八〇四―二九）に入って隆盛を迎えた幕藩当局の直轄する郷校・教諭所の場合が、とくにいちじるしい。たとえば代官早川正紀が天明元年（一七八一）から文化五年（一八〇八）にいたる在職中に、その赴任先の幕府天領の住民を対象にした郷校教育、すなわち寛政八年（一七九六）美作国久世[50]に創めた典学館、寛政一〇年（一七九八）備中国笠岡[51]に創めた敬業館、享和三年（一八〇三）武蔵国久喜[52]に創めた遷善館などは、その代表例である。

早川代官が郷校設立に関心を示すようになったのは、彼が赴任したいずれの地においても、「堕胎圧殺又健訟濫訴、博奕淫佚、遊惰あらゆる弊風[53]」がはんらんし、しかも、従前の布令・制札の類いではいっこうに効果がなかっためである。当初は、成人向けの道徳講話を不定期に施す程度であったらしいが、しだいにこれを定期化し、またその対象を年齢の若い青少年にまで拡大した。教諭活動とは別に、経書講釈のような授業もはじめられたが、これは主に寺子屋や私塾に学ぶ年齢層の青少年を対象にしていたようだ。たとえば典学館は、寛政三年（一七九一）に創められた教諭所にさかのぼるが、この時点ではまだ、農閑期に一、二度代官所付きの講師が領内を巡見して教諭する程度にとどまっている。寛政八年（一七九六）に完成した典学館の時代になると、町方には毎月二度、遠隔地にも年一回は必ず巡回教師が派遣された。いずれも成人向けの道徳講話であり、各村ごとに置かれた世話掛が五人組に働きかけて出席者の確保につとめている。無断欠席者が「親類組合」と連名で始末書を差出しているところをみると、聴講は事実上強制であったようだ。

典学館にはその他、毎月六日定日に「小子の輩」を対象にした『孝経』の講釈があったが、『論語』『孟子』『大学』『中庸』なども適宜テキストに加えられ、独考や会読形式の授業も行われているが、この辺は漢学塾あたりの教育と大して変わらない。[54]

教諭と授業の併行は、二年後に開校した敬業館にもみることができる。学館の位置する笠岡は毎月一回、支配の村々には毎年一回講筵が設けられたのは典学館と似たりよったりだが、授業は四子六経をテキストにしてほとんど毎日のように行われたらしい。[55] 学館の規模をみると、講堂広間（二〇帖）、玄関（一〇帖）、八帖間を有する一棟の外に、北塾（八坪七合五勺）、南塾（三坪七合五勺）、教官居宅（一〇坪五合）など総計四棟があり、最盛期には備前・備後・安芸・長門・豊後の諸国から遊学した寄宿生二八名がいたという。[56] 教室三棟の総畳数六三帖の大きさからみて、通学生も合わせると、優に五、六〇名の生徒がいた可能性もある。

学習カリキュラムがもっともはっきりしているのは、早川代官の最後の赴任地である久喜陣屋につくられた遷善館であるが、ここでの教諭は毎月三回あり、五日と二五日が大人、一五日が一五歳以下の男女と定められていた。開始の時刻が暮六ツ時（午後六時）になっていたのは、一日の労働を終えた余暇を活用するためであろう。経書講釈は毎月六回、一と六の日と定められているのみで成人と子どもの区別がないが、昼九ツ時（一二時）より始業となっていたから、おそらく家業をもたない若年層を対象にしていたのであろう。講釈日が月に六日しかなかったのは典学館と同じであり、敬業館のように、各地からの遊学生を集めていた形跡はない。村役人や世話役に人集めを期待したのは従来どおりであり、精勤者の氏名とともに、欠席者や聴講態度のよくない者の氏名も記して代官へ届出ることになっていたから、[57] 事実上出席が強制されていたのと異ならない。なお、日中に行われる経書講釈は出入り自由であったようだ。

「小子の輩」の教育もふくめて、これらの郷校のめざすところは、郷村社会の風教維持、すなわち間引きをせず、喧嘩口論を慎み、博奕をやめ、家業に励み、公租公課に不平をいわない、文字どおり良民の育成にある。郷校はいわば封建教化のセンターたることを期待されたのであり、その教育のイデオロギー的性格は、典学館設立のさいに出た「論文」に、「教諭とは天の道を教へ候事に候。天の道は則ち人の道にて候。人の道とは常々銘々の業暮し方日用万事に夫々のなすべき筋あるを云ふなり。少しの間もはなれぬ事に候。其業を天道に随ひて暮せば御代の難有さには一生安楽に子孫繁栄して芽出たく終る也。若し天の道に不レ随欲にまよひ、横道へ行けば必ず天の罰を請るぞかし……」[58]とあり、また敬業館設立の「請願書」に、「近来小寺常陸ェ被仰付毎月無ニ怠慢一教諭之レ有候ニ付、弥以町場人気温順ニ相成、一統静謐ニ而小前之もの共、家業第一ニ出精仕、在町共追々繁昌仕候段、偏ニ御仁恵之程難レ有仕合奉レ存候、右ニ付何卒於ニ当地一教諭所相立、在町之老若時々集会仕、御教諭を請、亦ハ志有レ之候者ハ家業の透々素読躰之儀、相学候様仕度奉レ存候、左候ハハ往々弥以風俗宜敷相成、御仁恵之程永く忘却不レ仕……」[59]と

図8　萩藩の郷校

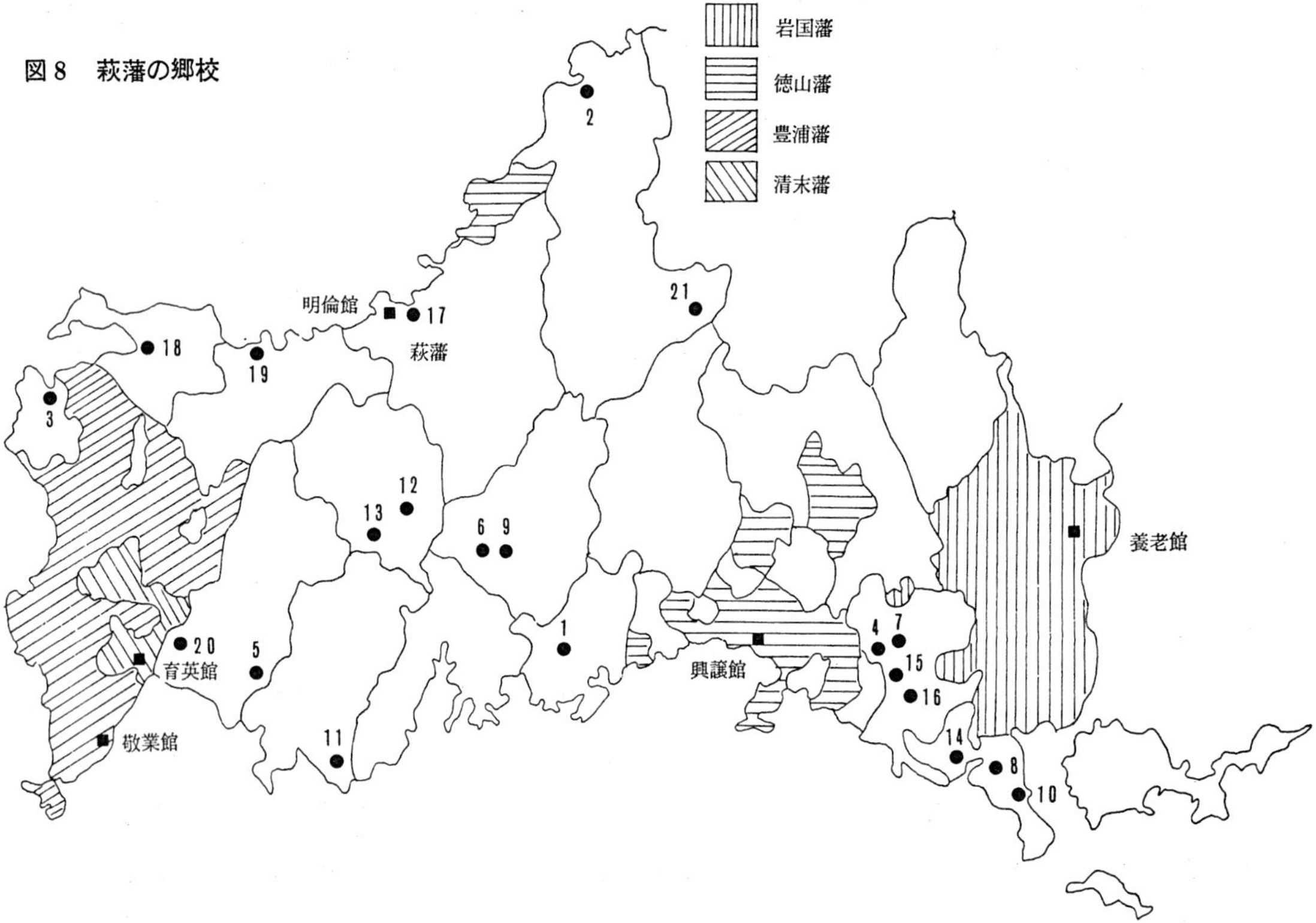

『日本教育史資料』3，『山口県教育史』上などにより作成。
1）校名は本・支藩の藩校。　2）数字は表29参照。

表29　萩藩の郷校一覧

	校名	設立年	所在地	設立者	生徒数
1	本教館	寛永 5(1628)	佐波郡上右田村	家老毛利氏	30＋125
2	育英館	享保年間(1716～35)	阿武郡須佐村	家老益田氏	50
3	時習館	宝暦 3(1753)	豊浦郡阿川村	家老毛利氏	20＋100
4	故学堂	享和 1(1801)	熊毛郡大河内村	寄組粟屋氏	10＋125
5	朝陽館	享和年間(1801～3)	厚狭郡厚狭町	家老毛利氏	65＋ 40
6	憲章館	文化 2(1805)	吉敷郡吉敷村	〃	50＋ 50
7	徳修館	文化 6(1809)	熊毛郡安田村	家老宍戸氏	48＋354
8	弘道館	文化 11(1814)	〃 大野南村	家老毛利氏	55
9	学習斎	天保 2(1831)	吉敷郡御堀村	寄組益田氏	50＋ 50
10	克己堂	天保年間(1830～43)	熊毛郡阿月村	〃 浦 氏	80
11	維新館	〃	厚狭郡中宇部村	家老福原氏	30＋ 65
12	温故堂	弘化 2(1845)	美禰郡大田村	藩士有志	30＋ 50
13	友善塾	安政 3(1856)	〃 伊佐村	〃	30
14	成器堂	安政 6(1859)前	熊毛郡麻郷村	〃	75
15	慕義塾	文久 3(1863)	〃 立野村	寄組清水氏	40＋ 20
16	縮往舎	〃	〃 三輪村	〃 井原氏	60
17	朋来舎	慶応 3(1867)	萩浜崎町	町内有志	——
18	河原学校	〃	大津郡河原村	明倫館経費	9＋ 38
19	深川学校	〃	〃 深川村	〃	30＋ 50
20	育生場	維新前	厚狭郡吉田村	寄組山内氏	20＋ 40
21	修斎塾	明治 2(1869)	阿武郡徳佐村	郷人有志	38

『日本教育史資料』3,『山口県教育史』上などにより作成。
1) 生徒数は寄宿生＋通学生。
2) 数値に幅があるものは平均値。
3) 校名は閉校時のもの。

あるとおりである。

郷校にはもう一種類、サムライ階級の子弟を教育対象にするものがあった。厳密にいうと、直臣でありながら、身分が低かったり、遠隔地に居住しているため既設の学校に入学できないもののために幕藩当局が開設したものと、旗本や家老など知行地をもつ上級サムライがその家臣たち、すなわち陪臣団のために開設したものに区別できるが、圧倒的に多かったのは、やはり後者である。たとえば萩藩では、寛永五年（一六二八）から明治二年（一八六九）までの二四一年間に総計二一校が開設

されたが、はじめからサムライ学校であった一七校のうち一四校が、このタイプである。(60)

身分こそ低いが、サムライの子弟を教育対象にするという点で、これらの郷校と昌平黌や藩校との間に原則的な相違点はなく、現に、教育の目的・内容・方法などはほとんどそのまま昌平黌や藩校のそれに倣い、なかには教官の派遣を求めたり、また学力優秀者を留学生として送りこむなど、事実上その分校と異ならないものもあった。当然のように、当初は百姓や町人に門戸を閉じており、庶民教育を度外視していたが、典型的な階級学校である昌平黌や藩校に比べれば、その閉鎖性はよほどゆるやかであり、大ていの郷校が早くから門戸開放にふみきり、維新期までにはほとんどの郷校で庶民の入学が認められた。

もっとも、これはコトバの厳密な意味での士庶共学であったわけではなく、治者であるサムライと被治者である農・町民の別は、あくまではっきりしていた。現に、この種の郷校がいちばん普及した萩藩では、安政三年（一八五六）五月の「規則」で、「地下人ノ義（ママ）ハ諭俗要言六諭衍義大意教民ノ詞等ヲ第一ニシテ総シテ仮名書教訓書ヲ読習ヒ帳面勘文類差当リ候願書諸届等文作旁無差湊相調候様可致修業候尤其志次第経学ノ心掛モ不苦候事」(61)というように、内容面で庶民教育に一定の歯止めをかけることを忘れていない。慶応三年（一八六七）町人有志が藩許を得て創めた萩城下の朋来舎などは、生徒の大半を占める「平民ノ子弟」(62)に対して、「唯素読習字算術ノ目ヲ設クルノミニシテ通常寺子屋ト大同小異」であったが、一方、慶応元年（一八六五）在郷のサムライ有志が創めた美禰郡大田村の温故堂になると、習字科にも「士農ノ分ニ応シ」(63)た教え方があるというように、はっきり二種類の教育を用意していた。はじめサムライ学校として出発したが、のちに庶民の入学を認めるようになった郷校はほとんどこのタイプであり、庶民に対する教育はあくまで知足安分、分限道徳の注入・鼓吹を大して出なかったのである。

幕藩当局による庶民教育機関としてもう一つ見逃せないものに、石田梅岩の創めた心学を説き聞かせるための施設―心学舎がある。町人出身の梅岩によって創始された町人の哲学として知られる心学は、当代に流布していた神儒仏老荘すべての思想を日常的な生活体験に関連させながら生かす、しかも、学問的系統性というより、道は一つという信念に基づいて諸々の教義を融合・調和し、これを人格修養上に役立せようとするものであったが、心学舎はこの新しい思想ないし教義の教育や研究のための施設として登場した。

その発端は、享保一四年（一七二九）梅岩が京都車屋町[64]の自宅で始めた公開講釈にあるが、このとき彼が表の門柱に記した書付に、「何月何日開講、席銭入不レ申候。無縁にても御望の方々は、無二遠慮一御通り御聞可レ被レ成候」[65]とあるように、それは常識的な意味の学校のイメージにほど遠く、むしろ有志者の主催する自主講座、出入り自由の勉強会といった方が分かりやすい。心学の教義を聴衆に説き聞かせる、すなわち講釈や道話に並べて、いわゆる会輔――あらかじめ提出された問題の解答を定日に持ち寄り、討議講習する修行方法もすでにあった。延享元年（一七四四）の突然の死まで一五年間続いた梅岩一代の講席は、まだ参集者がそれほど多くなく、したがって、必ずしも特設の講舎を必要とせず、また会則や規約も確立されていないが、心学の教勢を近畿一円に拡大したその弟子手島堵庵の代になると、マンモス化した社中の会輔を組織的、系統的に運営するためのルール、すなわち会友大旨――舎に集まる人びとの中から都講（行事）・輔仁事（次行事）・会友司（常行職）などの役職を選ぶ――を定め、また各地方への巡講に関する規約を設けた。心学舎が有志者の修養や研究のための場所のみならず、広く一般庶民を対象にする教化活動の拠点となったというわけである。

心学舎は、安永二年（一七七三）手島堵庵が京都下京[66]に開設した修正舎が最初であるが、やがて安永八年（一七七九）右京[67]に時習舎、天明二年（一七八二）中京[68]に明倫舎、同四年伏見[69]に恭敬舎が設立され、いずれも全国心学舎の中心として重きをなした。[70]明倫舎設立の翌年、すなわち天明三年に堵庵の弟子中沢道二が江戸へ進出して参前舎や慎行舎をつくり、関東一円に精力的な活動を展開したこともあって、心学舎はほとんど全国的な規模で普及していった。道二の没した享和三年（一八〇三）当時すでに二四ケ国に八〇余の心学舎があったというが、文政年間（一八一八—二九）に入ると、舎号を有する公認の講舎のみで一〇〇校をこえ、未公認の私設講舎を加えれば、おそらく二〇〇校に達したと推計される。(71)

正直（真の商人は先も立ちわれも立つことを思う）と倹約（ものをその本質において生かし切る）の思想に立脚しながら、アンバランスに分配されているものを再分配するのが商人の「役目」であり、その働きは天下太平の道につながると商行為を肯定する、職業に貴賤はないといういい方で町人階級に生きる指針を示した梅岩の姿勢は、もとより封建的社会秩序と矛盾・対立するものではなく、むしろそうした枠組の中での職分上の平等を強調するものであり、かえって強烈な分限道徳の主張であった。講釈の対象が梅岩時代の京都市中の町人から、しだいに一般庶民に拡大されていってもそのことは変わらず、たとえば農民には農民の道があることを平易卑近に説き聞かせる、つまり老若男女すべての人びとに現状での安心立命を得心させようとするものであり、売薬の広告文をまねた施印(72)（心学の教えを項目的に列挙した印刷物）にみられるように、その教義の分かりやすさ、実践への入りやすさゆえに庶民大衆に迎えられた。

心学道話の盛況をみた橘南谿は、「其学舎に於て婦人小児などにも耳に入り易く説き聞かせて、孝悌忠信の事より家業、商売、家産、倹約、農業、耕作の事に至るまで手近く教ゆる故に、是にて中悪しき家内もこの講釈を聞きしより家族むつまじくなり、わんぱくなりし小児も父母を尊敬する事を知りて手習ひ精出すやうになり、酒興に耽りし手代も俄かに篤実謹厚(73)になるなどというが、彼が何よりも強調してやまなかった「大に世教を助け、人間に益ある学」という、その安全無類のイデオロギー性は、早くから幕府や諸藩当局が注目するところであり、庶民教化政策の開始とともに、心学道話の勧奨や心学舎の設立・運営への資金援助などが積極的に行われた。幕藩体制の存立基盤である農村の荒廃に対する危機感が強かっただけに、一人ひとりの持ち場と役割にともなう責任や使命を自覚して精進すれば、(74)自らの生活ばかりでなく世の中全体が豊かで平和になるといった心学一流の教えが評価されたのであろう。

石川謙の調査によれば、(75)天明六年（一七八六）関東郡代伊奈忠尊が心学者を招聘したのがもっとも早く、同じころ、甲斐石和の代官川崎平右衛門や甲府勤番支配の近藤政明らも心学道話の導入に熱心であったというが、時代が下ると、似たような動きはほぼ全国の天領や諸藩領に及んだ。その代表例をここでは、萩藩に見てみよう。

防長二国における心学は、文政七年（一八二四）京都の心学者明石良平が萩で心学道話を許されたのが最初らしい。(76)翌八年には広島の心学者奥田頼杖が来藩して教化につとめたため、各地に心学熱が高まり、早くも文政一〇年（一八二七）には萩に日章舎、赤間関に斎省舎が設けられたが、藩当局がこれに直接の保護・干渉を加え、庶民教化に役立てようとしたのは、天保六年（一八三五）の奥田頼杖の招聘、また同八年の心学講談師派遣制度の創設のころからである。「中村徳水関係文書」が、「過ぐる卯年以来、地下之人気一倍恣ニ相成、役所向之教令をも信用薄く、仮初にも背離の萠（中略）、心学道話之儀……其裨益不尠可有之哉と相見え候」(77)というように、その直接の狙いは、「吾藩有史以来絶無ノ暴動」(78)といわれる天保二年（一八三一）の大一揆以来荒廃の極にあった民心を回復し、これを何とか藩政に結びつけようとするところにあった。同じ中村の「心学講師奥田寿太、諸郡被差廻、郡別日数十日程づつ滞留、講談被仰付候」(79)という伺出はそのまま採用されたらしく、これ以後奥田は毎年のように来藩して各地で講筵を設けたが、(80)同じころ、奥田以外にも藩外から招聘された心学者は少なくなかったようである。伊予松山の心学者田中一如が給領主浦靱負の招きで来藩し、上ノ関宰判を巡講した時期ははっきりしないが、(81)天保一三年（一八四二）にはやはり松山の心学者近藤平格が招かれ、上ノ関宰判の村々を巡講した。近藤は二年前の天保一一年春にも大島宰判に招かれており、このときは僅か一ヶ月足らずの間に二二ヶ村で五四回の講席を設けている。(82)

心学講談はどの地方でも毎回数百名の聴衆を集めたといわれるように、予想以上に好評であったから、やがて藩当局はこれを制度化し、常設の機関に一任することを考えはじめた。一二代藩主斉広（文化一〇年〈一八一三〉―天保七年〈一八三六〉）が書いた「革興記」の中に、「富候上は、村々心学流行致させ度候」(83)とあるように、そうした計画はかなり早くからあったようだが、とくに彼と同年に死んだ先代藩主斉元は心学の普及に熱心な人物として知られ、天保一〇年（一八三九）の心学各舎の藩立講舎への改組の基金銀一〇貫目は、斉元の遺志により支出されたものという。なお、このとき、領民有志の拠金もかなりの額に上ったらしく、河村太市の調査によれば、(84)一五宰判七六三余戸から総計銀五四貫目余が拠出されているが、これは、藩庁の支出した銀二四貫目余をあわせた総額銀七八貫余の六九・二％にあたる。各宰判当り五一戸程度、いずれも大てい役職と苗字を有していたところから、庄屋以下の村役人クラスとみられるが、おそらく村政の指導的位置にある人びとが藩政府の内意をうけ、拠金に協力したものであろう。

藩立講舎形式の詳細はよく分からないが、藩庁より公費支出の当然の帰結というべきか、天保一一年（一八四〇）以後、心学各舎は奉行所の管轄下に入り、各奉行所ごとに新しく任命された心学引立用掛が、すでにあった世話方――各村の庄屋が任ぜられ、主に諸郡廻在の諸経費の捻出、すなわち心学修補を担当していた――と緊密に連絡して藩内全域に心学道話を普及するために始動した。当初は、まだ藩内外の心学者が併用されていたが、天保一三年（一八四二）に日章舎の補修・改築が完成したのを契機に、心学道話の講師は以後すべて日章舎から藩内各地に派遣されることになった。講師に登用されたのはいずれも防長人、たとえば萩心学のリーダーであった三坂理兵衛、水津藤右衛門、古谷振岳、久芳内記らの人びとである。

藩立講舎形式とはいいながら、日章舎の維持・運営は相変わらず庶民有志の献金・貢納によるところが大きく、いわば半官半民的色彩を脱却していなかったのに対し、次にくる敬身堂は、明倫館直轄経営になる純然たる藩立庶民教育機関である。すなわち嘉永二年（一八四九）正月心学講談を禁止して小学講談に代えることになり、日章舎旧舎をもって敬身堂が開設されたが、ここでは農・町民だけでなく、陪臣や足軽・中間などの下級サムライの出席が認められた。その概要は第二章第二節ですでに見たとおりであり、ここで繰り返す必要はないだろう。では、心学講談が突然小学講談に代えられたのはなぜだろうか。

心学という名称自体が物語る陽明学との類似性を懸念する声はかなり早くからあり、とくにサムライの子弟に関しては、一切の理屈を排し、本心発明をいう禅宗の坐禅めいた修行方法が、ともすれば勉学を怠る口実になっているという点で批判された。(85) 一般大衆に迎えられた道話が、誰にも分かりやすく、おもしろく説き聞かせる、その俗にくだけた話法ゆえに、無智蒙昧の民をたぶらかす怪力乱神の類いと誤解されやすかったのも確かである。いずれも何ほどかマイナス要因であったと思われるが、萩藩の場合、たまたまこのとき、朱子学正学主義が採用されたことが決定的であったようだ。なぜなら、朱子学を唯一無二の学統にすることは、神儒仏老荘などすべての思想や教義を折衷的にとろうとする心学独特の立場とは、絶対に相い容れなかったからである。

心学講談を支持する人びとが、もちろんいなかったわけではない。天保改革の立役者である村田清風は、弘化四年（一八四七）の「海寇防禦野論」の中で、「教諭ハ心学ハ一向宗か、浄土僧かいつれ愚民の信用をなす人をハ、選被成候而被仰付候事」、「農家街人之御教道の事無之候、全く司徒職の如く、文武の御掛りも御加判之御職掌として時々日々教喩に被差廻、猶又社人僧徒在住の諸士え其役被仰付候事、教へ方ハ、五倫の道之事、若も教方御国政え差障候時乎、御政事の輔に相成候乎、時々年々御糺之上、御賞罰之事」[86]などと、庶民教化の空白を埋めるものとして心学の効用性を評価し、講師に神官や僧侶、在住の諸士の中から人望のあるものを選ぶべしとのべたが、この彼の意見は、嘉永二年（一八四九）心学講談の廃止がきまったのちも大して変わっていない。現に、嘉永六年（一八五三）の「長夜の寝言」の中で彼は、経書を心学道話に織りまぜながら説くことのプラス面を、「儒者の漢語交りの講釈より、心学の道話も論語孟子忠経《ママ》孝経をよりとして説く時は、愚癡無智の者には早道なるへし、兎角教へさる民を刑すること多し、豈民の父母と云ふへけんや、兎角已か得る道芸を弘めんと云ふ人欲より、人を誹り世を誤る人多し、在上の君子夢々ねかれ賜ふことなかれ、人を善道にみちひく時は、仏も老も儒も神もみな能き道なり、唯人欲に因て者流を建る人多し、善道も悪路となるへし、油断大敵也」[87]とのべ、また同じころ書いた「遼東の以農古」では、現行の小学講談より以前の心学講談の方が民心に迎えられているとして、「心学は愚昧の匹夫えハ能き教へなり、儒学先生御用こかしにて回在より此道を百姓共ハ信するなり」[88]といっている。

敬身堂の講席への参集者がジリ貧状態であったことはすでにのべたが、ここから藩内各地へ派遣された講師の小学講談も不評であったらしく、安政元年（一八五四）七月には一部の宰判で心学講談の復活を黙許し、山代宰判のごときは旧日章舎の古谷振岳を小学講談師に登用し、事実上小学講談と心学講談の併用をはじめたが、その旧態依然たる教授内容、とくに眼前の危機状況への認識の甘さは識者のひんしゅくを買うことが少なくなかった。吉田松陰の事実上の師である僧月性の改革意見などは、その急先鋒であった。

天保改革以来、庶民教化政策の一環として開始された心学および小学講談に対し、月性は、「道学者流心学ヲ説キ、小学ヲ講シ、性命ノ理ヲ談スルノ類、其説ハナハタ迂遠ニシテ今日ノ時宜ニ合ハズ」[89]と批判し、彼のいわゆる大義、すなわち「凡民生テ皇国ノ民トナルモノ、君国ノ恩攉身粉骨シテ報ズベキノ義ト、彼蛮夷者邪教ヲ宗トスル虎狼ノ国ニシテ、其履来ノ本意、神州ノ民ヲシテ犬羊トナラシメント欲スルニアリ、是皇国ノ賊、我君ノ寇、誓テ之ヲ殲サスンハアルヘカラサルノ理」を民に徹底し、普及するために、「国家ヨロシク慷慨気節ニシテ弁才アルモノヲ撰用シ、其ヲシテ毎月廻郡セシメ」なければならないと主張した。「今日ノ海防ノ第一策」は、「国家マサニ大義ヲ申テ、人民ヲ教ル」ことであり、「民大義ヲ知レハ、カナラズ士気振ツテ君国ノタメニスルニ勇ナリ」ともいわれたように、月性における即今の急務は、軍事のプロであるサムライ階級だけでなく、農・工・商をふくめた人民全体が一致団結して海防に参画する、あるいはこれに覚醒することであったが、この彼の期待に、日常的な安心立命をとく心学講談が無力であったことは想像に難くない。聖賢の書にしがみついた紋切り調の小学講談ならば人心にアピールしないからまだしも、講席にあふれるほど聴衆を集めた心学講談は、人気が大きかった分だけ害毒も大きい、つまり挙藩一致体制を確立して攘夷、やがて討幕戦争を展開していく上で、マイナス要因になると考えられたのである。月性その人の講筵をみた高杉晋作は、「一日は城内の大臣の家において、寄組以上をしてこれを聴かしむ、一日は城外の清光寺において、士庶人をして皆これを聴かしむ、しかりしこうして二三年を経れば、すなわち大臣より士庶人に至るまで、皆其の大義を知る」[90]と、これを組織的に藩内全域に及ぼそうとしたが、月性の真意もまさにここにあった。『防長回天史』が、「其講法の席に上るや、緇衣にして尊攘の大義を説き、海防の急務を論じ、慷慨悲憤、理窮れば則ち疾呼急喚、往々にして涙下る、聴者感激せざるなし、蓋し防長尊攘の志気を鼓動せるもの、月性の力多きに居る、而して尊攘論の余勢、延て排幕の説を為すに至れり」[91]というように、長州藩維新運動の民衆的基盤を思想面から準備したのは、月性やその弟子たちが主宰した新しいタイプの講筵活動であった。[92]

第三節　私学政策の貧困

『日本教育史資料』一・二・三所収の二四三藩のうち、何らかのかたちで私塾や寺子屋に保護・統制を加えていたものは、総計三六藩を数える。さすがに私塾、寺子屋ともに開設を禁止したものは見あたらないが、私塾についてのみ開設を禁止したものに山中・沼津の二藩がある。正確には、前者は士分の開設する私塾のみを認めず、また後者は習字教育を行う寺子屋レベル以外の私塾を禁止したのであり、微妙な違いをみせるが、いずれもすでに藩校で厳しい就学督責を行っていたから、その徹底を期すための措置であったようだ。士分の私塾経営が問題になったのは、彼らが大ていい藩儒であり、勢力の二分、というより藩校教育の名目化を嫌ったためと思われるが、習字教育を行う低度の教育、すなわち寺子屋をのぞくほかはいっさい認めなかったのも、藩校との競合を避けたかったからであろう。藩校入学を原則としながら、「各自ノ意向ニヨリ家塾等ニテ修学[93]」することを認めていた山中藩のごときは、同時にまた、半年ごとに行われる文武試験に落第すると三日間の押し込め、すなわち閉門を命ずるという猛烈さであり、いかに藩校での教育に大きな期待をかけていたかが分かる。

サムライ身分に焦点を合わせた私学に対する規制は、この他にもたくさんある。たとえば私塾、寺子屋ともに開設のさい当局側の許可を必要としたのは、足守・高田・安中・小幡・佐野・山上の六藩であるが、このうち山上藩は、士分が主宰するときのみ許可制であった。明治二年（一八六九）開校の藩校文武館では、「士以上ノ子弟八歳ニ至レハ必ス本館ニ入学セシム[94]」という就学強制を実施していたが、事情によっては私塾で勉学することもできた。つまり、私塾で藩校に代えることが認められていたから、その水準を一定程度に保つ必要があったのであろう。安中藩は、「藩内ニ於テ家塾寺子屋ヲ開設スルハ総テ藩庁の許可ヲ得ルモノニシテ[95]」と定めながら、一方でまた、「村落ニテ筆学算法等ノ寺子屋ヲ開設スルハ平民ノ自由ニ任ス」としており、城下にあった士分の主宰する私塾や寺子屋にかぎり許可対象にしていたようだ。士卒ともに子弟は八歳になると藩校造士館に入学し、一五歳まで在学することになっていたが、「和学医学筆道」のような藩校の正課にない教科については、私塾以下で学ぶことを奨励しており、その教育を無視しえなかったのは当然である。「塾舎ノ造営修繕等ノ金額半ハ藩費ヨリ支給シ又書籍ヲモ塾主ヘ貸附シ之ヲ貧窶ノ生徒ヘハ貸与スル」というのは、ほとんど半官半民なみの手厚い補助であるが、おそらく城下にあるサムライの子弟が多数学ぶ私塾を対象にしていたものであろう。

私塾の開設のみが許可制であったのは、豊津・岩村・松江・高崎・丸岡の五藩であるが、このうち高崎藩は士分、また松江藩は卒分と平民が主宰するときにかぎり許可制であった。高崎藩では、安永三年（一七七四）に遊芸館が焼失してから慶応三年（一八六七）一〇月に寺院を仮の和漢学校にするまで、正式の学校をもたず、諸種の私塾で代替させていたため、とりわけその教育水準に関心があったためと思われる。「筆学漢学弓術藩内《ママ》ニ在ツテ開業スル者其生徒人員ニ応シ校舎ノ造営修繕ハ藩費ヨリ支給シ又漢学ハ藩ヨリ書籍ヲ塾主ヘ貸附シ弓術ハ弓矢ヲ貸附シ塾主ノ権内ヲ以テ貧窶生徒ヘ貸与ス」[96]と、ほとんど公立学校なみの待遇をしたのも、そのためであろう。なお、この文章は、「藩邸内を出テ文武開業スルモノ許可ヲ与フノミ一切藩費ノ補助ヲ得ル能ハス」と続くところから、前引の「藩内」は「藩邸内」の誤りのようだ。福沢諭吉の慶応義塾が江戸鉄砲洲にあった中津藩邸内ではじまったように、藩邸内の一角を借って開塾するスタイルは必ずしも珍しくないが、多くは藩当局の内意をうけて教授する家塾のタイプであった。高崎藩の場合も藩邸内にあった私塾というより家塾、すなわちサムライの子弟をもっぱら教育対象にするものに限って特典を与えたのであろう。平民の経営する私塾がまったく埒外に置かれていたのも、そのことと無関係ではない。

卒分と平民が私塾を開設するときにかぎり許可を必要とした松江藩の場合は、従前の諸藩のちょうど逆であるが、これは、文久三年（一八六三）開校の藩校修道館がはじめから就学強制を実施し、それなりの実績をあげつつあったことによるもののようだ。松江藩では、士卒とも子弟は八歳になると修道館に入り、一六歳まで在学することになっていたが、一七歳以上の人びとには武技を専修するための習兵所が城外に設けられており、また卒族の通学の便を図って横浜町に教導所（文学校）を別置していたりしたから、(97)サムライ教育に関して私塾の果たす役割はそれほど大きくなかった。士分（その多くは儒官）の経営する私塾を問題にしなかったのも、このように考えると分かりやすい。

では、なぜ卒分や平民の関係する私塾を許可制にしたのだろうか。松江藩の藩校は宝暦八年（一七五八）の文明館にさかのぼるが、ここではじめから神官、僧侶、医師などの入学を認めており、また修道館では開校当初から、中心教科の儒学をのぞく「皇漢洋医学ノ教授(98)」に限ってではあるが、農・町民にも門戸を開放した。諸藩藩校の士庶共学が普及するのがようやく慶応年間（一八六五―八）に入ってからであるから、この松江藩の庶民教育への関心の大きさは、やはり注目に価する。もっとも、当局側の期待とはうらはらに、平民層からの入学者はきわめて少なく、大部分は依然として私塾や寺子屋で学んだらしい。修道館教育をサムライ階級だけでなく、農・町民一般に及ぼそうとする当局側の狙いはうまく行かなかったのであるが、その延長線上で考えると、彼らの多くが学ぶ私塾に藩当局が関心をもったのも不思議ではない。そのさい、卒分や平民の関係する私塾が問題にされたのは、教師の出自や学歴などからみてどうしても藩校教育に及ばない、つまり学力面で劣るところが多々あったからであろう。

許可制をいっそう限定して、「藩立学校教頭幷教授員(99)」、すなわち儒官の経営する私塾以外にいっさい認めなかっ

表30　諸藩の私学取締り

	校数	規制の対象					他国人の来学	出席簿の提出
		士	卒	平民	僧侶	その他		
私塾禁止，寺子屋自由	2	1(1)				1(2)		
私塾・寺子屋とも許可制	6	1(3)						
私塾許可制，寺子屋自由	5	1(4)	1(5)	1(6)		1(7)		
私塾・寺子屋とも届出制	6	3(8)	2(9)				2	1
私塾自由，寺子屋届出制	2	1(10)		1(11)				
私塾・寺子屋とも自由	209				1(12)	3(13)	3	2
不明	13							
合計	243	7	3	2	1	5	5	3

(1)山中藩　(2)沼津藩，習字以外の私塾禁止　(3)山上藩　(4)高崎藩　(5)松江藩　(6)松江藩　(7)岩村藩，藩儒以外は不許可　(8)三日月・高鍋・岩崎藩　(9)高鍋・岩崎藩　(10)郡山藩　(11)岡田藩　(12)三田藩，僧侶のみ不許可　(13)刈谷藩・一時期寺子屋禁止，久留里藩・大規模校のみ許可制，小城藩・他国浪人のみ不許可

『日本教育史資料』1・2・3 により作成。

た岩村藩のような場合もある。元禄年間（一六八八―一七〇三）開校の藩校文武所（のち知新館）は、早くから就学強制を実施しており、士卒とも子弟は八歳で入学、二〇歳まで在学と定められていたから、その徹底を期するための措置と思われる。藩校教育の成果をあげるため儒官の自宅教授を制限するというやり方のちょうど逆であるが、おそらく、儒官の主宰する私塾が文武所の延長線上に位置づけられていた、つまり事実上家塾に同じであったためであろう。なお、寺子屋の場合は士庶をとわず自由に開設できたが、その低度の教育内容が藩校のそれと競合しなかったためのようだ。

許可制とまではいかないが、久留里藩のように、「巨大ノ学寮を新設スル等ノ大事項ニ係ルモノハ司郡方ノ許可アルニアラサレハ之ヲ開設スルヲ得ス」(100)と、大規模校にかぎって規制したものもある。前例にない新奇の事項を慎重に取り扱おうというといかにも封建時代らしい面もあるが、おそらく、それ以上に問題であったのは、建物が大きくなれば収容生徒数もふくらみ、その分サムライの子弟に

表31　寺子屋・私塾に対する奨励制度

	藩　名	奨　励　の　内　容	備　　　　考
1	郡　山	試験優等者に筆紙墨	士分のみ，士分の寺子屋届出制
2	芝　村	目録金	
3	尼ケ崎	賞与	明治３年後，士分の私塾禁止
4	松　本	毎月一回奨励	清書を藩校へ提出
5	高　崎	建築・修繕費支給	士分経営のみ
6	館　林	臨時賞与	
7	安　中	建築・修繕費の半額補助	寺子屋・私塾とも許可制
8	会　津	試験及第者に賞与(図書)	町・郡奉行所実施
9	小　浜	校舎の貸与	士分の多いもの出席簿
10	丸　岡	賞詞	私塾許可制
11	高　田	名字許可，賞金	寺子屋・私塾とも許可制
12	豊　岡	褒賞	
13	龍　野	褒詞	
14	赤　穂	褒賞	
15	三　草	賞	
16	足　守	勧賞	寺子屋・私塾とも許可制
17	広　島	５～７口扶持米	
18	高　松	帯刀，小俸，士班，儒官	
19	柳　川	銀，米	
20	佐　伯	校地，校舎の下賜	士分経営のみ
21	小　城	給禄，教官聘用	

『日本教育史資料』1・2・3 により作成。

及ぼす影響が大きくなるということであろう。ちなみに、久留里藩では、天保一三年（一八四二）の藩校（のち三近塾）開設時から士卒を対象にした就学強制を実施しており、私塾に在学中のサムライの子弟を何とか藩校へ入学させようと画策しつつあった。

当局側の意にそわなければ、開設が認められないこともある許可制に比べ、届出制は所定の手続をふみさえすればよく、取締りとしてはずっと緩やかであるが、この届出制を私塾、寺子屋ともに採用していたのは、山家・岩崎・勝山・三日月・高鍋・秋月の六藩である。このうち、士分の届出を必要としたのは岩崎（卒ふくむ）、三日月の二藩であり、また高鍋藩では、士卒が自宅外に開設するときのみ届出なければならなかった。いずれも藩校で遅かれ早かれ就学強制をはじめたから、前出の許可制と似たような理由によるものであろう。高鍋藩が自宅外の私塾を取締り対象にしたのは、独立の学舎をもてばそれだけ規模が大きく、本格的な教育が予想されたためのようだ。第一章でも繰り返しみたように、この藩の就学強制はことのほか厳しく、士分の子弟は八、九歳で藩校明倫堂に入学することになっており、嫡男で未就学の場合は、家督相続が認められなかった。通学困難な遠隔地在住の諸士や卒分の子弟は、近傍の師家について学ぶことができたが、彼らもお目見や番入りのさいには文武改役による学習成果の検分を必要とした。取締りの主対象がこうしたサムライの子弟たちの学ぶ私塾であったことは容易に想像されよう。

秋月・山家・勝山の三藩は、身分の如何を問わず私塾や寺子屋の開設は届出を必要としたが、いずれも藩校ですでに士分の就学強制を実施していた。たとえば秋月藩では、すべての士分の子弟は一一歳になると藩校稽古館に入学しなければならなかったが、「目見以上子弟ノ者十歳迄ハ家塾ニテ学」(101)んだといわれるように、入学前は私塾で学ぶのが普通であったから、その動向に当局が無関心ではありえなかったのは当然である。

寺子屋の開設のみ届出制、正確には一般庶民が寺子屋を開設するときに届出を必要とした岡田藩では、慶応年間（一八六五―八）に藩費でもって郷学校を設立し、「治下ノ人民ハ勿論四方有志者」(102)に読書・習字の二科を教授しはじめたことと関係があるようだ。「藩立学校ノ所轄ニ属シ制度概ネ本校ニ同シ」といわれるから、おそらく、郷学校をモデル・スクールにした寺子屋教育全般の改善をめざしていたものと思われる。

所定の手続きを経て開設された私塾や寺子屋の教育が、その後も何らかの取締り対象にされたことは想像に難くないが、これを制度的に確立していたものは意外に少なく、前出の諸藩の中では、足守・三日月の二藩ぐらいしか見あたらない。私塾、寺子屋とも許可制であった足守藩では、「奉行郡宰其実際ヲ視察シテ勧賞或ハ戒喩スルコトアリ」[103]といわれたように、時折り役人が巡回して教育活動の可否をチェックしたが、士分の経営する私塾、寺子屋が届出制であった三日月藩では、「芸事監察へ届出テ常ニ同監察ノ監督ヲ受クルヲ法トス」[104]というから、いっそう厳しい取締りが行われたもののようだ。

開設時には何の規制も加えず自由放任であった藩の中にも、教育活動の展開如何によっては介入する場合があった。たとえば新発田藩は、私塾の教師であっても朱子学以外の学統を奉ずることを認めず、また農・町民に武技を教授することをいっさい禁じており、これに違反するようなことがあれば、厳しく取締った。「教育方ニ尽力セス或ハ生徒ニ対シテ不当ノ所為之レアル節ハ奉行郡宰ヨリ之レヲ禁止スルヿアリ」[105]と、強権発動もありうるとした狭山藩の場合は、藩当局が日常的に眼を光らせていたことを想像させるが、富山藩になると、「常ニ塾則ノ如何ヲ注目セシメ其子弟教育上ニ対シ妨害アルト認ムル場合ニ於テハ深ク之レヲ沙汰スル」[106]というから、随時、必要に応じてその教育活動に干渉していたことが分かる。

私塾や寺子屋中の優秀なものに対して褒賞を与えたり、資金援助をする奨励制度は二一藩にみることができるが、その運用はとうぜんのように当局側の学校イメージを根底にしていたから、やはり一種の取締り路線といわなければならない。もっとも多かったのは、篤志の教師を褒賞の対象にするものであり、その都度賞詞を与える丸岡藩や、これに米銀をプラスする柳川・芝村・龍野・高田藩などが普通であったが、なかには広島藩のように、これを永続化して家禄とする、すなわち「五口或ハ七口扶持米ヲ給ス」[107]るものや、また高松藩のように、成績の度合に応じてきめ細かに褒賞する。すなわち「先ツ双刀ヲ帯スルヲ許シ或ハ小俸ヲ与ヘ或ハ下士ニ班セシメ優等ノ者ハ漸々ニ登庸シテ儒士」[108]に任ずるなどといったものもあった。その他、会津藩では、城下の者には町奉行所、地方では郡奉行所が実施する藩校日新館に準ずる試験に合格したものに、「四書集註一部」などの書籍を賞与したというが、毎月一回領内全域の私塾、寺子屋より「清書」を提出させて奨励したという松本藩、また隔月一回、士分の子弟を藩校総稽古所に集めて実施する試験の優等者に筆・紙・墨を与えたという郡山藩なども、同じタイプである。松本藩の場合は賞与の中身が分からないが、清書の見返りであるから、筆・紙・墨の類いであろう。

経済的な援助という面でとりわけ充実していたのは、前出の安中・高崎の二藩であるが、似たような例はこの他にもいくつかある。たとえば佐伯藩は、士分の経営するものに限ってではあるが、優秀な私塾に敷地を与え、塾舎の建築費を全額公費で支弁したりした。小浜藩でも、士分の子弟が多数在学する私塾で狭隘なものには空家を貸与したという。いずれも藩校ですでに士分の就学強制を実施しており、それらの私塾に藩校教育の一部代替を期待していたことが分かる。現に、士分の子弟が八歳になると必ず藩校順造館に入学しなければならなかった小浜藩では、止むなく私塾や寺子屋に学ぶものにその理由を提出させるだけでなく、時折り各学校に命じて、「出席勤惰度数ノ帳簿(109)」を提出させている。

表30にみられるように、私塾や寺子屋の開設のさい、許可や届出など何らかの規制をしたものは二一藩を数えるが、これに奨励制度のみを有した一五藩(110)を加えても、総計三六藩程度にしかならない。不明一三藩を除けば、二三〇藩中の三六藩、すなわち全体の一五・七％に何がしかの私学政策があったことになるが、開設時の規制のみに限っていえば、二三〇藩中の二一藩、僅かに九・一％という低率にとどまる。すでにみたように、奨励制度の場合をふくめ、これらの中には士分の子弟に焦点を合せたものが相当数あったから、厳密に農・町民だけを対象にしたものに限ってみると、この数字はいっそう小さくなるはずである。

三百諸藩中のせいぜい二、三〇藩が私学政策を有していたということは、観点をかえていえば、大部分の藩に私学政策がなかった、すなわち私塾や寺子屋の教育に何らの関心も示さなかったということに他ならない。たとえば萩藩の学制にみられる「家塾寺子屋ハ何人タリトモ自由ニ設置スルヲ得」(111)という部分は、その他の諸藩においてもほぼ共通であった。しかも、この場合、設置の自由は維持・運営の自由、とくに教育活動の面でほとんど何の制約もうけなかったということである。藩校や郷校に関する厖大な学事資料を有する萩藩に、私塾や寺子屋関係のものが一片も残されていないのをみれば、そのことは明白であろう。

江戸市中に門戸を構える師家はサムライ居住区に住み、苗字を称することを許されるなどの一種の保護をうけていたように、幕府も私塾や寺子屋の教育に無関心ではなかったが、積極的な奨励策としては、八代将軍吉宗の官板テキスト（『六諭衍義大意』）の頒布や寺子屋師匠の表彰ぐらいしか見あたらない。つまり、概して時の権力者の恣意によるものが多く、一貫した政策方針のようなものを探し出すことは難しい。全国に散在していた天領の場合も、中央から派遣された代官や奉行の個人的意向に左右されることが大きかった。たとえば日田代官塩谷正義の私塾咸宜園への干渉・介入、その実これを収公して代官所付属の郷校たらしめようとする画策は、塾主の広瀬淡窓をして「官府ノ難」と嘆ぜしめるほど執ようであったが、これも天保六年（一八三五）の塩谷の退職、すなわち新任代官の登場によっていつしか沙汰やみになっている。なお、このとき淡窓は、塩谷代官の懇請で士分に取り立てられ、若干の俸金を受けるようになったが、咸宜園の経営そのものに大きな変化はなく、依然として独立自営の学校、すなわち私塾として存続した。(112)

幕府や諸藩の私学政策にみるべきものがなかったということは、結局、庶民教育に大して期待しなかったということであるが、そのことはまた、当局側の最大の関心事がサムライ教育であり、したがって、昌平黌や諸藩藩校のような官・公立学校と、一般庶民の学ぶ私塾や寺子屋などの私立学校との間に厳然たる一線が引かれていたということでもある。私塾や寺子屋に対するストレートな取締りがきわめて珍しく、もしあっても、大てい士分の関係する場合に限られ、農・町民の学ぶものについては奨励制度ぐらいしかなかったのも、そのためであろう。サムライの姿が見えない、農・町民だけが学ぶ私塾や寺子屋、いわば最狭義の私立学校は、もともと公権力の支配の埒外にあったといっても過言ではない。このことは、近代公教育制度の確立をめざす明治新政下の文部省が、すべての学校を官・公・私立の三種に分類し、なかんずく江戸時代以来の私塾や寺子屋を主体とする私立学校に取締りの眼を光らせていったのと対照的である。(113)

（1）石川謙『日本学校史の研究』、一九二頁。
（2）同前書、二三二頁。
（3）文部省『日本教育史資料』七、七七頁。
（4）三上参次『江戸時代史』、下巻、四三六頁。
（5）和島芳男『昌平校と藩学』、八八頁。
（6）天明二年（一七八二）著述の「脩身録」、江間政発編『楽翁公遺書』、上巻、五—六頁。
（7）前出『昌平校と藩学』、九二頁。以下同じ。
（8）渋沢栄一『楽翁公伝』、二二四頁。
（9）前出『江戸時代史』、下巻、四四二頁。以下同じ。
（10）同前書、四四五頁。
（11）赤松滄洲の冢田大峰宛書簡に、「近年漢儒及び伊・物・二家に従事する学者は、往々化して宋学となる」とある。前出『楽翁公伝』、二二四頁。
（12）石川謙『学校の発達』、一〇八頁に本試験に出場した与力鈴木隆助が心学者中島道二の門人と記したため、受験資格を取消されたというエピソードがある。折衷学派など朱子学以外の学統を奉ずるものは、最初から出場資格がなかった。
（13）前出『日本学校史の研究』、二四三—九頁参照。
（14）白木豊『尾藤二洲伝』、三三〇頁。

(15) 天明七年(一七八七)には「学問は程朱の学に限るべき」と令されたというが、確証がない。異学の禁の翌年の布令、やがて開校される立教館の「令条」で、「経義に於ては自己の見をなすべからず。弥々永々程朱の説を守るべき事」と規定したところからみて、布達の類いではなかったのではないか。前出『楽翁公伝』、二〇八・二二四頁参照。
(16) 同前書、二二四頁。
(17) 前出『尾藤二洲伝』、三五四頁。
(18) 笠井助治『近世藩校に於ける学統学派の研究』、下巻、二〇八七—九頁。
(19) 『広島県史』、近世資料編VI、三二頁。
(20) 一一月一七日の「達」に三人の名前をあげながら、「右此以後学問所江之出勤一円御止め被成候間、弟子中教導筋之儀者銘々勝手次第宅江引受教導有之、毎月諸生人名書付学問所江被差出候事」とある。同前書、七三二頁。
(21) 「集まる弟子五、六百人、堂に満ちあふれた」という『広島県史』六七頁の記述がいささかオーバーとしても、藩校の通学生が常時三〇〇名内外だったというから、これを凌ぐ盛況であったことは間違いない。
(22) 前出『近世藩校に於ける学統学派の研究』、下巻、二〇九一頁。
(23) 同前書、上巻、九一八頁。
(24) 「退閑雑記」、前出『尾藤二洲伝』、三三一頁より重引。
(25) 『花月草紙』、(有朋堂文庫)五三一頁。
(26) 「講孟余話」、山口県教育会編『吉田松陰全集』(大和書房版)、第三巻、三六七頁。
(27) 氏名の判明した九二名中の身分不詳一五名を除いた七七名のうち、四七名に入学資格があった。拙著『近世私塾の研究』、四八七—九〇頁参照。
(28) 春秋試にもときどき私塾の子弟が応試した。
(29) 前出『近世藩校に於ける学統学派の研究』、下巻、二〇九三頁。
(30) 山口・三田尻・小郡・舟木地方にはじまった農民蜂起が全藩化し、一時は参加者十数万人に達したといわれる。
(31) 寛政異学の禁の演出者である頼春水も、藩校の講釈を一部庶民に開放するだけでなく、城下に町方教諭所を新設し、また寺子屋に保護・統制を加えるなどの庶民教化論を展開したが、その狙いは、「一国一領内ハ一ッ之学館之内」のようにする。すなわち「学館之教へかたを以て町方へ及し上下一貫の教へ」となすことで、「人々之心を一に」できるという点にあった。

前出『広島県史』、六七四、六八四―六、七三七頁参照。

(32) 前出『日本学校史の研究』、五一八頁。

(33) 前出『江戸時代史』、下巻、四四五頁。

(34) 杉浦民平『維新前夜の文学』、七九頁。

(35) 嘉永二年（一八四九）四月の「海防策一道」では「君臣共能守二祖宗之法一、不三敢変乱二則其為三百世不抜一、無三復可レ疑焉」と鎖国論に固執する。同じ時期の「時務策」に「権現様より信牌被下置候国に候はば少々の交易被仰付……」とあるから、開港論にまったく無縁ではなかったが、ペリー来航後、幕閣の方針が開港に決定する前後には、はっきり開港論に傾斜する。その間の事情は、養子復斎や女婿河田迪斎などの言動に明らかである。高瀬代次郎『佐藤一斎と其門人』、三九七―八、四二二―三頁参照。

(36) 嘉永六年（一八五三）九月一五日付杉梅太郎宛書簡、前出『吉田松陰全集』、第七巻、一九八頁。

(37) 嘉永四年（一八五一）五月二七日付玉木文之進宛書簡、同前書、五三頁。

(38) 天保七年（一八三六）来航の英船モリソン号の打ち払いに関して反対論を唱えた高野長英、渡辺華山ら尚歯会グループに対する弾圧。

(39) 天保一三年（一八四二）海外からの武器買入れを謀反とでっち上げられた高島秋帆は下獄、嘉永六年（一八五三）まで一一年ちかく獄につながれた。

(40) 円城寺清編『大隈伯昔日譚』、全、二―四頁。以下同じ。

(41) 「大学或問」、滝本誠一編『日本経済叢書』、第一巻、一六四頁。

(42) 『閑谷学校史』、九七―九頁。

(43) 土橋友直ら郷民有志の設立したもので、原則的に有志中の寄金で賄われたが、代々領主より地子米分を下賜された。幕末には拝借金となる。梅渓昇・脇田修編著『平野含翠堂史料』参照。

(44) 享保八年（一七二三）浪人儒者菅野兼山の請願により、幕府が敷地と三〇両の建築資金を下賜して本所に開設した。前出『日本教育史資料』七、七四頁。

(45) 大坂町人有志の出資で開校。尼ケ崎一丁目の敷地は幕府が貸与したもの。二年後の享保一一年（一七二六）には正式に官許され、先に提供された敷地の替地が下付され、また諸役免除の特典を得た。宮本又次『町人社会の学芸と懐徳堂』参照。

(46) 津田秀夫『近世民衆教育運動の展開』、二九八頁。
(47) 前出『平野含翠堂史料』、二六一頁。
(48) 三星屋武右衛門、道明寺屋吉左衛門、舟橋屋四郎右衛門、備前屋吉兵衛、鴻池又四郎。
(49) 「草茅危言」巻四、前出『日本経済叢書』、第一六巻、三五六頁。以下同じ。
(50) 岡山県真庭郡久世町。
(51) 岡山県笠岡市。
(52) 埼玉県久喜市。
(53) 永山卯三郎『早川代官』、一一頁。
(54) 自力でテキストを読み、習う自読課程のことであり、独読・独見・独看・独誦などともいう。
(55) 『易経』『書経』『詩経』『春秋』『礼記』の五経に『楽記』を加えたもの。
(56) 前出『早川代官』、二五三頁。
(57) 「本町新町之者教諭日不罷出相誹教諭妨ニ相成者名前書付御役所へ差出シ候格別出精致候者是又書付差出候」、同前書、七一四頁。
(58) 同前書、二三七頁。
(59) 同前書、二五六頁。
(60) 拙著『明治維新と教育』、二五一―三一頁。
(61) 前出『日本教育史資料』二、七四九頁。
(62) 同前書三、四五七頁。
(63) 同前書、四六一頁。
(64) 中京区車屋町通御池上ル東側。
(65) 「石田先生事蹟」、『京都の歴史』、第六巻、一四二頁より重引。
(66) 五条通東洞院東入ル町。
(67) 今出川通千本東入ル町。
(68) 河原町三条。

(69) 伏見街道五条下ル二丁目。
(70) 手島堵庵の住む富小路通三条下ル朝倉町の五楽舎でもやがて講釈がはじめられた。
(71) 石川謙『心学教化の本質並に発達』、一九六頁参照。
(72) 「極楽伝来、心躰安楽丸、大包十八願、小包六文字、但小包壱ふくを朝ゆふともに用ひてよし」と前置きしながら、「親から／＼は我子孫のため、民をあはれむの君は日月のごとし……」などの徳目四五が列挙される類い。石川謙『心学』、二三九頁参照。
(73) 熊坂圭三「石門心学に就いて」、福島甲子三編『近世日本の儒学』、一〇三三頁より重引。以下同じ。
(74) 前出『心学』、一〇二、一三七頁参照。
(75) 石川謙『石門心学史の研究』、一一七二―四頁。
(76) 『萩市史』、第一巻、八〇九頁。
(77) 御薗生翁甫「萩藩の庶民教化」、『山口県教育』、三二二号所収。
(78) 太田報助編『毛利十一代史』、第四一冊。
(79) 前出「萩藩の庶民教化」。
(80) 天保九年（一八三八）には大島郡内を一ヶ月以上にわたって巡講した。前出『萩市史』、八四八頁。
(81) 同前。
(82) 前出『石門心学史の研究』、九六一―二頁。
(83) 前出「萩藩の庶民教化」。
(84) 河村太市「長州藩における心学道話の教育史的意義」、『山口県地方史研究』、第四号。
(85) 前出『心学』、一四一八頁参照。
(86) 山口県教育会編『村田清風全集』、上巻、三四九―五〇頁。
(87) 同前書、三九七頁。
(88) 同前書、四〇五頁。
(89) 安政元年（一八五四）の「内海杞憂」、三坂圭治編『維新の先覚月性の研究』、一四九、一五八頁。以下同じ。
(90) 堀哲三郎編『高杉晋作全集』、下、二八六頁。

(91) 第二編、二、一九七頁。
(92) 拙著『近世私塾の研究』、四三七―四七頁。同『明治維新と教育』、一四八―五〇頁。
(93) 前出『日本教育史資料』一、二二四頁。
(94) 同前書、四五八頁。
(95) 同前書、六二〇頁。以下同じ。
(96) 同前書、五八〇頁。以下同じ。
(97) 卒分であっても修道館に入学でき、また士分が教導所に入ってもよかった。
(98) 前出『日本教育史資料』二、四六五頁。
(99) 同前書一、四七八頁。
(100) 同前書、二三六頁。
(101) 同前書三、二五頁。
(102) 同前書二、六二一頁。以下同じ。
(103) 同前書、六〇四頁。
(104) 同前書、五四〇頁。
(105) 同前書一、三七頁。
(106) 同前書二、二五六頁。
(107) 同前書、六五三頁。
(108) 同前書、八七五頁。
(109) 同前書、二頁。
(110) 芝村・松本・館林・会津・小浜・豊岡・龍野・赤穂・三草・広島・高松・柳川・佐伯・小城・尼ケ崎藩。
(111) 前出『日本教育史資料』二、六五八頁。
(112) 寛政四年（一七九二）和歌山藩より五人扶持をうけた本居宣長が、従来どおり松坂町内に住んで医療と教育活動に従事したのと同じ。
(113) 拙著『学校』、一三二―三頁参照。

第七章　三従七去主義の教育

第一節　家に隷属する女性

近世社会にいちじるしい男尊女卑の風は、仏教思想と儒教思想に裏づけられたものである。もっとも、仏教思想の影響をうけたものはそう多くなく、またほとんどは早い時代のものである。その一つ、中世末から近世初頭にかけて編まれたとみられる『女訓抄』は、「法華経」を援用しながら、人間は誰であれ四道八苦の罪業を免れることができないが、とくに女性は、より罪ぶかい存在として生まれながらに五障三従の苦しみを有しており、そのいわば罪障消滅のためにひたすら努めなければならないという。(1) 男尊女卑は前世からの約束事であるというわけだが、このように女性の側に一方的に諦念と献身を求める立場は、江戸時代全般を通じて普及した儒教思想に根拠をもつ女性用のテキストをみると、いっそう鮮明かつ徹底的である。

たとえば『女孝経』が、「女子は家にありては則ち父天也、嫁しては則ち夫天也といへるも、女は親の家に在る時は親を天の如く尊び、嫁して後は夫を天の如く尊ぶといふ心也。天は陽にして万の物を生じ、地は陰にして天の生ずる万の物を育て養ひて天に従ふものなれば、天地の道理の如く、女たる人、我親の家に在る時は親を尊み、嫁して後は夫を尊む事、是れ皆女の孝行の道也(2)」といい、また『新撰女倭大学』が、「夫は天なり、女は地なり。地は天の恵みにあらざれば、ひろくほどこすべからざるを知て、夫婦の中むつまじく、聊のあらそひもせず(3)」とのべるように、男女の別は天地・陰陽に擬せられる絶対的な相違であり、したがって、女性はいつ、どこにあっても男性の庇護に感謝し、その支配に喜んで服さなければならないとされる。この徹底した従順の生き方が人口に膾炙したいわゆる三従の教えであり、たとえば『女中庸』に、「婦人の幼ときは親に従ひ、壮の節は夫に従ひ、老ては子に従ふ(4)」とあるとおりである。

ところで、従順の従順たる所以は、女性が生まれてから死ぬまで一貫して家庭に所属するものと考えられ、その活動の場が家庭の内側でしか認められなかったということでもある。とくに結婚した女性は、夫の妻であるよりまえに家の嫁であり、また主婦は、そうした家の一員としてもっぱら内を治める役割を担ったのである。老いては子に従う、すなわち隠居して家督を長男に譲ると、今度は新しい家長に従うことを求められたのも、そうした父権的家長制度の家庭に生きる女性の選択の余地のない道筋であったといえる。

三従に結びつけていわれた教訓、たとえば『女中庸』のいう四行、一に婦徳(5)、二に婦言(6)、三に婦容(7)、四に婦功(8)もすべて家庭という枠組の中での問題であり、あくまで女性を家庭の人としてイメージするところから導き出された。やはり『女中庸』が、「夫は外を勤《つとめ》、婦は内を守《まもる》(9)」と男女の役割分担を弁別しながら、女性のそれを家事的労動に局限したのが、その何よりの証拠である。三従と常にセットでいわれた七去、『女大学』のいう「一には、婦(舅姑)に順ざる女は去べし、二には、子なき女は去べし(中略)、三には、淫乱なれば去る、四には、悋気深ければ去、五には、癩病などの悪き疾あれば去、六には、多言にて、慎なく物いひ過すは、親類とも中悪くなり、家乱るるものなれば去べし、七には、物を盗む心あるは去る」[10]が、ことさらに既婚の女性にありうべからざるマイナス・ポイントを列挙してみせたのも、そのことと無関係ではなかろう。家に迎えられた嫁であるがゆえに、舅姑への服従が第一にあげられたのであり、また子どもを産むことにこだわるのは、家の相続に不可欠だからである。姦婬や嫉妬は男性の従属物としての女性の厳に慎むべきことであり、後継ぎを確保するため蓄妾に寛容たれということでもある。大病や長患いは家に迷惑がかかるから斥けられたのであり、盗みも家名を疵けるという点では大同小異であろう。多言・冗舌は男性支配に従順であるべき女性のいわば自己主張にひとしいから、やはり悪癖とされたのである。要するに、すべての徳目が家庭に隷属するものとしての女性、夫の妻や子どもの母であるより家の嫁という観点から高調されたのである。三従七去が江戸時代の期待される女性像の最大公約数的な原理であったことは疑問の余地がないが、個々の女性は、自らの生活する家庭、より厳密には家庭の所属する社会階層によって、そのあるべき姿、任務や仕事の態様を微妙に変化させていた。

たとえば主君より給せられる封禄で生活するサムライの家庭では、家督を相続するための世継ぎ、それも男子を産むことが女性の最大かつ最高の仕事であった。もっとも、「腹は借物」といわれたように、この仕事は必ずしも特定の女性、すなわち正妻である必要はなかった。蓄妾―一夫多妻は、世継ぎを確保するという意味で、「お家のため」になることであり、それゆえにまた、子どもが産まれないと、「家風に合わない」というただそれだけの理由で離別されることも珍しくなかった。主君に奉公する夫の仕事に関していえば、戦時・平時の別をとわず、妻が口を出したり、代行できるようなものではまったくなく、せいぜい彼女には、夫の武士道を後顧の憂なく全うさせる陰の役割しか与えられなかった。家督相続人の男子が幼少で勤務できなかったり、参覲交代などの公務で当主の不在が続くようなとき、一定期間を限って家督相続人を指定する仮養子制度[11]があったのも、サムライの家庭における女性の立場の何たるかを証明してくれるだろう。

世襲の家禄によって生計を立てるサムライの家庭では、その成員はすべて当主である家長に寄生しながら暮しており、女性のごときは子どもを産むこと以上に大してなしえなかったのであるが、これが一般庶民の家庭になると、いささか事情が異なってくる。たとえば農家では、その労働の特異性から、家長ひとりの力ではどうにもならず、ほとんど一家総出で毎日のように田畑に出て働かなければ生活ができない。その意味では、家長らしさはそうした家族全体の労働を総括したり、指揮することにあった。田中邱隅『民間省要』上編巻之五に、「此節男女星を載て出で、又星を見てかへる（中略）、粮つみて入るるは女の業なり、随分と手廻して仕廻るといへど、毎夜九つ過ぎまでかかる、夫より少しまどろむと思へば、短夜程なく明けて起んことを思ふ、此節の寝起骨節共に痛、惣身強はりて板天上の如く成る者も、思はず腰も屈まずといへど、おして勤めに馴て、明方より田野へ出る」[12]と描写されたように、夫と肩を並べて働いた上に家事労働をプラスされる女性の仕事は、男性以上の激しさであったといってよい。いずれにせよ、女性が一人前の労働力たることを求められたのは、サムライの家庭ではついぞ考えられなかったことであり、それだけ家庭内における彼女の地位も高かったことが分かる。農業労働の中でも、四木（桑、茶、楮、漆）、三草（紅花、藍、麻）のような商品作物の栽培や加工を手がけている場合には、とりわけ女性の働きを必要としたのだから、そのことはなおさらであろう。

田畑に依存した農家に比べれば、町方では家長個々人の腕一本で生活していたかのようにみえるが、彼の働きをスムーズにする、つまり稼ぎを大きくしようと思えば、やはり家を治める女性の内助の功が無視できない。とくに商売のように、その成否がもっぱら個人の器量や能力の如何によってきまり、また必ずしも性別と関係がない領域になると、本来家長である男性が担うはずの任務や仕事を女性が代替することも不可能ではなかった。商人の家庭で家長が死亡したり、また彼が無能であるようなとき、その妻女が事実上家長の役割を演じることはよくあったし、大勢の奉公人をかかえる大店あたりで、台所を預る主婦の働きひとつで家運が左右されることも珍しくなかった。そうなると、もはや内助の功の範疇では律し切れない。ちなみに、この時代に流行した「山の神」や「嬶天下」なるミセスにたてまつられた異称は、男尊女卑の風潮とはまるでうらはらであるが、これは、何時の世にでもいる恐妻家たちの発明したコトバというより、むしろ当時の庶民の家庭における女性の果たす役割の大きさ、したがって、彼女の占める地位の相対的な高さを物語るものであろう。昔から知られる「上州名物の嬶天下」が、実は養蚕や糸取りの現金収入でむしろ夫の稼ぎをしのぐこの地方一帯の妻たちの発言権の大きさを反映していたことは、その辺の経緯を物語るものであろう。(13)

第二節　女らしさの教育

家に隷属して生きる女性、常に男性の支配下にあり、その庇護をうけることを余儀なくされた女性のあり方は、当然のように教育の面でも男性とは異なる独自の領域を有することになった。たとえば『女実語教』が、「人の子の中に、男子は師をとりて学文をつとめさせ、家をととのへ、身を治る道をならはしむるもあれど、女子に至りてはをしゆる人もまれなり。女子はいくほどなくて他の家にとつぎ、夫にしたがひ、舅姑に、つかふまつるべきものにて、親の家に居る事、しばらくのあいだなれば、おさなき時より、嫁たる道を教侍らざれば、夫の心に背き我かたさまの人に、恥を見せん事、いかばかりうたてしき事ならずや」(14)というように、もともと女性は教育の機会に恵まれず、しかも、その内容はいわゆる三従七去的な服従道徳を身につけることが中心であった。『女今川錦の子宝』が、「男子には、師をとり、身を脩る道を、ならはしむるも有りといへども、女としては学ぶ者希なり。此故に、女の法ある事をしらずかたましく、邪になりゆく事、誠に口惜次第也[15]」と、女性一般の無教育ぶりを批判しながら、依然として女性を、「他の家に行、夫に随ひ、舅姑につかふる身」ととらえ、そのあるべき姿勢や心得を「女躾方五章[16]」として詳述してみせたのも、同様の範疇であろう。

女子教育の低調は、とりもなおさず男性支配の封建社会が基本的に教養ある女性を必要としなかったということである。極端な場合には、松平定信のように、「女はすべて文盲なるをよしとす。女の才あるは大に害をなす。決して学問などはいらぬものにて、かな本よむほどならばそれにて事たるべし[17]」と、女子教育にほとんど否定的なものもいたが、その根底にある理想の女性像、すなわち「女はいかにも柔弱にして和順なるをよしとす[18]」という考え方自体は、大なり小なりすべての女子教育論に共通していた。

たとえば『新製教訓いろは歌』の冒頭の一首、「いとけなき、ときよりまなべ、ふみの道、老て心の、友となるらん[19]」という智育への期待は、同時にまた、「ちちははの、めぐみはかぎり、なきものを、おくれるおんは、すくなかりける」や「りん気とは、しわきといへる、もじなれば、女はつねに、これをつつしめ」などという三従七去的な教訓を随処に盛り込んだ四七首を併せもつものであり、男性に要求される学問や教育とはもともと異質であった。「ふみの道」をふくめた女性一般に期待される教養の中身については、『女一代道中絵図解』が、「夫女子は、幼きよりわけて育大事にして、喰初・髪置も過るより、手ならひに精を出し、七歳にして男子と席を同じうせずして、女子の手ならふべき道をまなび、和歌糸竹の道にもうとからず、もとより其みぶんよき人といへども、縫針など心がけなくては、男子の十露盤にうときに同じく、はづかしきことなり。又、中以下の人は、世間の事をひろく見せんと、奉公に出すもあり、随分主人を大切にし、ほうばいのまじはりよくつとめ、縁付すべし[20]」と説明してみせたが、なかには『新撰女倭大学』のように、「常に見たまひて、徳ある文は、百人一首、古今集、伊勢物語、源氏物語、栄華物語、倭小学、本朝列女伝、姫鑑、本朝孝子伝、堪忍記、鏡草、清少納言の枕草子の類」[21]などと、具体的なテキスト名をあげるものもあった。いずれも日常生活に必要な躾け教育を軸にしながら、感性や情緒面の陶冶に関わる文学の世界をプラスした程度であり、したがって、四書五経を根底にした漢学的素養を必須とする男性と一線を画する、いかにもこの時代特有の女らしさをめざす教育であった。

すでにみたように、三従七去的な理想綱領の下でサムライ身分の女性は、何よりもそれらしく振舞い、また農家や商家の女性にもそれぞれふさわしい生き方があったのであるが、教育という観点からすれば、これは、各人の所属する社会的身分によってその内容や方法に特色があったということでもある。なかんずくサムライの家庭では、日常の言語、動作、立居、振舞いのすべてが庶民の家庭とは異なっていたから、まずそうした躾けをしっかり行う必要があった。知育の分野でも当然それらしさが求められ、たとえばかつての支配階級である公家の子女の必須であった和歌・漢文・国文・有職・国史、それに書道・香道・茶道・絵画・音楽・舞踊などは、やはりサムライの子女の嗜むべき教養とされた。ただ、一般的には和歌・漢文・国文を学んだ程度であり、すべてを網羅するような広汎かつ高度の教養を習得したのは、小浜一二万石の藩主夫人が、「生得甚艶なれども勇気勝れ、弓馬の道を嗜み給ふ、其上諸学に心を寄、歌書は言に及ばず、儒仙の道も見尽し給ひ、軍書等迄残なく、女には過たり」[22]といわれるように、大名などとくべつ身分の高い家庭の子女に限られる。その多くが高踏的にすぎ、実用性に乏しかったためと思われるが、薙刀などの武芸がサムライの女性ならば必ず修むべしという建前とうらはらに、大して普及しなかったのも、同様の理由からであろう。泰平の世が続き、前出の松平定信の「武芸は猶更さすべからず」[23]的な考え方が常識化していたのも、そのことと無関係ではあるまい。

では、いったいサムライの女子教育とはいかなる特色をもつものか。加賀千代女は、サムライ身分の女性にはそれにふさわしい品格や威儀があるとして、「士の妻たり女《むすめ》たるものは、風俗、髪貌、立居振舞、言辞を嗜み、人柄よく有べし、形態の婀娜たるを好べからず、悋気の心は、其身の愧なるを弁へ、夫に心得差もあらば、詞《やわらか》に時々諌、万一不倖にして危難ある時は、身命を惜まず、舅姑夫に先だち、貞烈の操正しく、いかにも士の妻ぞ女ぞといはるる程に有ぬべし」(24)とのべたが、同様の趣旨は、山鹿素行になると、いっそう具体的かつ鮮明に展開される。男性は常に外にあって主君に奉公する身だから、女性は「夫に代りて家業を戒む」(25)るを本分とすべきである、「子孫の教戒多くは母儀の善悪に依る」(26)という観点からすれば、「閨門の内にあっては婦の法を規とすべき也」と、内助的婦人の役割を高調する素行は、それゆえにサムライの女性は、「柔和随順」にとどまらず、すすんで「義理をわきま」え、「節を守り操を立」て、「能く果断を以て制と為」(27)すような心性を兼備しなければならないという。従前の女子教育を、「其の法多く懦弱を以て教と為すは、大なる誤なり」(28)「本朝の俗、女子深窓に養はるるの間、常に源氏物語・伊勢物語等の草子を翫ばしめ、女師を置いて講読せしむ。而して詠歌の事を専らとして、絵画・花結等のことをなし、琴瑟をならして游宴の興を催さしむ。是れ世俗女子の教戒を失ふがゆえ也」(29)などと批判しながら、「されば女子といへども、常に講読せしむべきは聖賢の経伝、規範とすべきことは列女伝等に出づる処の事業也」といったのは、そのためである。

一旦緩急ある非常時に行動できるような烈女を理想の女性とするのは、吉田松陰の女性論の中でとりわけいちじるしい。たしかに、彼が妹たちに与えた手紙文は、「各々其の家を斉へ夫を敬ひ子を教へ候て、親様の肝をやかぬ様にするが第一なり。婦人は夫を敬ふ事父母同様にするが道なり」(30)といった、『女大学』流の伝統主義を踏襲するものでしかないが、一方でまた、「然れども柔順、幽閑、清苦、倹素の教はあれども、節烈果断の訓に乏し。太平無事の時は是にて余りあれども、変故の際に貞操峻節を厲ますに至りては、未だ足れりとせず」(31)ということを忘れていない。『武教全書』を祖述する山鹿流兵学師範の松陰が、素行の女性観をほとんどそのまま援用したとしてもかくべつ不思議ではないが、彼の真骨項は自らの生きざま、非常の変のさいの非常の人たることを女性に求め、そのことによって、従前の女性観を確実に抜け出る歩みをはじめつつあったことである。宮番の烈女登波を顕彰したエピソードは、身分の如何、不義密通の悪評をこえた義烈の行為それ自体に対する彼の評価であり、また「女教の必要性をとく「凡そ生を天地間に稟くる者、貴となく賤となく、男となく女となく、一人の逸居すべきなく、一人の教なかるべきなし」という発言には、性差をも乗りこえようとする斬新さがうかがわれる。[32][33][34]

ところで、サムライの女性らしく育てようと思えば、市中の寺子屋や私塾で農・町民の子どもたちと机を並べるのは好ましくない。まして彼女らの教育は躾け中心であったから、家庭内のスキンシップを大切にする個人教授の方がよほど効果的であった。伝統的な公家教育にみられたように、上級サムライの家庭では乳母や老女がそのまま教師であり、中級以下の場合には母親たちがやはり教師の役割に任じた。いずれも家庭教育であったが、身分の低いサムライの家庭では、むしろ市中の学校、すなわち寺子屋あたりに学ばせるものが少なくなかった。彼らの生活の態様がすでにサムライらしさを失ない、庶民のそれと変わらなかったということもあるが、教師になるはずの母親や姉たちが家事をふくめた毎日の労働に忙しく、子女の面倒をみる暇などなかったということもあるだろう。

前述のように、身分の高いサムライの家庭では、公家の女子教育に近い教養を理想としたが、大ていの場合、読書や筆道といった教科目を訓育中心に学んだにすぎない。事実、「物ならい」、すなわち読み・書きをならう知育用のテキストにも教戒的要素がいちじるしい。合本系の代表的テキストである『錦葉百人一首女宝大全』が、本文の冒頭でわざわざ、「今川になぞらえて女子をいましむる制詞の条々」を列挙してみせたのは、その好例であろう。[35]

算数は除外されるのが普通だが、これは商業行為を賤しむ時代風潮だけでなく、もともとサムライの家庭で、女性が家計にタッチする機会がほとんどなかったからである。「女子は〈算盤を弾けば夫を弾き出す〉など言ひ、算勘を知らぬを良き育と考へ、寧ろこれを忌む風さへあつた。殊に良家、屋敷などでは穴銭を鳥目といつて、これを数へることを愧ぢ、物を買ふにも唯銭を並べて商人の数へ取るに任せ(36)」たなどというのは、必ずしも誇張ではない。もっとも、足軽・中間のような下級サムライの家庭では、農耕に従事したり、手内職に精出して家計をやりくりするという意味で、女性にも何がしかのソロバン勘定を必要としたから、庶民の場合と同じように、読み・書きに低度の算数をプラスする寺子屋的な教養が求められた。

三従七去主義を根底にするという点では、一般庶民の女子教育もサムライのそれと大差がなく、たとえば常盤貞尚『民家童蒙解』は、『源氏物語』などの古典文学を、「止観に通ずるとやらいへども、それより前に淫乱の媒(37)」になるから、「仮にも見せぬがよし」と斥け、また音楽を、「琴は正しき楽器なれ共、民間にては驕にてや侍らん、三絃浄瑠璃などは側へも、よすべからず、淫声の随一まま醜き名を出す者なり」と批判しながら、「もし親たち心あらば娘幼少の時より、大和小学姫鑑の類ひ、仮名書の列女伝など読ならはせたし」とのべたが、このすぐれて禁欲的な訓育中心主義は、すでに山鹿素行らがサムライの女子教育について高調したところと軌を一にする。

米遣い経済を中心とする江戸時代にあっては、衣・食・住のすべてにわたり、日常生活に必要なものの多くを自給自足した。たとえば農家では、衣料を得るために木棉をつくり、蚕を飼うことからはじめて、績み、紡ぎ、染め、織り、裁ち、縫いにいたるまですべてを自家生産したが、こうした作業には大てい女性があたった。役割行動を家庭内に限定されている彼女たちの立場からすれば、これらは料理・洗濯などをふくめた広義の家事であり、当然のように、その予備軍たる子女にとって、前述の訓育にならぶ実科的教養として必須科目であった。むろん、この種の家事的能力は、原則として士大夫の子女にも必要な教養であったが、総じて生活レベルが低く、また家庭経済の態様も異なり、したがって、女性の働きに依存することの多かった庶民の家庭では、そうした教養にかける期待がいっそう大きかった。井原西鶴『日本永代蔵』に、「娌《よめ》も高人の家は各別民家の女は琴のかはりに真綿を引き、伽羅の煙よりは薪の燃しさるをはさしくべるがよし、それぞれに似合たる身持するこそ見よけれ(38)」と描写された庶民の生活現実からすれば、むしろ実科的教養によりウエイトがあったといえなくもない。

躾け、実科的教養いずれの場合にも、家庭教育が中心であり、それも母親や姉たちが教師になるのが普通であったが、これは、乳母や老女を雇い入れるだけの経済的余裕がなかっただけでなく、そこでの教育の一つひとつが、毎日の家庭生活に密着した知識や技術であったためである。たとえば農家の女性が隣人とうまくつきあうためには、農村社会特有の風俗や生活習慣をしっかりと身につけなければならなかったが、冠婚葬祭はもちろん、四季折おりの生活に編み込まれた年中行事にどのように関わっていくかという問題は、家庭の中で母親や姉たちのすることを実地に見倣う、つまり日常的な生活経験を通して学ぶのがもっとも効果的であった。

村の生活に必要なさまざまの習慣や掟を学ぶという点では、一四、五歳の成長期に達すると参加を許された若衆宿や娘宿の存在も無視できないだろう。もともとこれらは、激しい労働に明け暮れる若ものたちが慰安や休息のために集うリクレーション的施設であったが、同時にまた、その集団生活を通して先輩が後輩にさまざまな情報を伝達する場でもあった。成人社会のメンバーとして必要な礼儀作法の多くは、先輩の指導の下に大勢の仲間たちと暮す社会関係の中で、一つずつ確実に習得されていったのであり、そのさい、いわゆる女紅(39)、すなわち家事労働に関する知識や技術が教えられることも珍しくなかった。

市中の学校、寺子屋や私塾に子女を学ばせたのは、ごく限られた上層農民の家庭ぐらいしかなく、現に、農家の女性たちは大てい読み書きができなかったが、一方でまた、彼女らはほとんど例外なく、「針の業」や「たちぬひの道」を身につけるために近隣の裁縫塾に通った。「お針屋」や「縫物屋」などの呼称にみられるように、その多くは学校スタイルの塾というより、裁縫の上手な近所のおばさんが頼まれて娘たちに教えるといった程度であるが、稽古自体は狭義の裁縫だけでなく、それに付随した績み、紡ぎ、織り、染めなどをふくんでおり、なかには料理や掃除・洗濯など家事全般におよぶ実科的教養を授けたものもある。知育を排除したいわゆる技芸塾のため、『日本教育史資料』八・九所収の「寺子屋表」にはごく稀れにしか見ることができないが、塾の形式をとらない個人レッスンの類いまでふくめれば、その普及の実態はおそらく寺子屋教育に優るとも劣らなかったのではなかろうか。ちなみに、愛知県地方を例にとると、『日本教育史資料』八所収の九七七校中の僅かに一校が裁縫を教科目にあげていたにすぎず、またこれを補足した『愛知県教育史』別冊の「寺子屋一覧」は、四一一校もの寺子屋を探しあてているが、裁縫を教科目にしたものは二一校、しかも、その多くは遊芸・躾・茶道・華道・書・読・算などとセットになっていた。

農家の女性に期待された教養は、ほとんどそのまま町家の女性のそれでもあった。ただ、町家の場合には、読み・書き・ソロバンなどの知育に対する期待がかなり大きかった。たとえば江戸の町家の女性用に編まれた池田義信『主従日用条目』は、「娘たる身は幼少の内より手習し、十二三より、縫針の業を励習ふべき事、身分によって、琴、三味線も心がけてよし、中分より下は、習はずも苦しからず、暇ある時は、女大学、其外の躾方になるべき本を読べき事」(41)などと、手習を女子教育の出発点に位置づけ、ほとんど必須扱いにしたが、やはり町方の娘たちを対象にした大隠壮健『町家式目分限玉の礎』や『貞節教訓女式目』などになると、いっそう手習を最優先すべしという。すなわち前者は、「上分中分に限らず、縫針は勿論、女の芸一通をよく覚へたりといわんよりは、おとなしく才発者と呼ばるべき事」(42)と、それなりに伝統的な女性観をふまえながら、すぐ続けて、「中分以下何々の芸よりは、読書算用天晴といわるべき事」といい、また後者は、「女とりわけ手ならひし給ふべき事」[43]と題しながら、「女は高き卑しきによらず、何れの芸を嗃むまじきといふ事なけれど、中にも先づ手を習ひ、物書き給べき事なり」などという。

読み・書き能力を重要視する理由は、「殊に商人の女房などは、第一の用に立つ事なり、或は我が子を導き教ゆる事も難ければ、何につきても、浅ましき事なり」などという面から説明されたが、その後段、すなわち母親に教養があれば子育てにプラスするというのは、必ずしも町家だけでなく、伝統的な賢母主義としてサムライ以下、すべての家庭に共通する基本原理でもあった。問題は、町家の女性であるがゆえに一定の学力が必要とされたことであり、これはもちろん、家業である商売に女性の積極的な参加を予想する発言であった。当然のように、そこで期待された学力は相当に広汎かつ高度なものであり、たとえば『女商売往来』は、「凡商売の家に生る人は勿論、女とても、いづれの妻とかなるらん。持扱文字、員数・取遣之日記・証文・注文・請取・質入之算用帳、目録・仕切肝要なり。先両替之金子、大判・小判・壱歩・弐朱、其国の品多、所謂南鐐上・銀子丁・豆板・灰吹等まで、細やかに贋と本手を考、貫目・分厘毛払に至迄、天秤分銅を以、相違なく割符売買有べき事なり」[44]と、ほとんど男性なみの教養を要求し、それゆえに、商家の子女は、「幼稚の時より先手習、算術の執行肝要たるべき也。扨、歌・連歌・俳諧・立花・蹴鞠・茶湯・謡・舞・鼓・大鼓・笛・琵琶・琴、稽古の儀は、家業にいとまある折々心懸相嗜べし」[45]などという。

躾け教育を中心としながら実科的教養を習得するという点で、家庭教育、すなわち母親や姉たちに学ぶことが多かったのは農家の子女と異ならないが、一方でまた、読み・書き・ソロバンの知育を重視し、それも『女商売往来』が期待するような相当ハイ・レベルの学力を身につけようと思えば、やはり専門的な教師に依頼するほかはなかった。子女のお稽古事といえば、裁縫塾あたりと相場がきまっていた農村に比べ、町方で多くの娘たちが寺子屋に学んだのは、そのためである。経済的余裕のある家庭になると、茶道・華道から琴・三味線・踊りなどの諸技芸の塾にも通わせたが、これは、上流の武家屋敷に行儀見習いのために奉公に上がる資格をつける、いわばその準備教育の意味もあった。もちろん、ここでいう見習奉公は、世間一般の徒弟奉公のように、生活のための職業的訓練や経済的報酬をあてにするものでなく、結婚前の若い女性が上流家庭に入って、将来一人前の妻や主婦になるための教養や技術を身につけるのが狙いであった。農村社会にも、平百姓の娘が庄屋や年寄の屋敷に住み込む見習奉公があったが、地方によっては、この奉公の経験が結婚の条件になるようなこともあり、その意味では、寺子屋や諸技芸の塾に匹敵する女子教育の施設であったとみることもできよう。

第三節　女性はどこで学んだのか

藩校造士館への庶民入学を認めたり、城下の私塾や寺子屋への公費援助をするなど、三百諸藩の中でとりわけ教育熱心でしられた安中藩も、士族卒の女子教育になると、「女子ノ教訓ハ藩庁ニテ関セス各自ノ意ニ任セ筆道ノ家塾ニ入リ習字等ヲ為スノミ(46)」ときわめて冷淡であったが、同じことは、幕藩当局が経営する官・公立学校全体にあてはまるものといってよく、その証拠に、何百とあった江戸時代のサムライ学校のうち、女性に門戸を開放していたものは一校もない。三百諸藩の中で、女子教育に積極的に関与したほとんど唯一の例外は津山藩であり、天保一二年（一八四一）町奉行稲垣武十郎（もと藩儒）の建議で市中に創められた一般庶民を対象にする教諭場に女性のみの教室をつくり、女教師を雇い入れて、「女大学女今川等ノ女訓ヲ授ケ且紡績裁縫ノコヲ教(47)」えさせた。農・町民の子女が相手で、サムライ身分の娘たちを排除していたという不徹底さは残るものの、まだほとんどの郷校や教諭所が女性に門戸を閉ざしていた当時として、やはり画期的である。たしかに、郷校や教諭所の成人教育講座は男女の別を問わないのが建前であり、なかには、天領久喜の地に代官早川正紀が創めた遷善館のように、毎月一五日の教諭にかぎり、「十五歳以下男女共」[48]を対象にするとわざわざ断わるものもあったが、[49]いずれも女性の出席を妨げないという程度であり、積極的に女子教育に取り組もうとしたものではない。それに比べ、津山藩の試みは、はじめから女性に焦点を合わせ、しかも、継続的な教育をめざしていた。なお、公営の庶民教育機関に登場した別学体制に見合う女性だけの特別教場という意味では、これをのちの女紅場、すなわち女児小学校の先駆ということもできるだろう。

サムライ学校の女性への門戸開放は、明治維新のバスに乗り遅れまいとする諸藩の教育競争の中で、ようやく着手された。『日本教育史資料』一・二・三をみると、佐野・鳥取・岩国・高知・佐土原・出石・豊岡・松江の八藩などにそうした動きがあったが、もちろん、門戸開放が直ちに藩校における男女共学の開始を意味したわけではない。事実、学制改革によりはじめて藩校の門を潜った女生徒たちは、男生徒たちと机を並べたのでなく、女生徒用に準備された学習カリキュラムを新設の特別教場で学んだ。たとえば佐野藩観光館は、明治二年（一八六九）一月の学制改革で女生徒の入学を認めたため、学生八〇名中の三〇名までを女生徒が占めるという盛況ぶりであったが、彼女らに用意されたのは習字と習礼の二科にすぎず、「読書算術ノ如キハ総テ家庭ノ薫陶ニ放任セリ」[50]といわれたように、大部分は今までどおり家庭教育の守備範囲とされた。同じ時期の男生徒が、文学五科—漢学・洋学・算術・習字・習礼、および武道八科—兵学・弓術・馬術・槍術・剣術・砲術・柔術・泳術を必須科目としていたのだから、典型的な別学体制といわなければならない。

特別教場を独立の学舎、すなわち女学校にしていたものもある。たとえば出石藩は、明治三年（一八七〇）一月

表32　旧松江藩女学校の学則〔明治4年(1871)5月制定〕

	下　　等	中　　等	上　　等
素読	女小学 女大学	大統，地名 孝経，論語	明倫歌集 列女伝 世界国尽
習書	五十音(片仮名，平仮名) 数字，方名 支干，女今川	女用文章	大統，地名 (但真行草ノ内ヲ以テ)
算術	九々，割声(但音記)	八算	見一，寄算

『日本教育史資料』2による。

表33　小学校(普通学)の教育内容

科　目	テ　キ　ス　ト
修　身	明倫撮要前篇，女大学(女学校のみ)
国　体	歴朝一覧，告諭大意
地　理	福山管内地誌略，皇国地理略，世界国尽
窮　理	窮理図解初篇・二篇，天変地異
経　済	生産道案内
歴　史	万国歴史
数	和洋乗除
書	真草仮名，数文字

『日本教育史資料』4により作成。

の学制改革で、女学上校（士族徒士以上の子女）と女学下校（足軽以下平民の子女）の二種を発足させた。学齢はいずれも八歳から一四歳までであり、読み・書き・縫い・紡ぎ・煮焚き心得方・琴などを教授したのは従前と変わらないが、上校の方では、これに武道（ピストルの打ち方）がプラスされていた。同じころ、足軽以下平民の子弟を対象にする市校が開校されたが、これは、八歳から一五歳までの男児に読み・書き・ソロバンを教授する初等程度の教育機関であり、したがって、女学上校、下校ともに、男子小学校に並ぶ女子小学校であったことが分かる。なお、藩校弘道館は依然として小役人徒士以上、すなわち士分の子弟の一〇歳から二五歳までを対象にしており、文武両道にわたる諸学科を教授した。

サムライ学校が士庶共学を実現しえないまま女性に門戸を開放した場合は、当然のことながら、新入の女生徒はサムライ身分の娘たちに限られる。佐野藩観光館の女生徒三〇名はおそらく全員がサムライ身分であったと思われるが、同様のことは、各地に新設された女学校についてもいえる。たとえば明治三年（一八七〇）六月開校の豊岡藩女学校では、素読（女大学、女今川、女用文章、百人一首、古今集、女誡、孝経、四書小学など）、習字（いろはより女文章の類）、裁縫、聴講（国書、漢書など）、女礼、作文、詠歌、奏楽など、相当ハイ・レベルの教科目を有していたことからも分かるように、新入の四〇名はすべて藩士の娘たちであり、「総理」には藩主の夫人が任じていた。藩校稽古堂が卒分や平民にまで門戸を開放しながら、士分の子弟のみに就学義務を課し、結果的に身分の高いサムライの子弟ばかり集めたことからみると、新設の女学校もまた、名目上はともかく、その実質はサムライ学校の一種であったといえるようだ。

入学資格をはっきりサムライ身分の娘たちに限っていたのは、明治四年（一八七一）一〇月開校の旧松江藩の女学校である。市内四ヶ所に新設された女学校は、士卒の子女七歳から一三歳までに素読・習書・算術の三科を教授したが、平民の子女は、すでにあった卒分や神官・僧侶・医師などの子弟のための教導所[51]で、「男女区別ヲ厳ニシテ」[52]学ぶこととされた。士卒に就学義務を課していた藩校修道館にならい、女学校もまた義務制を採用したため、在学生は三二九名（明治五年〈一八七二〉四月現在）の多くを数えたが、教師の派遣を修道館に仰ぎ、また必要経費の一切を藩費で賄っていたことなども、サムライ学校のゆえであろう。

明治初年にはじまる藩レベルの女子教育は、藩校の教育対象の拡大、すなわち門戸開放の延長線上に登場したものであり、したがって、その多くは男女差別を前提にしながら、女性にも教育の機会を与えようとする域を大して出なかったが、稀れには、やがて来る「学制」の男女共通教育を先取りするような開明的な方向をめざすものもあった。たとえば福山藩は、明治三年（一八七〇）の学制改革で藩校誠之館を改組して新しく小学校と中学校をつくり、従前の漢学に代る普通学を採用したが、なかんずく小学校は、「士農工商細民奴隷ニ至る迄」[53]就学するものと規定されたように、身分差別を撤廃した新しいタイプの学校であった。誠之館自体は、すでに明治二年（一八六九）の時点で「人民一般」(54)に門戸を開放していたが、この中には女性はふくまれておらず、また新設の小学校も、男児をもっぱら対象にしており、女児はすべて明治三年一二月東町と西町に開設された二つの女学校で学ぶこととされた。いずれも誠之館の分校であり、経費をすべて藩庫で賄ったが、士庶一般の子女を対象にするという意味で、すでにサムライ学校の範疇ではない。事実、教科目も前出の小学校と同じく普通学八科目であり、修身のテキストに『女大学』を使用するほかは、男子とまったく共通であった。生徒数は二五九名に達したが、同じころ、誠之館六学科の生徒総数が一四八七名というから、(55)かなりの実績をあげたことが分かる。おそらく、農・町民の子女も大勢ふくまれていたのであろう。

もっとも、藩内全域におよぶ本格的な女子教育は、翌四年（一八七一）二月、「士農工商貧富ヲ分タズ男女七歳以上十歳ニ至ル迄尽ク」(56)就学させるため、人民一般の共同出資ではじまる教導所に待たなければならなかった。教科目こそ手習・素読・算数と変り映えしなかったが、テキストには『世界国尽』『万国歴史』『窮理図解』などを採用しており、しかも、男女共学であったという点で、前出の小学校や女学校より進んでいる。一年後に早くも管内町村の半ばちかくの七〇校が新設され、総計二七五六名の生徒を擁したというが、「学制」頒布とともにほとんどそのまま新小学校へ転身した。その辺の経緯は、翌六年（一八七三）八月来県した文部省視学官の「啓蒙所ニハ文部省モ聊カ先手ヲ打タレタルノ感アリ」(57)という発言にうかがえる。

サムライ学校を脱却する斬新さを持ち合わせていたという点では、明治三年（一八七〇）九月計画された岩国藩の女学校を見落すわけにはいかないだろう。「治国ノ基ハ政事ノ美悪ニ出スシテ人民ノ智愚ニアリ」「立国ノ務ハ教化ニ急ナルハナク奉職ノ任ハ教化ニ重キハナシ」(58)などと説き起しながら、なかんずく女子教育の必要性を、「人ニ母タル者正シカラサレハ教化以テ行ハルルヿナク女子教ヘサレハ治国ノ基以テ立ヿナシ」と押えたように、この女学校は、「文明開化」を実現するために不可欠の施設と考えられた。国民皆学をめざし、「士族卒農商ノ差別ナク年七歳ヨリ十二歳ニ至ル迄尽ク之ニ入ルヲ得ヘシ」(59)と高調されたのは、そのためである。

ところで、「従来ノ風習ニテ人々ノ身分ニハ種々ノ職業階級ヲ分チタリト雖トモ其天賦自然ノ者ニ於テハ毫モ上下貴賤ノ差別ナシ」(60)というすぐれて近代的な人間観からすれば、教育に本来性差などあろうはずがない。事実、「男女字句文章ヲ異ニスルハ唯我邦中世以後ノ通弊ニシテ万国ニ在テハ曽テ此煩シキヲナササス蓋シ同シク此レ人ニシテ室ヲ同フシ言語ヲ同フシ且児ヲ育ルヲ任トス則チ女子ノ学素ヨリ男子ト別ツヘカラス」(61)と、きわめてラジカルな共通教育がいわれたが、にもかかわらず、あえて女学校を構想したのは、江戸時代以来の旧習との摩擦を慮ったためであり、それゆえに、「仮ニ暫ク此ノ校ヲ設クルノミ」と、あくまで一時の便法であることを強調した。教育内容の面で、男児の学ぶ「公小学」の普通科に専門科（裁縫や紡績など）、のちのいわゆる女紅をプラスしたのも、同じような理由からであろう。

教育理念の面でもっとも新しかった福山藩や岩国藩でさえも、藩校をふくめた諸学校における男女共学を避けて女学校を特設し、またその教育内容の一部に伝統的な女訓や女功をあてなければならなかったところに、藩校をベースにした近代化路線、この場合、女子教育の限界があったといえる。岩国藩の女学校のごときは、明治四年（一八七一）一一月から一三年（一八八〇）三月までの九年間に百数十名を送り出した程度であり、(62)斬新な構想のわりには成果が上らなかった。新しいタイプの女学校であればあるほど、産みの苦しみは大きかったということであろうか。

官・公立学校から事実上閉め出されていた江戸時代の女性たちの学習要求を充たしたのは、民間在野の教育機関

表34　江戸の寺子屋における女児の就学(15区の場合)

区名	校数	女児総数	1校平均女児数	男児との百分比
麹町	19(19)	1311	69.0	72.2
神田	15(15)	1136	75.7	98.4
日本橋	36(37)	2180	60.6	114.1
京橋	20(20)	1479	73.9	92.9
芝	35(36)	1556	44.5	89.9
麻布	13(13)	612	47.1	91.1
赤坂	4(4)	305	76.3	102.3
四谷	9(9)	733	81.4	71.0
牛込	7(7)	603	86.1	56.9
小石川	17(17)	1116	65.6	74.4
本郷	19(19)	1415	74.5	101.7
下谷	22(22)	814	37.0	84.2
浅草	34(34)	1745	51.3	97.5
本所	18(18)	916	50.9	77.0
深川	27(27)	1583	58.6	99.5
計	295(297)	17504	59.3	89.6

『日本教育史資料』8により作成。 1) ( ) 内は寺子屋の総数, 2) 女児不在の場合は除外して平均値を求めた。

表35　江戸の寺子屋における女児の就学(6郡の場合)

郡名	校数	女児総数	1校平均女児数	男児との百分比
荏原	39(39)	822	21.1	70.9
東多摩	7(7)	183	26.1	69.6
南豊島	7(7)	175	25.0	80.6
北豊島	48(48)	1287	26.8	64.4
南足立	26(27)	473	18.2	49.6
南葛飾	62(63)	965	15.6	52.7
計	189(191)	3905	20.7	60.8

同前

として全国津々浦々に普及していた寺子屋、そしてまた私塾である。『日本教育史資料』八・九所収の寺子屋一万五五〇六校のうち、生徒数の判明した寺子屋は一万三八一六校であり、うち女児の在学していた寺子屋は八六三六校、全体の六二・五％にあたる。つまり、過半数の寺子屋が、女子教育機関としても機能していたことになる。たしかに、生徒数を男女別にみると格差が大きく、女児の総数一四万八一三八名[63]は全体のせいぜい二〇％程度でしかないが、しかし、すでに江戸や大坂のような大都会や諸方の城下町あたりでは、男女の生徒数がほぼ拮抗する事態が生じつつあった。ちなみに、江戸の寺子屋四八八校のうち、四校をのぞく四八四校に女児が在学していた。しかも、この中には女児の数が男児を上廻る寺子屋が一一四校、全体の二三・四％もふくまれていた。当然のように、女生徒の数はきわめて多く、一校平均が四四・二名、総計二万一四〇九名にも達したが、これは全体の四五・二％にあたり、男女比でみると、前者の一〇〇に対して後者の八二・五になる。これらの事実から分かるように、少なくとも数字の上では、男女の格差はすでに消滅していた。江戸の中心部、それも商業活動がさかんで町方人口の稠密な地域ほど女生徒の数、比率ともに大きく、逆に、郡部の農村地帯でこの数字が小さくなっているのは、女子教育に期待する身分や階層の違いを反映したものと思われるが、同じような傾向は、全国各地の城下町や郡部でもみられた。

たとえば長州藩は[64]、『日本教育史資料』九所収の寺子屋が一三〇四校を数え、信州地方につぐ全国第二位の普及率を誇ったが、女児の就学状況になるとあまり芳しくない。事実、男児一〇〇に対して女児一七・六、全国第一六位でしかなかったが[65]、これを萩城下をふくむ阿武郡一帯についてみると、かなり事情が異なってくる。すなわち阿武郡下の寺子屋一六一校のうち一〇二校に女児が学んでおり、不明一〇校をのぞくと全体の六七・五％に達するが、一二宰判（のちの郡）全体の平均が五六％程度だから、やはり相当に高い数値といわねばならない。ただ、生

表36　長州藩領の寺子屋における女児の就学

	校　　数	女児総数	1校平均女児	男児との百分比
大島郡	42(　77)	193	4.59	9.99
玖珂郡	70(393)	592	8.46	6.03
熊毛郡	101(132)	882	8.73	23.92
都濃郡	45(　73)	644	14.31	25.38
佐波郡	49(　50)	470	9.59	37.18
吉敷郡	85(　94)	861	10.13	21.48
厚狭郡	31(　42)	216	6.97	21.60
豊浦郡	15(　16)	129	8.60	18.35
美禰郡	51(　57)	261	5.12	18.02
大津郡	38(　41)	418	11.00	20.84
阿武郡	102(151)	1352	13.25	23.99
赤間関	——	——	——	——
計	629(1126)	6018	9.57	17.67

『日本教育史資料』9により作成。
1)　(　) 内は寺子屋総数。
2)　不明178校は総数よりのぞく。
3)　赤間関については21校のすべてが不明。

表37　長州藩領　安政年間(1854～9)の寺子屋における男女混淆

	校　数	生　徒	男　児	女　児	男女比	女生徒率
総　　数	35	1790	1443	347	4.2/1	19.4
共学校	26	1603	1256	347	3.6/1	21.6

『日本教育史資料』9により作成。
1)　安政年間調査の35校についてみた。
2)　生徒数が10名未満の小規模校3，10～20名9，50名以下14。225名，310名などの大規模校は阿武郡（萩城下)。

徒数は一校あたり一三・三名と少なく、また男女比も前者の一〇〇に対して後者は二三・九と低調であるが、これは郡部の農村地帯をふくめたためのようだ。ちなみに、萩城下の中枢部、すなわち町名のついた七つの地域(66)についてみると、一二校の寺子屋のすべてに男児と女児が学んでいた。しかも、女生徒数は一校あたり四一・二名とほとんど江戸市中なみの大きさであり、また男女比も、前者の一〇〇に対して後者は四一・五と大幅に平均値を上廻っている。サムライの居住区である平安古町をのぞけば、上五間町、古萩町、恵美須町、東浜崎町、細工町、北古萩町など、いずれも町家が軒を並べる商業区であり、女生徒の大半が町人の娘たちであったと思われる。

性差による入学制限をしなかったという点は、『日本教育史資料』八・九に収録された一五〇五校の私塾も同じであるが、もともと私塾は、寺子屋で初等教育課程を卒えた人びとにより高度な教育を施す場であったがゆえに、そこに学ぶ女性の姿はあまり多くなかった。たとえば江戸市中の私塾一二三校のうち、女生徒のいたのは四八校、全体の三九％程度であるが、寺子屋における女児の在学率がほぼ一〇〇％であったことを思うと、雲泥の相違である。当然のように、生徒数も少なく、一校平均二七・七名、総計一三二九名であったが、これは全体の僅か八・三％でしかなく、男女比でいうと、前者の一〇〇に対して後者の九・二でしかない。

私塾の種類別にみると、女生徒が多かったのは概して筆道・習字・書画などを教授する塾であり、反対に、漢学塾はきわめて数が少なかった。たとえば江戸市中で筆道を教授する八校の女生徒は総計六一四名、全体の四六・二％にあたるが、いずれも男女の数にはほとんど差がなく、また一校あたりの生徒数も七六・七名と大きい。一方、漢学を教授する一四校になると、女生徒の数は総計一三〇名、全体の九・八％という低率であり、また一校あたりの生徒数も九・三名と極端に少ない。筆道塾が寺子屋教育に若干プラスした程度の教養を授受する場であったのに比べ、漢学塾では、漢籍による相当にハイ・レベルの教育を行う場であったことが、女性の就学を阻む結果になっ

表38　江戸の私塾における男女混淆

	塾名	教科目	開塾期間	住所	生徒数		教師名	身分
					男	女		
1	蒼雪舎	漢学	安政 4～継続	麹町区平川町５丁目	200	20	宮原成太	士分
2	漢学教授所	〃	天保 10～慶応 3	〃 表二番町	70	5	堀江太仲	〃
3	神習社	和・漢・洋	明治 4～9	神田区裏神保小路	120	17	井上頼国	平民
4	――	筆道	文化年間～	〃 小川町旧高遠藩邸内	20	10	池上善四郎	士分
5	――	筆・算	天保年間～弘化	〃	34	16	井上荘介	〃
6	――	筆道	天保年間～	〃	34	16	三浦平兵衛	〃
7	――	〃	天保年間～弘化	〃	260	140	大平孫太夫	〃
8	――	〃	弘化年間～慶応	〃	250	150	中家団八	〃
9	惜陰塾	漢学	寛政年間～継続	日本橋区本石町３丁目	100	1	平田宗敬	士分
10	蕭遠堂	筆道	文化 5～継続	〃 数寄屋町	260	40	巻菱潭	平民
11	――	漢・筆	天保年間～明治 2	〃 矢ノ倉町	100	30	生方裕	士分
12	克己堂	漢・筆・詩文	天文 1～継続	京橋区元大工町	30	15	小松原辰三	〃
13	細井塾	和・洋算	天保 9～継続	〃 銀座２丁目	58	1	細井源太郎	平民
14	学半塾	漢・詩文	明治 3～10	芝区愛宕１丁目	80	15	槇田晋作	〃
15	芝香堂	筆道	――	〃 源助町	75	75	原田スミ子	士分
16	乾々塾	漢学	嘉永 3～継続	麻布区飯倉片町	60	4	岡寿考	〃
17	時中堂	漢・筆	明治 4～継続	〃 本村町	5	10	稲村虎三郎	平民
18	芙蕖館	漢学	～明治初	〃 芝森元町	35	7	服部元彰	士分
19	――	――	――	〃 六本木	30	5	村山葆	〃
20	玄明堂	和・洋算	万延 2～継続	赤坂区青山御手大工町	111	3	熊切民次郎	〃
21	雲竹学舎	漢・筆・数	明治 1～5	四谷区荒木町	70	50	渡辺概	〃
22	学習舎	漢学	明治 1～継続	〃 左門町	39	13	小城竹軒	〃
23	――	筆道	文化年間～嘉永	〃 内藤新宿旧高遠邸内	340	160	三沢友治	〃
24	――	〃	嘉永年間～	〃	47	23	村瀬隼太	〃
25	三余堂	習字	安政 2～継続	牛込区山伏町	300	20	高斎単山	〃

26	翠雲学校	漢学	嘉永 4～継続	〃 市谷甲良屋敷	90	10	松角近義	〃
27	広敵塾	〃	明治 1～16	小石川区原町	70	15	関守　真	〃
28	——	〃	明治 2～5	本郷区湯島切通坂町	20	10	村松駒山	僧侶
29	憲章学校	〃	慶応 3～明治17	本郷区御弓町	170	13	石野清誼	士分
30	雪江楼	和・漢・筆	享保 初～明治15	下谷区仲御徒町 4 丁目	206	2	関　雪江	〃
31	——	漢学	安政 4～明治 1	〃 新道一番町	400	5	諏訪　慎	〃
32	逸々塾	習字	天保 10～継続	〃 車坂町	100	50	樋口逸斎	〃
33	大成家塾	和学	明治 2～8	〃 練塀町	10	3	大畑春国	神官
34	雕雪亭	和・漢・筆	安政 6～明治 4	〃 池ノ端茅町 2 丁目	184	12	市川万菴	士分
35	寒松堂	漢・筆	弘化 3～明治12	〃 練塀町 2 丁目	60	40	服部波山	平民
36	精究堂	和算	明治 2～6	〃 仲御徒町 1 丁目	104	1	小池相徳	士分
37	大沼学舎	詩文・筆	天保 10～明治15	〃 3 丁目	48	2	大沼　厚	〃
38	春暢学舎	書・画	明治 3～15	〃	82	170	奥原晴湖	〃
39	——	習字	天保年間～明治13	下谷区仲御徒町 4 丁目	600	20	桑野松霞	平民
40	至誠塾	和・漢・筆		〃 3 丁目	12	18	日尾ナホ	士分
41	真宗東派学塾	釈・和・漢 英・数・筆	明治 4～7	浅草区本願寺地内	142	5	大谷光勝	僧侶
42	日厳道場	釈・和 漢・筆	〃	〃	51	15	土岐善勝	〃
43	交有塾	漢学	明治 3～継続	〃 向柳原町 2 丁目	10	10	鱸松塘	——
44	——	習字	安政 3～明治 4	〃 小島町大久保忠順邸内	30	20	鈴木善治	士分
45	宇宙斎	筆・読・算	弘化 3～継続	本所区緑町 4 丁目	60	40	山内蒼龍	平民
46	遷喬堂	礼・筆 読・算	明治 1～継続	〃 若宮町	58	5	木股棋軒	士分
47	博審学校	漢学	明治 2～継続	〃 亀沢町 1 丁目	120	15	新井　新	平民
48	明道学舎	〃	文久 1～継続	深川区御船蔵前町	12	2	石川和三郎	〃

『日本教育史資料』8により作成。

1）調査年代の多くは明治 4 年（1871）。

2）習字を教科目にする 4 校は寺子屋か。

3）漢＝漢学，筆＝筆道，算＝算術，洋＝洋学，数＝数学，書＝書道，画＝絵画，釈＝宗乗，英＝英語，礼＝礼法。

たのであろう。
次節でみるように、私塾に来学した女性の中には、男性と同じ教室で同じテキストを学ぶ、文字どおり共学を体験するものもいなかったわけではないが、数字的にはきわめて稀れなケースであり、多くの場合、私塾における男女混淆は、机を並べて同じテキストを読むことを意味せず、女生徒にはもっぱら、訓育中心の教育が女往来物や低度の漢籍をテキストにしながら行われた。数十名もの女生徒を擁する私塾に時折り女教師の姿が見られたのは、そうした教育を担当するためである。なお、原田スミ子の芝香堂や日尾ナホの至誠塾のように、女性が塾主兼教師であることはまだ珍しく、大ていい男教師に協力する助教格であり、しかも、その数はまだ微々たるものであった。現に、江戸市中で女生徒の在学する四八校のうち、女教師がいたのは僅かに七校であり、教師数でみると総計二四八名中の八名、全体の三・二%でしかない。

女教師そのものが珍しい存在であったせいもあるが、大部分の私塾では、男教師が一人で男生徒も女生徒も教えた。女生徒が少ないときには男女が同じ教室で机を並べることもなかったわけではないが[67]、この場合も、男女のテキストは別々であり、教師が一人何役も演じるいわゆる複式授業がふつうであった。

私塾に学ぶ女生徒の数が少なかったのは、地方でも変わらない。たとえば長州藩では、『日本教育史資料』九所収の私塾が一〇六校を数え、全国第四位の高水準を示したが、女生徒がいたのは三五校、三三%余であるから、江戸市中の場合と似たりよったりである。当然生徒数も少なく、一校平均一七・九名、総計六二五名であり、全体の一三・九%でしかなかった。萩城下に女生徒の在学する塾の多かったのは寺子屋の場合と同じだが、比較的多くの生徒を擁したのは、平安古町の田総塾、川島村の養春軒、江向村の博習舎などのように、サムライの居住区に位置した私塾である。町家の多い商業区で女生徒を擁した塾は、南古萩町の学古堂、今魚店町の晩成堂、唐樋町の養秀

表39　長州藩領の私塾における男女混淆

	塾名	教科目	開塾期間	住所	生徒数 男	生徒数 女	教師名	身分
1	——	読・算	嘉永2～明治5	大島郡伊保田村	40	3	桑原成山	僧侶
2	顕章舎	読・筆・算	慶応2～明治5	熊毛郡佐賀村	70	10	岡本左中	士分
3	十楽私塾	〃	明治3～6	〃　小松原村	47	15	原田彜好	〃
4	菜根学舎	読・筆	明治5～7	佐波郡西佐波令村	22	11	内海静造	農民
5	成器舎	読・筆・算	慶応2～明治8	〃　牟礼村	10	5	井上政庸	士分
6	学半堂	読・筆	嘉永3～明治5	〃　三田尻村	50	10	荒瀬幸雄	神官
7	——	読・筆・算	安政6～明治5	〃　下右田村	50	13	木村伝之助	士分
8	——	読・筆	安政1～明治5	〃　西ノ浦	50	20	市川勇吉	〃
9	以文堂	〃	慶応1～明治8	〃　串村	40	27	長富鷹之進	〃
10	——	〃	安政2～明治4	〃　西佐波令村	30	10	土肥二郎	平民
11	青於藍舎	読・作 習・算	文政年間～	〃　牟礼村	70	30	大多和正夫	士分
12	——	読・筆・算	文化4～明治12	〃　西佐波令村	153	47	平佐心一	〃
13	笠山学舎	漢・筆	天保5～文久1	吉敷郡御堀村	35	15	安富庸彦	〃
14	博文堂	〃	天保3～明治6	〃　〃	15	5	弘中権兵衛	〃
15	宮家塾	〃	天保4～明治7	〃　〃	18	7	宮崎豊輔	〃
16	——	〃	安政3～明治7	〃　矢田村	15	5	伊藤生民	〃
17	——	漢学	嘉永6～明治5	〃　台道村	22	8	松岡敏	〃
18	——	漢・筆・算	嘉永1～明治6	〃　下宇野令村	70	31	蔵田本祐	〃
19	——	漢・筆	文化12～明治6	〃　嘉川村	100	50	村田一馬	陪臣
20	赤浜書塾	漢・筆・算	明治4～9	〃　吉敷村	46	14	石崎虎亮	士分
21	柳亭	〃	安政5～明治3	〃　郡村	42	8	田口弥八郎	〃
22	——	漢学	明治1～7	豊浦郡川棚村	49	14	金田迭蔵	平民
23	——	和・漢・筆	嘉永6～明治7	〃　上保木村	20	8	河田清蔵	士分
24	酒芋場	〃	明治1～5	美禰郡長田村	23	1	吉見三九郎	陪臣
25	——	漢・筆	明治4～6	〃　嘉万上郷村	85	18	馬来可也	士分
26	正名堂	〃	天保6～	大津郡東深川村	30	20	普喜弥伝次	〃
27	養春軒	漢・筆・算	元治1～明治6	阿武郡川島村	94	30	作間五助	〃
28	学古堂	漢・筆	元治1～明治6	〃　南古萩町	50	30	野田清吉	〃
29	晩成堂	漢学	文久3～明治4	〃　萩今魚店町	223	3	馬島春海	〃
30	——	漢・筆・算	弘化2～明治5	〃　平安古町	110	40	田総稔一	〃
31	養秀塾	〃	明治4～5	〃　萩唐樋町	25	28	吉田淳	〃
32	博習舎	漢・筆	慶応2～明治8	〃　江向村	136	53	中尾実	〃
33	惜陰塾	〃	明治4～8	〃　〃	78	1	来島小覚	〃
34	——	漢・筆・算	〃	〃　椿郷東分村	20	10	工藤準一	〃
35	——	漢・筆	万延1～明治7	〃　〃	75	25	新山益謙	〃

『日本教育史資料』9により作成。
1）調査年代の多くは明治4～5年（1871～2）。
2）漢＝漢学，筆＝筆道，算＝算術，作＝作文，習＝習字，和＝和学。

塾ぐらいしか見あたらないが、これは、同じ地域の寺子屋のすべてに女児が在学していたのといちじるしい相違である。おそらく、町家の子女に期待された教養や知識が、読み・書き・ソロバン程度で十分間に合ったためであろう。

第四節　最も教養の高かった女性は

封建的な家に隷属した女らしさをことさらに強調する女子教育の中身は、女訓や女功などのコトバがいみじくも物語るように、男性のそれとはっきり一線を画したいわば女学であった。このことは、女性用のテキストとして編まれた諸種の往来物をみれば一目瞭然であるが、だからといって、江戸時代の女性のすべてが、こうした別学体制に甘んじていたわけではなく、なかには与えられた女学、実は男性側が強制した教養に飽き足らず、積極的に性差をこえた学問の世界に足を踏み入れようとした人びともいる。

官・公立学校が女性に門戸を閉ざしていただけに、男性に伍して学問の道に志そうと思えば、私塾の門を叩かざるをえなかったが、この私塾が女性に広く門戸を開いていたかというと、必ずしもそうではない。漢学系の私塾の中で、筆道や習字を教える場合はともかく、四書五経などの漢籍を本格的に教える塾になると、そうした傾向がとくにいちじるしい。石川謙の調査によれば、(68) 寛永七年（一六三〇）から明治二一年（一八八八）まで二五九年間継続した林家家塾の入門者は総計二七六一名に達するが、女性の門人は、天保七年（一八三六）正月一六日に入門した「文鳳女」一名のみである。彼女の身分は御賄御用達高島孫兵衛厄介となっているから、出入りの御用商人の身内であったことが分かるが、あるいは高島の縁故を頼った他家の女性かもしれない。学校の規模の大きさということになると、豊後日田の咸宜園の方がはるかに勝り、文化二年（一八〇五）の開塾から明治三〇年（一八九七）の廃絶まで九二年間に全国六四ヶ国から四六一七名の遊学者があったが、ここでも女性は、天保初年に僅かに二名来学した例が知られているにすぎない。

「入門簿」[69]をみると、天保二年（一八三一）四月一三日付で美濃大野郡伊尾慈渓寺の智白二九歳、智参二〇歳が入門している。美濃大野郡の伊尾という地名は消滅してないが、かつて大野郡揖斐庄（荘）といい、伊尾川、伊尾野村などの名称があり、[70]また旧揖斐町が伊尾町とも書かれていたところから、[71]現揖斐川町の三輪あたりをさすものと思われる。揖斐川流域は古来、運輸の幹線として栄え、岡田寒泉、柴山老山、坪井信道ら多くの文人、学者を産出した土地柄であり、二人の尼僧をはるばる九州の地へ送り出したとしても少しの不思議もない。現在、揖斐川町にある八派四二寺の中に慈渓寺なる名称を見出すことはできないが、同名の寺（臨済宗妙心寺派）が比較的近い大垣市北方町にあるから、あるいはここが彼女らの起点であったかもしれない。

「入門簿」に記載された紹介者は光円寺となっているが、それまで同名の寺が紹介者になったことは一度もなく、入門した日の淡窓の日記に、「美濃女僧二名来、請レ受レ業、居二広円寺一」[72]とあるところから、おそらく咸宜園よりさして遠くない竹田村にあった広円寺のことと思われる。文化年中（一八〇四―一七）のみで広円寺から五名の僧侶が入門、また広円寺自身が十数名の新入者の紹介者となっているところから、二人の尼僧に紹介の労をとったことが十分考えられる。『懐旧楼筆記』巻三十にも、「知白《ママ》、知参《ママ》ハ禅宗ノ尼ナリ、外宅ヲカリ、往来シテ書ヲ読メリ」[73]と記されており、二人とも塾外に寄宿しているが、おそらく広円寺内の一室を借り、ここから毎日咸宜園に通学したのであろう。

咸宜園の寄宿舎に入らなかったのは、やはり二人が女性であったからだが、塾内にはすでに六十余名の寄宿生が[74]おり、新入生を受け入れる余裕などなかったのも事実である。塾外の寺院や知人宅に下宿して通学する人びとは外来生と呼び、常時二、三〇名を数えたが、智白、智参の二人もこの中にいた。

ところで、彼女たちの勉学の実際はあまりはっきりしない。女性用のテキストを読むという特別メニューがなかったことは、その種の記事がまったく日記にみられないところから推測できる。おそらく、男性門人に伍して同一のテキストを学んだものと思われるが、ただ、月旦評の位次には在学中一度も名前がのらなかった。入門直後の四月二八日の月旦評には、「和田一平、及二尼、不レ在二月旦一而在二外来生之数一」[75]とあるが、和田は旧門人が再入学したもので、しばらく客席生、すなわち聴講生として授業に出席していたものである。智白、智参の二人は、最後までこの客席生の待遇であったらしい。彼女らの入門した天保二年（一八三一）四月は、ちょうど塩谷代官の月旦評への介入、いわゆる「官府の難」がはじまった時期であり、女子学生を認めるという公辺を刺激するような措置は、なるべく避けたかったということも考えられる。

月旦評にランクこそされなかったが、その都度あげられた外来生の項目には、六月のみ一回欠けただけで、八月の月旦評まで「二尼在レ中」の記事があり、ともに在塾していたことが分かる。六月中の脱落は、遠来の寄宿生によくみられた小旅行で、塾を離れていたためかもしれない。九月以降の月旦評には、「知白在レ中」としかないから、智参の方は少し前に塾を去ったようだ。一人残された智白の名前は、翌年一月二六日の月旦評を最後に見られなくなる。智参より遅れること五ケ月、通算して一〇ケ月余の在塾であった。

はるばる美濃の地から笈を負うて来た二人の女性が、ともに一年足らずの短期間で去ったのはなぜだろうか。この時期、「官府の難」に対抗するため、教師の淡窓は退隠を装い、塾政を弟の旭荘に譲ったから、門人に接する機会がどうしても減少しがちであったが、加うるに健康を害した淡窓は、一二月ころから病床に伏すことが多く、休講続きとなった。淡窓に親しく教えを乞おうとして来学した二人の失望は大きかったにちがいない。もちろん、退塾の理由はそれだけではなかっただろう。日記をみると、淡窓はこの遠来の客たちにほとんど関心らしきものを示していない。現に、入門後の動向について、「慈等法尼忌辰、供‐養二尼一」[76]という以外に何も語らず、また退塾時の事情についてもいっさい触れていない。日ごろ筆まめな彼にしては珍しいほどの沈黙ぶりであるが、この徹底したよそよそしさは、あるいは彼が二人の入門を迷惑がっていたためかもしれない。仮にそうだとすると、同門の男性たちの反応がどのようなものであったのかは、大よそ想像ができる。いずれにせよ、百余人もの男性たちの中に敢然と飛びこんで学ぼうとした二人の壮挙は大して長続きせず、また再び繰り返されることもなかった。[77]

漢学塾に比べれば、国学塾はよほど女性の入門者が多かった。すでに賀茂真淵の県居塾には五八名の女性門人の名前が見えるが、この傾向はその弟子の本居宣長以降になると、いっそう顕著である。宣長の主宰する鈴の屋塾では、彼一代の門人四八九名中の二八名、[78]五・七%が女性であるが、二代目大平門一〇三四名中の七一名、六・九%、春庭（失明のため廃嫡された実子）門四一六名中の二五名、六・〇%、三代目内遠門八二〇名中の六一名、七・四%が、いずれも女性門人であった。

入門のスタイルとしては、すでに入門の席に列している身内の男性、すなわち夫や父・兄・子などの紹介で、その妻や娘・妹・母などが名簿を送るというのが多かったが、なかには内遠門の水野藤兵衛家のように、母・妻・娘・妾など一族中の女性がすべて入門した場合もある。[79]もちろん、そうした縁故とは無関係に、単独で門人の列に加わったものもいる。宣長の時代には、まだそうしたケースはあまり見あたらないが、大平の塾あたりになると、男性門人の縁故者は七一名中三六名しかいない。つまり、女性単独の入門がその半ばに達している。

彼女たちの家庭環境が恵まれていたことは、家族ぐるみで入門したという一事をみても分かるが、時代が下り、入門者がふえてくると、必ずしもそうしたケースばかりではない。現に、女性門人のもっとも多かった内遠の塾では、和歌山の琴師美都子や尾張熱田の柳屋妓女鶴江、永楽屋遊女けいのように、(80)従前にはみられなかった職種や階層の人びとが入門している。もっとも、ここでいう遊女は飯盛女の類いでなく、お大尽や上級武士の相手をする一握りのいわゆる名妓たちであったようだ。廓通いをする大名たちとも交際する吉原の大夫あたりになると、小唄・三味線・舞踊などの表芸だけでなく、茶道・華道・香道・絵画などを嗜み、和学や漢学にも通じていたというから、並みのサムライの女性たちの教養では足元にも及ばない。歌舞伎のモデルにもなった高尾大夫の才筆を、西鶴が「流女古今の能書。文にして人をころし」(81)と激賞したのは、必ずしも誇張ではない。内遠塾へ名簿を送ってきたのも、おそらくこうした遊里のスターたちであったのだろう。

三従七去的な婦道をよしとする江戸時代にあって、もともと女子教育への期待はそれほどなく、せいぜい女寺子屋的な教養で十分とされており、したがって、私塾に学ぶ女性の姿はほとんどなかった。その辺の事情は、前出の林家家塾や日田咸宜園に明らかであるが、国学塾にかぎって女性の門人が多かったのはなぜだろうか。歌を詠んだり、古典文学を学ぶというすぐれて感性や情緒に関わる世界が、伝統的に女子教育の守備範囲とされ、また女性自身がこれに親しんでいたこともあるが、何よりも見落されてならないのは、国学塾では、直接来学するより、教師自身が各地に出かけて講筵を設ける出張教授や書簡の往復による通信教育の方が、むしろさかんに行われていたということである。たとえば本居宣長は、尾張海東郡木田村の豪農大館高門の邸でたびたび講筵を設けているが、この席には高門の縁故で入門した大館民(高門の兄嫁)、林梅(門人林茂蔭の妻、高門の妹)、大館土佐(妻)、林富らが男性門人に混じって姿を見せている。(82)

出張教授が終ったあとの師弟関係は、やはり通信教育によって維持された。私塾における一般的な入学のセレモニーは、弟子入りを希望する学生が直接先生に対面して束脩の礼を行うことで成立するが、鈴の屋塾のような国学塾では、手紙文に自署した誓詞や束脩金を同封して送ることで代替することができた。宣長一代だけで四、五〇〇名ちかくも入門者のあった鈴の屋塾の授業に、多くても一〇名をこえる出席者しかなかったのは、[83] この通信教育と関係がある。松坂市中の門人はともかく、遠隔の地方在住の門人たちの中には、入門以来一度も松坂に来学しなかったものが沢山おり、また来学してもほんの数日間か、せいぜい一ヶ月程度で去る場合が普通だった。師弟関係の全部、あるいは大半を在宅のまま維持した人びとは、書簡の往復によって師宣長にテキストの疑問を質し、また自説の批評を乞い、文章や詠歌の添削をしてもらったのである。

女性の地位のはなはだしく弱かった江戸時代に、家庭の主婦が家事や育児をそっちのけで塾通いするなど思いもよらぬことであり、また比較的自由な娘たちでも、男性門人に混じって講席に連なることにはやはり抵抗があったであろう。書簡の往復による通信教育は、この点まことに好都合な学習方法であり、さまざまな差別状況のゆえに、教育の機会が閉ざされがちであった女性たちに迎えられた。宣長が主宰する『源氏物語』や『万葉集』などの授業にまったく女性の姿が見えず、また通学生による図書の借出しを記録した簿冊にも、宣長の娘である美濃や能登の名前しかないところから、[84] 松坂市中の在住者をふくめた女性門人の大方は、この通信教育によりながら師弟関係を維持した人びとであったと思われる。出張講筵のケースからみて、市中の寺院や門人宅で催される春秋の歌会や月次会（古典会読）に女性門人の混じることがなかったとはいえないが、実質的な教育という面ではやはり通信教育が中心であっただろう。

幕末期に最盛期を迎える蘭学塾は、同時に大ていは医学塾でもあったが、オランダ学にせよ、医学にせよ、高度に専門性を有する分野の教育であったがゆえに、女性にはほとんど無縁の存在であった。シーボルトの日本人妻との間に生まれた娘、いわゆるオランダおいねのように、[85] 鳴滝塾出身の蘭学者たちに次つぎについて学び、女医者として世に出たものは、例外中の例外である。ちなみに、伊佐治縫之助『皇都天保医鑑』をみると、天保一四年（一八四三）当時の京都市中で開業する漢・蘭方医三二二名の中には、一人の女医も見つけることができない。幕末最後の時期の蘭学塾は、軍事技術を教授する兵学塾に傾斜していったため、ますます女性に縁遠いものとなっていった。開国後、各地に登場した洋学塾、たとえば英学塾に女性の姿が見られなかったのも、同じような理由からであろう。明治六年（一八七三）、東京府に英学塾の開業願を提出した土屋忠（平民茂兵衛の娘、四〇歳）は、明治元年（一八六八）二月より坂倉謹次郎の塾に入って英学を修行したというが、(86) 文久三年（一八六三）横浜で創められたヘボン夫人（Clara Merry Hepburn）の女子教育を別にすれば、(87) おそらく女性が英学を志したもっとも早い例の一つであろう。

国学をのぞけば、漢・蘭（洋）いずれの方面にも女性の進出が低調であったが、これは、たとえば京都市中のフーズ・フー（who's who）である『平安人物誌』あたりに、女性の名前がきわめて珍しかったことにもうかがえる。『京都の歴史』第七巻が分析したように、(88)『平安人物誌』が「女流」の部を新設したのは文化一〇年（一八一三）版以降であり、このころようやく女性の教養が、男性のそれに準ずる取り扱いをうけたことが分かる。もっとも、その数たるや、嘉永五年（一八五二）版までの延べ三〇二二名中の僅かに六五名、(89) 二・二%を占めたにすぎず、しかも、その内訳は、歌・書・俳諧・文雅・画・音曲などのもっぱら風流の域にとどまり、儒家・和学・数・医家(90)などという本格的な学問の世界では、一人の名前も見出すことができない。要するに、女性はごく限られた諸技芸の分野でようやく男性に伍する実力を認められたにすぎない。江戸時代全般を通ずる女子教育の低レベル、それも男性に一線を画した女性向けの教育がその最大の理由であったことは否めないが、そうした悪条件にもめげず、男性に優るとも劣らない教養を身につけた女性は、必ずしも珍しくない。県居門の三才女とうたわれた進藤茂子、(91) 油谷倭文子、(92)鵜殿余野子(93)らのように、国学方面にそうした人びとが多くいたが、漢学の世界でも、頼山陽の門人たちが美濃大垣に創めた白鷗社のメンバーとして活躍した江馬細香、(94)梁川紅蘭、(95)柴山金英(96)らの女流漢詩人が知られている。江馬のごときは、のち自ら咬菜社を主宰して多くの男性門人(97)を育てたのだから、性差にともなうハンディキャップをすでに克服していたといえるだろう。

ところで、江戸時代を通じていちばん教養の高かった女性は誰かというのは、客観的な評価の基準をもちえないかぎり、たんなる揣摩臆測でしかないが、それでも女性の進出した社会的領域に即して、大ざっぱな傾向観察のようなものはできる。むろん、当時はインテリ女性の活躍できる世界そのものが限られており、前出の二人の尼僧や女医者たちをのぞけば、大奥(98)やお城に勤める御殿女中や女教師ぐらいしかなかった。幕末の女流歌人として知られた大田垣蓮月尼(99)は、八、九歳のころ行儀見習のため丹波亀岡城の奥勤めに上り、薙刀・鎖鎌・剣術などをふくめた文武両道を学んだというが、町方の良家の子女の中には、お城勤めをするために予め必要な教養を修得するものも珍しくなかったから、その教養の程度は相当のものである。鈴の屋塾に名簿を送ってきた女性たちの中にも、こうした御殿女中たちが大勢いた。たとえば内遠塾の天保五年（一八三四）度の「入門簿」をみると、紀伊藩の御殿女中袖岡、あや、沢田、かず、てい、寿代ら六名が一挙に入門している。(100)入門の動機など詳細は不明であるが、いずれにせよ、将軍や大名のような超エリート男性に日常的に接する彼女らに、それ相当の高い教養が要求されたのは当然であろう。その辺の事情を、女性門人の出自のかなり明らかな賀茂真淵の県居塾についてみると、表40のようになる。

江戸時代のインテリ女性に比較的門戸を広げていたのは教職であるが、一口に女教師といってもその内容は千差万別である。圧倒的に多かった裁縫・琴・三味線・華道・絵画・舞踊などの技芸塾にはかなりいかがわしい教師も

33	ら　　ん	立田玄杏妻	（松代藩医）
34	き　　ん	真田家か	松代藩御殿女中か
35	さ　　え	〃	〃
36	と　　き	〃	〃
37	三　　保	丸岡長門守殿御留守居女	（丸岡藩士）
38	ふ　ち　子	真田伊豆守殿妹	（松代藩主）
39	か　　め	土井大炊頭殿家老新左衛門妻	（古河藩士）
40	み　　か	一ツ橋御殿	一ツ橋家御殿女中か
41	と　き　子	本多下総守の息女	（膳所藩主）
42	——	牧野民部少輔の息女	
43	く　　ら		立田玄杏妻らんと連名書簡
44	倭　文　子	御用達油谷平右衛門女	のち尾張家御殿女中
45	登　与　子	本多下総守殿御息女	前出とき子か
46	幾　知　子	一ツ橋家中老	一ツ橋家御殿女中
47	美　幾　子	松平主殿頭殿おつぼね	島原藩御殿女中か
48	手　巻　子	松平大膳大夫殿奥方	（萩藩主）
49	宇　多　子	長《ママ》井飛騨守殿奥方	（高槻藩主）
50	八　千　代	牧野駿河守の妹	（長岡藩主），とき子の母
51	——	建部綾足妻	
52	菅　　子	紀州海沢十右衛門妻	（紀伊藩士か）
53	延　　姫	田安宗武卿御息女	
54	う　め　子	毛利家の女中	萩藩御殿女中か
55	菅　　根	浅草青木朝恒妻	（浪人）
56	お　留　衛	御殿女中	のち深川こひや女房
57	——	文蔵妻	（深川浜くり町医師）
58	屋　さ　子	紀州家日辻家妹	（紀伊藩士か）

小山正『賀茂真淵伝』所収の「県居門人録」，「県居門人録補遺その一」により作成。

1）出自など不明の7名，再出の4名，計11名をのぞく。

2）身分は門人録記載のまま。

3）（　）内は保護者の身分。

表40 県居塾の女性門人

	氏名	身分	備考
1	明仙院	牧野駿河守殿御隠居	長岡藩主の母美知子
2	余野子	紀伊御殿年寄	御殿女中，藩士鵜殿左膳妹
3	紅子	〃	藩士片野氏の娘
4	栄子	芝崎豊後守妻	(神田明神神官)
5	久米子	土井伊予守殿室	(刈屋藩主)
6	清瀬	同上年寄(つぼね)	刈屋藩御殿女中
7	外山	〃	〃
8	常女	同上中老	〃
9	智元尼	松平主殿頭殿三田やしき	島原藩主の娘
10	八重の方	紀伊御部屋	紀伊藩主の側室
11	菅女	同家孫右衛門娘	(紀伊藩士)
12	葛子	松平能登守殿室	(岩村藩主)
13	千代子	長井飛騨守殿室	(高槻藩主)
14	茂子	本庄横町土岐頼房後室	(旗本)
15	せい女	北島藤四郎一所	北島玄川妻
16	崎	内藤備後守殿内宇大夫妻	(延岡藩士)
17	専修院尼	田安	
18	峰尾	田安御年寄	田安家御殿女中
19	片田	田安若年寄	〃
20	御宿方	〃	〃
21	小野川	一ツ橋若年寄	一ツ橋家御殿女中
22	山菅	藤井貞三母	
23	さゆり	朽木土佐殿内福富興庵妻	(福知山藩士)
24	市女	弁慶橋に住む山菅の女	藤井貞三の姉妹
25		田安大塚大助妻	(田安家臣)
26	よの女	加賀殿内	加賀藩御殿女中か
27	磐子	遠江森備前守妻	(浜松五社神主)
28	弁	桜田(毛利家)大膳大夫殿奥	萩藩御殿女中
29	環	〃	〃
30	礼	〃	〃
31	ふみ	真田伊豆守殿	松代藩御殿女中か
32	えん	〃	〃

いたが、さすがに読み・書き・ソロバンを教授する寺子屋やそれ以上の私塾の教師あたりになると、相当に高い学歴の女性がたくさんいた。たとえば、「開学願書」（明治六年〈一八七三〉）[101]に登場する東京府下の女教師一一七名についてみると、平均一〇・八年にもおよぶ修学歴であり、いずれも男性に優に匹敵する勉学ぶりであった。彼女らの平均年齢は四四・四歳であるから、その学歴のほとんどは明治以前、すなわち江戸時代の学校で獲得されたことになる。

教職につくつもりなどまったくなかったが、ともかくも勉強が好きでいろんな学塾に通い、教師について学んだ女性たちも、もちろん珍しくない。三輪田元道が、「徳川時代に於いて、学和漢に通じ、而も詞藻に富んだ女流の第一人者」[102]と推賞する荒木田麗、また高井浩が発掘し、[103]その後、諸方で引用されている吉田いとなどは、そうした女性たちの代表例であろう。荒木田麗は、享保一七年（一七三二）三月伊勢内宮の権禰宜の娘として生まれた。幼いとき、兄が学ぶ『大学』を傍で聞いて暗んじたというほど早熟であったが、最初は長兄について『古今集序』『伊勢物語』を学び、九歳で早くも『孟子』や『論語』を学んだという。一三歳で外宮の御師であった叔父の養女となったが、この養父から連歌やその他の詩文を学んだ。一七歳で大坂の連歌師西山昌林の門に入り、二一歳で京都の連歌師里村昌迪に就いたが、直接遊学して学んだのかどうかは明らかでない。三七歳のとき、やはり京都で開

表41 東京府下女教師の在学歴

在学年数	人数
5 年未満	7
5～10 〃	39
10～15 〃	38
15～20 〃	16
20～25 〃	5
25～30 〃	1
30 年以上	1
不明	10
計	117

明治6年「開学願書」により作成。

表42 女教師の年齢（明治6年現在）

年齢	人数
15～20未満	5
20～25 〃	9
25～30 〃	10
30～35 〃	10
35～40 〃	7
40～45 〃	13
45～50 〃	18
50～55 〃	14
55～60 〃	7
60～65 〃	5
65～70 〃	8
70～75 〃	5
75 以上	2
不明	4
計	117

同前

塾していた江村北海[104]の門人になっているが、おそらく大部分は書簡の往後による通信教授であったと思われる。明和五年（一七六八）、『宇津保物語』を校訂したころから文筆活動に入り、詩文や連歌に関する多くの著作を発表している。

文政七年（一八二四）、上州桐生の機屋の娘として生まれた吉田いとの方は、教育的環境という面ではやや劣るが、修学歴そのものは前者に優るとも劣らないほど華やかである。幼いときは歌人でもある父について学んだらしいが、八歳になると近所の寺子屋松声堂に入学し、手習・和歌・礼儀作法などを学んだ。在学六年を経た一五歳のとき、父の師でもあった国学者橘守部を頼って江戸へ出た。寄宿生として橘家[105]に同居したらしく、日中は先生の守部に歌学や書道、また息子の冬照に『源氏物語』や『万葉集』を学び、夜には守部の妻に裁縫を習ったという。授業のない日は琴・三味線・華道の師家に通っており、相当に忙しい日課であったようだ。江戸にいたのは二年足らず[106]、一六歳の秋には故郷の桐生に帰り、間もなく結婚、平凡な家庭人として一生を送った。

庶民階級の出身という点では、京都府下木津の農家の子として生まれた跡見花蹊の学歴にも、目をみはらせるものがある。天保一一年（一八四〇）花蹊が生まれたころは、もと大庄屋の家は没落してなく、父が寺子屋師匠になって辛うじて一家を養っていたというから、家庭環境は決して恵まれていなかった。彼女の最初の教師はこの父であり、みっちり漢学的素養を仕込まれたが、一二歳のころから、大坂の石垣東山や禎野楚山について絵画を学び、また裁縫や琴・三味線などの塾にも通った。一七歳の秋には京都へ出て御池車屋町西にあった宮原節庵の塾[107]に入り、漢学・書法・詩文を学び、傍ら円山応立、中島来章、日根野対山らについて絵画を学んだ。京都滞在中は伯父の家に寄食してこれらの師家に通っている。二年後の一九歳のとき、帰郷して父が主宰していた寺子屋を継ぐことになったが、余暇には大坂の後藤松陰や高橋正澄（ママ）[108]らについて、和・漢学を学んだともいう。教職に専念するようになったのは、父重敬が姉小路家の家臣に挙げられ、上洛したためであり、これがのちの跡見女学校の原型となった。[109]豊かな財力[110]をバックに文字通り遊学した吉田いとなどの場合と異なり、没落家庭の貧しい娘である花蹊には学資の仕送りなど一文も期待できず、すべて彼女自身のアルバイトで賄われた。主に扇面の揮毫を毎夜半までやって稼ぎ出したというから、典型的な苦学生である。この花蹊のケースをみるかぎり、インテリ女性といえば、富も名誉もある上流家庭の子女に限られるというのは、すでに過去の話であった。つまり、それだけ女子教育の底辺が広がりつつあったということになる。

ちなみに、前出の「開学願書」に登場する東京府下の女教師たちの出自は、不明八名をのぞく一〇九名中平民七二名、士族二〇名、商人五名、工人三名、医師三名、農民二名、経師職一名、僧侶二名、雑業一名となる。平民に商、工、農、経師職、雑業などをプラスすると総計八四名、全体の実に七七・一%にあたるが、これは観点をかえていえば、庶民クラスの娘たちの中に一〇年以上も寺子屋や私塾に学ぶものが大勢いたということに他ならない。自宅を借地・借家・借居などと記すものが一一七名中の七六名と過半を占めていたことも、その階層が相当に広い範囲に拡大していたことを証明してくれるようだ。[111]

（1） 石川松太郎編『日本教科書大系』、第一五巻、五八―六七頁。
（2） 嘉悦孝子『女四書評釈』、二五―六頁。
（3） 前出『日本教科書大系』、三一四頁。
（4） 黒川真道編『日本教育文庫』教科書篇、一四六頁。
（5） 偽らず、ひがまず、嫉妬せず、万事に気だてをよくすること。
（6） 言葉づかい、声の大きさ、しゃべり方などに慎みぶかくすること。
（7） 髪かたち、化粧、衣服、立居振舞などに身分相応に心がけること。

（8）紡績、裁縫、洗濯など女性の仕事を忠実に勤めること。
（9）前出『日本教育文庫』、一四六頁。
（10）同前書、一五四頁。
（11）御家人株を買った滝沢馬琴は、孫息子の太郎が幼かったため、仮養子の徳二郎を立てた。
（12）滝本誠一編『日本経済大典』、第五巻、一三三―四頁。
（13）志賀匡『日本女子教育史』、二一二頁参照。
（14）前出『日本教科書大系』、二三九頁。
（15）同前書、一九七―八頁。
（16）同前書、一九八―二〇一頁。
（17）「脩身録」、江間政発編『楽翁公遺書』、上巻、三七頁。
（18）同前書、三八頁。「楽亭かんな筆記」では、「女は学問とてもあへてなし侍るにも及び侍らず、ただいかにもいかにもすなほにありて、いささかも嫉妬の心なく、夫を天の如くたふとみ、神の如くにうやまひ、下をいたはり侍る外になすべき事は侍らずなん」といわれる。同前書、中巻、一頁。
（19）前出『日本教科書大系』、三一七頁。以下同じ。
（20）同前書、三三〇―一頁。
（21）同前書、三一六頁。
（22）「古今烈女伝」巻之一、前出『日本教育文庫』孝義篇、下、五七六頁。
（23）「脩身録」、前出『楽翁公遺書』、三七頁。
（24）「加賀千代女四民の文」、前出『日本教育文庫』教科書篇、一七二―三頁。
（25）「武教小学」所収の「子孫教戒」、広瀬豊編『山鹿素行全集』、第一巻、四九七頁。
（26）「山鹿語類」巻一六所収の「女子を訓ふ」、同前書、第六巻、二九九―三〇〇頁。以下同じ。
（27）前出「子孫教戒」、同前書、第一巻、四九七頁。
（28）同前。
（29）前出「女子を訓ふ」、同前書、第六巻、三〇一―二頁。以下同じ。

(30) 安政六年(一八五九)五月一四日付書簡、山口県教育会編『吉田松陰全集』(大和書房版)、第八巻、三四三頁。
(31) 「武教全書講録」所収の「子孫教戒」、同前書、第四巻、五〇頁。
(32) 別名番多、極貧者が神社の清掃をして生計を維持するところからきた名称。各村に少人数ずつ居住し、被差別部落民的扱いをうけたが、格は一段上と考えられていた。
(33) 前出「子孫教戒」、『吉田松陰全集』、第四巻、五四頁。
(34) 前田訣子「松陰の女性観」、奈良本辰也編『吉田松陰のすべて』、一八二―三頁参照。
(35) 前出『日本教科書大系』、第一五巻、三六頁より重引。
(36) 乙竹岩造『日本庶民教育史』、中巻、七三一頁。
(37) 『通俗経済文庫』、巻一一、二一三頁。以下同じ。
(38) 日本名著全集『西鶴名作集』、下、九九頁。
(39) 裁縫、手芸、技芸など女子の手仕事を意味するコトバ。女工、女功、女巧などに同じ。
(40) 天保八年(一八三七)医師荘田元益が八名郡大野村に開設した寺子屋(教師一名〈男〉、生徒三二名〈女〉)が、読書・裁縫の二教科制であった。同書、四五四頁。
(41) 弘化二年(一八四五)三月版。主人、女房、息男、手代、小僕、乳母、下女の式目に並ぶ「娘の式目」。
(42) 前出『日本女子教育史』、三一八―九頁より重引。
(43) 同前書、三一九頁より重引。以下同じ。
(44) 前出『日本教科書大系』、五八五―六頁。
(45) 同前書、五八八頁。
(46) 文部省編『日本教育史資料』一、六一九頁。
(47) 同前書二、五七〇頁。
(48) 永山卯三郎『早川代官』、七一三頁。
(49) 招かれた講師の中に亀田鵬斎の娘綾瀬がいたが、おそらく女性の聴講者のための教師であろう。
(50) 前出『日本教育史資料』一、六四五頁。
(51) 卒族の居住区につくられたもので、修道館の分校扱いであったが、明治四年(一八七一)五月の学制改革により、領内にあった郷校・寺子屋を教導所と改称して、これに加えた。
(52)前出『日本教育史資料』二、四七四頁。
(53)「学則幷序」、同前書四、三三四頁。
(54)『福山市史』、中巻、四一頁。
(55)国学一五名、支那学一六名、洋学二八二名、普通学四二九名、算術四三〇名、手跡三一五名。その他、医学兼病院に三六名の生徒がいた。前出『日本教育史資料』四、三三〇―一頁。
(56)「啓蒙社大意」、同前書、三三六頁。
(57)前出『福山市史』、五〇頁。
(58)「女校ノ議」、前出『日本教育史資料』二、七九六頁。以下同じ。
(59)「女学条例」、同前書、七九七頁。
(60)「庚午十二月学制ノ議」、同前書、七八一頁。
(61)前出「女学条例」、同前書、七九七頁。以下同じ。
(62)『岩国市史』、下巻、五九一頁。
(63)石川謙『日本庶民教育史』、二九四頁。
(64)本藩である萩藩に四支藩を合した通称、調査時の行政区画の山口県に相当する。
(65)深谷昌志『学歴主義の系譜』、四七頁。
(66)明治一五年（一八八二）当時の萩三二町のうち、『日本教育史資料』九に登場する町名のみ。
(67)大日本教育会編『維新前東京市私立小学校教育法及維持法取調書』によれば、男女が混在することはなく、男座、女座の別があった。ほぼ同数のときは、教室を二分して一方を男座、他方を女座とした。
(68)石川謙『日本学校史の研究』、二三五頁。
(69)『増補淡窓全集』、下巻所収。
(70)『岐阜県史』史料編、近世四、二八頁。
(71)『角川日本地名大辞典』、21、岐阜県、九六三頁。
(72)「醒斎日暦」巻一、前出『増補淡窓全集』、四六六頁。

(73)同前書、上巻、三八七頁。
(74)天保二年(一八三一)四月二八日の日録では塾生六三名、外来生三五名。同前書、下巻、四六七頁。
(75)同前。
(76)七月一七日の日録。同前書、四七四頁。
(77)淡窓の自伝「懐旧楼筆記」巻三十に、「女子門人ノ籍ニ入ルコト、前後此二人ノミ」とある。同前書、上巻、三八七頁。
(78)「入門簿」では二四名。「金銀入帳」などで補足すると、ろく—日翫(僧侶)の妻か、寛政九年(一七九七)入門、荒木三野—九兵衛(町人)の妻、寛政一二年(一八〇〇)入門、矢野浦女—伝吉(町人)の母、享和元年(一八〇一)入門、帆足京—長秋(神職)の娘、享和元年入門らの四名がいた。
(79)「授業教子名簿」、大川茂男・南茂樹編『国学者伝記集成』、一三二六頁。
(80)同前書、一三〇二—二八頁。
(81)「西鶴俗つれづれ」巻五、前出『西鶴名作集』、下、九〇三頁。
(82)鈴木淳他編著『本居宣長と鈴屋社中』、三七〇頁。
(83)拙著『近世私塾の研究』、一四二—三頁。
(84)寛政七年(一七九五)正月より享和元年(一八〇一)九月までの書籍の貸借を記録した「借書簿」には、おみの三回、おのと一回、計四回の借出の記録しかない。
(85)文政一〇年(一八二七)—明治三六年(一九〇三)、シーボルト門の二宮敬作、石井宗謙らに産科学を学び、開業したが、その後も阿部魯庵、村田蔵六、出島の蘭館医などについて外科その他を学んだ。
(86)明治六年(一八七三)家塾開業願、東京都立教育研究所編『東京教育史資料大系』、第一巻、二七五頁。
(87)文久三年(一八六三)一一月開塾、はじめ男女共学で英語を教授したが、女子には編物や刺繍も教えたらしい。昭和女子大学近代文学研究室『近代文学研究叢書』、第一二巻、二一五—七頁。
(88)三一〇—一頁参照。
(89)『京都の歴史』、第七巻は見落しているが、「女流」の部以外にも各所に女性の名前が散見され、その総計は九五名になる。なお、明和五年(一七六八)版から慶応三年(一八六七)版までを通じて記載された女性をすべて合わせると、四〇一二名中の一一六名となる。「女流」以外の領域では、書・文人画・楽・平語・七絃琴・箏・細書・大字などがあるが、書や文人画のように「女流」の部と重複するものもあり、厳密な規準は見出しにくい。
(90)　天保九年（一八三八）五月版の「女流」の部にあげられた山本綾子の肩書が、「医歌」とあるのが、前後九九年間を通じて唯一の例外。
(91)　進藤正幹の養女。のち幕臣土岐頼房の妻となる。生・没年ともに不明。
(92)　享保一八年（一七三三）—宝暦二年（一七五二）。父は江戸京橋弓町の豪商油谷平右衛門。一五歳より三年間尾張侯夫人の侍女として出仕。
(93)　享保一四年（一七二九）—天明八年（一七八八）。幕臣鵜殿孟一の妹。長じて紀州侯に仕え、瀬川とよばれた。
(94)　大垣藩儒医江馬元恭の娘、頼山陽に師事した。文久元年（一八六一）七五歳で死去。
(95)　梁川星厳の妻。頼山陽門人。漢詩のほか画もよくした。明治一二年（一八七九）没。
(96)　儒者柴山老山の妻、夫とともに白鷗社に参加した。
(97)　『岐阜県史』、通史・近世下、一〇三五頁。
(98)　後出する吉田いとが最初に学んだ松声堂の女師匠田村梶子は、一七歳から三一歳まで幕府大奥に出仕、祐筆の経験があったという。女性史総合研究会『日本女性史』、第三巻所収の林玲子論文による。
(99)　寛政三年（一七九一）—明治八年（一八七五）。知恩院に仕える大田垣光古の娘。彦根藩士古川某を婿にしたが、先立たれ、剃髪して蓮月と号す。
(100)　「授業教子名簿」、前出『国学者伝記集成』、一三〇四頁。
(101)　前出『東京教育史資料大系』、第一巻所収。
(102)　三輪田元道『日本女性文化史』、中、五四八—九頁。
(103)　高井浩「天保期の、ある少年と少女の教養形成過程の研究」、『群馬大学紀要人文科学篇』、第一三—一三巻。
(104)　在京の福井藩儒として八〇〇石を得ていた。釜座通下立売下ル町で開塾。
(105)　浅草寺境内にあった。
(106)　正確には天保一〇年（一八三九）三月より一一年一〇月の一年八ヶ月。
(107)　頼山陽門の第一人者として知られ、梁川星巌らと親交があった。
(108)　嘉永四年（一八五一）八七歳で没しており、香川景樹門の歌人として淀屋小路に開塾していたその子正純（熊彦）の誤りと思われる。

(109) 高橋勝介『跡見花蹊女史伝』参照。

(110) 桐生屈指の豪商であり、橘守部の著作出版にはたびたび資金援助した。

(111) 明治六年(一八七三)開学願書、家塾開業願、開学明細調など。前出『東京教育史資料大系』、第一巻所収。

第八章　近世庶民のリテラシイ

第一節　寺子屋教育の発達

寺子屋は中世末から近代初頭にかけて普及した庶民教育機関であり、読み・書き・ソロバン程度の初等普通教育を庶民の六、七歳から一二、三歳ぐらいまでの子弟に教授した。経営者、大てい教師は必ずしも特定の身分に限られず、現に、農・町民を主とする平民がもっとも多い四〇％、ついで士分二一・八％、さらに僧侶一九％、医師八・七％、神官七・六％、その他一・六％などの順序であった。寺院と直接関係のない、たとえば神社に開設された神官経営の学舎をも寺子屋と呼んだのは、その歴史的背景、すなわち寺子屋がもと中世寺院における僧侶の俗人教育にはじまったことによる。入学を寺入り、生徒を寺子などと称したのも同様の理由からである。

ところで、寺子屋の用語についてははじめ必ずしも一定しておらず、寺屋、寺小屋と書くもの、あるいは訓蒙屋、手習戸、指南屋をてらこやと読ませるものもあったが、しだいにのちの寺子屋へ統一されたようである。寺子屋とは、もと寺子を集めて教える所、屋はその家、または手習教授を営業するところからきたと説明するのは大槪

表43　私塾開設年代

年　号	西暦(年数)	校　数
慶　長	1596 (19)	1
寛　永	1624 (20)	1
正　徳	1711 (5)	1
享　保	1716 (20)	7
元　文	1736 (5)	3
寛　保	1741 (3)	3
寛　延	1748 (3)	1
宝　暦	1751 (13)	8
明　和	1764 (8)	7
安　永	1772 (9)	6
天　明	1781 (8)	17
寛　政	1789 (12)	34
享　和	1801 (3)	13
文　化	1803 (14)	69
文　政	1818 (12)	91
天　保	1830 (14)	219
弘　化	1844 (4)	85
嘉　永	1848 (6)	148
安　政	1854 (6)	136
万　延	1860 (1)	29
文　久	1861 (3)	75
元　治	1864 (1)	19
慶　応	1865 (3)	85
明　治	1868	182
不　明		265
計		1505

『日本教育史資料』8・9により作成。

表44　寺子屋開設年代

年　号	西暦(年数)	校　数	年平均開設数
文明～元和	1469(155)	17	0.1
寛永～延宝	1624 (57)	38	0.6
天和～正徳	1681 (35)	39	1.1
享保	1716 (20)	17	0.8
元文～寛保	1736 (8)	16	2.0
延享～寛延	1744 (7)	14	2.0
宝暦	1751 (13)	34	2.6
明和	1764 (8)	30	3.7
安永	1772 (9)	29	3.2
天明	1781 (8)	101	12.6
寛政	1789 (12)	165	13.7
享和	1801 (3)	58	19.3
文化	1804 (14)	387	27.6
文政	1818 (12)	676	56.3
天保	1830 (14)	1984	141.7
弘化～嘉永	1844 (10)	2398	239.8
安政～慶応	1854 (14)	4293	306.6
明治	1868 ——	1035	
不明		4175	
合　計		15506	

石川謙『寺子屋』により作成。

文彦[1]であり、石川謙はこれを敷衍して、寺子屋の呼称を商業の盛んな上方、とくに大坂あたりにはじまったとするが、[2]寺子屋そのものは必ずしも都市から田舎へ拡大・普及していったものでなく、また田舎の寺子屋の多くは手習師匠を専業にしなかったことなど、もう一つ説得力に乏しいところがある。寺にある小屋でなく、寺子の会する屋という意味では、寺子屋が正しい用語法というべきであろう。

図9　私塾と寺子屋の普及

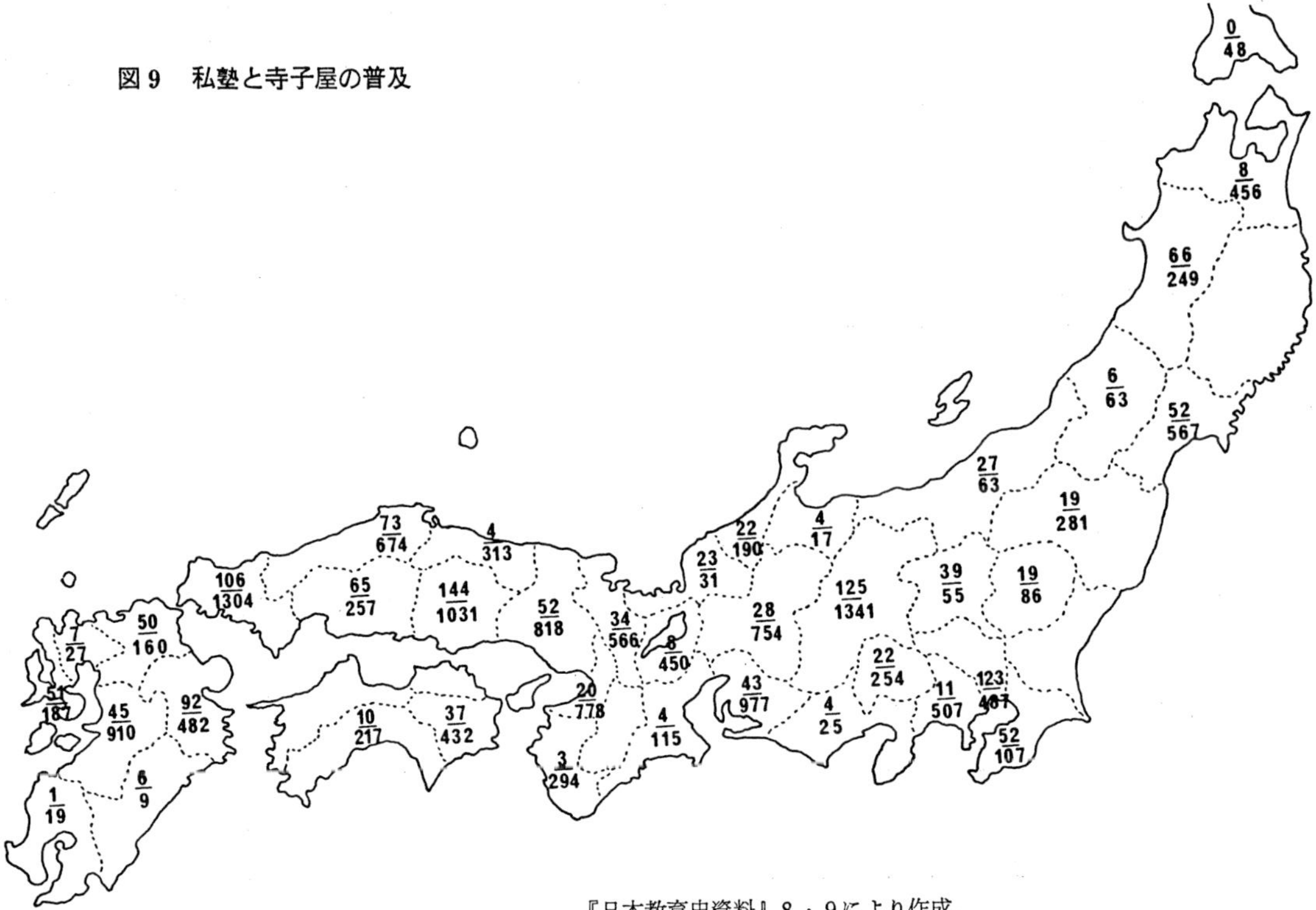

『日本教育史資料』8・9により作成。
(1)上段私塾，下段寺子屋。
(2)岩手，茨城，埼玉，奈良，香川，愛媛については未報告。

表45　私塾と寺子屋の普及

府県	私塾				寺子屋			
	計	江戸時代	明治以後	不明	計	江戸時代	明治以後	不明
東京	123	83	34	6	487	335	151	1
京都	34	27	1	6	566	363	31	172
大阪	20	14	2	4	778	588	72	118
神奈川	11	7	4	0	507	365	46	96
兵庫	52	39	4	9	818	628	35	155
長崎	51	21	3	27	187	143	9	35
函館	0	0	0	0	48	36	11	1
新潟	27	20	1	6	63	51	1	11
群馬	39	26	13	0	55	50	5	0
千葉	52	21	2	29	107	58	4	45
栃木	19	10	9	0	86	79	4	3
三重	4	0	1	3	115	39	1	75
愛知	43	19	0	24	977	482	57	438
静岡	4	3	1	0	25	24	0	1
山梨	22	20	2	0	254	122	4	128
滋賀	8	7	0	1	450	355	27	68
岐阜	28	24	1	3	754	541	43	170
長野	125	117	1	7	1,341	1,196	48	97
宮城	52	48	2	2	567	541	7	19
福島	19	12	5	2	281	233	8	40
青森	8	4	3	1	456	301	15	140
山形	6	6	0	0	63	47	3	13
秋田	66	58	3	5	249	210	7	32
福井	23	13	1	9	31	1	1	29
石川	22	6	2	14	190	100	3	87
富山	4	4	0	0	17	17	0	0
鳥取	4	4	0	0	313	227	22	64
島根	73	52	15	6	674	538	46	90
岡山	144	123	21	0	1,031	927	90	14
広島	65	56	5	4	257	236	6	15
山口	106	82	24	0	1,304	970	174	160
和歌山	3	2	0	1	294	229	19	46
徳島	37	29	2	6	432	333	43	56
高知	10	10	0	0	217	175	10	32
福岡	50	37	5	8	160	144	9	7
大分	92	44	10	38	482	208	0	274
佐賀	7	5	2	0	27	23	4	0
熊本	45	31	2	12	910	812	69	29
宮崎	6	6	0	0	9	7	0	2
鹿児島	1	0	1	0	19	19	0	0
計	1,505	1,090	182	233	15,601	11,754	1,084	2,763

開設年を府県別に分類。『日本教育史資料』8・9により作成。

『日本教育史資料』八・九によれば、全国各地に開設された寺子屋の総数は一万五六〇一校にも達するが、それらが一斉に登場し、またそのまま継続したわけではなく、二、三年を経ずして早くも閉校したものもあり、同時期に存在した校数を確定することは難しい。もっとも、年代別の開設数をみると、そのめざましい発達はやはり幕末期に入ってからであり、とくに安政（一八五四―九）から慶応（一八六五―八）期におよぶ一四年間に、実に全体の三分の一ちかい四二九三校の開設があった。報告洩れの小規模校や比較的短期間に消滅したものをふくめれば、おそらく一万をこえる寺子屋が明治維新を迎えたものと思われる。文字どおり爆発的な流行といってよい。

寺子屋数の急激な膨張、すなわち庶民教育のめざましい発達が、サムライ階級に対抗する新興勢力としての庶民階級の物心両面における台頭の結果であったことはいうまでもない。事実、そのことを裏書きするように、早い時期の寺子屋と幕末期に登場する寺子屋とでは、その形態や内容の面でかなりの相違がみられる。はじめ寺子屋といえば、大てい習字一教科を授受したが、新しく登場してきた寺子屋では、習字に読書や算術の二教科を加えるのが普通になり、なかにはその他、謡曲・絵画・茶道・華道・俳諧・和歌・漢詩・裁縫などにおよぶ諸種の教科目を教授するものも出てきた。寺子屋のテキストである往来物が質・量ともに充実してきたのも、そのことと無関係ではないだろう。女児用のテキストとして編まれた女往来物、たとえば『女大学』や『女今川』の登場もこの時期の特色であるが、これは教育対象の拡大ということだけでなく、その教育内容が多様かつ豊富になったことを反映するものでもある。

寺子屋は江戸時代を通じ、ほとんど全国限なく普及したが、その密度は必ずしも一様でなく、長野・山口・岡山県などのように千数百校を数えたところもあれば、逆に、宮崎・富山・鹿児島県などのように十数校をこえないものもあり、地方的な格差がいちじるしい。もっとも、中央政府の手になる学事統計への各府県当局の姿勢如何、す

表46　薩摩藩の寺子屋と私塾

郡	村	寺子屋	私　塾	計
鹿　児　島　市		1	1	2
川辺郡	久　志　村	3		13
	秋　目　村	1		
	坊　　村	2		
	泊　　村	2		
	平　山　村	5		
大島郡	赤木名方中金久村	2		5
	東方阿木名村	1		
	東間切亀津村	2		
計		19	1	20

『日本教育史資料』9，松本彦三郎『郷中教育の研究』などにより作成。
＊鹿児島市は鹿児島郡として初出。

なわち調査に熱心であったか、不熱心であったかが報告の精粗に結びついていることは否定できず、現に、一七校の寺子屋しかなかったとされる富山県に、実は三五〇余校の寺子屋があったといわれるが、(3) そうした未確認情報を度外視しても、寺子屋数の大小に結びつく地方的特色を江戸時代にさかのぼりながら説明することはできる。

全国第一位、一三四一校の開設をみた長野県では、「中小藩の分立、天領・知行地の散在、街道の発達、京都・江戸文化の流入」(4)などの諸条件が相乗的に作用して、一般民衆の間に広汎な学習要求を生み出し、またそれに応えうる多数の知識人が存在したという文化的風土が強調される。山口・岡山県の場合は、藩政時代の萩藩や岡山藩当局がとくべつ教育熱心であったことが働いているようである。幕府昌平黌に匹敵する規模・内容の藩校明倫館を有した萩藩は、郷校や心学舎の育成という面から庶民教育に強い関心を示し、また早くも寛文八年（一六六八）に一二三校の郡中手習所を開校した実績をもつ岡山藩では、その遺産を事実上継承するかたちで寺子屋が登場したといってもよい。両地方とも瀬戸内先進地帯に属し、商品的農業の発達にともなう寺子屋教育への期待と、それを享受しうる経済的余裕があったという面も無視できないであろう。

幕末維新の動乱期に長州藩と並び称された雄藩中第一等の薩摩藩に、寺子屋教育がほとんど皆無に近かったのはなぜだろうか。鹿児島市内に僅かに一校のみというのも信じがたいが、川辺郡の一三校と大島郡の五校をあわせて総計一九校というのは、薩摩・大隅の両国を合して構成する二四郡の大半を除外しているところから、県下全域にかなりの調査洩れのあったことを想像させる。西南戦争による人心の荒廃、なかんずく中央政府への敵対感情が官製調査を意識的にサボタージュさせ、それがこのような粗笨な数字になったとも思われるが、もともとこの地方に寺子屋の発達を妨げるマイナス的環境があったことも事実である。[5]

薩摩藩は極端にサムライ人口の比率が高いことで知られ、現に、士卒をあわせて二〇万三七一一名、総人口比の二六・四%という数字は、全国平均の五・七%をはるかに上廻る。[6]その大部分は郷士として藩内全域に土着するいわば屯田兵であったが、彼らはまた、各在所で農民を直接的に支配する存在でもあった。租税は収穫の八割（八公二民）、公役のごときは「月に三十五日」[7]といわれたように、想像を絶する過酷な負担を強いられていたが、これをともかくも可能にしたのは、他ならぬ郷士制度である。農民の側からいえば、土着の郷士団をとおして絶えず苛斂誅求の対象であることを強制されたのであり、文字どおり「依らしむべし、知らしむべからず」を地でいく無智蒙昧の民であるほかはなかった。要するに、寺子屋教育を享受する「カネ」や「ヒマ」など、そもそもありえなかったというわけである。

寺子屋教育をいっそう切実に必要としたはずの町人階級はどうであったのか。砂糖専売にみられるように、重要な国産品をすべて藩専売として独占していた薩摩藩では、商業資本の発達はいちじるしく出遅れ、町人人口そのものが寡少であったが、その大半は零細な小商人、すなわち「士族の御用足し」[8]を勤める類いでしかなかったから、読み・書き・ソロバンへの需要はきわめて貧弱であった。もちろん、小規模といえども経済行為であるから、眼に一丁字もなく、金勘定もできない文盲であるわけにはいかなかったが、おそらくこの種の教養や知識は家庭教育、もしくは徒弟奉公で間に合わされたものであろう。

表49　京都17郡の寺子屋の規模

生　徒　数	校　数	百分率
10　末満	34	7.74
10～ 20 〃	80	18.22
20～ 30 〃	73	16.62
30～ 40 〃	55	12.53
40～ 50 〃	43	9.79
50～100 〃	114	25.97
100～150 〃	23	5.24
150～200 〃	11	2.51
200～250 〃	4	0.91
250～300 〃	1	0.23
——	—	——
350～400 〃	1	0.23
合　計	439	100

不明40校を除く。
『日本教育史資料』8により作成。

表50　京都市中2区の寺子屋の規模

生　徒　数	校　数	百分率
20～ 30未満	2	2.59
30～ 40 〃	2	2.59
——	—	——
50～100 〃	24	31.17
100～150 〃	21	27.27
150～200 〃	12	15.58
200～250 〃	8	10.39
250～300 〃	3	3.89
300～350 〃	4	5.19
——	—	——
600～650 〃	1	1.29
合　計	77	100

不明1校を除く。
同前

表47　江戸郡部町村の寺子屋の規模

生　徒　数	校　数	百分率
10　未満	4	2.09
10～ 20 〃	13	6.81
20～ 30 〃	29	15.18
30～ 40 〃	27	14.14
40～ 50 〃	26	13.61
50～100 〃	77	40.32
100～150 〃	9	4.71
150～200 〃	3	1.57
——	—	——
250～300 〃	2	1.05
300～350 〃	1	0.52
合　計	191	100

『日本教育史資料』8により作成。

表48　江戸市中15区の寺子屋の規模

生　徒　数	校　数	百分率
10～ 20未満	3	1.01
20～ 30 〃	15	5.05
30～ 40 〃	19	6.40
40～ 50 〃	10	3.37
50～100 〃	97	32.66
100～150 〃	67	22.56
150～200 〃	37	12.46
200～250 〃	10	3.37
250～300 〃	16	5.39
300～350 〃	14	4.71
350～400 〃	6	2.02
400～450 〃	1	0.33
——	—	——
600　以上	2	0.67
合　計	297	100

同前

なお、土着の郷士層をふくめたサムライ階級の子弟の教育は藩校造士館や諸郡郷校、とりわけ藩内全域に普及した郷中（はじめ特定の施設がなく、各家の廻り持ちであったが、幕末期には文武講習所と称する舎屋を所有するものもあり、鹿児島城下のみで三三の組織があったという）に委ねられたが、(9)いずれの場合にも庶民の入学は認められなかった。

寺子屋教育の普及にみられるいま一つの特色は、都会の寺子屋と田舎の寺子屋の相違ということである。三都、すなわち江戸・大坂・京都のような都会地の寺子屋は概して大規模経営の傾向があり、大てい一〇〇名以上、稀には五、六〇〇名をこえる多数の寺子を擁するものもあった。たとえば江戸市中一五区に開設された二九七校についてみると、一〇〇名以上が一五三校、五一・五％と過半を占めているが、市外六郡にあった一九一校になると、一〇〇名以上が一五校、七・九％の低率でしかない。同様の傾向は京都についてもいえる。すなわち市中二区にあった七七校についてみると、一〇〇名以上が四九校、六三・六％であるが、市外一七郡の四三九校になると、一〇〇名以上が四〇校、九・一％であり、いずれも江戸の場合に酷似している。

寺子の数が多かったのは、もともと都会の人口が稠密であり、とくに町方人口が密集していたためである。貨幣経済の発達した都会での生活には、程度の差こそあれ、何がしかの学力を必要としたが、商業活動に従事する町人たちの場合には、そのことがいっそう切実であった。小売商のような業種になると、女性の労働力も貴重であったから、男性に見合う読・書・算を身につけておくことが求められた。やがて町家に嫁ぐはずの娘たちにとって、寺子屋に学ぶことは花嫁修業の一つであったといってもよい。江戸市中の日本橋界隈のような町人居住区で女児の就学率が男子のそれを上廻ったのは、その辺に理由があるだろう。もちろん、町家の子どもたちが男女の別なく寺子屋に通うようになる背景には、商業資本の発達にともない、都市住民の経済力が増し、生活にそれなりの余裕が生じたという事実がある。

寺子数が多かったから可能であったのだが、都会の寺子屋では手習教授を専業とする教師たちがむしろ普通であった。もともと、浪人や他に定職をもたない人びとが寺子屋を経営して生計を維持しようというのだから、いきおい一人でも多くの寺子を集めてマンモス化することになる。寺子屋師匠への報酬が大てい金銭で支払われ、それもさまざまな名目で頻繁に徴集されたのは、そのことと無関係ではない。

たとえば江戸市中では、五節句の謝儀として一月七日、三月三日、五月五日、七月七日、九月九日の年五回、最上が金一分、上が金二朱、中が金一朱、下が銭二、三〇〇文の四ランクにしたがって納める慣習があったが、その他、月並銭、または天神講（毎月銭若干）、畳料、炭料（年二回各二、三〇〇文ずつ）、書初め、席書（合計年三回で五節句の謝儀に準ずる）、盆暮の謝儀（砂糖、ソウメン、餅などの物品）などがあり、また別に束脩として五節句の謝儀に相当する金銭、あるいは物品を必要とした(10)。

五節句ごとに金一分を納める富裕な家庭の子どもたちの場合は、書初めや席書の謝儀もあわせれば、毎年金二両ていどの授業料を納めていた勘定になるが、大部分の親たちの負担能力は、それよりずっと下であったようだ。事実、「内にいて、四文四文がうるさいぞ、師匠へやれば、其うちがらく」(11)といわれたように、子ども一人あたり一日四文を見込むものが多かったが、これは五節句ごとに銭二、三〇〇文を納める下ランクにあたる。書初めや席書の謝礼をあわせても、一年間の総計がせいぜい銭一六〇〇文から二四〇〇文というところであろう。天保以前のように、銭一〇〇文で米一升買える時代ならともかく、物価が高騰した慶応末年のように銭一〇〇文で一合一勺しか買えなくなると、米換算で一升七合六勺から二升六合四勺でしかない(12)。教師五人家族の飯米をぎりぎり五石と見積もれば、これを確保するだけで、少なくとも二、三〇〇名の寺子がいなければならない。むろん、これだけでは衣食住の全生活費を賄うことはとうていできなかった。

表51　紀伊郡の寺子屋の規模

生徒数	校数	百分率
——	—	——
——	—	——
30～ 40未満	3	17.65
40～ 50 〃	1	5.88
50～100 〃	6	35.29
100～150 〃	3	17.65
150～200 〃	3	17.65
200～250 〃	1	5.88
——	—	——
合計	17	100

『日本教育史資料』8により作成。

表52　乙訓郡の寺子屋の規模

生徒数	校数	百分率
10～ 20未満	5	15.15
20～ 30 〃	3	9.09
30～ 40 〃	4	12.12
40～ 50 〃	3	9.09
50～100 〃	13	39.40
100～150 〃	3	9.09
——	—	——
200～250 〃	1	3.03
250～300 〃	1	3.03
合計	33	100

同前。

表53　竹野郡の寺子屋の規模

生徒数	校数	百分率
10　未満	20	25.97
10 ～ 20 〃	29	37.66
20 ～ 30 〃	18	23.38
30 ～ 40 〃	4	5.19
40 ～ 50 〃	2	2.60
50 ～ 60 〃	1	1.30
60 ～100 〃	3	3.90
不明	1	——
合計	78	100

同前。不明1をのぞく。

平均的な学費負担である中ランクの金一朱を同様の計算で見てみると、五節句に書初め、席書などをあわせた年額金八朱は金二分にあたるが、これは慶応年間の金一両銭一〇貫の相場で銭五〇〇〇文[13]になる。米換算では五升五合であるから、年五石の飯米を確保しようと思えば、少なくとも九〇名の寺子がいなければならない。月並銭や天神講以下の雑収入があるから、なんとかヤリクリはできたが、若干の余裕をもとうとすれば、やはり一〇〇名以上の大規模経営にならざるをえなかった。その辺の事情は、『維新前東京市私立小学校教育法及維持法取調書』がいう「百名以上ノ生徒ヲ有スル」[14]ものは「家道稍々裕カ」で、「二百名以上ノ生徒ヲ有スルニ至リテハ当時禄二十石ノ株ヲ有スルニ比較シ得ベシ」によっても裏書きされる。

田舎の寺子屋といっても、商品経済の滲透いちじるしい近郊農村の場合は、都市型の寺子屋が珍しくなかった。

たとえば京都市中に隣接する紀伊郡（現伏見区）では一校あたり平均九六名、同じく乙訓郡（現西京区、向日・長岡京市など）では平均六七名の寺子を擁していたが、これが日本海側の竹野郡あたりでは、一転して平均一八名という小人数になった。僻地性の厚薄ということもあるが、概して田舎の寺子屋は小規模経営であり、寺子も二〇名から三〇名程度、多くても五〇名を出ないのが普通であった。

人口の疎らな農村地域にはもともと就学適齢児童そのものが少なく、また山間僻地で交通の不便なところでは遠距離通学もできかねたから、一ヶ所に大勢の寺子が集中するようなことはなかった。一生涯、自分の生まれた村以外を知らず、朝から晩まで泥まみれで働く大多数の農民たちにとって、読み・書き・ソロバン的な学力がなくてもかくべつ不都合はなかったが、仮に勉強したくても、自給自足的な農業では現金収入などほとんど期待できなかったのだから、寺子屋の学費を捻出することは至難の業であった。

小規模経営ということと裏腹の関係にあるが、田舎の寺子屋には専業的教師がきわめて珍しかった。そのことは、寺子屋師匠の身分構成にも反映している。表54は京都市外一七郡の場合であるが、僧侶、医師、神官などのよ

表54　京都17郡の寺子屋師匠

身　分	人　数	百分率
僧　侶	170	36.64
農　民	80	17.24
士　分	63	13.58
医　師	54	11.64
平　民	40	8.62
神　官	38	8.19
商　人	12	2.59
浪　人	3	0.65
郷　士	2	0.43
工　人	1	0.21
山　伏	1	0.21
合　計	464	100

不明23名をのぞく。
『日本教育史資料』8により作成。

表55　京都市中２区の寺子屋師匠

身　分	人　数	百分率
平　民	32	71.11
士　分	6	13.33
商　人	3	6.67
浪　人	2	4.44
神　官	1	2.22
華　族	1	2.22
合　計	45	100

同前。不明33名をのぞく。

うにれっきとした定職を有する村の名士たちが圧倒的に多い。いずれも本務労働の余暇に近所の子どもたちを集めて教授したのであるが、この寺子屋経営のスタイルは、農民の場合にも変わらなかったようだ。彼らの大方は庄屋や組頭などの村役人クラスであったというが、もともと寺子屋師匠にふさわしい知識や教養の持主が水呑み百姓ふぜいであるはずがなく、またそうした人びとがいたとしても、その日暮しのぎりぎりの生活環境の中で教育活動に時間を割く余裕などまったくなかったのが現実だろう。たとえば竹野郡のように、一校平均一八名の寺子数では、家計の足しになるような授業料収入など期待すべくもない。おそらく彼らは、はじめから寺子屋経営を余業、というよりサービス活動の類いとみなしていたと思われる。そのことを裏書きするように、田舎の寺子屋の束脩や謝儀は概して安く、なかにはこの種の謝礼をいっさい受け取らなかったものもある。

貨幣の流通や商品経済の発達にともない、田舎の寺子屋でもしだいに物納から金納へ移っていったのは事実であるが、そうした場合でも金額の大きさは都会の比ではない。利根啓三郎があげる上野国勢多郡下箱田村（現群馬県勢多郡北橘村）の今井寺子屋についてみると、慶応元年（一八六五）中の授業料が、ある寺子は銭二二八〇文、別の寺子は銭二八五〇文になるが、いずれも前出の都会の寺子屋の下ランクに若干プラスした程度である。(15)しかも、この金額はすべての寺子が納入する定額でなく、各人の経済状態に応じてその都度増減があった。田舎の寺子屋でよく見られた授業料免除の寺子も何人かはいたらしい。

もともと二〇名足らずの小さな寺子屋のうえに、定額がないのだから、寺子全員が授業料を納めたとしても、その額は微々たるものでしかなかったが、これは、師匠の今井善兵衛が二町八反一〇歩の田畑を有する村一番の富農であり、はじめから謝礼の大小など問題にしていなかったためである。物納も相変わらず盛んであったのもそのことと無関係ではなく、現に、利根は、「関東農村における寺子屋の束脩・謝儀は、一般的に、酒・赤飯・餅・白

寺子屋の規模

厚狭郡		豊浦郡		美禰郡		大津郡		阿武郡		合計	
校数	百分率	校数	百分率	校数	百分率	校数	百分率	校数	百分率	校数	百分率
2	5.00			1	1.75	1	2.44	20	13.24	103	9.16
11	27.50			16	28.07	4	9.75	36	23.84	308	27.40
8	20.00	3	18.75	18	31.57	7	17.07	27	17.88	227	20.20
9	22.50	4	25.00	9	15.78	5	12.19	12	7.95	135	12.01
5	12.50	1	6.25	6	10.52	3	7.31	13	8.61	92	8.19
4	10.00	7	43.75	6	10.52	16	39.02	22	14.57	199	17.70
1	2.50	1	6.25	1	1.75	3	7.31	13	8.61	44	3.92
						2	4.88	4	2.65	8	0.71
								1	0.63	5	0.44
								3	1.99	3	0.27
40	100	16	100	57	100	41	100	151	100	1124	100
65		16		6		14		10		159	
105		32		63		55		161		1283	

米・鰹節・菓子・野菜・紙・手拭などの物品が多い[16]」というが、おそらく金納にミックスした物納が行われたのであろう。

　農間余業の成立がいちじるしく、現金収入の面でよほど恵まれていた関東地方の農村の寺子屋に似ていたのは、城下町周辺の農村部の寺子屋である。たとえば萩城下の村々にあった寺子屋では、一年間の授業料として藩札八、九匁、銭に換算すると七、八〇〇文[17]を納めるものが多かった。お城近くの町筋の寺子屋は総じて授業料が高く、なかには平安古町にあった多賀谷時彦の寺子屋のように、謝儀として藩札一〇匁ずつ年二回、別に月謝として毎月三分ずつ[18]、合計二三匁六分、銭に換算すると二一〇〇文余を徴するものもあったが、逆に、ずっと離れた奥阿武郡あたりの寒村にいくと、五節句に青銅二〇〇疋ずつ、合計一〇〇〇

表56　長州藩領の

生徒数	大島郡		玖珂郡		熊毛郡		都濃郡		佐波郡		吉敷郡	
	校数	百分率	校数	百分率	校数	百分率	校数	百分率	校数	百分率	校数	百分率
10未満	2	2.60	64	16.28	7	5.30	2	2.74	3	6.00	1	1.06
10～20	27	35.06	145	36.89	29	21.97	12	16.43	14	28.00	14	14.89
20～30	25	32.47	78	19.85	22	16.67	15	20.54	10	20.00	14	14.89
30～40	9	11.68	31	7.88	26	19.69	11	15.06	5	10.00	14	14.89
40～50	2	2.60	24	6.10	22	16.67	7	9.58	3	6.00	6	6.38
50～100	10	12.98	42	10.68	24	18.18	20	27.39	14	28.00	34	36.17
100～150	2	2.60	5	1.27	2	1.52	6	8.21	1	2.00	9	9.57
150～200			2	0.51								
200～250			2	0.51							2	2.12
250～300												
300～350												
小　計	77	100	393	100	132	100	73	100	50	100	94	100
不　明	17		8		2		0		19		2	
総　計	94		401		134		73		69		96	

『日本教育史資料』9により作成。赤間関21校を除く。

疋、銭に換算すると一〇〇文しか納めなかったものもあり、(19) その格差は歴然としている。なお、城下一帯の寺子屋では、束脩・謝儀ともすべて金納、それもほとんどが定額制であったが、(20) これは、郡部の寺子屋の多くが金納と物納を併行しながら、その運用面で、「五節句ニ銘々多少ノ米金ヲ納ム其額ハ各自差アリ一定セス」(21) と柔軟性をみせ、しかも、謝礼免除の寺子を大勢かかえこんでいたのと対照的である。

第二節　生活現実に根ざした教育

教育制度的な統制にまったく無関係な寺子屋への入学をきめたのは学習者の側、大ていはその親たちであるから、新入生の年齢は必ずしも一定しておらず、六歳未満の四、五歳児がいるかと思えば、何かの事情で勉強のチャンスを逸した二〇歳ちかい立

図10　長州藩の私塾と寺子屋

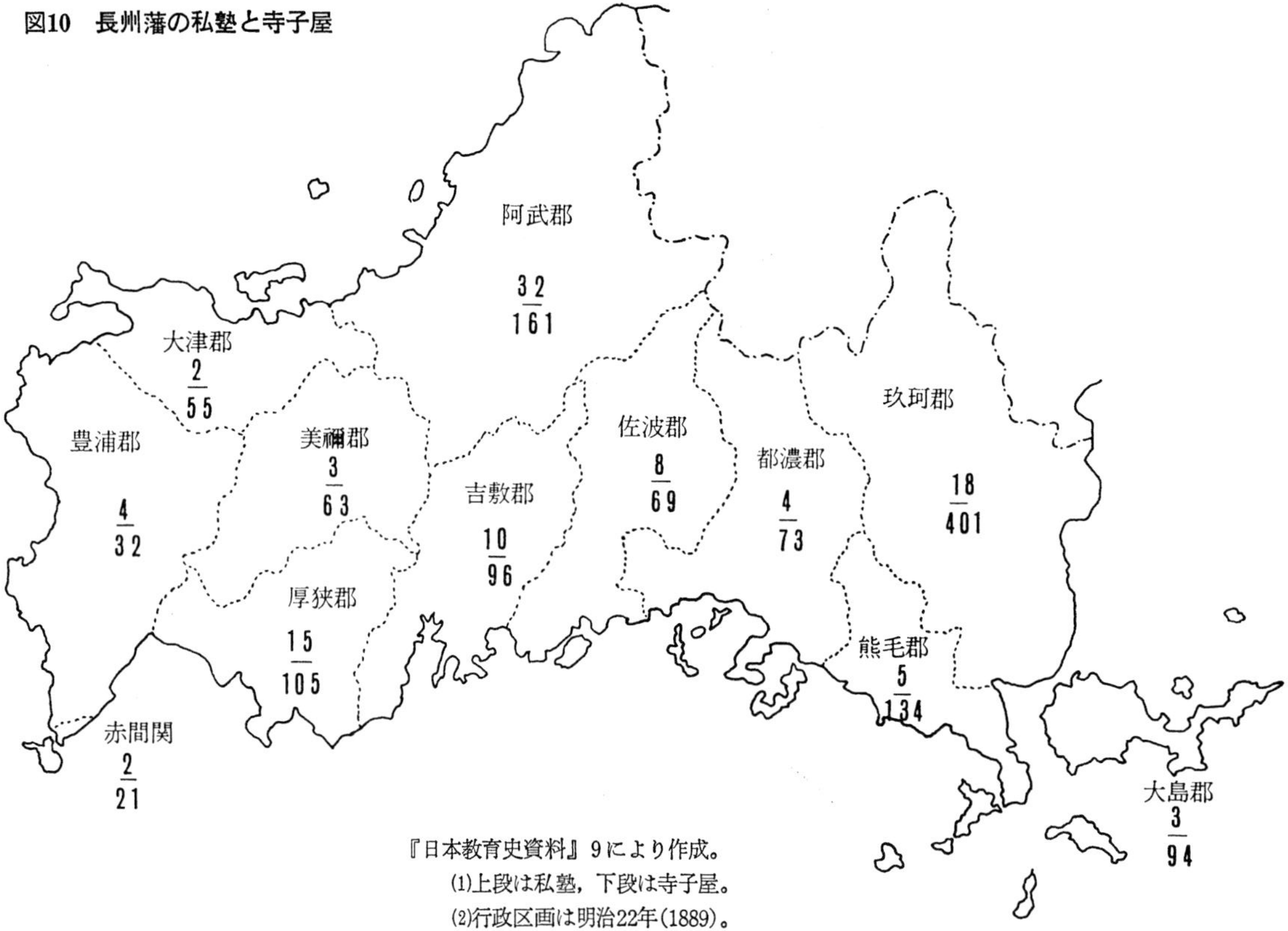

『日本教育史資料』9により作成。
(1)上段は私塾，下段は寺子屋。
(2)行政区画は明治22年(1889)。

派な若者が入学してくる場合もあったが、長年の慣行上、平均的な学齢のようなものはあった。表57は江戸神田にあった一三校についてみたものだが、圧倒的に多かったのはやはり六歳から一三歳までであり、ほぼ現行の六年制小学校の年齢に相当し、長くても「学制」時代の八年制小学校の年齢をこえなかったようだ。この傾向は全国的にみても大して変わらず、多くの寺子屋で六、七歳になると入学し、一二、三歳ぐらいで卒業していった。

表57　江戸神田区13寺子屋の寺子の年齢構成(明治6年)

師匠名＼年齢	6～9	10～13	14～16	17～19	19以上	計
金子治喜	136	125	6			267
篠原ナホ	75	55				130
神沼源之丞	76	73	3			152
芝崎エン	27	18	9			54
石黒菊太郎	108	100	11	1		220
高橋徳右エ門	58	50	2			110
金沢喜久	52	76	10	1	3	142
誉田已之橘	71	46	4			121
布施タキ	78	54	7			139
長沢リウ	11	13				24
大城美興	13	10	2			25
矢島高久	9	10				19
林　茂	42	67	9		4	122
計	756	697	63	2	7	1525
百分率	49.57	45.7	4.13	0.13	0.46	100

寺子数不明の2校をのぞく。
『日本教育史資料』8，『東京教育史資料大系』1などにより作成。

　もっとも、六、七歳で入学した子どもたちのすべてが、卒業時まで継続して在学したのかどうかははっきりしない。一、二年で早くも退学するものもあれば、七年も八年も在学しつづけるものもあり、個人差がいちじるしかったが、概して都会の寺子屋の方が田舎に比べて在学年数が長かったようだ。乙竹岩造は短かくて三年、長ければ五年の間であったというが、[22]前出の江戸市中の寺子屋の年齢構成をみるかぎり、もう一、二年プラスして六、七年間在学したとみるのが妥当なところであろう。[23]

　寺子一人ひとりの入学から退学までを追跡調査

表58　萩市中寺子屋の学習年限

年限	校　数	百 分 率
2	—	——
3	3	4.00
4	7	9.33
5	13	17.33
6	9	12.00
7	17	22.67
8	22	29.33
9	3	4.00
—	—	——
12	1	1.33
計	75	100

不明１校をのぞく。
１校平均6.53年

表59　阿武郡下寺子屋の学習年限

年限	校　数	百 分 率
2	1	0.53
3	29	15.34
4	29	15.34
5	31	16.40
6	37	19.58
7	25	13.23
8	34	17.99
9	2	1.06
—	—	——
12	1	0.53
計	189	100

不明２校をのぞく。
１校平均5.60年

表60　大島郡下寺子屋の学習年限

年限	校　数	百 分 率
2	2	2.90
3	18	26.09
4	8	11.59
5	9	13.04
6	17	24.64
7	6	8.69
8	2	2.90
9	3	4.35
10	1	1.45
11	3	4.35
計	69	100

１校平均5.28年

明治16年度調査の『教育沿革史草稿』9・10により作成。

した利根啓三郎によれば、関東農村の寺子屋では在学四、五年のものがもっとも多い、つまり江戸より一年くらい短かったというが(24)、この都会と田舎の差は、長州藩領萩城下の寺子屋についてもいえる。町村合併を繰り返して成立した現市域と江戸時代の城下町とは当然かなりのズレがあり、学習年限が四年以下の短いものはすべて城外の寺子屋であったが、これらをふくめても、萩地方の寺子屋の平均在学年は六・五年になる。なお、旧城下を構成する五八町にあった一九校(25)にかぎっていえば、平均七・六年とさらに一年以上も長くなる。一方、萩城下の位置する阿武郡全域にあった一八九校の場合は平均五・六年であり、城下町周辺と比べて一年ちかく短かくなるが、これは、萩城下から遠く離れた大島郡下の六九校(26)の平均五・三年とほぼ同じであり、おそらくは藩内全域の平均値であったと思われる。関東農村の寺子屋の在学年より若干長いのは、教師側の申告で作成された官庁統計のためであり、何がしかの作為、水増し的な操作のあったことを想像させる。その意味では、各一年を差引き、萩城下で六年強、郡下一円の農村地帯で四、五年在学したというのが実情であろう。

在学期限についてもう一つ見逃せないのは、男女の格差があったということである。たとえば『維新前東京市私立小学校教育法及維持法取調書』は、男女とも六歳で入学し、男子はふつう一一歳で退学、また女子は一二、三歳で退学するものが多かった、つまり男女の在学期限に一年前後のズレがあったというが、これは江戸市中の町家の男子がおおむね一一歳で雇人になったり、奉公に出る風習があったためである。女子の場合、寺子屋に学ぶかたわら、遊芸や裁縫の塾に通ういわば二足のわらじをはいていたから、自然に在学期間が長くなりがちであった。いずれも町人人口が圧倒的多数を占める江戸ならではの現象であり、農村地帯へいけば、この傾向はむしろ逆転し、男子の在学期限が女子のそれを上廻ることが多かった。

寺子の入学は冬期、とくに年末から年始に集中したが、これは農閑期のためであり、春秋の農繁期は寺子が集まらず、自然休業するものもあった。(27)農民が本務労働の余暇に教授しているような場合には、師匠自身が先頭になって田畑に出なければならなかったのだから、一ヶ月ちかくも授業を休むような事態も珍しくなかった。ただ、寺子を何十人も擁する専業的な寺子屋、すなわち都会の寺子屋になると、大てい授業日程がスケジュール化されており、休日もきちんと定まっていた。前出の『取調書』をみると、江戸の寺子屋の入学時期は、二月初午と六月六日がもっとも多く、これに五節句、毎月の三日(朔日・一五日・二五日)の順で続いた。休日もほとんど定休化しており、毎月二五日、一二月一七日より一月一六日まで(長休)、三月二・三日(節句休)、五月四・五日(節句休)、七月六・七日(節句休)、七月一三日より一六日まで(盆休)、九月八・九日(節句休)の他に、席書仮休一ないし二日、鎮守祭礼休二、三日をあわせて年間五〇日前後とするものがもっとも多かった。つまり三〇〇余日の授業日数が普通であったが、(28)地方の寺子屋になると、本業を有するものが片手間的に寺子屋を経営する関係上、休日ははるかに多かった。たとえば会津領大沼郡高田町にあった寺子屋継声館の「休日定」(文化一三年〈一八一六〉)によれば、[29] 毎月一日、一五日、二五日の定休の他に、五節句(一月七日・三月三日・五月五日・七月七日・九月九日)、二月初午、春秋彼岸初中後の三日、三月清明御祭事、御茶祭、一七日、四月八日、五月御田植祭前後五日、同六日、六月虫送、一四日、一六日、七月一〇日、盆中五日、二百十日、八月六日、一〇日、一七日、一八日、一九日、九月一三日、一六日、一九日、二九日、一〇月一〇日、二〇日、一一月冬至、一二月節分などの休日があった。なお、新年一月は一一日に学問始の式があったが、授業が始まるのは二一日からであり、この月だけで二〇日間の休みがあった。また年末は二四日で終業となり、二五日以降は休日だから、七日間の休みがさらにプラスされる。年間の休みを総計すると、およそ一〇〇余日の休日となり、結局、これらの休日を差引いた二六〇余日が授業日数ということになるが、師匠が私事や病気で臨時休業することも何日かあったはずだから、実質的な授業日数はおそらく二五〇日前後といったところであろう。[30]

表61　文化10年(1813)度の出席状況

出席日数	人　数
249	1
239	2
228	1
226	2
218	1
217	2
216	1
214	1
197	1
193	1
188	1
178	1
175	2
169	1
161	1
159	1
157	1
149	1
138	1
136	1
104	1
99	3
98	1
77	1
70	1
55	1
32	1
24	1
16	1
4	1
2	1
合　計	37

『福島県史』21所収の「継声館日記」の「出席覚」により作成。

ところで、在籍中の寺子の出席状況はどうであったのだろうか。「継声館日記」所収の「出席之覚」[31]で、文化一〇年(一八一三)中の寺子三七名の出席日数を調べたのが表61であるが、これによれば、ほとんど皆出席にひとしいものから全休に近いものまで個人差がはげしい。平均日数は一四七日余であり、仮に二四九日を授業日数とすると、全体の五九%、ほぼ六割の出席率ということになる。在籍中の寺子が必ずしも一堂に会さなかったのは、正月初めの出席人数と門人数の間に差があったことでも分かる。時代が下るにつれ、その差が大きくなったのは、いったん入学した寺子をすべて門人帳に記録したためと思われる。(32) 前出の三七名の出席状況からすれば、実際に机を並べた子どもたちは、せいぜい在籍児童の半数程度であろう。

寺子屋がしばしば手習子屋、手習戸などと別称されたように、その学習内容は文字の使い方、すなわち文字を書いたり、読んだりすることを知るのが主眼であった。習字一教科制をとる寺子屋がもっとも多く、これに読書をプラスした二教科制の寺子屋が次いだのは、そのためである。たとえば周防大島郡三蒲村には一二校の寺子屋があったが、そのうち一一校は習字一教科制で、「いろはヲ卒ヘ次ニ名頭村名付国名通俗用文等ヲ学ハシム」(33) といった程度であり、僅かに丸尾真海の寺子屋が習字と読書の二教科制であった。授業順序に、「いろは、かな本、日記、名頭、商売往来、庭訓往来ヲ学ハシメ兼テ読方ヲ授ク、読書ハ四書五経」とあるところから、最終目標はかなりハイ・レベルであったことが分かるが、読書はすべての寺子に課せられたのではなく、修業年限の長いごく少数の上級生を対象にしていたようだ。

習字一教科を中心とした低度の教育内容を出なかったのは、寺子屋に対する親たちの期待が庶民の日常生活に役立つ実用的知識の習得にあったからであろう。治者である士大夫の教養のために編まれた漢籍の授業が、(34) 百姓や町人の子どもたちに縁遠く感じられたのは想像に難くない。正司考祺が、「適富有ノ孩児ハ右ヲヨミ終ツテ、大学・論・孟・中庸、是ヨリ書経ト素読シ、朱学ノ法ヲ堅ク守レドモ、是亦了簡違ナリ、大学・孟子・書経等ハ、天下国家ヲ守ル王侯大夫ノ書ナリ、庶人ノ身ニシテ之ヲヨミ、等ヲ踰テ何ノ益有ルコトゾ」(35) というのは、治者側の代弁ということをふくめて、当時の親たちの最大公約数的な寺子屋観といって過言ではなかろう。

読み・書きに並ぶ算術の採用は、都会や田舎の別といったような地方的格差がいちじるしい。たとえば江戸市中一五区の寺子屋についてみると、不明七四校をのぞく二二三校中の一五二校、実に六八・二%が算術を教科目にしているが、郡部の寺子屋になると、不明五一校をのぞく一四〇校中の五四校、三八・六%が採用していたにすぎない。結局、江戸全域では、三六三校中の二〇六校、五六・七%が算術を教えていた。算術のみを教科目にかかげる、いわばソロバン塾のようなものも一六校ほどあったが、大部分は習字や読書に算術をプラスした、すなわち読み・書き・ソロバンを教授する寺子屋である。市中と郡部の格差が大きかったのは、それだけ町方の生活に算術的教養が必要であったためであろう。石川謙もいうように、地方へ行くと「算術を教えなかった寺子屋のほうがだんぜん多い」[36]。たとえば長州藩領の

表62　算術を採用した寺子屋
江戸市中の場合

区　名	校　　数	百分率
麴　町	1(　7)	14.29
神　田	13(15)	86.67
日本橋	15(26)	57.69
京　橋	9(17)	52.94
芝	17(24)	70.83
麻　布	9(10)	90.00
赤　坂	0(　1)	0
四　谷	3(　5)	60.00
牛　込	0(　1)	0
小石川	4(12)	33.33
本　郷	10(13)	76.92
下　谷	12(19)	63.16
浅　草	24(31)	77.42
本　所	14(16)	87.50
深　川	21(26)	80.76
合計	152(223)	68.16

『日本教育史資料』8により作成。
1）不明74校をのぞく。
2）（　）内は総校数。

表63　郡部の場合

郡　名	校　　数	百分率
荏　原	11(20)	55.00
東多摩	1(　4)	25.00
南豊島	4(　5)	80.00
北豊島	24(32)	75.00
南足立	2(19)	10.53
南葛飾	12(60)	20.00
合計	54(140)	38.57

同前。
1）不明51校をのぞく。
2）（　）内は総校数。

表64　長州藩領の場合

郡　名	校　　数	百分率
大　島	15(　94)	15.96
玖　珂	0(401)	0
熊　毛	10(134)	7.46
都　濃	19(　73)	26.03
佐　波	9(　68)	13.24
吉　敷	21(　96)	21.88
厚　狭	13(105)	12.38
豊　浦	5(　32)	15.63
美　禰	5(　63)	7.94
大　津	27(　55)	49.09
阿　武	45(161)	27.95
赤間関	0(　21)	0
合計	169(1303)	12.97

『日本教育史資料』9により作成。
1）不明1校をのぞく。
2）（　）内は総校数。

寺子屋一三〇三校のうち算術を教科目に採用していたのは僅かに一六九校、一二・九％にすぎない。もっとも、玖珂郡下の寺子屋が一校も算術を教えなかったのは、明治初年の玖珂郡役所の調査方法に問題があるようだ。というのは、明治一六年（一八八三）末の一斉調査のさい、その他の郡では各校ごとに教科目や授業順序、教科書、学習年限など十数項目にわたって詳細な書類を作成したのに、玖珂郡のみは、主要項目について郡下全域の一般的傾向を記すといった程度でお茶を濁しているからである。赤間関の二一校は一件書類が欠落しているため、その間の事情が何も分からないが、海上交通の要衝を占める藩内屈指の商業地であっただけに、町中のすべての寺子屋が算術不採用というのは、やはり疑問が残る。(37) もっとも、玖珂郡と赤間関の二地域を除外してみても、長州藩領全体の寺子屋八八一校のうち一六九校、一九・二％の採用率にとどまる。江戸のような大都会に比べ、地方の生活は算術的教養をまだそれほど必要としなかったということであろうか。

農村地帯より市中の町人が密集する商業区に算術を教える寺子屋が多かったのは、江戸町人を対象にした池田義信『主従日用条目』が、「幼少の内より手習、素読の稽古をし、十二、三歳より算盤を励み習ふべき事」(38)というとおりである。しかも、この傾向は地方都市についてみても変わらない。たとえば萩東浜崎町漁人町にあった伊藤淳七の寺子屋では、習字と算術の二教科制をとり、「算術ハいろはヲ卒ヘ仮名文ニ移リ後漢字交リ文ヲ習ハシメ和算術ハ八算見一ヨリ乗除開立法ヲ授ク」(39)といわれたが、町名からも分かるように、この地域は漁業で生計を営むものが多く、魚問屋や魚仲買商、また回漕問屋などによる商業活動がさかんであった。なお、萩城下にかぎっていえば、商業地区だけでなく、平安古町のようなサムライの居住区にも算術を教えるものが多かった。大ていの場合、習字と読書に並べて算術を採用する三教科制をとっているところから、上級学校へ進学する準備教育課程として算術的知識を必要としたのかもしれない。ちなみに、明治二年（一八六九）正月二〇日定の「明倫館小学舎規則」には、

「毎夕八ッ《ママ》時(午後二時)ヨリ七ツ時(午後四時)迄日割ニシテ習読輪講算学ノ事」[40]とあり、算術は必須科目になっている。小学舎の補充・代替の位置関係にある寺子屋に学ぶサムライの子弟が算術教育に期待したのは、大いにありうることである。

男女七歳にして席を同じうせず的な発想からいえば、寺子屋でも別学方式があたり前のようだが、女児の数がごく少数のときは男女混淆の教育が行われた。ただ、前出の伊藤淳七の寺子屋のように、五〇名中女児が一〇名を数えるようになると、女児向けの特別カリキュラムが用意された。「いろは、仮名文、日用字類集、萩八景、東下り、庭訓往来、築山教訓書、源氏文、商売往来、女教訓書」[41]などの教科書中に、女往来物が散見されるのはそのためのものである。多くはまだ同じ教室内で男女の席を区別する程度であったが、数十名も女児を擁するマンモス寺子屋になると、男女が別教室に編成されるのが普通であり、なかには女児のクラスを担任する女教師がいたりした。

ところで、毎日の授業はどのようなかたちで展開されたのだろうか。『維新前東京市私立小学校教育法及維持法取調書』をみると、江戸の寺子屋は朝五ツ時(七時半)ころに始まり、午後八ツ時(二時半)ころに終った、つまり昼休みを除いて六時間程度の授業であったというから、[42]今日の小学校の授業時間と大差がない。『浮世風呂』二編巻之上に、「巳、どこのもお弁当でこまりますよ、辰、ハイサ、もううるさくてなりません、いかなことでも、お弁当が遅いと宿まで取に参りますはな、さうしてえつさらおつさらお師匠さまへ持行てたべます」[43]とあるところから、弁当持参で通学したように思われるが、そうではなく、多くは自宅に昼食に帰ったようだ。往復に大して時間を要しない近距離の子どもたちであったことが、そのことを可能にした。

ところで、江戸の寺子屋では午前中のみで下校する、つまり昼食に帰ったままの子どもたちが全体の二、三割はおり、ときには過半をこえる場合もあったというが、幼年者は長時間の授業に惓み、また年長者は午後から家業の手伝いを命じられることが多かったから、しばしば午前中のみで廃学した。女子の場合は遊芸や裁縫などのお稽古事が沢山あったから、はじめから午前中のクラスだけのものが多かったようだ。(44) 昼間の定刻の授業だけでなく、学習者の都合にあわせた朝学(45)（早暁提灯をさげて登校し、朝食前まで学ぶ）や夜学（仕事を終え、夕食をすませて登校して学ぶ）を行う寺子屋もあったが、とくに夜学の場合は、商家の丁稚・奉公人の便宜を図ったものであり、商業の中心地の大坂あたりで一般的にみられた。

第三節　就学率を推計する

すでにみたように、全国津々浦々に万余の寺子屋が存在したという事実は、江戸時代の子どもたちの多く、それも大半は庶民階級の子どもたちが寺子屋に学んでいたことを雄弁に物語るものであるが、その比率はいったいどの程度に見積もることができるのだろうか。たしかに、寺子屋のような出入り自由の就学は近代学校の義務就学とさまざまの点で異質であり、一概に比較できないが、やはり就学の適期はそれなりにあったのだから、該当年齢の児童数と実際の就学者数を推計することによって、後者の前者に占める割合、すなわち就学率の大よそを知ることができる。

寺子屋教育の成果を最大限に評価するのは、かつては乙竹岩造や広岡亮蔵であり、最近では籠谷次郎であるが、いずれも寺子屋の就学率が明治初年の小学校に匹敵するか、むしろこれを上廻るハイ・レベルであったことを強調する。以下もっぱら、三人の主張の大要を見てみよう。

乙竹は、(46) まず江戸市中の人口推計からはじめる。「江戸人口小記」が収録する弘化二年（一八四五）の人別調の計五五万七六九八名をベースにしながら、ここから除外された出家・山伏の人口を「享保雑記」に見える寛保三年（一七四三）の調査や「甲子夜話」に見える文化一二年（一八一五）の調査などにより、約五万名と数え、同じくサムライ人口は、「吹塵録」に見える享保七年（一七二二）の「改御家人」の計二万三三五五名をとる。その他、諸藩邸内の人員、他家支配の町人、能役者などの不詳分をほぼ七万名と見積もり、結局、江戸市中の総人口は約七〇万名であったという。

出入り自由の学校とはいうものの、寺子屋に学ぶにはそれにふさわしい年齢、近代学校のいわゆる学齢が存在するはずだが、乙竹は、これを昭和初年の六年制小学校の場合にほぼ見合うものと考え、全人口の一二・五％にあたる八万七〇〇〇名を学齢人員とする。

『日本教育史資料』八所収の江戸市中の寺子屋は二九七校でしかないが、『有徳院様（吉宗）御実紀』巻一〇には、享保四年（一七一九）当時の手習教師が八〇〇余名とあり、また『維新前東京市私立小学校教育法及維持法取調書』は、八、九〇〇校もあったといい、[47] 現に、明治五、六年（一八七二―三）ころの東京市に七〇〇前後の私立小学校が確認されることなどから、安政以降には約一〇〇〇校の寺子屋があったと考える。『日本教育史資料』八のあげる二九七校の平均寺子数は一二三・三名であるが、未収録の多くは小規模校であったとして、一校あたりの平均寺子数を三五％減の七五名と見積もり、ここから就学者総数を75×1000＝75000、七万五〇〇〇名と推計する。就学率はしたがって75000÷87000＝0.8620、八六・二％となるが、『文部省第三年報』（明治八年〈一八七五〉）所載の東京府の就学率が五七・八％だから、これをはるかに上廻るハイ・アベレージである。

ところで、乙竹説にはいくつかの問題点がある。まず学齢人員を六年制小学校のそれにほぼ見合う八万七〇〇〇名とすることだが、寺子屋の就学者の中には、ここでいう学齢の上限である満一二歳をこえる年かさの子どもたち

表65　江戸市中15区の寺子数の変遷

区　名	寺子数	生徒総数	減少数	百分率	校数	平均規模
麹　町	1683	670	−1013	60.2	9	74.4
神　田	2112	1527	−585	27.7	13	117.5
日本橋	3515	2528	−987	28.1	33	76.6
京　橋	2819	1879	−940	33.3	18	104.4
芝	2557	1815	−742	29.0	29	62.6
麻　布	891	407	−484	54.3	9	45.2
赤　坂	300	136	−164	54.7	1	136
四　谷	880	412	−468	53.2	6	68.7
牛　込	1452	507	−945	65.1	6	84.5
小石川	1209	692	−517	42.8	13	53.2
本　郷	2386	933	−1453	60.9	16	58.3
下　谷	1410	909	−501	35.5	19	47.8
浅　草	2808	1941	−867	30.9	27	71.9
本　所	1440	712	−728	50.6	13	54.8
深　川	2372	1710	−662	27.9	21	81.4
合　計	27834	16778	−11056	39.7	233	72.0

『日本教育史資料』8所収の297校のうち明治6年「開学願書」記載のものについてみた。
1）いずれかの数字不明の21校をのぞく。
2）生徒総数は明治6年時のもの。
3）日本橋・京橋・芝・下谷・浅草・深川は町人居住区。赤坂・四谷・牛込は武士居住区。

が沢山いた。しかも、在学年限は一方が六年、他方が八年というように判然としたものではなく、いったん入学したらずっと在学扱いにするといった類いであり、その意味では、むしろ両者を同じ範疇でみる方が真相にちかい。もし、「学制」の小学校なみに在学八年とすると、寺子屋時代の学齢人員は87000÷6×8=116000、一一万六〇〇〇名にふくらむことになる。

『日本教育史資料』八所収の二九七校が少なすぎるという乙竹の指摘には、異論がない。ただ、明治六年（一八七三）度の「開学願書」[48]に見える府下全域の私立学校一二〇七校のうち、市内一五区にあったのは九〇〇余校であり、乙竹のあげる一〇〇〇校はやや多すぎる。また一校あたりの平均寺子数も、前出の二九七校のうち、「開学願書」に登場する二三三校についてみると、軒なみ四〇%前後減少して平均七二名程度になっており、乙竹のいう七五名をさらに若干下廻る。これら二つの数字を採用すると、学齢人員は72×900＝64800、六万四八〇〇名であるから、就学率は64800÷116000＝0.5586、五五・九%ということになる。

江戸市中とは対照的な山間僻地の京都府北桑田郡下の寺子屋を取り上げた広岡亮蔵の場合も、その成果を積極的に評価しようとする点では変わらない。まず『日本教育史資料』八所収の二七校の寺子総数七一六名（男五七三名、女一四三名）を就学人員とし、ついで昭和二六年（一九五一）現在の郡内小学校児童総数二〇四二名（男一〇三六名、女一〇〇六名）を一〇〇%就学とみて学齢人員としながら、就学率は716÷2042＝0.3506、三五・一%（男五五・三%、女一四・二%）であったとする。のみならず、広岡はこの数字がごく控え目なものであり、実際はもっと大きくなるはずだと考える。というのは、昭和二六年現在の人口は明治初年よりかなり大きい、つまり学齢人口は明治初年の方がずっと小さく、その分だけ就学率が高くなる計算だからである。事実、彼は、「寺小《ママ》屋の就学率は、実際はさらに高いものになり、男児は七〇%を下らなかったであろう。そうすると、就学児童の身分は、最下層の樵夫、小作人を除く凡ての身分となるであろう」(49)というが、はたしてそうだろうか。

広岡のあげる二七校の寺子屋の中には、明治以前に消滅した六校と、継続不明であるが、調査年代が慶応元年（一八六五）であるところから、すでに廃止されていた可能性のつよい二校をふくむ。少なくとも消滅ずみの六校の寺子総数二五八名（男一九六名、女六二名）を除外すると、就学人員は四五八名となり、就学率は458÷2042＝0.2242、一挙に二二・四%（男三六・四%、女八・一%）に縮小してしまう。

現小学校の就学をほぼ一〇〇%とみて、その児童数を学齢人員とするのは頷けるが、ここでの学齢もまた、六歳から一二歳までの六年間であり、八年制小学校の場合とは異なる。周知のように、寺子屋の在学者が横すべりした明治初年の小学校には、六年制の学齢を上廻る子どもたちが沢山いた。現に、明治五年（一八七二）七月開校の桑田郡第一区小学校[50]に入学した三三一名の中には、一三歳から一八歳までの児童が六一名、一八・四％もいた。これから推せば、江戸時代の寺子屋にも同じような年齢層の子どもたちが珍しくなかったということになる。八年制にあてはめて単純計算すれば、学齢人員は2042÷6×8＝2722、二七二二名にふくらみ、したがって就学率は、468÷2722＝0.1719、一七・二％となる。その後の人口増を計算に入れても、この地方の就学率は二〇％未満にとどまったというのが妥当なところであろう。

大阪府下枚方市内の史料によりながら、寺子屋の就学率を少なく見積もっても八〇％、最大限には一〇〇％、「殆ど全員が就学していたとも考えられる[51]」というのは籠谷次郎であるが、その推計はどのような根拠によるものだろうか。

まず学齢人員であるが、明治一〇年（一八七七）度の三矢村の就学率七〇・九％や枚方校区六ヶ村[52]の就学率六二・二％などから、「学制」頒布時の枚方市域の就学率を五〇％と見積もる籠谷は、『文部省第三年報』（明治八年）所載の市内一二小学校の就学児童一五八五名（男一〇四三名、女五四二名）の二倍、すなわち三一七〇名を学齢人員とする。つぎに寺子屋の就学人員であるが、明治期まで継続した三二校の寺子総数一三三五名（男八

表66　桑田郡第１区小学校生徒（明治５年７月４日入学）の年齢

年齢	男　子	女　子	計	百分率
6	2	1	3	0.91
7	2	2	4	1.21
8	34	24	58	17.52
9	49	26	75	22.66
10	18	22	40	12.08
11	30	26	56	16.92
12	22	12	34	10.27
13	11	6	17	5.14
14	17	4	21	6.34
15	18		18	5.44
16	2		2	0.60
17	1	1	2	0.60
18	1		1	0.30
計	207	124	331	100

『丹波三郡小学校記』により作成。
＊年齢不明の６名をのぞく。

五四名、女四八一名）は不明七校の分を除外しており、一五八五名との差はほとんどなかったと考える。ただ、一三三五名の中には他学区に属する二ケ村の七五名がふくまれていたから、正確な就学人員は一二六〇名となる。[53]

寺子屋の在学年限を八年制小学校より短かくみる、つまり、それだけ学齢人員を少なく見積もるというのは前二者にもあったが、籠谷の場合は、乙竹のいう平均四年説によりながら、寺子屋の「就学適齢児数」を前出の学齢人員の二分の一、すなわち一五八五名であったとする。就学率は1260÷1585＝0.7949、七九・五％となるわけだが、枚方市域の寺子屋は大てい三年程度の在学であり、それだけ学齢人員も少なくなるから、就学率はこれをさらに上廻る可能性もあるというのが、籠谷の結論である。

「学制」頒布後一年をへた明治六年（一八七三）度の大阪府下全体の就学率が三四・九％だから、枚方市域の寺子屋の就学率七九・五％という数字は桁はずれに大きいが、その内訳を見てみると、長尾校区二ケ村の一八一％や[54]中宮校区五ケ村の一四九・五％などといった極端な数字がそのまま採用されている。そのことをふくめ、ほとんど[55]一〇〇％ちかい就学率という過大評価は、寺子屋の学齢人員を「学制」時代をそれの二分の一にしたところに原因があるようだ。すでに何度も指摘したように、「学制」の小学校には満六歳から一四歳までの子どもたちが八年間継続して在学したのではなく、その年齢段階の児童が一度でも出席したらすべて就学者に数えたというのが実情である。この点は、出入り自由の寺子屋の就学もほとんど変わらなかったのであり、したがって、一方を八年制とし、[56]他方を四年制とすることには大して根拠がない。いずれにせよ、在学年数を操作すれば、学齢人員はどのようにでも増減するわけだから、寺子屋の就学率を「学制」の小学校のそれと比較しようとするならば、まず双方の算定の基準を同一にすることが必要であろう。その意味で、仮に寺子屋の在学年を「学制」の小学校なみの八年とすると、枚方校区六ケ村の明治八年（一八七五）度の学齢人員は三二五名（男一一七名、女二〇八名）を数え、[57]また同地域の寺子屋三校の就学者は一三二名（男七八名、女五四名）であったのだから、就学率は132÷325＝0.4061、四〇・六％となり、籠谷のいう六五・三％をかなり下廻る。なお、この計算方式でいけば、枚方市域全体についても学齢人員が当初の二倍にふくらみ、したがって、就学率は二分の一、すなわち三九・八％に縮小してしまう。

前三者とはまったく対照的に、寺子屋教育は明治初年の小学校のレベルに達しておらず、就学率もこれをかなり下廻ったのではないかという控え目な見方をする人びともいる。たとえばドーア（R. P. Dore）は、『日本教育史資料』八・九のベースになった明治一六年（一八八三）度の府県報告より無作為に一郡ずつ抽出して標本郡とし、明治元年（一八六八）当時の就学人員七万一七八三名（男五万六三一八名、女一万五四六五名）を得る。[58] 学齢人員については、『文部省第三年報』（明治八年）のあげる約五一七万名を参考にしながら、この数字は、その後の統計資料[59]からみて小さすぎる、少なくとも二〇％プラスした六二〇万名でなくてはならないという。同じような計算を前出の標本郡について試みると、どうなるのだろうか。明治八年（一八七五）度の小学校在籍児童は男児一二万四二二七名で就学率五四％、また女児五万九四三名で就学率一九％だから、各二〇％を上のせして計算しなおすと、学齢人員は男児が124227÷54×100×1.2＝276060、二七万六〇六〇名、女児が50943÷19×100×1.2＝321745、三二万一七四五名となる。ただ、この数字は八年制小学校の場合であり、平均在学年を三・五年とすれば、学齢人員はいずれも二分の一以下に縮小するから、結局、就学率は男児が56318÷120776＝0.4663、四六・六％、女児が15465÷140763＝0.1098、一一％に落ち着く（ドーア自身の計算では、学齢人員を二〇％過小評価したということは、就学率を二五％過大評価したということから、男児の五四％は四三％、女児の一九％は一五％に書き改められる）。

水増し報告は、報告洩れの小規模校の分と相殺されるというのは首肯できる。サムライ身分の就学者や人口増を度外視したのも大勢に影響しないと思われるが、問題はやはり、学齢人員の全人口比を四％多い一八％台と見積もり、またこれを三・五年の期間に求めるという操作を行ったことである。就学率をなるべく高く報告したい府県当局が学齢人員を少な目に見積もったということは十分ありうるが、しかし、この時期の府県報告が大てい一四、五％台に集中していた事実は、その数字がかなり信頼度の高いものであったことをうかがわせる。たとえば山口県では、明治七年（一八七四）から一六年（一八八三）にいたる一〇年間の総人口に占める学齢人口の比率は平均一五・一％であるが、藩政時代に作成された『防長風土注進案』をみると、天保一一年（一八四〇）ころの奥山代宰判（現玖珂郡）の一三歳未満児の比率は二一％であり、(60)学齢以前の六歳未満児を除外すれば、各歳一・七五％に相当するから、せいぜい一二％ほどといったところである。これを八年制小学校にあてはめても一四％程度であるから、さきの一五・一％が必ずしも水増し報告の類いでなかったことが分かる。少なくとも、山口県地方に関するかぎり、学齢人員の二〇％上のせはあまり根拠がないといえるだろう。

「学制」の小学校が下等・上等小学校をあわせた八年制であったにもかかわらず、実際には、その年齢段階の子どもたちがせいぜい四年制の下等小学校に在学した程度であることは、周知のとおりである。しかも、ここでいう四年は必ずしも継続的に学んだことを意味せず、長期欠席をふくむ見せかけの在学である場合が多かった。(61)仮に満六歳からの在学四年が実質的なものであれば、この学年に限定するかぎり、『文部省年報』のいう就学率の二倍が正しい数字ということになるが、現実はいったん在籍すると、その後はまったく学校に行かなくても就学児童に数えられたのであり、むしろ公表された就学率を大幅に割引いてみる必要があるだろう。

この点は、寺子屋に通う子どもたちの場合にも似たりよったりである。乙竹のいう「三年乃至五年」(62)以来、寺子屋の平均在学年は三・五年、あるいは四年が定説のようになっているが、いずれも在籍児童の出席日数を確認した上での数字ではない。第二節でみたように、会津領大沼郡高田町にあった寺子屋継声館では、年間二五〇余日の授業に二四九日出席するものから、僅かに二日、あるいは四日しか出席しないものまで、就学の実態は千差万別であったが、在学何年という表現が、こうした断続的な就学を十把一からげ的に通算したものである場合が普通である。

寺子屋の就学者の年齢が、「学制」の小学校のそれにほぼ同じであり、また在学の中身も大して変わらないということは、在学年の長短によって学齢人員を操作することにほとんど意味がなく、むしろ小学校なみの満六歳から一四歳[63]までの八年間に学齢人員を求める方が正しいということになるだろう。仮にそうだとすると、学齢人員は倍ちかくにふくらみ、『文部省第三年報』(明治八年)のいう全人口比の一四・六%をそのまま採用しても、寺子屋の就学率は、男児が56318÷230050＝0.2448、二四・五%、女児が15465÷268121＝0.0576、五・八%という低率にとどまる。

学齢人員を総人口比で割り出すのでなく、地方レベルの基礎資料、たとえば村単位の人口構成表から見ようとするものもある。たとえば『長野県教育史』第一巻は、小県郡中之条村の就学率をこの方式で推計している。明治二年(一八六九)度の中之条村の総人口は七一六名であるが、「宗門御改帳」に登録された六歳より一八歳までの人数は一七三名を数え、各歳平均一三・三名であるから、平均四年在学すれば、学齢人員は13.3×4＝53.2、五三名余となる。

中之条村の子どもたちが通学したのは隣村御所村の松恵堂であり、総計一四三名に達しているが、嘉永三年(一八五〇)から明治二年(一八六九)までの二〇年間に限ってみると八三名、毎年平均四・一五名が入学している。彼らがやはり四年間在学したとすれば、就学人員は4.15×4＝16.6、一六・六名を数え、就学率は16.6÷53＝0.3132、三一・三%となる。

寺子屋に在学した子どもたち一人ひとりの年齢を調べ、該当する年齢層の総数を学齢人員とする利根啓三郎のようなやり方もある。(64) すなわち群馬県勢多郡下箱田村では、慶応元年（一八六五）当時、七歳から一六歳までの子どもたちが今井善兵衛の寺子屋に一六名、狩野三造の寺子屋に七名、合計二三名在学していた。人口構成表による同年度の七歳から一六歳までの児童総数は六一名であるから、就学率は23÷61＝0.3770、三七・七％になる。

ところで、利根は隣接の上箱田村については別の計算をしている。この村の子どもたちは村内にあった森田忠蔵の寺子屋に通い、嘉永元年（一八四八）現在で総計一四名を数えたが、同村を対象にした昭和一一年（一九三六）度の調査では、九歳で入学、五年間在学したといい、またこれより以前の乙竹岩造の調査では、九歳で入学し、在学年限は三年であったという。乙竹説にしたがえば、就学者は嘉永元年当時の年齢一〇歳の四名、九歳の一名を合わせた五名となり、(65) しかも、人口構成表で九歳から一一歳までの児童数が七名を数えたから、就学率は5÷7＝0.7142、七一・四％となる。一方、九歳で入学、在学五年とすれば、就学者は嘉永元年当時の年齢一三歳の一名、一二歳の一名、一〇歳の四名、九歳の一名を合わせた七名となり、人口構成表による一三歳までの児童総数は一五名だから、就学率は7÷15＝0.4666、の四六・七％とかなり低くなる。

隣接する二村の計算方法を変えた真意は分からないが、もし、上箱田村についても就学者の該当年齢をそのまま学齢人員とすれば嘉永元年（一八四八）当時の就学者一四名の年齢は三歳から一九歳までであり、また人口構成表によるこの年齢層の総計は五七名だから、就学率は14÷57＝0.2456、二四・六％になる。なお、就学者が皆無であった四・五・六・一一・一六・一八歳の総計一六名を除くと、学齢人員は四一名に減り、その分だけ就学率は14÷41＝0.3414、三四・一％にふくらむ。いずれも、前述の計算方式より就学率がかなり下廻ることは確かである。

人口構成表から学齢人員を見ようとする『長野県教育史』第一巻の方式も、在学年限を何年と見積もるかによって増減を免れないのだから、正確さにはやはり問題が残る。同じことは、利根についてもいえる。現に、同じ村の同じ年の就学率が、在学年限を三年とすれば七一・四％となり、また五年とすれば四六・七％となり、実に二四・七％の格差が生じるのだから、正確さに欠けるという点では大同小異である。その意味では、彼が採用した最初の方式、すなわち就学者の年齢段階の人口総計を母数とし、前者の後者に占める割合を求める方が、ずっと説得力に富んでいるといえるかもしれない。ただ、この場合は、在学年限を無視した分だけ就学率の実質に欠ける憾みがあるのは止むをえない。いずれにせよ、寺子屋の就学率を「学制」の小学校のそれと比較しようと思えば、まず両者の算定の基準を同じにする、たとえば学齢期間を八年にすることが必要であろう。

ところで、上述のいくつかの算定方式を参考にしながら、最後に周防大島郡三蒲村[66]の場合をとり上げてみよう。『防長風土注進案』によれば、天保一二年（一八四一）度の三蒲村の人口は三一二七名であるが、明治一七年（一八八四）度の調査では三四七八名を数えているから、明治初年の人口は（3127＋3478）÷2＝3302.5、三三〇二名とみて大きな誤差はないだろう。なお、前述のように、この時期の『文部省年報』によれば、山口県の総人口に占める学齢人員の比率は一五・一％だから、三蒲村のそれは3302×0.151＝498.6、約四九九名ということになる。

『日本教育史資料』九をみると、藩政時代の三蒲村には一二校の寺子屋があり、総計一八三名（男一七七名、女六名）の寺子がいたが、堂皆地にあった東五右衛門の寺子屋が生徒数不明のため、若干のプラス・アルファが見込まれる。もっとも、調査年代が判明のものは六校にすぎず、残りの五校はいずれも不明であるから、一八三名をそのまま同一時期の寺子数とみることには無理がある。ちなみに、明治四年（一八七一）現在開業していたものは七校、在学者が九九名（男九三名、女六名）を数えたが、開設年代が慶応三年（一八六七）と明治二年（一八六九）の二校も、開校間もない時間的新しさや『大島町誌』などの記述からみて、[67]維新後も継続していたとみられるから、その分の

表67　三蒲村の寺子屋

	氏名	身分	男児	女児	開業	廃業	調査年	住所
1	橋爪好治	神官	20	1	嘉永1	明5	明4	西ノ浜(三蒲神社)
2	松田嘉兵衛	農(庄屋)	25	0	万延1	——	——	西ノ浜中村
3	岡野又十郎	農(庄屋)	25	0	安政3	——	——	西ノ浜蔵元
4	丸尾真海	僧侶	10	1	安政3	明5	明5	西ノ郷(竜泉寺)
5	橋爪信定	神官	15	0	天保3	明5	明4	正歩
6	久保秀左衛門	農(庄屋)	21	0	慶応3	——	——	長尾(流)
7	久保唯助	陪臣	13	0	明治2	——	——	長尾(流)
8	東五右衛門	農	—	—	慶応3	——	——	堂皆地
9	河野智俊	僧侶	10	2	天保1	明5	明4	尾ノ上(定光庵)
10	田村探道	僧侶	15	2	嘉永6	明5	明4	神取(徳正寺)
11	柚木泰輔	陪臣	10	0	天保5	明5	明5	西畑
12	繁富善次兵衛	農(庄屋)	13	0	明治4	——	——	東畑

寺子三四名をあわせると、在学者の総数は一三三名（男一二七名、女六名）となる。[68] 継続不明の二校の寺子五〇名と寺子数不明の一校分が除外されているから、これでもまだ控え目な見積もりであるが、この辺りがほぼ維新当時の三蒲村における寺子屋教育の実勢を表わしていたといえるのではなかろうか。もちろん、この場合も、調査年代のズレが寺子数の増減に無関係であったという前提を欠くわけにはいかない。

ところで、前出の学齢人員四九九名というのは在学八年としたときであり、就学率は133÷499＝0.2665、二六・七％となるが、仮に乙竹のいう在学四年説にしたがうと、学齢人員が二四九・五名に半減するから、就学率は一挙に五三・三％に倍増する。一方、『日本教育史資料』九のベースになった大島郡役所の学事報告[69]は、平均在学六年としており、これによれば、学齢人員は499÷8×6＝374.25、三七四・三名だから、就学率は133÷374.3＝0.3553、三五・五％となる。

では、これら三つの数字のうち、三蒲村の寺子屋教育の実態にもっとも近かったのはどれか。『文部省第二年報』によれば、明治七年（一八七四）現在の三蒲村にあった三小学校の在学児童は二〇五

図11　三蒲村の寺子屋分布

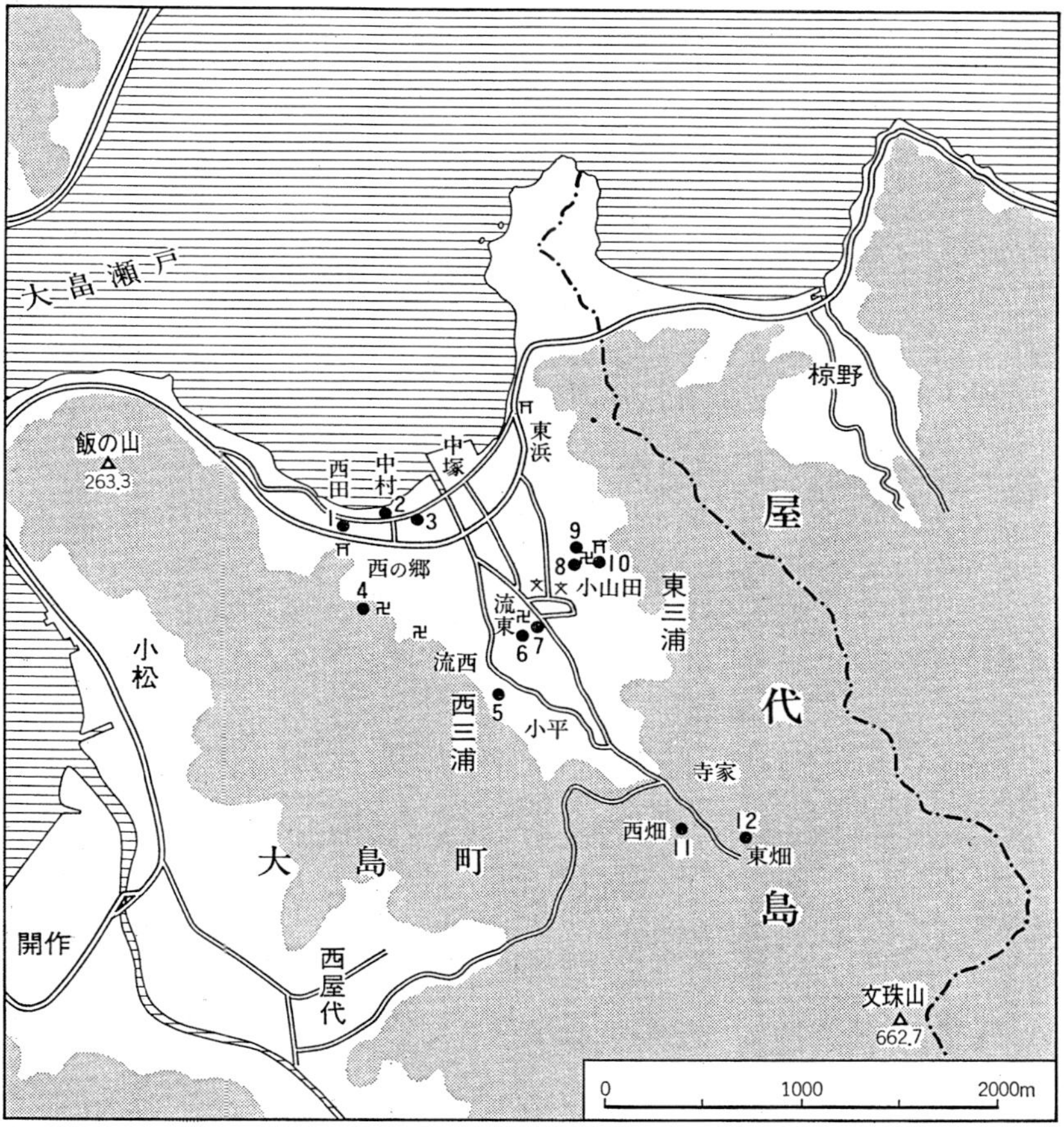

『日本教育史資料』9，『教育沿革史草稿』10などにより作成。

名（男一七〇名、女三五名）で、就学率は205÷499＝0.4108、四一・一％（男六八・一％、女一四・〇％）であったが、在学四年とすると、学齢人員は二四九・五名、男女別ではさらに一二四・八名に減少するから、寺子屋在学の男児一二七名はすでにこれを上廻る。就学率は127÷124.8＝1.0176、一〇一・八％、すなわち村中の該当年齢の男児が一人残らず寺子屋に学ぶというのは、いくら好意的にみてもやはり信用しがたい。これは要するに、学齢人員の見積もりが少なすぎるのであり、在学四年説があたらないということであろう。

同じことを在学六年説についてみると、男児の学齢人員は前出の計算方式で一八七・一名となり、就学率は127÷187.1＝0.6787、六七・九％という一見もっともらしい数字が得られる。明治七年（一八七四）度の三小学校男児の就学率が六八・一％とほとんど変わらないのも、そのことを裏書きしているようであるが、よく考えてみると、出入り自由の寺子屋の就学が、強制教育の小学校の就学とまったく同じということはありえない。現に、寺子屋時代には僅か六名しかいなかった女児が、「学制」の小学校では一挙に三五名に増加している。差引き二九名が、学区取締りなど上からの強権発動の産物であったことはいうまでもなかろう。

就学強制が男児についても例外でなかったとすると、寺子屋時代の男児の就学率が小学校の六八・一％をかなり下廻ることはおそらく間違いない。つまり、学齢人員を一八七・一名と見積もるのもまだ少なすぎるということになるだろう。前述のように、在学八年のとき、男児の学齢人員は二四九・五名となり、就学率は127÷249.5＝0.5090、五〇・九％であったが、村中の男性の過半が寺子屋に学んだということ自体、三蒲村の立地条件、すなわち離島の寒村の教育水準としてはむしろ出来すぎの観がある。その意味では、男女を合わせた学齢人員を八年制小学校なみの四九九名と見積もり、就学率を二六・七％とごく控え目に推計するのが、もっとも説得力に富んでいるといえるようだ。

二六・七％という数字の良し悪しについては一概にいえないが、村の住民の四分の一強がともかくも読み書き能力を有したというのは、強制教育の類いとまったく異なる、いわばフリー・スクールの一種としての寺子屋が関係していただけに驚異である。新小学校との連続、非連続をいうことは必ずしも容易でないが、「学制」頒布後僅か二年という短期間に、全国平均の三二・三％を上廻る四一・一％という好就学率を記録したのは、おそらく寺子屋時代の教育的遺産を抜きにしては考えられないだろう。防長二国の中でも寺子屋の普及のめざましかった大島郡内で、三蒲村にもっとも多くの寺子屋があったことも、その辺の事情を説明してくれるようだ。(70)

第四節　寺子屋教育とは何であったのか

寺子屋教育の成果を考えるうえでどうしても見逃すわけにいかないのは、「学制」の小学校教育との相関関係である。明治五年（一八七二）八月にスタートした新しい小学校が、物心両面のさまざまな点で旧時代の寺子屋的遺産を承け継いでいたことは、周知の事実である。「学制」頒布という一片の布達で、いわばある日突然にはじまった新教育がともかくも軌道に乗ったのは、敷地や建物はもちろん、教師や生徒をふくめたほとんどを横すべりさせたからであるが、なかんずく重要であったのは、教育を積極的に自分たちのものとして受けとめ、関わっていこうとする精神的風土が広汎に継承されたということである。

「学制」第二一章の「小学校ハ教育ノ初級ニシテ人民一般必ス学ハスンハアルヘカラス」(71)や第二七章の「尋常小学ヲ分テ上下二等トス此二等ハ男女共必ス卒業スヘキモノトス」に明らかなように、新教育は強制教育として登場したのであり、子どもを学校に上げる義務を担わされた親の側からすれば、その内容や方法もさることながら、これを支える高い学費負担に強い不満があったが、そのさい、寺子屋教育の経験があるかどうかによって、新教育へ

小　田	429	13	442	97, 960	35, 577	36. 31
北　条	88		88	33, 704	6, 571	19. 49
鳥　取	313		313	58, 196	15, 857	27. 24
島　根	245	16	261	44, 952	14, 207	31. 60
浜　田	122		122	46, 070	8, 728	18. 94
*山　口	367	?	367	113, 750	42, 145	37. 05
愛　媛	294	97	391	124, 946	17, 339	13. 87
第五大学区						
長　崎	249	22	271	101, 037	17, 278	17. 10
佐　賀	210		210	82, 376	16, 931	20. 55
三　潴	78	4	82	69, 254	5, 570	8. 04
白　川	518	38	556	140, 889	34, 892	24. 76
鹿児島	97		97	135, 139	9, 605	7. 10
宮　崎	330		330	57, 553	15, 640	27. 17
大　分	246	85	331	85, 385	20, 735	24. 28
福　岡	323		323	78, 288	15, 516	19. 81
小　倉	237		237	46, 152	14, 250	30. 87
第六大学区						
新　潟	214		214	190, 932	46, 977	24. 60
新　川	344	2	346	103, 635	27, 986	27. 00
長　野	327		327	65, 423	35, 570	54. 36
若　松	159		159	28, 305	13, 788	48. 71
置　賜	72		72	21, 356	6, 911	32. 36
酒　田	91	60	151	31, 109	7, 540	24. 23
相　川	22	12	34	12, 615	2, 355	18. 66
第七大学区						
宮　城	226		226	62, 529	22, 123	35. 38
磐　前	181	7	188	37, 403	11, 059	29. 56
福　島	196		196	44, 868	20, 336	45. 32
山　形	177	1	178	43, 398	12, 156	28. 01
秋　田	199		199	99, 088	13, 330	13. 45
青　森	56	54	110	83, 415	10, 305	12. 35
岩　手	115	33	148	47, 284	8, 781	18. 57
水　沢	302		302	51, 395	17, 930	34. 88
全国総計	17, 696	2, 321	20, 017	4, 917, 107	1, 590, 115	32. 33

『文部省第2年報』（明治7年）により作成。　＊山口県の場合，私立小学生徒7, 688人を含む。

表68　創設期の小学校

府県名	公立小学	私立小学	合計	学齢児童数	就学児童数	就学率
第一大学区						
東京	58	740	798	115,852	66,912	57.75
神奈川	419		419	73,602	29,611	40.23
埼玉	24	252	276	72,617	21,567	29.69
熊谷	588	1	589	109,772	40,198	36.61
千葉	805	4	809	141,209	41,952	29.70
足柄	263	5	268	49,915	19,661	39.38
新治	31	381	412	71,129	15,392	21.63
茨城	313		313	54,824	23,924	43.63
栃木	506	1	507	93,578	39,203	41.89
山梨	239		239	57,248	26,057	45.51
第二大学区						
愛知	651	12	663	159,428	74,959	47.01
浜松	368	3	371	53,141	30,264	56.95
静岡	219		219	57,607	31,788	55.18
筑摩	614		614	73,709	48,618	65.95
石川	243	71	314	104,029	23,790	22.86
敦賀	528		528	77,705	34,310	44.15
岐阜	588		588	92,754	55,189	59.50
三重	41	2	43	63,075	17,849	28.29
度会	84		84	52,722	15,809	29.98
第三大学区						
大阪	170	35	205	68,526	23,936	34.92
京都	186	8	194	78,540	40,282	51.28
滋賀	292		292	87,234	23,945	27.44
奈良	356		356	51,328	27,036	52.67
堺	269		269	71,606	30,420	42.48
和歌山	326	40	366	94,208	26,313	27.93
兵庫	166	1	167	27,521	12,243	44.48
豊岡	313		313	72,562	18,506	25.50
飾磨	684		684	86,432	54,265	62.78
岡山	245	2	247	45,474	18,545	40.78
名東	651	163	814	207,835	60,940	29.32
高知	181	153	334	73,668	10,279	13.95
第四大学区						
広島	448	3	451	139,851	38,364	27.43

の反応には雲泥の相違があった。親自身がかつて寺子屋に学び、また現に、わが子を寺子屋に通わせているような場合には、新教育の在り方、その良し悪しは別にして、ともかくも教育が役に立ち、学校が必要であるという熱い想いがあった。一方、寺子屋など見たこともない親たちには、いたずらに金ばかり食う教育のイメージしかなく、したがって、これを無用呼ばわりし、はては敵視さえもしたのである。「学制」時代に各地に激発したいわゆる学校一揆(72)が、何よりもそのことを証明してくれる。

たしかに、旧教育のすべてが新教育にストレートに連続したわけではなく、寺子屋教育がかえってその阻害要因になることも間々あったが、にもかかわらず、寺子屋的伝統の小学校教育に及ぼしたプラス効果は、きわめて大きい。以下もっぱら、両者の相関関係を府県レベルの具体例に即しながら見てみよう。

表68は、『文部省第二年報』（明治七年〈一八七四〉）により作成した府県別の就学統計であるが、第一位の筑摩県は間もなく長野県と合併するため、少し遅れて編纂された『日本教育史資料』八・九記載の府県名では、就学率は六〇・五％となる。同じようなことは、第二位の飾磨県や第五位の浜松県、第九位の若松県などにもいえる。すなわち飾磨県は間もなく兵庫・豊岡県と合併するから、就学率は四五・六％となり、また浜松県は静岡県、および足柄県の一部と合併するから、就学率は五〇・九％となり、さらに若松県は福島・磐前県と合併するから、就学率は四〇・九％となる。なお、筑摩県のトップの座は合併によっても変わらないが、飾磨県以下は多少順位が入れ替わる。ちなみに、『日本教育史資料』八・九記載の府県名で就学率の上位一〇府県を抽出し、江戸時代の寺子屋や私塾の開設状況と比べてみると、表69のようになる。

寺子屋数の大きさが高い就学率につながっていることは、長野・岐阜・愛知・兵庫などのデータにはっきり現われているが、東京や京都など都会地の寺子屋は概して一校あたりの規模が大きかったから、寺子屋教育の普及という点では、長野以下の諸県に優るとも劣らない。たとえば東京府の寺子屋四八七校の一校あたり平均規模は八九・五名であり[73]、四万三五八六名余の就学者が見込まれるが、これを長野県の一校あたりの平均規模三〇名[74]にあてはめると、寺子屋数は一四五二校余となる。同じような換算を長野県の寺子屋一三四一校について試みると、四四九校余にしかならず、両者の立場は逆転してしまう。要するに、東京府の四八七校は長野県の一三四一校を上まわる実質を有していたわけである。なお、明治六年（一八七三）度に開校した東京府下の小学校は公立二九校、私立一八校、計四七校しかなく、就学者五万七五八八名の大部分は変則小学一二〇校や家塾一〇〇〇余校に在籍していた。翌七年には公立五八校、私立七四〇校となり、一挙に七五一校もふえたが、その多くはやはり、寺子屋を前身とする私立であった[75]。

表69　就学率のベスト10

	府県名	就学率	寺子屋	私　塾	備　　考
1	長　野	60.5	1341	125	筑摩＋長野
2	岐　阜	59.5	754	28	
3	東　京	57.75	487	123	
4	静　岡	56.03	25	4	浜松＋静岡
5	奈　良	52.67	(311)		
6	京　都	51.28	566	34	
7	愛　知	47.01	977	43	
8	兵　庫	45.58	818	52	飾磨＋兵庫＋豊岡
9	山　梨	45.51	254	22	
10	福　井	44.15	31	23	敦賀

『日本教育史資料』8・9，『文部省第2年報』（明治7年）などにより作成。
1）府県名は明治16年当時に統一。
2）奈良県は大阪府に含まれていたため，「大阪府統計」より抽出。

第四位にランクされた静岡県に寺子屋が僅か二五校しかなかったのは、明治一六年（一八八三）当時の調査担当者の怠慢のせいらしい。現に、『静岡県教育史』第一巻は、駿東郡小山町のみで八校の寺子屋を発掘しており[76]、また『吉原市史』中巻も、市中だけで三一校の寺子屋を確認しているから[77]、県下全域ではおそらく何百という寺子屋があったと思われる。明治七年（一八七四）当時は静岡・浜松両県と足柄県の一部に分かれていたが、このうち静岡県は、同年の「督学局年報」に、「夙ニ学術ノ闢ケシ┐全国ノ嚆矢タリ[78]」とあるように、旧徳川家が創めた沼津兵学校付属の三小学校[79]を母体にしながら、旧藩校の初等課程を改組した静岡小学所[80]をオープンするなど、すでに「学制」頒布前より士庶一般を対象にした小学校経営に力を入れていた関係上、新教育をスムーズに受け入れやすい環境があった。浜松県の場合は、鬼典事の異名をとった大江孝文の存在が大きかったようだが[81]、その背景に寺子屋的伝統があったことは、想像に難くない。

調査の不徹底さは、第一〇位にランクされた福井県の寺子屋三一校についてもいえるようだ。旧藩時代のこの地方には、福井藩三二万石を筆頭に七つの中・小藩があったが、大野・府中・勝山藩は早くから藩校への庶民入学を認め[82]、また小浜・丸岡藩も寺子屋の出席簿提出[83]や寺子の試業[84]、財政的援助などの奨励策で知られており、概して庶民教育の盛んな地方であった。現に、乙竹岩造『日本庶民教育史』下巻は、維新当時の寺子屋五四校を探しあてているが、『稿本福井市史』下巻になると、市内のみで、「学制頒布前既に家塾、寺子屋大小六十余もあり[85]」といい、八地区五八校の分布状況を一々明らかにしており、県下全体で百や二百の寺子屋のあったことは十分考えられる。

寺子屋的な遺産をどう活用するかをふくめて、行政権力の中枢にいる当路者の教育熱心が高就学率をもたらしたことは、いずれの地方にも共通するが、なかんずく岐阜県は、明治年間まで継続した寺子屋四五九校中の四五八校、すなわちほぼ全部が明治七年(一八七四)までに廃業しており、当局側の強力な指導のあったことをうかがわせる。「学制」頒布のさい、旧教育機関、とくに寺子屋を放置したままでは、新小学校の設立が覚束かないことを予想した文部省当局は、寺子屋を全廃するか、それともこれを統・廃合して新小学校に転身させる方針を打ち出したが、岐阜県の場合は、これがもっとも厳密に行われたようだ。明治七年(一八七四)当時、すでに五八八校の公立小学校があったが、明治五年から七年までの三年間に三三六校、七一・〇%の寺子屋が廃業しているところから、その母体はほとんど寺子屋であったと考えられる。

似たようなことは、第五位にランクされた奈良県にもみられる。大和一国に明治年間まで継続した寺子屋は二四〇校あるが、[86] そのすべてが明治八年（一八七五）までに姿を消しており、明治五年から七年までの三年間で一六〇校、六六・七％が廃業している。明治六年三月現在、県下全域で五〇余校しかなかった小学校が、二ヶ月後の五月には一挙に三倍増の一六八校となり、七年中に三五六校と飛躍的にふえたのは、やはり寺子屋の相次ぐ廃業と関係があるだろう。府県によっては、明治二〇年（一八八七）近くまで継続することも珍しくなかった寺子屋が、「学制」頒布後僅か三年で全廃されたのであるから、当局側の強力な指導があったことは、ほとんど疑問の余地がない。

なお、奈良県が管轄する大和国の旧領をみると、郡山藩一五万石を中心に七つの中・小藩があり、それに天領・旗本采地、寺・社領などが細かく交錯していた。この複雑な勢力分布は、維新後も一種の郷党感情として持ちこされ、県庁所在地の選定や裁判所の誘致などをめぐり、事あるごとに衝突したが、新教育、とくに小学校の建設に関しては、これがむしろ、相互のライバル意識をかきたてる意味で大いにプラスしたらしい。長野・岐阜・静岡・兵庫など高就学率を競う諸県が、いずれも一〇前後の中・小藩を母体に構成されていたことも、そのことを裏書きしてくれるようだ。

明治元年（一八六八）一一月沼津に開校した徳川家兵学校付属小学校が、近代小学校の先駆となったように、新教育に意欲的な静岡県の背景には、幕府の瓦解、旧幕臣の大量移住という大事件があったが、自らの置かれた悪環境をむしろ奇貨として、これを克服する手段を人材の育成、すなわち教育に求めようとしたのは、たんに静岡県だけではない。たとえば京都府は、明治二年（一八六九）の東京遷都により千年におよぶ王城の地から一挙に地方都市に転落した悲運を挽回するため、官民一致で新教育に期待したのであり、明治二年中に早くも市内全域に六四の小学校を発足させた。のちに教育知事として勇名をはせる槇村正直以下の府当路者の指導性も見逃せないが、(87)やはり決定的なのは、小学校建設に要する莫大な経費をほとんど自前で賄った市民一般の協力態勢である。なお、維新当時、市内上・下京二区には三九校の寺子屋があったが、明治二年中に早くも三四校、八七・二%が廃業しており、その多くが新小学校の母体となったことをうかがわせる。たとえば白景堂は、天保一三年（一八四二）上京下長者町通智恵光院東入西巽町に開校されたものであり、明治二年（一八六九）当時、教師五名、生徒六〇三名（男児三二六名、女児二一八名、夜学生五九名）を擁した最大規模の寺子屋であるが、小学校設立の「諭達」と同時に廃業し、在籍児童の大部分を上京第一四番組小学（のちの出水小学校）に移した。教師古川亮朝(88)も筆道教師として勤務することになったから、事実上白景堂の延長線上に小学校が登場したといってもよい。明治七年（一八七四）度の出水小学校の生徒が四〇七名（男児二四〇名、女児一六七名）であることも、(89)両者の連続性をうかがわせるに十分であろう。

ところで、寺子屋教育の新小学校への連続が高就学率の最大の原因であるとすれば、長野県についで寺子屋の開設数が多い山口県や岡山県が全国平均を若干上回る三七%台にとどまったのは、どのように解釈したらよいのだろうか。寺子屋数の大きさをいちおう度外視すれば、前者は、本藩の萩藩と四支藩の豊浦・徳山・清末・岩国藩が合体して一県を構成し、また後者は、岡山藩三一万石と津山藩一〇万石をのぞけば、大部分が一、二万石程度の小藩一二を合わせて一県となったものである。いずれの場合も、十いくつもの中・小藩がどんぐりの背くらべ的に寄り集まってできた長野県のように、旧藩的対立感情が教育競争に転化していった地方とははっきり異なる。そのこととも関係するが、大藩がそのまま横すべりするか、もしくは中心となって一県に移行した場合には、どうしても強固な旧藩意識が残り、中央の威令が滲透しにくい傾向があったが、とくに山口県は、維新革命の牛耳をとり、また廟堂へ多数の顕官を送り込んで意気壮んな土地柄であっただけに、県当局の打ち出す新しい施策になかなか同調しなかった。初代県令中野梧一のように、旧幕臣の長官であればなおさらであり、地租改正の形骸化にみられるように、[90]新政一般にむしろ批判的であった。県政の出発点から奇兵隊の脱隊事件や、それに誘発された百姓一揆の後始末に追われ、しかも、萩の乱[91]の前夜で政情騒然としていただけに、小学校の建設どころではなかったという特殊事情も、もちろん無関係ではない。

山口県の就学率が伸びなやんだのは、旧藩以来の寺子屋の廃業がスムーズに進まなかったということにも現われている。「学制」頒布当時、県下には七一〇校の寺子屋があり、明治七年（一八七四）までにともかくも五六六校が廃業したが、なお一四四校がそのまま継続した。新小学校における直訳式の教育が不評だったことは決定的だが、同時にまた、制度化された教育費負担を嫌う親たちの間で昔ながらの寺子屋に人気があり、いったん入学した小学校から子どもを退学させ、寺子屋へ入り直させる親がいたりした。山口県下の授業料そのものは毎月平均三銭以下[92]と、「学制」の標準を大幅に下廻っており、親の負担は寺子屋時代と大差がないが、納入が必ずしもすべて金納化されていたわけでなく、また原則はあくまで生徒側の自由意志で感謝の気持を表わすことであったのに比べれば、やはり相当に違和感があったことは否めない。むろん、当局側はこの種の旧い教育施設を喜ばず、明治六年（一八七三）七月、「家塾規則」を定めてその開設基準を厳しくし、また翌七年には、小学生徒の家塾への転学を禁止する「布達」を出したりしたが[93]、大して効果がなかったらしい。いずれにせよ、ここでいう家塾の実質は寺子屋であったのだから、結局、その存続が小学校教育の足を引張ることになった。

寺子屋と小学校との相関関係は、就学率の下位一〇県についてもはっきりしている。最下位の鹿児島県に僅か一九校の寺子屋しかなかったのは、前節でもみたように、藩政時代の苛斂誅求や愚民政策のゆえであるが、加うるにまた、寺子屋の語源ともなった寺院が決定的に不足していたことも大いに関係があるようだ。もともと薩摩藩で

表70　就学率のワースト10

	府県名	就学率	寺子屋	私　塾	備　　　考
1	鹿児島	7.10	19	1	
2	青　森	12.35	456	8	
3	秋　田	13.45	249	66	
4	愛　媛	13.87	(950)		
5	長　崎	17.10	187	51	
6	福　岡	18.24	160	50	三潴＋小倉＋福岡
7	佐　賀	20.55	27	7	
8	石　川	22.86	190	22	
9	新　潟	24.23	63	27	新潟＋相川
10	熊　本	24.76	910	45	白川

『日本教育史資料』8・9，『文部省第2年報』(明治7年)などにより作成。

1）府県名は明治16年当時に統一。

2）愛媛県の（　）は昭和11年(1936)度の調査による。

は、庶民層に人気のある一向宗は禁教であり、僅かに禅宗系の寺院が勢力を有していただけであるが、英明をうたわれた藩主斉彬の時代に領内の寺院を焼き払うなど、一貫して寺院勢力の伸長を厳しく取り締まったから、他地方でみられるような寺院を中心とする庶民教育の発達は、望むべくもなかった。その意味では、一九校の寺子屋に若干プラス・アルファがあったとしても、大した数ではない。

維新革命のリーダーシップをとり、しかも、大藩が一県に移行した点は山口県と同じだが、旧藩出身の大山綱良以下、保守勢力の牙城であった鹿児島県は、山口県とはまた違った意味で中央政府の開明的政策にことごとく対立した。とくに明治六年（一八七三）の征韓論による西郷下野以後は、さながら独立王国の観があり、新政一般に対するサボタージュも徹底していた。明治一〇年（一八七七）の西南の役まで士族禄制を改めず、地租改正も行わなかったのがその何よりの証拠であるが、「学制」頒布にともなう新小学校の建設もやはり例外ではなかった。

たしかに、明治七年（一八七四）度の公立小学校九七校という数字自体は、それほど悪いものではないが、他府県の場合、公立の出遅れは私立、もしくは家塾（その多くはもと寺子屋）でカバーしていたのだから、就学人員の総数という点ではほとんど比較にならない。私立系の教育施設が皆無であったのは、寺子屋教育の伝統がなく、文字どおり白紙状態から出発せざるをえなかったためであるが、その結果は、就学人員九六〇五名（男児九三〇五名、女児三〇〇名）[94]という惨たんたる数字になっている。女児のごときは、学齢人員六万三〇六五名中の三〇〇名、〇・四八％の就学率というのだから、ほぼ全員が小学校に背を向けたといっても過言ではない。

青森・秋田の両県が二、三位にランクされたのは、明治八年（一八七五）の「督学局年報」が青森県について、「第七大学区中最モ北陲ニ僻在シ文化未タ浹洽セサルノ地方トス（中略）、当国ノ人民ハ概スルニ愚且猾ニシテ学問ノ何物タルヲ知ラス山野沿海等ニ住スルモノハ就中下等ノ民俗ニシテ」[95]といい、また秋田県について、「抑羽後国ハ民心頑陋ニシテ活潑鋭敏ノ気象ナク依然トシテ蒙昧ノ陋俗ヲ脱却セサルモノアリ」[96]などというように、東北一帯の後進性がやはり最大の原因であろう。たしかに、旧藩時代の青森県には四五六校の寺子屋があったが、よく見てみると、開設・廃業ともに不明、つまり実体の分からない寺子屋が一七六校もあり、しかも、明治維新を迎えたのはたかだか一六一校ほどにすぎない。うち四五校が明治四年（一八七一）までに消滅しているから、結局、「学制」の小学校に連続する可能性のあったのは、一一六校程度である。明治七年（一八七四）現在の小学校が公立五六校、私立五四校、計一一〇校を数え、一方、過去三年間に廃業した寺子屋が一〇八校あるところから、大部分は新小学校の母体になったようだ。

秋田県の場合も事情は似たりよったりであり、二四九校の寺子屋で維新期まで存続したものは一八九校あるが、うち九二校が明治四年（一八七一）までに廃業しており、小学校の母体たりえたものは一〇〇校に満たない。いずれにせよ、寺子屋教育の不振が最下位にちかい両県の低就学率を結果したと思われるが、その背景にはもちろん、明治七年（一八七四）の「秋田県学事年報」が、「本県ノ如キハ土地固トヨリ曠漠人民貧窶偶豪家アルモ之ヲ上国ニ比スレハ亦以テ富有トスルニ足ラス」[97]というような、東北地方一帯に特有の経済的低位性があった。

表71　青森県の寺子屋廃業と小学校の開設

年　　度	寺子屋廃業	百分率	小学校数
維新前	119	42.5	
明1～4	45	16.07	
明5	27	9.64	
明6	55	19.64	22(公)
明7	26	9.29	110(公 56，私54)
明8	5	1.79	175(公 81，私94)
明9	3	1.07	238(公216，私22)
合　計	280	100	——

『日本教育史資料』8，『文部省年報』明6～9により作成。
1）廃業年不明の176校をのぞく。
2）小学校数は各年現在の総数。

表72　秋田県の寺子屋廃業と小学校の開設

年　　度	寺子屋廃業	百分率	小学校数
維新前	58	23.48	
明1～4	92	37.25	
明5	92	37.25	
明6	4	1.62	61(公)
明7	—	——	199(公)
明8	—	——	312(公)
明9	—	——	351(公)
明10	1	0.40	386(公385，私1)
合　計	247	100	——

『日本教育史資料』8，『文部省年報』明6～10により作成。
1）廃業年不明2校をのぞく。
2）小学校は各年現在の総数。

第四位にランクされた愛媛県の場合、『日本教育史資料』八・九いずれにも報告がなく、昭和一一年（一九三六）度に県教育会が行った調査によるほかはないが、それをみると、明治維新を迎えたのは五六五校（私塾をふくむ）である。[98] うち一〇一校が明治四年（一八七一）までに消滅したから、「学制」頒布時に四六四校を教えたが、小学校に連続したものはそれほど多くない。たしかに、明治七年（一八七四）までに二六八校の寺子屋が廃業し、その間、公立二九四校、私立九七校、計三九一校もの小学校が開設されたが、なお依然として二〇〇校ちかい寺子屋が存続し、大ぜいの子どもたちを収容していた。寺子屋を改組して新小学校の母体たらしめようとする県当局の方針が必ずしも徹底しなかった理由ははっきりしないが、明治五年（一八七二）一一月現在の石鉄県（旧松山県をうけたもので、翌六年には神山〈旧宇和島〉県と合して愛媛県となる）に提出された私学（ほとんどは寺子屋）の開学願書だけで一五二通にも達しており、[99]「学制」頒布後も多くの寺子屋がそのまま門戸を構えていたことが分かる。ちなみに、一五二校の在学生徒は三〇六三名に達し、明治七年（一八七四）度の就学生徒一万七三三九名の一七・七％にあたる。願書不提出分や神山県内の寺子屋生徒などを合わせれば、この比率はいっそう大きくなるはずであり、旧教育機関が果たしていた役割の大きさが想像される。

寺子屋数が多かったという点では、一〇位にランクされた熊本県を見逃すわけにはいかない。明治維新を迎えた五三〇校のうち、一四九校が明治四年（一八七一）までに消滅しており、「学制」頒布時には三八一校の寺子屋があったが、明治七年（一八七四）までの三年間に三四七校、九一・一％が廃業しているから、その多くは新小学校の母体になったらしい。明治六年までに開校した小学校九四校はすべて私立であり、寺子屋からの転身を思わせるが、同時にあった家塾九七校はいずれも寺子屋の横すべりであろう。翌七年度には公立五一八校、私立三八校、計五五六校が開校しており、大量の寺子屋の廃業が直接・間接に関係していたことが分かる。もっとも、学校数こそ一挙に前年の二・九倍にふくらんだが、一校あたりの平均生徒数は六二名余にすぎず、就学人員そのものはそれほどふえていない。[100]なお、明治八年（一八七五）以降も継続した寺子屋は三四校程度しかなかったから、低就学率を在野で支える教育機関も低調であったようだ。その辺の事情は、明治七年（一八七四）の「白川県学事年報」に、「当県ハ西方ノ僻陬ニアッテ人民自ラ固陋旧慣ニ膠柱シ新制ヲ嫌フノ俗ニテ学制御頒布ノ即下此制ノ何タルヲ顧ミル者無之」[101]とあるとおりである。寺子屋数だけでいえば、トップ・クラスの教育県としては一見奇妙な現象であるが、藩政時代より持ちこされた士族党派間の抗争がいっこうにやまず、[102]これに加うるに、徴兵令や地租改正に反対する民衆蜂起が各地に続発して政情不安に拍車をかけていたことなどが、大きなマイナス要因であったようだ。

ところで、寺子屋の開設数では全国一悪かった宮崎県とこれに次ぐ富山県の場合は、いずれも二七％台であり、低就学率のトップ争いに加わっていないが、これはどのように解釈すればよいのだろうか。何度もいうように、『日本教育史資料』八・九の調査自体に疎密のあったことは否定できず、現に、『富山県教育史』上巻は、すでに報告された一七校をはるかに上まわる三五六校の寺子屋を探しあてており、[103]必ずしも越中は寺子屋不毛の地ではなかった。ただ、このうち、明治年間まで継続した寺子屋になると、僅かに六三校ほどであり、したがって、新小学校の母体たりえたものは、やはりきわめて少ない。その意味では、明治八年（一八七五）の「督学局年報」が、「該県従来学校ノ設ケアル〻ナシ是ヲ以テ小学ヲ開業スルモ教員ニ従事スル其人少ナク」[104]というのは、ほぼ正鵠を射た表現であろう。

宮崎県地方に寺子屋が少なかったのは、明治一六年（一八八三）時点の『日本教育史資料』九への報告者が、「寺子屋士小路ト市街ノミコレアリ其村里ニ於テハ絶無僅有ノミ」[105]というとおりであるが、県下全域を通じて僅かに九校というのは、やはりあまりにも少なすぎる。昭和初年に再調査した乙竹岩造が、「地方によつては一村に三四軒も在つた所もあり、又それが二代三代と継続せられたるものもある」[106]というのは、裏付け資料をもたないためもう一つ説得力に欠けるが、それでも県下全域では数十校のプラス・アルファが期待できるだろう。

宮崎地方における寺子屋の未発達は、庶民教育の不振を意味するのかというと、必ずしもそうではない。藩政時代の宮崎県は、天領や薩摩藩領の他に、延岡・飫肥・高鍋・佐土原藩の所領に分かれていたが、飫肥・高鍋・佐土原の三藩はじめから藩校への庶民入学を認めており、[107]また延岡藩は藩校への入学こそ認めなかったが、私塾や寺子屋で学んだ庶民の子弟の中から優秀者を士分に取り立てる制度を有していた。[108]庶民教育への取り組みがたんなる建前でなかったことは、佐土原藩が嘉永六年（一八五三）、藩校学習館の周辺に四つの分校を配し、近郷に五つの郷校を発足させ、また高鍋藩が元治元年（一八六四）以降、藩校明倫堂に付属する九つの郷校を次つぎに開設して、領内全域の民衆の便宜を図ったことなどに明らかである。いずれも二、三〇名から五、六〇名の生徒を擁していたというから、実質的に寺子屋の代替物であった。観点をかえてみれば、庶民の教育要求に見合うそれ相応の教育機関が存在したから、寺子屋が大して発達しなかったと考えることもできるだろう。いずれにせよ、統計上はまったく白紙状態の宮崎県に比較的早く新教育が普及したのは、そうした背景と無関係ではない。現に、明治八年（一八七五）の「督学局年報」は鹿児島県との違いを力説しながら、「該地人情淳直薩風ノ疎豪ニ似ス向学ノ気能人心ニ感染スル者賛称セサルヲ得ス」などと、その向学心を高く評価している。

たしかに、旧藩時代の錯綜した領有関係が、置県以後もよい意味のライバル意識をかきたてた面もあると思われるが、宮崎県の場合、もう一つ見逃せないのは、県当局者が小学校の建設を急務として、「奨励督促」につとめたことである。前出の「年報」がその間の事情を、「現今ニ至リ三百七十二校之ヲ保護スルヤ皆学区ノ責任ニ委シ或ハ戸ロニ課シ或ハ地券人頭ニ賦スル等一切保護ノ方法皆学区ノ適宜ニ付シ敢テ之ヲ問ハス其成績ヲ監督スルヲ以テ主トナス」というから、各学区の自主性を尊重するという方針の下で、上からの働きかけは相当に厳しかったようだ。この辺は、隣接の鹿児島県が教育熱心どころか、官民をあげて「学制」のサボタージュに徹していたのと、きわめて対照的である。

明治の義務教育がコトバの厳密な意味での強制教育であり、しばしば官憲を動員して父母に迫まる類いのものであったことは周知の事実であるが、しかし、それだけで僅か数年を経ずして全国津々浦々に何万という小学校がつくられ、何百万人もの子どもたちが机を並べるようになったというのは分かりにくい。真相はおそらく、そうした数字をもたらすだけの背景や素地がすでにあった、すなわち寺子屋教育を母体とする旧教育的伝統の存在という辺りにあるだろう。

すでに見てきたように、寺子屋教育の活発な地方ほど概して新教育のスタートが早く、またぬざましかったが、これは、旧教育がストレートに新教育につながらないまでも、新教育を物心両面、さまざまなかたちで用意していく強力な土壌たり得たためと思われる。仮に、寺子屋教育がまったく存在せず、文字どおり白紙状態で新教育が計画されたらどうだったのだろうか。旧教育に執着する人びとが新教育の足を引張るというマイナス面こそなかったかもしれないが、あらゆる問題をまったくの空白のなかから一つひとつ創出していくということになれば、その前途の多難さは想像を絶するものがあったはずである。校舎の問題ひとつにしても、敷地の購入から建築費の捻出などに厖大な経費が見込まれたのだから、寺子屋時代の遺産なしにはとうてい対処できなかったといえる。海後宗臣の調査では、(113) 明治八年(一八七五)現在の小学校二万六九二校のうち一万六九九三校、八二%が仮校舎(その大部分が寺院、民家であり、旧寺子屋や家塾を継承したと思われる)によって開校しており、新設の校舎を有したものは僅かに三六九九校、一八%でしかない。京都市内の六四小学校のように、開校当初から新校舎を有したとされるものも、よく見てみると旧教育機関、すなわち江戸時代以来の心学道場や教諭所、私塾、寺子屋などに若干手を加えて校舎にしたものが多かったから、この比率はもう少し大きくなるだろう。

はじめから宏壮な建物を新築したものはいうまでもないが、旧教育機関をそのまま転用したものも、新築の校舎に移るのは意外に早かったが、その辺の経緯は、学校を不可欠のものとして受けとめる父母集団の意識構造、いわば旧教育時代からの精神的風土を抜きにして考えられない。慢性的な財政ピンチが維新政権の誕生でいささかも好転しなかったことを思うと、そのことはなおさらであろう。

倉沢剛は、明治の新教育の形成過程を[114]、㈠、従前の寺子屋[115]を全廃して、これとはまったく別種の公立小学校を管下全域におこそうとする積極主義ないし急進主義をとるもの、㈡、従前の寺子屋にやや修正を加えて、そのままこれを小学校とし、徐々に「学制」の小学校に近づけていこうとする現実主義ないし漸進主義をとるもの、㈢、これまでの寺子屋には手をふれず、別に少数の公立小学校をおこし、寺子屋のうち優秀なものを私立小学校へ変え、教則が改まるにしたがい公立に引き直そうとする折衷主義ないし消極主義をとるもの、の三つにパターン化したが、寺子屋にまったく無関係かのように見える第一の型、すなわち寺子屋を小学校普及の障害と断じ、法規でもってこれを禁絶しようとした埼玉以下の七県[116]も、旧教育を完全に無視した白紙状態から新教育をはじめたわけではない。現に、印旛県（のちの千葉県）は、もと寺子屋師匠に速成教育を施して公立小学校の教員たらしめているが、その他の県でも、施設面の継承や教師の供給などの点で旧教育に多くを頼らざるをえなかったのが実情である。それはともかく、禁絶の対象になった寺子屋に学ぶ子どもたちがそっくりそのまま新小学校へ入学したという事実は、とりもなおさず、新教育が旧教育を基盤に発足したということであろう。はじめから寺子屋をベースに出発した第二、第三のパターンにおける新旧両教育の連続性については、改めてのべるまでもない。要するに、新教育はいかなる形をとるにもせよ、旧教育を前提することなしにはありえなかったのであり、その意味では、旧教育、なかんずく寺子屋教育の延長線上に新教育が登場したといっても、決して過言ではない。

（1）　石川謙『寺子屋』、六八—九頁。
（2）　同前書、六九頁。
（3）　「郷学私塾寺子屋表」、『富山県教育史』、上巻所収。
（4）　『長野県教育史』、第一巻、一五五頁。

(5) 「国郡沿革表」によれば、明治一六年(一八八三)当時の総計二四郡。
(6) 『鹿児島県教育史』、上巻、一二〇―一頁。
(7) 同前書、七頁。
(8) 同前書、一三頁。
(9) 松本彦三郎『郷中教育の研究』参照。
(10) 大日本教育会編『維新前東京市私立小学校教育法及維持法取調書』、五五―八頁。
(11) 「寺子屋物語」、国民精神文化研究所編『日本教育史資料書』、第四輯、一一五頁。
(12) 小野武雄編著『江戸物価事典』、四五〇頁。
(13) 同前書、一〇七頁。
(14) 前出『維新前東京市私立小学校教育法及維持法取調書』、五五頁。以下同じ。
(15) 利根啓三郎『寺子屋と庶民教育の実証的研究』、七五頁。
(16) 同前書、七六頁。
(17) 藩札一匁で銭九〇文の交換率。西川俊作『江戸時代のポリティカル・エコノミー』、二〇〇頁。
(18) 束脩(入学金)として藩札四匁三分を納めた。「阿武見島郡役所学事報告」、『教育沿革史草稿』、第九巻所収。
(19) 『防長風土注進案』、二一の生雲村の項に、「寺子屋の義(ママ)、五節句に八百疋弐ツ宛師家へ持参仕、歳暮には其身相応に祝儀など持せ、又ハ芋牛房など遣し候者も御座候事」とある。なお、西川の推計では青銅二〇〇疋は二〇文弱。前出『江戸時代のポリティカル・エコノミー』、二二八頁参照。
(20) 明治一六年(一八八三)一二月阿武郡長が提出した調査書によれば、年二度四匁三分納めたものがもっとも多い。前出『教育沿革史草稿』、第九巻。
(21) 明治一六年(一八八三)九月大島郡長が提出した調査書中の束脩・謝儀は、ほとんどこの文章に同じ、同前書、第一〇巻。
(22) 乙竹岩造『日本庶民教育史』、中巻、六一二頁。
(23) 前出『維新前東京市私立小学校教育法及維持法取調書』は、男子の平均四年、女子の平均五年という。四六頁参照。
(24) 前出『寺子屋と庶民教育の実証的研究』、五〇、二二〇頁。

(25)『教育沿革史草稿』、第九巻所収の「学事報告」より萩唐樋町、平安古町、萩細工町、北古萩町、萩恵美須町、萩今魚店町、南古萩町、萩東浜崎町など町名のついた一九校を抽出。
(26) 同前書、第一〇巻所収の「大島郡役所学事報告」。
(27) 天明七年（一七八七）の不作で門人が集まらず、五月より九月まですべての授業がストップした本居宣長の鈴の屋塾のようなケースは、むしろ一般的にみられた。
(28) 四七頁。
(29)『福島県史』、第二一巻、八四一—二頁。
(30) 江戸の寺子屋の休日は一年に五〇日内外と少ない。前出『維新前東京市私立小学校教育法及維持法取調書』、四一頁。
(31) 前出『福島県史』、八四二—三頁。
(32) 文化一一年（一八一四）の出席人数七五名、門人数九三名、文政三年（一八二〇）の出席人数三〇名、門人数一四〇名。同前書、八四二頁。
(33) 前出『教育沿革史草稿』、第一〇巻。以下同じ。
(34)『実語教』、『童子教』、『庭訓往来』『弁慶状』『義経状』『風月往来』『江戸往来』など。
(35)「経済問答秘録」巻四、滝本誠一編『日本経済叢書』、巻二二、七七—八頁。
(36) 前出『寺子屋』、二〇九頁。
(37) 前出『日本教育史資料』九、二四八—九頁。
(38) 弘化二年（一八四五）三月版。
(39) 前出『教育沿革史草稿』、第九巻。
(40) 前出『日本教育史資料』二、七六九頁。
(41) 前出『教育沿革史草稿』、第九巻。
(42) 三九—四〇頁。
(43) 前出『日本教育史資料書』、第四輯、一二七頁。
(44) 前出『維新前東京市私立小学校教育法及維持法取調書』、三九—四〇、四五頁。
(45) 暑気よけのため土用中に限って朝学や夜学を行うものもあったが、日中仕事をしている商家の丁稚・奉公人の便宜を図るために常設していたものも少なくない。都市の寺子屋に比較的このタイプが多い。
(46) 前出『日本庶民教育史』、中巻、六〇七—一二頁。
(47) 二頁。
(48) 東京都立教育研究所編『東京教育史資料大系』、第二巻所収。
(49) 海後勝雄・広岡亮蔵編著『近代教育史』、(I)、三一七—二二頁。
(50) 明治五年(一八七二)『丹波三郡小学校記』所収。
(51) 籠谷次郎「幕末期北河内農村における寺子屋への就学について」、『地方史研究』、一二二号、三九頁。
(52) 岡新町村、岡村、三矢村、枚方村、泥町村、伊加賀村。
(53) 春日村、村野村。
(54) 長尾村、藤坂村。
(55) 片鉾村、甲斐田村、田口村、中宮村、禁野村。
(56) たとえば福沢諭吉は、「貧民は決して此八年の間、学に就く者なし。最初より学校に入らざる者は姑くさし置き、仮令ひ一度入学するも、一年にして止めにする者あり、二年にして廃学する者あり。其廃学するとせざるとは、大抵家の貧富の割合に従ふ」と証言する。『福沢諭吉全集』、第四巻、四六六頁。
(57) 前出籠谷論文、『地方史研究』、一二二号、三九頁。
(58) ドーア・松居弘道訳『江戸時代の教育』、二九五—三〇〇頁。
(59) 一九三〇—四七年の各国の国勢調査が示すデータ。
(60) 前出『江戸時代のポリティカル・エコノミー』、二二一頁参照。
(61) 井上久雄の推計によれば、明治八年(一八七五)度の下等小学一年生は全就学者の八一・九%を占めるが、二年生一四・八%、三年生二・七%、四年生〇・五%というように、学年が進むにつれて在学者は急激に少なくなる。上等小学の場合は、全学年を通じて僅かに〇・一%であり、事実上零にひとしかった。『学制論考』、二二三頁。
(62) 前出『日本庶民教育史』、中巻、六一二頁。
(63) 「学制」第二七章の規定では満六歳から一三歳までを学齢としたが、明治八年(一八七五)一月八日の布達「小学学齢ヲ定ムル事」では、「満六年ヨリ満十四年マテ」と明記され、以後この規定が継続された。

(64) 前出『寺子屋と庶民教育の実証的研究』、六九―八八頁。
(65) 一一歳児の就学零。
(66) 現大島郡大島町三蒲。
(67) 大島町役場『大島町誌』、六六〇―二頁。
(68) 明治二年（一八六九）ころの推計値。
(69) 前出『教育沿革史草稿』、第一〇巻所収。
(70) 一二郡中の第六位九四校。
(71) 文部省編『学制百年史』資料編、一三頁。以下同じ。
(72) 地租改正、大陽暦の採用、解放令など新政一般への反対とセットになっている場合がむしろ普通。拙著『教育学』、二二〇頁参照。
(73) 石川謙の推計値による。前出『寺子屋』、一五六頁。なお、『日本教育史資料』八所収の四八七校の寺子総数は四万七四〇六名であり、一校平均九七・三名となる。
(74) 石川謙『日本庶民教育史』所収の「通学児童平均数の年代別調査」によれば、長野県は最大三〇名から最小一名まで増減がはなはだしいが、ここでは最大値を採用して推計した。30×1341＝40230，40230÷89.5＝449.4
(75) 数字はいずれも『文部省年報』による。
(76) 通史篇上巻、六八―九五頁。
(77) 一四七頁。
(78) 『文部省第二年報』、四二頁。
(79) 明治元年（一八六八）一一月創設の沼津小学校がもっとも早く、間もなく沢田・万野原小学校が開校した。いずれも兵学校の予備教育機関であり、農・商民にも門戸を開放していたが、実質は士族小学校であった。
(80) 明治三年（一八七〇）七月、沼津・田中・小島・浜松・新居・横須賀・相良・中泉に従前の藩校や郷校を改組した小学所がオープンした。倉沢剛『小学校の歴史』、1、一四八―五五頁参照。
(81) 明治七年（一八七四）の「督学局年報」にも、「県令自ラ各校ニ臨視シテ生徒ヲ試験シ学務掛屢管内ヲ巡視シテ人民ヲ勧奨シ」たとある。『文部省第二年報』、三九頁。

(82) 天保一四年（一八四三）の開校時から農商の入学を許した大野藩のごときは、「家塾寺子屋ヲ設クル従来各自ノ意ニ任セ当時敢テ之ヲ牽制セザリシモ一般藩校ニ入リ業ニ就クヲ得ルヨリ漸ク之ヲ廃スルニ至レリ」（『日本教育史資料』二、六八頁）といわれるから、たんなる名目上の共学とは異なる。
(83) 藩士の主宰する寺子屋、私塾のうち規模の大きいものに空家貸与の援助をした小浜藩では、時どき出席簿の提出を求めた。また勝山藩では、毎月末必ず在学生徒の氏名と出席簿の提出を義務づけていた。
(84) 成績優秀者は教師の請願により、士分の子弟に実施される試験をうけることができた。
(85) 同書、五四一―三頁所収の「家塾・寺子屋分布の状況」参照。
(86) 『日本教育史資料』八では、大阪府に含められているが、明治四年（一八七一）七月の廃藩置県のさいは、大和一国（寺子屋三一一校）で奈良県を設置した。
(87) 全国第一位の就学率で知られる筑摩県の場合には、参事永山盛輝の存在が大きかった。
(88) 嘉永元年（一八四八）より白景堂の主宰者。教師の一人であった弟太四郎も小学校へ出仕した。
(89) 『文部省第二年報』、二八二頁。
(90) 老農層の圧力により反別調査を厳密になし得ないなど、他府県に比べ負担額が小さかった。
(91) 明治九年（一八七六）一〇月前原一誠の乱。
(92) 『文部省第二年報』、二四六頁。
(93) 『山口県政史』、上、二四〇頁。
(94) 『文部省第二年報』、二七〇頁。
(95) 『文部省第三年報』、一〇一―二頁。
(96) 同前書、一〇〇頁。
(97) 『文部省第二年報』、三四二頁。
(98) 『愛媛県教育史』、上巻所収の「寺子屋・私塾一覧」。
(99) 明治五年（一八七二）一〇月一五日の布達第三四号に基づき提出されたもの。海後宗臣『明治初年の教育』、九二―三頁。
(100) 前年度一万七二七六名の二倍程度の三万五九三三名が就学生徒の総計。
(101) 『文部省第二年報』、二六三頁。

(102) 幕末以来の学校党と実学党の角逐が知られているが、明治維新後はいわゆる勤王党が仕官派、在野派、敬神党に分裂し、相い争った。
(103) 同書所収の「郷学私塾寺子屋表」参照。
(104) 『文部省第三年報』、八九頁。
(105) 前出『日本教育史資料』三、二三四頁。
(106) 前出『日本庶民教育史』、下巻、八〇三頁。
(107) 前出『日本教育史資料』三、二四六、二五四、二七一頁。
(108) 同前書、二三四頁。
(109) 追手・鵬之口・野久尾・十文字学校。
(110) 都於郡・富田・三納・新田・三財の地に開校。明治三年（一八七〇）には河南に女学校が開校された。
(111) 椎木・美々津・都農・平田・三納代・福島にまず開校、やがて小池・日置・諸県三名にも設置され、合計九校となった。石川正雄編『明倫堂記録』、一一四三頁。
(112) 『文部省第三年報』、一一五—七頁。以下同じ。
(113) 前出『明治初年の教育』、一七〇—四頁。
(114) この場合、「学制」の小学校。前出『小学校の歴史』、1、四一八—二三頁。
(115) 倉沢自身は家塾という広義の表現を使用している。
(116) 印旛・栃木・群馬・入間・足柄・木更津の諸県。

あとがき

私の最初の単行本は、昭和四七年刊の『明治維新と教育』だから、近世教育史の勉強をはじめてからすでに二〇年ちかくの歳月が経過したことになる。もっとも、その間、私は近世教育史のみを研究テーマにしていたわけではなく、明治・大正期の教員史に取り組んだころのように、もっぱら近代教育の形成過程に焦点を合わせていた時期もある。個別の地方教育史や学校史、あるいは幼児教育史などに視野を拡大していたのも、同じころである。近世教育史に回帰する直接のきっかけは、昭和五四年刊の『学校』あたりからだが、本格的にはやはり私塾の研究に着手するようになってからである。四年前に発表した『近世私塾の研究』がその一応の成果であった。

ところで、私塾を主要なテーマにしていたまさにその時期に、私が突きあたった問題は、近世にあって最も魅力的な学校である私塾を本当に理解しようと思えば、私塾と対置される官・公立学校、あるいはその登場を育んだ広範な寺子屋的底辺を解明することがどうしても必要だということである。周知のように、幕藩時代の多くの官・公立学校は私塾を母体にはじまり、また私塾の方も、しばしばお上の意を体し、官・公立学校の補完物として機能したのであり、両者の関係を見分けることは必ずしも容易でない。初等段階の学校として私塾と一線を画するかに見える寺子屋にしても、さまざまの面で私塾と交錯し、重なっていた。私塾の魅力はおそらく、上からの強制、制度的な締めつけに一切無関係な、文字どおり自由闊達な教育や学習の場であったという点にあると思われるが、江戸時代におけるすべての私塾がこのタイプであったわけではなく、官・公立学校に比較的近い、つまり教育の自由などに縁遠い私塾もたくさんあったし、また寺子屋と大同小異の低レベルの私塾も少なくなかった。私塾の私塾たる所以、その教育的営為の内実を明かそうと思えば、どうしても官・公立学校をふくめた江戸時代の学校全体を俯瞰する作業が必要になってくるというわけである。その意味では、本書は、『近世私塾の研究』の延長線上に位置づけられる、いわばその続編ということができるだろう。

以上のような問題意識から、各章にわたり、可能なかぎり私塾の教育との比較、対照を試みたため、前書と部分的に重複する箇所がいくつかあることを否定できないが、論文全体としては、私塾の研究に取り組んださいに出てきた問題点を整理し、まとめたもので、いずれも未発表論文である。ただ、終章第三節「就学率を推計する」は、『日本教育史論叢』（本山幸彦教授退官記念論文集）に寄稿した「寺子屋普及に関する若干の考察」に一部手を加えて転載したものである。

最後になったが本書の刊行を快くお引き受けいただいた思文閣出版社長田中周二氏には、お礼の言葉もない。またとくに編集部の林秀樹、岩崎智子の両氏には、大変お世話になった。心より感謝の意を表したい。

海原　徹

昭和六二年冬

人　名　索　引

あ

い

う

え

お

む

も

や

ゆ

よ

ら

れ

わ

事　項　索　引

く

け

こ

さ

し

す

せ

著者略歴　1936年山口県生まれ．1963年京都大学大学院教育学研究科修士課程修了．京都大学教育学部助手，大阪女子大学助教授を経て，現在は京都大学教養部助教授．教育学博士．著書に『明治維新と教育』『明治教員史の研究』『大正教員史の研究』『学校』『近世私塾の研究』『教育学』，訳書に『私塾』（共訳）など．

近世の学校と教育

昭和63年2月10日　発行

著　者　海原　徹
発行者　田中周二
発行所　株式会社思文閣出版
　　　　京都市左京区田中関田町2―7
　　　　電話075―751―1781(代表)

印　刷　同朋舎
製　本　大日本製本紙工

ISBN4-7842-0505-5 C3037

海原　徹（うみはら　とおる）…京都大学名誉教授

近世《きんせい》の学校《がっこう》と教育《きょういく》（オンデマンド版）

Digital Publishing

2016年9月20日　発行

著　者　　海原　徹
発行者　　田中　大
発行所　　株式会社 思文閣出版
〒605-0089　京都市東山区元町355
TEL　075-533-6860　FAX　075-531-0009
URL　http://www.shibunkaku.co.jp/

装　幀　　上野かおる（鷺草デザイン事務所）
印刷・製本　株式会社 デジタルパブリッシングサービス
URL　http://www.d-pub.co.jp/

AJ802

ISBN978-4-7842-7021-7　C3021　Printed in Japan